21 世纪高等学校旅游管理专业本科教材

现代饭店房务运营与管理（最新版）

HOTEL HOUSEKEEPING：OPERATIONS AND MANAGEMENT

刘伟　编著

中国旅游出版社

作者简介

刘伟（E-mail：weiliuw@ 163. com），广州市优秀专家（享受政府特殊津贴），广州市政府重大决策咨询专家，广东省政府推荐决策咨询顾问委员会委员，广东省饭店星级评定员，全国旅游院校“最具影响力十大名师”，广东金融学院教学名师，广东省第三产业研究会副会长，西北大学、华南理工大学、华南师范大学等客座教授和兼职教授，国内多个省市政府旅游发展战略顾问。先后就读和毕业于浙江大学旅游系、西北大学旅游系以及南开大学、中山大学。

先后在瑞士洛桑酒店管理学院、加拿大多伦多大学等做访问学者，并在法国、德国、荷兰等欧洲国家考察其旅游与酒店业。先后担任首届“中外酒店高峰论坛”大会主持及评论员、世界遗产解说国际委员会委员、“中国翻译工作者协会”会员、国家银领专家咨询委员会委员、广东地区酒店总经理联谊会常务理事兼国内多家高星级酒店、度假村管理顾问，担任国际权威学术期刊美国康乃尔大学《康乃尔酒店管理季刊》（*Cornell Hospitality Quarterly*）（SSCI）特邀审稿专家、英国《旅游管理》（*Tourism Man-*

agement））（SSCI）特邀审稿专家。

还曾先后担任北京长实国际酒店管理公司（中美合资）副总经理、康城建国酒店副总经理（五星）、广州东方酒店管理培训中心副主任、广州才俊培训公司总经理，以及《中外酒店》（香港）杂志客座编委，《酒店资源》杂志常务副总编。

学术成就：在商务印书馆、高等教育出版社、中国旅游出版社等国内著名出版社出版专著、译著、教材等40多部（其中，自己主编、专著、译著30余部）。与田玉堂先生编著的《HCM国际酒店管理模式》《21世纪瑞海姆国际旅游度假村经营模式》等以先进的管理模式和超前的管理理念，在国内业界引起极大反响和广泛好评，被国内众多高星级酒店和度假村老总们收藏为案头必备经营宝典。所著《旅游学》（广东旅游出版社）等被国内众多大学选定为“考研指定参考书”。此外，还在世界著名旅游学术刊物《*Tourism Management*》等国内、外刊物发表论文100余篇。

附：近年来主要科研成果

- 《酒店前厅与客房部运行与管理》，中国旅游出版社，2017（十二五国家级规划教材）
- 《旅游概论》（第三版），高等教育出版社，2015（十二五国家级规划教材）
- 《酒店管理》，中国人民大学出版社，2014
- 《旅游学》，高等教育出版社，2014
- 《旅游概论》（第二版），高等教育出版社，2008（十一五国家级规划教材）
- 《前厅与客房管理》，高等教育出版社，2007（十一五国家级规划教材、面向21世纪教材）
- 《旅游概论》，高等教育出版社，2003（十五国家级规划教材）
- 《饭店前台客房管理》，高等教育出版社，2002，（十五国家级规划教材、面向21世纪教材）
- 《度假村、酒店与旅游经济管理》，陕西人民出版社，2001
- 《现代饭店管理全书》（上、中、下册），广东旅游出版社，2000
- 《21世纪瑞海姆国际旅游度假村经营模式》，中国旅游出版社，2000
- 《旅游学》，广东旅游出版社，1999
- 《HCM国际酒店管理模式》，改革出版社，1997
- 《发展中国家宏观经济学》（译著），商务印书馆，1991

酒店职业经理人来信

来信一

尊敬的刘教授：非常荣幸能有机会为您做点事！仔细阅读了你的征稿函，感觉您即将出版的这本书非常适宜我们酒店管理者阅读，特别是您列举的“经理的困惑”事例，的确是我们工作中经常遇到的问题。由于近期将要去另一家新开业的酒店任总经理助理（AGM）一职，一直很忙，因此回复的内容不尽全面，也不知能否对您提的问题有所借鉴，只希望该书出版时我能有幸获得一本有您亲笔签名的著作……

来信二

尊敬的刘教授，我是一名客房经理，担任这一岗位时间有三年。对于您书中所提到的各项经理的困惑，涉及客房日常工作的各个方面，确实感觉真切。我将个人体会及部分我酒店在操作的规定简略陈述。一面之词，有待商榷。我奢望能获得您的新书！谢谢！

来信三

刘教授：您好，感谢你发来的《现代饭店前厅部运营与管理》及《现代饭店客房部运营与管理》一书的书稿及“经理的困惑”，我们看了后感觉这两本书非常实用、非常先进。我本人已做房务经理多年，以前在大学也是学旅游酒店管理的，看过很多这方面的书，感觉要么很空洞，要么层次很低，只是一些操作规范和工作程序，不适合我们这些有管理经验的职业经理人使用，而您这两本书则完全不同，有先进的管理理念，有鲜活的案例和令人信服的案例分析，还有房务运营及管理方法以及酒店房务未来经营和管理的发展趋势，真的感觉很实用、很亲切，是我们这些酒店经理人一直在期待的一本专业书籍。我们总经理已要求我根据您书中提出的管理理念、方法，重新建立和编写我们酒店的管理模式，这段时间一直在忙于这件工作，所以，您所要求的“经理的困惑”的答复一直拖到了现在，还请刘教授多多包涵……

来信四

对于学生或新员工来说，它是一部难得的教科书，可以指导员工迅速进入角色。对于房务管理人员来说，它也是一部难得的案头工作手册。遇到工作难题的时候翻开看看，或许能找到其中的答案。本酒店已经决定把此书作为员工的培训用书，并在实践中证明其有效性和可操作性。很多管理方法和理论可以跟世界著名酒店管理集团相比，相信对国内其他酒店都有很强的指导意义。

旅游院校老师来信

来信一

您的教材真不错！内容全面系统，既有服务又有运营管理，理论深浅覆盖，实践有案例有讨论，比国外教材接地气！不仅在酒店专业教材中拔头筹，相比其他学科教材也是不可多得的！

来信二

本人正在主讲客房管理课程，因为授课对象是本科，学校要求不可以使用高职的教程，找来找去，这本书是让我最满意的，从案例的选择、图片的插入，到前沿问题的提出，以及酒店高级职业经理人的采访与回答，都贴合了客房管理课程的教学大纲和专业课程的培养计划，而且角度新颖，知识含量大，为课程讲解提供了重要的参考。买的时候没来得及看，所以没及时评论。建议有相关课程的教师同人购买此书，用以学习和参考，真的是不错的书籍。

来信三

刘所长所著《前厅与客房管理》真的很赞，我一直在用，课件用起来也是得心应手。学生反映很好，尤其在实习过程中，在前厅部实习学生遇到问题都要翻翻此书，总是能找到满意答案。

序　一

《现代饭店前厅运营与管理》《现代饭店房务运营与管理》是两部（一套）难得的国际酒店管理佳作，书中所体现出来的先进的国际化酒店管理理念、方法尤其值得称道。作为业内专家，刘伟教授能够准确地把握未来酒店经营管理的发展趋势，熟悉现代化国际酒店管理的理念和方法，巧妙地将管理理论融入酒店管理实践之中，并以通俗易懂的语言表达出来。

为了适应酒店业的飞速发展，刘伟教授在其著作中增加了“主题客房”“新概念客房”等特色客房设计、智能技术与酒店客房装修的发展趋势等与时俱进、大胆创新的内容，而这些都是其他同类型书籍所不多见的。每章节后的案例分析，借鉴了许多国内外先进酒店及国际著名酒店集团包括希尔顿、凯悦、假日等的管理方法，让读者能接触到世界顶级的酒店管理理念。

值得一提的是，除了内容上的创新以外，刘伟教授还特地为酒店管理人员，特别是房务管理人员创建了专业房务管理网站——“刘伟酒店房务网：www. LiuweiHotel. com”，为广大房务管理人员提供学习与交流的平台，帮助大家提高酒店房务管理水平，这种做法也是值得称道的。

作为一个在中国工作多年的外国高级酒店管理人员，我十分看好中国的酒店业发展，这个行业的发展和壮大需要更多专业人才来支持，也期待中国的酒店业能涌现出更多的管理精英！

在此，我愿意向中国酒店管理人员以及高星级酒店培训经理人员推荐这两本酒店房务管理著作，相信通过对这两本书的学习与阅读，他们将受益匪浅，且能够极大地提高现代化酒店的房务运营与管理水平。

Paul Hy

广州富力君悦大酒店　总经理　姚俊博

序　二

我和刘伟教授最初相识于北京，至今已是十几年的好朋友了。那时我们作为副主编，共同编写了《HCM 国际酒店管理模式》。在那段难忘的日子里，由于时间紧、任务重，经常要加班加点赶稿子，有好几次甚至通宵达旦地工作。刘伟教授负责全书主要编写工作，那本书有 60 多万字，可是苦了他了，不过，书出版后，受到业界的一致好评和酒店经理人的广泛赞誉，也算是对他的一点“安慰”。

这次合作，让我认识了刘伟教授这个人。他对待工作的严谨态度是我辈同人中最为出类拔萃的；他在生活上是极其简单的，经常在路边买一个肉夹馍充饥，说这是他老家的东西，很好吃；对待朋友，他是真诚的，多年来，无论我们转战到天南海北，总不会失去联系；对待事业，他是执着的，在当今社会里，像他那样资历的人随便到哪里都能够找到一个有很高工资待遇的管理岗位，他却愿意在寂寞的书桌上不停地爬格子，为我国的旅游教育事业和酒店培训事业默默地做出贡献。

前厅部与客房部是现代酒店的核心部门，其经营与管理水平代表着酒店的整体管理水平，在我们这些做过 20 多年酒店管理的人看来，许多事情早已熟视无睹，他却能找到问题的症结所在，并能认真地加以分析，加以整理，形成文字，将其用于旅游专业人才的培养和酒店管理水平的提高。多年前我就读过他编著的《前台与客房管理》等酒店管理类著作，读着我们每天操心的那些事，颇让人茅塞顿开。

几年过去了，刘伟教授的新作又一次问世。这次是以全新的内容与读者见面，加入了不少有实践经验的人的观点——“经理的困惑”，既有理论，又有实践，很有说服力。酒店管理是一门实践的科学，只有在实践中才能完全明白，大千世界有各种各样的人，他们是不会按你的出牌方式要求服务的。然而，酒店服务只能按照客人的要求提供服务，只要客人满意了，他就说你的服务好。即使你曾经是为国家领导人服务过的，他要是不满意，还是说你不行。所以，不管是前厅还是客房，培训服务人员，只要教给他们一般性的服务原则，也就是说要让员工明白为客人提供服务的最基本方法和原理，在实践中一定要让他们按照客人的要求去做。例如，当今世界，许多人都已习惯睡席梦思床了，但是，当我们要接待一位德高望重的老首长的时候，他却坚决不要软垫床，我们不得不去买一张硬垫床回来。枕头也嫌太软，换了荞麦皮枕头还是觉得不够硬。虽然提出这种要求的人是少数，但在实践中必须去解决。

读了刘伟教授的新作，很有感悟。鉴于以下几大特点，我很愿意向大家推荐此书。

内容新颖，方法实用。对于学生或新员工来说，它是一部难得的教科书，可以指导员工迅速进入角色；对于房务管理人员来说，它也是一部难得的案头工作手册，遇到工作难题的时候翻开看看，或许能找到其中的答案。本酒店已经决定把此书作为员工的培训用书，并在实践中证明其有效性和可操作性。此书的很多管理方法和理论可以跟世界著名酒店管理集团相比，相信对国内其他酒店都有很强的指导意义。

思路宽广，理论性强。本书总结了众多人的智慧，从不同的角度，深入浅出地概述了酒店房务管理的复杂性和可操作性。让人们从日常的琐碎事务中找到问题的所在，并提出解决问题的办法。作者还对国内外未来酒店管理的发展趋势进行了阐述，并引入了先进的酒店管理理念。

层次清晰，可读性强。本书作者不愧为笔耕多年的强者。酒店工作如此繁杂，他硬是能够把它梳理得有条有理，让人不得不一气读完，这在类似教科书中也是非常难得的杰作。此外，本书在编写体例、排版等方面也都有重大突破。为了增强可读性，每章都引入了酒店管理的案例，以帮助读者加深理解著作内容，通过案例，在理论与实践之间搭起桥梁。

图文并茂，信息丰富。除了丰富的正文内容以外，本书还在附录中为读者提供了大量实用的管理表格等资料，并增加了很多计算机管理的内容，充分体现了内容的先进性和科学性。尤其是“经理的困惑”部分，更是给人以耳目一新的感觉。我们酒店也有两名部门经理参与了此书中“经理的困惑”的答复，希望以此为平台，与酒店同人进行交流，也希望对本书的广大读者有所启发。

中国酒店业发展迅猛，但也充满挑战。每个人在实践中都有自己的感悟和体会，我们衷心地希望有更多像本书这样的优秀作品问世，以指导我国数百万酒店从业人员的服务和管理工作，满足广大酒店管理人员渴望获得酒店管理知识和技能的需求，从而提高我国酒店业的服务和管理水平。

相信此书必将成为酒店前厅、房务经营管理潮流的引导者。

香港金麒麟国际酒店管理公司副总经理

浙江东阳华美达酒店总经理　　陈　浩

修订前言

岁月如梭，一眨眼，《现代饭店前厅运营与管理》暨《现代饭店房务运营与管理》已出版近9年时间了！这套书本来是面向酒店行业职业经理人出版的，没想到出版后，因为其实用性，不仅受到酒店职业经理人以及酒店培训机构的好评，而且受到国内旅游院校师生的欢迎和好评，被广泛用作旅游管理专业及酒店管理专业的教材。在此特别感谢广大读者对本教材的喜爱，本次修订将与时俱进，以更先进的理念、更丰富的内容、更新颖的案例进一步充实和完善教材内容。

一、本次修订的指导思想

1. 以国家级规划教材为编写目标

力争将本套教材打造成精品教材，并争取入选“国家级规划教材”。

2. 保持原有教材特色

（1）理念先进：把握国内外酒店管理的发展趋势，引入先进的酒店管理理念。

（2）图文并茂：为了增强内容的丰富性、可读性和拉近读者与现代化酒店的距离，书中每章都有开章导图，相应内容也都配有图例。

（3）方法实用：书中很多管理方法和理论为世界著名酒店管理集团所采用，对其他酒店具有较强的指导意义。

（4）“困惑”导入：为了增强可读性，每章都以酒店前厅及房务经理人员在实际工作中遇到的困惑，以“经理的困惑”的形式，引入本章内容。并在该章末尾附上国内其他酒店总经理及前厅经理人对此困惑的答复，这是本书一大亮点。

（5）案例搭桥：书中引入大量房务管理的案例，以帮助读者加深对教材内容的理解，并通过案例，在理论与实践之间搭起桥梁。

（6）引导潮流：先进的酒店前厅与房务管理理念和方法，决定了本书将成为酒店经营管理潮流的引导者。

（7）突出管理：本书针对本科院校的教学需要，因此突出管理的内容。本书既不同于一般只强调理论，而忽视实践的空洞教科书，也不同于只有实操，而没有理论的枯燥的培训资料，而是在两者之间找到了一个最佳平衡点，主要研究酒店前厅与房务的运营和管理问题，既有理论高度和前瞩性，又有很强的实操性。

（8）语言流畅：本书用词专业，行文流畅易懂。

（9）内容科学：本书增加了很多计算机管理的内容，充分体现内容的先进性和科学性。

创新性一直是本书追求的目标。本书一改传统，不仅在每章的开头增设了图片，而且，增加了“经理的困惑”栏目，作为每章的开章引言，并就此向全国高星级酒店的总经理和房务总监、前厅与客房部经理等征集答案，最后，将答案和答复提供者的真实姓名、所在单位及其工作照，一并附在该章的末尾，以增强著作的鲜活性、可读性和实用性。读者会从这些国内外高星级酒店及酒店集团的职业经理人对“经理的困惑”的答复中得到很多有益的启发。在此，要特别感谢这些来自洲际酒店集团、香格里拉酒店集团、华美达酒店集团、粤海酒店集团等酒店及酒店集团的房务经理和总经理们，他们将自己的知识和经验无私地奉献给各位读者。

3. 保持教材的先进性

反映国内外酒店业最新发展动态和饭店客房管理的新理念、新方法、新趋势。使教材能够与时俱进，内容更加先进，结构更为严谨，论述更加科学，形式更加新颖，更能满足新时期旅游院校的教学需要。同时，运用现代信息技术，创新教材的呈现形式，进一步加强数字化、立体化教学资源建设，使教材更加动态化、形象化。

4.《国家中长期教育改革和发展规划纲要（2010—2020 年）》

按照应用导向设计教材内容和结构，将“做中学”“用中学”“产学结合”等现代性、实用性观念融入教材，探索易于为学生接受的编写模式和内容体系，是体现高等教育自身特色的精品教材。

5. 进一步体现高等教育的特点

更新教材内容和结构，使教材内容进一步与职业标准对接，使高等教育的特色更加鲜明、配套资料更加丰富，从而更好地适应经济社会发展对应用型人才培养的要求。

二、修订内容

本次修订，主要围绕以下几方面进行：

第一，创新教材体例。在每一教学模块下，设置学习目标、经理困惑、案例分析、补充与提高、酒店经理人对经理困惑的答复等板块。

第二，聘请国际酒店高级管理人员参与教材的编写。

第三，对教材的结构进行调整，修订、完善和补充新的教学内容。本次修订对教材的部分章节做了调整，使其在体系、逻辑上更趋科学合理。同时，紧跟酒店业最新发展动态，完善、补充新的教学内容。

第四，进一步加强案例教学。各章都增加了新的案例，章后设计案例分析，旨在提高学生分析问题、解决问题的能力。

第五，增加视频内容，并以二维码的形式呈现。为了增加教材的鲜活性，本次修订专门组织国内管理先进的高星级酒店拍摄了酒店管理视频，并以二维码的形式穿插在新版教材之中，真正实现了立体化教材的编写目标，丰富了教材内容，使学生更容易掌握所学知识。同时，将部分教学资源做成二维码，使学生用手机扫描教材中的二维码就可观看酒店客房服务管理的教学内容和拓展资源。

三、本课程主要教学参考资源

本书着力开发数字化教学资源库。为了提高教学效果，我们开发了在国内旅游院校和酒店行业已经产生很大影响的专业教学资源，欢迎使用本教材的院校师生使用。

1. 微信公众号：旅游饭店内参（Tourism-hotel）

2. 二维码视频教学资源

参见：刘伟酒店网（www. Liuweihotel. com）—院校服务—视频。

3. 刘伟酒店网（www. LiuweiHotel. com）

刘伟

广东金融学院国际旅游与经济管理研究所教授

2017 年 5 月 9 日于广州雅居乐花园

致 谢

本书在编写过程中得到了众多组织和业界精英人士的鼎立支持。

一、支持单位

恒大酒店集团

洲际酒店管理集团

广州香格里拉酒店

广州碧水湾温泉度假村

广州南沙大酒店

西安古都文化大酒店

希尔顿国际酒店集团

广州锦派酒店咨询有限公司

中国旅游饭店业协会

国际酒店金领袖联合会

国际白金管家联盟

国际皇金管家服务联盟

世界金钥匙酒店联盟

世界酒店联盟

世界酒店领袖中国会

亚洲酒店论坛

《酒店职业经理人》杂志

《中国饭店》杂志社

《世界酒店》杂志社

二、顾问团队

为了写好本书，使其更好地贴近行业、贴近国际，我们还聘请了很多国际酒店集团、国内酒店管理公司和高星级酒店的总经理等担任本书顾问。

Paul D. Hugentobler：洲际酒店集团大中华区南中国区域总经理、深圳华侨城洲际大酒店总经理

Benoit Amado：法国雅高集团上海虹桥美爵大酒店总经理

彭建军：广州恒大酒店集团董事长，恒大集团副总裁

高天明：海航国际酒店管理有限公司总裁，中国饭店协会副会长

徐桂生：杭州金马酒店管理公司总经理（原重庆贝迪颐园温泉度假酒店总经理、南京金陵酒店国际酒店管理公司副总经理、九寨沟国际大酒店总经理）

张谦：广西南宁邕州酒店管理公司总经理

夏国跃：原5星级杭州皇冠大酒店总经理，龙禧大酒店总经理，中国远洲酒店管理公司CEO，现任宝龙地产企业发展中心总经理（负责管理属下近20家5星级酒店）

陈浩：香港金麒麟国际酒店管理公司副总经理，康城国际酒店总经理（原桂林假日宾馆总经理、香格里拉沈阳商贸酒店中方总经理、海德华美达大酒店总经理）

余昌国：国家旅游局人事司副司长，国家级饭店星评员

张楠：中国旅游酒店业协会理事，广州瑞银数码港酒店有限公司总经理兼广州日航酒店（国际五星级）业主代表

冯健：广州东方宾馆副总经理

雷州：广州大厦总经理

李穗深：洲际酒店集团佛山宾馆皇冠假日酒店常务副总经理

唐伟良：美国饭店协会教育学院高级顾问、全国旅游星级饭店评定委员会国家级星评员、国际酒店金领袖联合会常务理事、东莞塘厦三正半山酒店总经理

三、旅游院校老师支持

为了写好这本书，本人还以信函和电子邮件的方式，专门向国内旅游院校的酒店管理任课教师，征求教材编写意见，很多老师从使用者的视觉，给出了具有建设性的意见和建议。此外，我们还聘请旅游院校教授及骨干教师组成庞大的专业团队，负责提供酒店管理案例、进行网上互动答疑等。他们是：

魏卫：华南理工大学旅游系主任、教授

郭淑梅：湖州师范学院旅游系主任

李晓莉：广州大学中法旅游学院酒店会展系 系主任

张瑛：中央民族大学管理学院副教授

皮平凡：广东财经大学环境与旅游学院副院长 教授

傅晶：东北林业大学旅游系副教授

颜丽：济南大学旅游学院副教授

周晓梅：济南大学旅游学院副教授

冯郑凭：广东外语外贸大学南国商学院旅游系副教授

黄慧玲、冯艳芳：南阳师范学院旅游与环境规划学院讲师

周秋巧：浙江省台州学院副教授

在此要特别感谢以下酒店的总经理和他们的管理团队，他们专门组织为本教材拍摄了配套二维码视频，从而使本教材更加丰富和立体化。他们是：

曾莉：广州从化碧水湾温泉度假村董事长、总经理

吴纯劳：西安古都文化大酒店董事长、总经理

杨结：广州南沙大酒店总经理

对于上述职业经理人、酒店管理专家以及院校老师，在此表示诚挚的谢意，感谢他们无私的奉献和对中国旅游教育事业做出的贡献。

除此而外，以下人员也参与了本书的编写工作，他们是：刘方际远、许雁醒、刘江、刘浩、梁峻峰、段晓、刘蓉娜、胡伟国、卢合洪、曾晓峰、苏英 、吴南、陈木丰、陈慧敏、章寇球、周成、宋健、彭星、黄向、林红梅、张振林、陈卫卫、戴国立、张艳兵、谭洛明、任丽华。还要感谢我的学生缪颖琪，为本书制作了教学课件。

刘伟

目录
CONTENTS

第一章　客房部概述

本章将重点介绍客房部的地位、作用及主要任务、客房类型与客房设备，同时讲述酒店客房设计与装修的一般原则与发展趋势，并介绍几种有竞争力的特色客房。

通过本章学习，读者应该能够：

- 了解客房部在酒店经营中的地位、作用及客房部的主要任务；
- 了解客房的类型和客房的主要设备；
- 掌握客房及卫生间设计的一般原则；
- 了解特色客房的类型。

关键词：客房类型；客房设备；客房设计；特色客房

Key Words：Room Types；Room Equipment；Room Designing；Special Rooms

经理的困惑

——员工不微笑该怎么办？

谁都知道，酒店要提高效益必须提高服务质量，而要提高服务质量，员工在对客服务中必须为客人提供微笑服务，要做到这一点实在太难了，特别是在中国。你不能打他，也不能骂他，更不能惩罚他。提醒他，他会很快忘记；警告他，他不当回事；惩罚他，他一生气，更没有了笑。我真不知该怎么办？

第一节　客房部的地位与作用及主要任务

一、客房部的地位与作用

首先，客房部是酒店为客人提供服务的主要部门。酒店是以建筑物为凭借，通过为客人提供住宿和饮食等服务而取得经营收入的旅游企业，其中客房部所提供的住宿服务是酒店服务的一个重要组成部分。由于客人在酒店的大部分时间是在客房度过的，因此，客房服务质量的高低（设施是否完善，房间是否清洁，服务是否热情、周到、快捷）在很大程度上反映了整个酒店的服务质量。客人对酒店的投诉与表扬也大多集中在这一部门。

此外，客房部还是酒店取得营业收入的主要部门。酒店通过为客人提供住宿、饮食、邮电、娱乐（游泳池、健身房、保龄球、网球、桑拿、舞厅等）以及交通、洗衣、购物等服务而取得经济收入。其中，客房收入通常占酒店营业收入的一半左右（见表1-1），反映了客房部在整个酒店经营中的重要地位。

表 1-1　2013—2015 年各星级酒店营业收入构成情况

收入占比	客房收入占比(%)			餐饮收入占比(%)			其他收入占比(%)		
	2013 年	2014 年	2015 年	2013 年	2014 年	2015 年	2013 年	2014 年	2015 年
五星级	45.43	44.22	46.36	40.67	40.05	41.18	13.90	15.72	12.46
四星级	42.86	42.68	43.33	43.11	40.78	40.78	14.03	16.54	15.89
三星级	41.11	42.83	42.23	43.51	43.51	43.02	15.38	13.66	14.75
二星级	44.10	47.96	48.25	41.78	39.00	37.09	14.12	13.04	14.66
一星级	47.08	45.74	40.68	37.30	41.12	34.55	15.62	13.41	24.77

二、客房部的主要任务

简单地说，客房部的主要任务就是“生产”干净、整洁的客房，为客人提供热情周到的服务。具体而言，有以下几点：

第一，保持房间干净、整洁、舒适。客房是客人休息的地方，也是客人在酒店停留时间最长的场所，因此，必须经常保持干净整洁的状态。这就要求客房服务员每天检查、清扫和整理客房，为客人创造良好的住宿环境。

由于客房员工具有清洁卫生的专业知识和技能，因此，客房部除了保持客房的清洁以外，通常还要负责酒店公共场所的清洁卫生工作。

第二，提供热情、周到而有礼貌的服务。除了保持客房及酒店公共区域的清洁卫生以外，客房部还要为客人提供洗衣、缝纫、房餐（room service）、接待来访客人、为客人端茶送水等热情周到的服务。在提供这些服务时，服务员必须做到礼貌、迅速、情愿、真心实意。

第三，确保客房设施设备时刻处于良好的工作状态。为此，必须做好客房设施设备的日常保养工作，一旦设施设备出现故障，应立即通知酒店工程部维修，尽快恢复其使用价值，以便提高客房出租率，同时确保客人的权益。

第四，保障酒店及客人生命和财产的安全。安全是客人最基本的需求之一，也是客人投宿酒店的前提条件。酒店的不安全事故大都发生在客房。因此，客房员工必须具有强烈的安全意识，平常应保管好客房钥匙，做好钥匙的交接记录。一旦发现走廊或客房有可疑的人或事，或有异样的声音，应立即向上级报告，及时处理，消除不安全隐患。

第五，负责酒店所有布草及员工制服的保管和洗涤工作。除了负责客房床单、各类毛巾等的洗涤工作以外，客房部通常还要负责客衣以及餐厅台布、餐巾等的洗涤工作。此外，酒店所有员工制服的保管和洗涤工作也由客房部统一负责。

第二节　客房类型与客房设备

一、客房类型

（一）客房类型

酒店客房一般有三种类型，即单人房（Single Room）、双人房（Double Room）和套房（Suite）。此外，有些酒店还设有三人房（Triple Room）和可以灵活使用的多功能房间（Multi-function Room）。

1. *单人房*（Single Room）

（1）单人房，单人床（Single Room，Single Bed）。

（2）单人房，大床（Single Room，Double Bed）。

（3）单人房，沙发床（Single Room，Sofa Bed）。即在房内放一张沙发，白天可将房间用作会客室或办公室，晚上可将沙发拉开当床使用。

2. *双人房*（Double Room）

（1）双人房，大床（Double Room，Double Bed）。这种房间在一些酒店又称为“鸳鸯房”或“夫妻房”（见图 1-1）。

（2）双人房，两张单人床（Double Room，Twin Beds）。即在双人房里设两张单人床。这种房间通常被称为酒店的“标准间”（Standard Room），我国酒店的大部分客房都属于这种类型（见图 1-2）。

图 1-1 “鸳鸯房”（“夫妻房”）

图 1-2 客房标准间

3. 三人房（Triple Room）

这种房间在一些低档酒店较为常见。

4. 套房（Suite）

（1）普通套房（Suite）：将同一楼层相邻 2~3 间客房串通，分别用作卧室、会客室。

（2）豪华套房（Deluxe Suite）：与普通套房相似，只是面积比普通套房大，房内设施设备较普通客房先进（见图 1-3）。

（3）复式套房（Duplex）：是一种两层楼套房，由楼上、楼下两层组成。楼上一般为卧室，楼下为会客厅。

5. 连通房（Connected Rooms）

连通房是一种可根据需要变换用途的房间，可将相邻房间通过连接门转换为单人房、双人房、套房等，以满足客人的不同需要，提高客房利用率（见图 1-4）。

图 1-3 豪华套房

（海南博鳌金海岸温泉大酒店）

图 1-4 连通房

（在两个相邻房间之间以房门连通的多功能房间）

6. 总统套房（Presidential Suite）

通常由 5 个以上房间组成。总统和夫人卧室分开，卫生间分用。卧室内分别设有帝王床（King Size）和皇后床（Queen Size）。除此之外，总统套房内还设有客厅、书房、会议室、随员室、警卫室、餐厅、厨房等。一些中、高档旅游宾馆均设有这类“总统套房”，其主要用意在于提高酒店的档次和知名度，便于推销。这类房间除了用于接待“总统”等国内外党政要人以外，平时也对普通客人开放。位于阿联酋商业金融中心迪拜的 Burj Al Arab 酒店（“Burj”音译“伯瓷”，又称“阿拉伯塔”），被誉为世界上唯一一家“七星级”酒店，其总统套房面积达 780 平方米，房价 18000 美元/晚，家具是镀金的，设有一个电影院、两间卧室、两间起居室、一个餐厅，出入有专用电梯（见图 1-5）。

图 1-5　伯瓷酒店总统套房

除上述几种房间类型以外，很多酒店还根据客房的朝向将房间分为向内房（Inside Room）和向外房（Outside Room）。前者一般位于阴面，光线不好，视野不开阔；后者则处于阳面，采光良好，视野开阔，是一种较为理想的客房。划分向内房和向外房的意义在于可以使酒店对于这两种房间收取不同的房价，尤其是在旅游旺季，在客房供给比较紧张的情况下，可适当提高向外房的价格。

另外，酒店的客房还可以按其是否带浴室或淋浴来划分。

（二）客房类型的表示

为了工作方便起见，酒店常用下列缩略语来表示不同的房间类型。

- SW/OB：单人房，无盆浴（Single Room Without Bath）；
- SW/Shower：单人房，只有淋浴（Single Room With Shower）；
- SWB：单人房，有盆浴（Single Room With Bath）；
- DW/OB：双人房，无盆浴（Double Room Without Bath）；
- DW/Shower：双人房，只有淋浴（Double Room With Shower）；
- DWB：双人房，有盆浴（Double Room With Bath）。

二、客房设备

酒店客房通常分为五大功能区域：睡眠空间、盥洗空间、起居空间、书写空间和储存空间。每个空间由不同的设施设备组成（见图 1-6，表 1-2）。

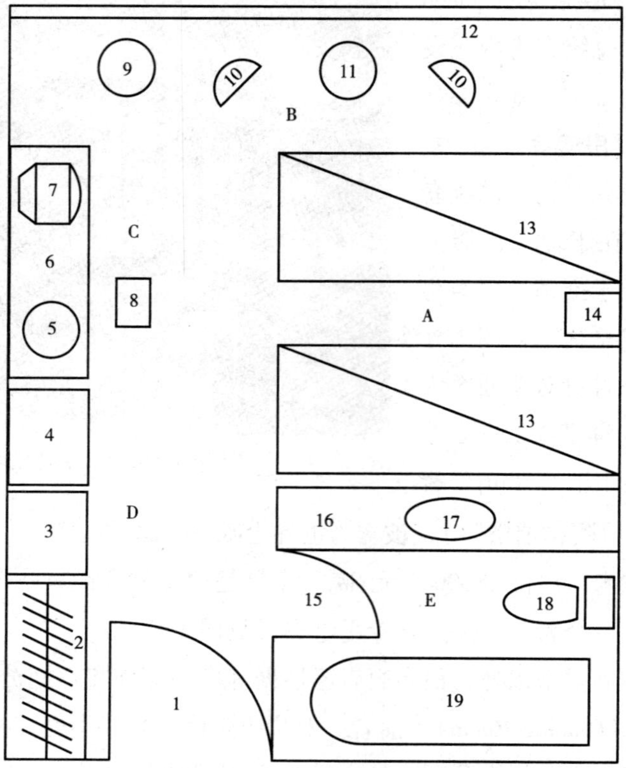

图 1-6　客房设备及布局

1. 房门　2. 衣柜　3. 小酒吧与小冰箱　4. 行李架　5. 台灯　6. 写字台　7. 电视机　8. 软坐椅　9. 落地灯　10. 扶手椅　11. 小圆桌　12. 窗帘　13. 单人床　14. 床头柜 15. 卫生间门　16. 云石台 17. 洗脸盆　18. 马桶　19. 浴缸

表 1-2　客房五大功能区域

功能区域	设　备	功能区域	设　备
睡眠空间	床(Bed) 床头柜(Night Table) 床头灯(Wall Lamp)	起居空间	茶几(Tea Table) 坐椅(Chair) 落地灯(Standing Lamp)
盥洗空间	浴缸(Bath Tub) 淋浴器(Shower) 淋浴帘(Shower Curtain) 毛巾架(Towel Rack) 马桶(Toilet) 电话(Telephone) 洗脸盆(Sink) 镜子(Mirror) 电源插座(Socket)	书写空间	写字台(Writing Desk) 椅子(Chair) 台灯(Desk Lamp) 电视机(T. V. Set) 电冰箱(Fridge) 梳妆镜(Mirror) 电话(Telephone)
		储存空间	壁橱(Closet) 行李架(Luggage Rack)

（一）睡眠空间

睡眠空间是客房最基本的空间。这一空间主要有下列家具和设备：

1. 床（Bed）

床是睡眠空间也是客房最主要、最基本的设备。酒店使用的床通常为西式床，分为单人床（Twin-size Bed）、双人床（Double-size Bed）、大号双人床（Queen-size Bed）、特大号双人床（King-size Bed）、加床（Rollaway Bed）和婴儿床（Cot）等，其大小尺寸参见表 1-3。

表 1-3　床的种类及尺寸

类　　型	长度(m)	宽度(m)
单人床(Twin-size Bed)	2.0	1.0~1.35
双人床(Double-size Bed)	2.0	1.4
大号双人床(皇后床)(Queen-size Bed)	2.0	1.6
特大号双人床(帝王床)(King-size Bed)	2.0	2.0
加床(Rollaway Bed)	2.0	1.0~1.35
婴儿床(Cot)		

由上表可见，床的长度通常为 2 米，而宽度则因床的类型的不同而不同，即使同一种类型的床，也可以有不同的宽度。比如，单人床的宽度可以从 1.0~1.35 米不等，酒店可根据自己的实际情况确定（按照我国 2010 版《旅游饭店星级的划分与评定》标准，双人床的宽度通常要达到 1.8~2.2 米）。通常，床越宽，越舒适，档次也越高。另外，关于床的高度，考虑到美观、协调及便于服务员操作等因素，一般应在 40~60 厘米之间。

2. 床头柜（Night Table）

酒店使用的床头柜是一种多功能床头柜，通常都配有音响设备，供客人收听有关节目及欣赏音乐。此外还带有多种控制开关，如电视机、床头灯、夜灯、走廊灯、房门外请勿打扰灯等的开关以及时钟和呼唤服务员的按钮等，这样，客人不用下床，便可以完成他所要做的许多事情，从而极大地方便了客人。

除了安装有音响设备和各种控制开关以外，床头柜上通常还放有一部电话，以及便条纸和一支削好的铅笔，为客人通信联络提供方便，有的酒店还在床头柜上放上晚安卡和常用电话号码卡。

3. 床头灯（Wall Lamp）

可根据需要调节灯光亮度。

（二）盥洗空间

盥洗空间指客房卫生间，主要包括浴缸（Bath Tub）、淋浴器（Shower）、淋浴帘（Shower Curtain）、毛巾架（Towel Rack）、马桶（Toilet）、电话（Telephone）、洗脸盆

（Sink）、镜子（Mirror）和电源插座（Socket，供客人在卫生间使用电动剃须刀或电吹风时使用）。

（三）起居空间

除了套房以外，标准客房的起居空间基本上都位于窗前区，供客人休息、会客、饮食时使用。主要设备有：茶几（Tea Table）、坐椅（Chair）、落地灯（Standing Lamp）。

（四）书写空间

标准房的书写空间大多安排在床的对面，主要包括：写字台（Writing Desk）、椅子（Chair）、台灯（Desk Lamp）、电视机（TV Set）、电冰箱（Fridge）、梳妆镜（Mirror）、电话（Telephone）。

（五）储存空间

1. 壁橱（Closet）

储存空间的主要设备是壁橱，通常位于门厅的一侧，供客人存放衣物使用，里面配有衣架（每床不少于2个西服衣架、2个裙架、2个裤架，即双人间需配备12个衣架）。此外，壁橱还可供酒店存放客房备用的被子、毛毯、枕头等。壁橱内应有照明灯，以方便客人存取物品。

2. 行李架（Luggage Rack）

位于壁橱附近，通常在写字台靠近房门口的一端。

除了以上设施设备以外，客房的设施设备还包括：

（1）窗帘（Window Curtain）。酒店客房的窗帘通常有两层：一层为厚窗帘，另一层为纱窗帘。厚窗帘主要起遮蔽、隔音、挡光、装饰和调温作用，就其调温功能而言，既有实际效果，又有心理因素。实践证明，冬天用厚重的暖色窗帘，可以阻止冷空气侵入，有助于保持室内温度；夏天用浅色的窗帘可以阻止热对流，减少热辐射，降低室内温度。一般来说，窗帘的保温和降温效果可达2℃。心理上的调温作用则主要是由窗帘色彩的冷暖变化而产生的。选用厚窗帘时，必须注意要经久耐用，不褪色，可以洗涤。纱窗帘的作用是在挡景的同时，使室内保持一定的光线，因此，它必须具有较高的透明度，能使光线最大程度地通过。

（2）地毯（Carpet）。地毯的作用是减少噪声，美化环境。色彩丰富、弹性好的地毯可以使客房显得更加华贵。地毯的质地有很多种，如羊毛的、合成纤维的等。一般情况下，地毯的颜色应该深一些，这样能使室内色彩表现上轻下重，给人以稳定感，并使地毯更加有效地衬托人物和设施。

（3）空调（Air-conditioner）。空调不仅有调温功能，而且还能通风换气，保持空气的新鲜、清洁，起到净化室内空气的作用。

（4）烟感报警器（Smoke-detector）。当房内烟雾达到一定程度时，“烟感报警器”

会自动报警，酒店防灾中心的指示灯自动闪亮，机器驱动“自动喷淋器”自动喷水灭火。

（5）自动喷淋器（Auto-spray Head）。

第三节　客房设计与装修

一、卧室设计与装修的一般原则

为了保障客人及酒店的利益，客房设计应遵循以下原则：

（一）安全性

安全性首先表现在对火灾的预防上。为此，客房设计应考虑以下防火措施。

1. 设置火灾报警系统

烟感报警、温感报警与自动喷洒报警是当前常用的早期报警系统。其中，烟感报警对烟雾反应最为灵敏，温感报警的误报率最低，自动喷洒报警除报警外还能发挥早期防止火灾蔓延的作用。

2. 减少火荷载

火荷载是指酒店内可燃烧的建筑材料、家具、陈设、布草等的总和。在客房设计时，应尽量采用难燃或不燃的建筑、装修材料。

3. 保护客人隐私

除了对火灾的预防以外，酒店客房设计时还应注意保护客人的隐私。因此，建筑设计时可以考虑将走廊两侧客房门错开。

（二）健康性

环境直接影响人的健康。噪声公害威胁人的听觉健康；照度不足影响人的视觉健康；生活在全空调环境内，如新风不足、温湿度不当也会损害人的身体健康。因此，在客房设计时，必须重视隔声、照度和空调设计，控制听觉、视觉和热感觉等环境刺激。

1. 隔音

客房噪声的来源主要有以下几个方面：

- 窗外：城市环境噪声；
- 相邻客房：如来自隔壁房间的电视机、音响设备、空调机、电话、门铃、旅客的谈话、壁橱取物、床的嘎吱、门扇开关及扯动窗帘等的声音；
- 客房内部：上下水管流水、马桶盖碰撞、扯动浴帘、淋浴、空调器及冰箱等；
- 走廊外：如客房门的开关、走廊里客人及服务员谈话、服务小车的推动、吸尘器的声响等；

- 其他：如空调机房、排风机房及其他公众活动用房。

对于上述可能出现的噪声，在客房设计时都应考虑加以控制。

2. 照明

室内照明的主要作用是为人提供良好的光照条件，获得最佳的视觉效果，使室内环境具有某种气氛和意境，增强室内环境的美感与舒适感。现代酒店室内照明除了提供视觉所需要的光线外，还有以下几方面的作用：组织空间、改善空间感、渲染气氛、体现特色。

（1）客房室内照明设计的基本原则

- 舒适性：室内照明应有利于客人在客房内进行活动、阅读、会客和从事其他活动，即在生理上能保护人的视觉，在心理上能鼓舞或安定人的情绪；
- 艺术性：即有助于丰富空间的深度和层次，有利于强调空间的特色，能与空间的大小、形状、用途和性质相一致；
- 安全性：电源的线路、开关、灯具的设置都要有可靠的安全措施。

（2）照明设计的主要内容

- 投光范围：可分为整体照明、局部照明；
- 灯具位置：应按照客人的活动范围和家具的位置来安排；
- 灯具的选择：灯具可分为吸顶灯、镶灯、吊灯、壁灯、立灯和活动灯等，每种灯具都用于特定的情况之下，灯具的选择（如造型、色彩）是整体的一部分，必须与客房的色调相配，不能孤立对待；
- 照度的高低：照度是指被光照射的物体表面在单位面积上所受的光量，不同功能的室内环境有不同的照度要求，客房照度包括客房与卫生间的照度两方面，按国际照明学会标准，客房照度应为100勒克斯；有些国家已推荐客房照度为50~100勒克斯，以免房内过强的光刺激客人神经，影响客人休息；此外，客房卫生间已发展成为客人化妆的主要场所，所以，卫生间的照度越来越高；为了便于客人化妆，国际照明学会的标准是70勒克斯，但实际使用时均大于100勒克斯，有时在人面部的照度达200勒克斯以上。

3. 空调

空调的设计、选用和安装在保证一定的湿度和温度的前提下，应能使噪声减少到最低程度，并能提供充足的新风，不会使客人在房内感到头痛，威胁客人的健康。

（三）舒适感

客房是客人休息的场所，也是客人在酒店停留时间最长的地方，因此，客房的设计一定要使客人有方便舒适之感。提高客房的舒适度可以从以下几个方面考虑。

1. 空间尺寸

一般来讲，客房的面积越大，舒适度就越高。对于一个双床间而言，国际上流行的开间为3.6~4.2米，进深为7.6~10米（见表1-4）。

表1-4 不同国家和地区不同等级客房双床间净面积指标

单位：平方米

	经济级	舒适级	豪华级
英国	10.5	18	26
日本	10~12	14~16	20~22
法国	10	14	20
中国香港	12	18~20	25
中国大陆	<14	14~30	>30

酒店客房净高通常应为2.5米左右。剖面中，净高2.5米与开间3.6~4.2米所形成的比例为1.44~1.68，是接近黄金分割的矩形剖面比例，利于形成亲切、舒适的客房空间气氛。

2. 家具的摆设

客房家具摆设是否得当，是否有利于客人行走和在房内的生活起居需要，也会影响客房的舒适感。21世纪的饭店注重实用功能，客房的设计、家具的摆设一定要给客人以方便、舒适之感。

3. 窗户的设计

客房开窗是为了采光、日照，但与观景也有直接关系。"窗即景框"，宜"佳则收之，俗则屏之"。面对绚丽风光，窗越大越能感到环境之优美，舒适感也越强，因而，有的高层酒店客房设计落地玻璃窗，使客房与环境融成一片。

窗离地不宜太高，通常不应高于0.7米，这样，客人坐在房内沙发或椅子上，就可以较好地观赏到窗外景色。

窗户的大小还应考虑酒店所在地的气候条件。一般来讲，炎热地区的酒店宜大，以便使客人有视野开阔、心情舒畅的感觉；而位于寒冷地区的酒店窗户则宜小不宜大，以便客人在客房内有温暖、舒适、亲切之感，同时还可以在一定程度上为酒店节省能源。

此外，酒店客房窗户的"高宽比"以1∶2为好。这样能产生人们所喜爱的"宽银幕画面"的效果，符合人们的审美心理。当然，窗户的设计也不能千篇一律。为了追求奇特的艺术效果，窗户还可以设计成圆形或锯齿形等。

4. 装修风格

满足客人需求心理的客房装修风格，也能为客人提供舒适感。一般来说，旅游者的需求心理可归纳为两大类：一类希望客房符合旅客本人的生活习惯与水平，走进客房如同回到家中一样方便舒适；另一类则希望客房与旅游地一样具有鲜明的地方特色和异国情调，进入客房能够继续感受新鲜有趣的异域文化。因此，酒店在进行客房设计装修时，应充分考虑这两方面的要求。例如，建造于20世纪30年代的上海和平饭店，有9国套间客房，表现各国民族风格；驰名于世的东京帝国饭店既有豪华的西式套间，又有表现浓郁的乡土情调的“和式”套间。

（四）实用性

客房布置的好坏，不但会影响服务效率，还会直接影响客人的心理感受，并最终影响客人感觉中的服务质量。因此，做好房间的布置工作具有重要意义。

客房设计与布置要注意实用性，要恰到好处地利用空间，既方便客人在室内的生活起居，又方便服务员的清洁操作。此外，镜子的高度、灯光的亮度等都要适宜，要选择价廉物美、便于清洁和保护的室内用品和设备。

（五）美观性

客房的装饰布置是一门艺术，在注重实用的基础上，客房的设计和装饰布置还要强调和谐、美观，要使客房内的设施、设备、各种用品及其色彩成为一个和谐的整体。为此，一些大酒店甚至设有专职的室内装饰员，负责房间内部的装饰，家具的摆设，室内颜色的搭配，窗帘、壁画、灯光之间的调节等。

二、卫生间设计与装修的一般原则

卫生间是客房的重要组成部分。清晨，当客人为一天的开始做准备时，最迫切需要的空间是卫生间；傍晚，客人结束了一天的旅游活动或忙碌的工作，浴室则提供了消除疲劳、松弛身心的最佳场所。随着社会的进步、人们生活质量的提高，卫生间的功能开始走向多样化，已不仅是传统的满足人们生理需求的地方，而且日益成为人们化妆、健身和享受生活、追求美的场所。因此，人们对卫生间的要求也越来越高。卫生间的设计应注意宽敞、明亮、舒适、保健、方便、实用、安全、通风。

（一）宽敞

卫生间要有宽敞的活动空间，使客人有舒适之感，避免由于空间狭小，使客人活动不便或感觉压抑。另外，还要有足够大的化妆台，供酒店放置各种卫生用品和供客人搁置自带的化妆用品，以满足客人（尤其是女性客人）追求美的需求。

（二）明亮

卫生间要明亮，以免客人有压抑之感，尤其是梳妆台及镜面位置要保证足够的照度，以便客人梳妆打扮。

（三）舒适

除了宽敞明亮的空间能够增加卫生间的舒适感以外，其他方面的因素也可能影响卫生间的舒适程度。如色彩问题，有些酒店客房与卫生间的色彩搭配欠协调，使客人在心理上产生不舒适的感觉。如某酒店客房的基调是杏黄色，而卫生间的地面、墙壁、洁具采用的却是一律的淡蓝色，这样的处理就不太恰当，从暖色调一下子跨到冷色调，会立即给人以冰冷的感觉，而这恰是大多数人淋浴时所忌讳的感觉。

（四）保健

随着社会的进步，人们的保健意识和保健需求越来越强烈，客房卫生间成了很多人的健身场所，因此，在设计卫生间时，就应考虑客人这方面的需求。如在卫生间内设置磅秤；选用具有保健功能的按摩浴缸等。现在，已有越来越多的高档酒店在其客房卫生间内设置冲浪式按摩浴缸，其四周都有喷头，喷射水流冲击人体肌肉，可以起到按摩作用，以消除疲劳，恢复体力。

（五）方便

卫生间内各种设施设备的配备和安装，一定要方便客人。电话、电源插座、毛巾架、香皂架、浴缸扶手架、淋浴器以及卫生纸盒等的安装位置一定要合理。要将人身体活动的规律作为卫生间设计的依据之一，如根据人身体活动半径来确定诸如淋浴喷头的高度，淋浴肥皂盒、盆浴肥皂盒的高度，安全把手的位置，以及以坐便器为轴心，手臂的长度为半径，确定电话分机、卫生纸盒等的位置。

此外，为了方便客人，卫生间还应选用镀层良好、平滑易干的优质镜面，使得水蒸气容易蒸发（当然，也可以采用在镜面后安装加热导线等其他方法，使镜面上的水蒸气能够尽快蒸发）。随着老龄化时代的到来，旅游者的年龄也趋向老化，为了满足老年客人的需要，一些酒店开始采用30~40厘米的低矮浴缸。

（六）实用

卫生间设施设备的选择和安装，要贯彻实用的原则。例如，卫生间的地面材料应用大块巾贴面材料，以减少拉缝。另外，由于担心感染上各种皮肤病、妇科病和肝炎等传染性疾病，客人（尤其是我国南方客人）已很少有人使用酒店卫生间的浴缸（有的甚至自带毛巾等个人卫生用品），浴缸便失去了它的作用，因此，一些地区的新建酒店可以考虑在普通客房的卫生间内不安装浴缸，而以淋浴器代之（很多豪华酒店及套间已设立了采用玻璃或有机玻璃做箱体的独立的箱式淋浴间），这样不但节省浴缸的购置费、节约劳动力和清洁保养费用，还可以节省空间，可谓一举多得。

（七）安全

卫生间的设计还应考虑客人的安全需要。国际上许多酒店在卫生间设有紧急呼救钮或紧急电话，也有供客人浴晕时用的紧急开门器。卫生间的电器开关均改为低压电器开关，电动剃须刀、吹风机等插座均标明电源种类，配备漏电断路器。此外，要保证卫生间内通风状况良好，浴缸的底部及卫生间地面要有防滑措施，浴缸墙面要有扶手杠。

三、色彩的和谐原则

无论是客房还是卫生间，在设计装修时，一定要注意运用好色彩的和谐原则。简单地说，和谐的色彩就是相配的颜色。掌握色调和谐最可靠的原则，就是遵照从自然界找到的色调规律。因此，深色适用于地板、中间色适用于墙壁，而较淡色适用于天花板。这是一个很好的通则，而且很切合实际。

有经验的建筑师和室内设计师都十分重视色彩对人的物理的、生理的和心理的作用，十分重视色彩能引起人的联想和情感的效果，注意使用色彩这一杠杆营造室内气氛，调节和修正空间环境。例如，在地面缺少阳光或其他阴暗的房间里采用暖色，可增添亲切温暖的感觉；在阳光充足的房间或炎热地区则宜多采用冷色，降低室温感；在酒店大堂、电梯间和其他一些逗留时间短暂的公共场所，适当使用高明度、高彩度色，可以获得光彩夺目、热烈兴奋的气氛；在酒店客房、写字楼等房间，采用各种调和灰色可以获得安全、柔和、宁静的气氛；在空间低矮的房间，采用具有轻远感的色彩来冲淡压抑感，反之则采用具有收缩感的色彩避免使人感到空旷；在同一个房间中，从天花板、墙面到地面，色彩往往是从上到下，明亮渐轻、暗、重，以丰富色彩层次，扩展视觉空间，加强空间稳定感。

四、客房设计与装修的发展趋势

传统的客房设计可能不会给客人留下什么印象，而具有明显个性特征的客房则一定会成为客人津津乐道的话题，为酒店的经营和品牌带来不可估量的作用。

我国酒店设计中的客房平面布置经历了长期的相互模仿、式样单一的阶段，很多本应该充满活力和创造性的酒店都被克隆成了十分相似的、通俗的面孔。在这种“通俗酒店”中，客房免不了是“最通俗”的部分。这种现象的最坏效果是在认识上影响了一大批酒店建设投资人和经营者，使他们形成了一种定式心理，认为酒店的客房一定是“刀把形”的、客房卫生间总是“黑洞”式的，让客房变成了真正意义上的“标准”客房。而这种陈旧模式所带来的种种不便、不人性、不经济则成了规范，迫使客人去习惯它，适应它。

未来酒店要提高竞争力，就必须把握未来酒店设计与装修的发展趋势，增强客房的个性化和特色化设计。

（一）客房卧室设计与装修的发展趋势

进入 21 世纪，客房卧室设计与装修将更加体现“以人为本”的理念，以客房衣柜的设计为例，已经出现以下重大创新：

第一，两面都开门的衣柜。大部分客房的衣柜都是一面开门，一面是墙。现在某些酒店套房出现了一面对着睡床，一面对着卫生间，两边都设立衣柜门的设计独特的衣柜。这样，宾客在卧室脱掉衣服，进入浴室，从浴室出来时，不用再回到卧室穿衣服或者浴袍，而是可以从卫生间直接打开衣柜门，从衣柜内拿出衣物。

第二，带抽屉的衣柜。房内宾客借用小件物品时，需要打开房门接受服务。但宾客沐浴后或者穿着较少衣服时，还要重新穿衣，不太方便。香港半岛酒店就在房门边连通衣柜的地方专门设置一个抽屉，直通衣柜。当宾客需要小件物品或者报纸时，服务人员可以从小抽屉送入，并按提示灯提示，给宾客带来了极大的方便。

第三，衣柜内的灯。客房衣柜内的灯大部分采用衣柜门碰压式开关，当打开衣柜时，灯开启，关闭柜门时，灯熄灭。实际操作中，由于宾客关闭柜门不严或者推拉门的轨道变形等原因，经常出现衣柜灯长开的现象。不仅浪费能源，还存在安全隐患，为了解决这一问题，一些酒店开始在衣柜内设置了红外线感应装置，宾客打开衣柜时，灯自动亮；宾客离开后，灯会在自动延时结束后自动熄灭。

除了衣柜以外，客房卧室的设计还将出现以下发展趋势。

第一，客房卧室以及卧室内的床有逐渐加大的趋势。随着社会的发展以及人们生活水平的提高，酒店客人对客房舒适度的要求也越来越高，顺应这种潮流，酒店的客房设计也变得越来越宽敞、大气。新建酒店的客房面积以及卧室内的床将变得越来越大。

第二，去除移动式小型集中控制器，床上只设床头灯的控制及总掣开关，房内其他灯具就地控制。

第三，去除节电牌，改为红外线与空调一体化的控制器，房间、卫生间无人时，灯就自动熄灭，有人时就保持正常的照明状况。

第四，房内灯光向顶灯、槽灯方向发展，摇臂灯及台灯越来越少用。

第五，吧台改顶射灯为背后照明，台面石材化，吧台配电热水壶，有电源插座。

第六，走火图、房门号码、空调风口工艺化，安装位有上墙的趋势。

第七，房门外有光源不强的局部照明射灯，看房门号及插锁孔更方便；门锁除电子门锁外，还会出现指纹锁、视网膜锁等。

第八，客房地面改变满铺地毯的传统，常在小过道和窗前用硬地面。

第九，客房配电脑及可移动的电脑桌、椅。

第十，窗帘逐步电动化。

第十一，对床本身的关注与改造也是一种趋势。很多酒店开始使用能够改善客人睡眠、具有各种功能的保健床。这场世界范围内的变革起源于 1999 年喜达屋酒店集团发起的“睡床革命”，其睡在“天堂般”的床上的理念一石激起千层浪，各大品牌酒店纷纷在替换高质量的被褥和床具后推出新的市场攻势，如君悦的“变革床的品质”、万豪的“重拾朝气”、雷迪森的“令人深睡”、希尔顿的“舒适的睡眠”等，威斯汀则号称向全球提供了3万张“天堂般”的床。

案例　苏州亚致精品酒店（Hotel One）的客房设计[①]

对于商务人士而言，精心设计的客房空间可以让他们在频繁的旅行、工作之余，尽情享受专属世界。有鉴于此，苏州亚致精品酒店对客房做出突破性的改革——把空间还给主人！以客人为中心，让酒店设计满足他们真正的需求！令人耳目一新的Hotel One的Workstation，其原创概念就是：把商务中心带到您的房间，让您可以自在地在房间内工作与休息，享受个人专属的数字天堂。

独到的弧形多功能商务概念桌——Workstation弧长180厘米，整合连接各种商务科技用品：笔记本、电脑、iPad、MP3、CD音乐播放器、打印输出、网线以及客房手机充电器。价值上万元的可升降调整的多功能座椅，可根据人体各部位的舒适度随意调节，37英寸的液晶数码电视，搭配影音剧院尽情享受立体音响的震撼。笔记本电脑画面可切换到液晶电视上，或是用随身的音乐播放器连接到5.1声道环绕音响，均可享受绝佳环绕影音情境。一间客房安装6个环绕声喇叭，这在全球酒店中都是罕见的。另有具备打印、复印、扫描功能的多功能事务机在一旁24小时待命；就在伸手可及之处还有Minibar供您随时享用……

把客房分机变成手机，将酒店服务延伸到酒店外，成为当今商务酒店的利器。中国移动通信与酒店合作，在国内首创“亚致一机通”，直指国际商务人士市场，让客人免去借手机或漫游的麻烦。

“亚致-机通”的客房分机即是手机，酒店的139间客房均配有手机，客人入住即可把手机随身带着走，除了在酒店外可接听所有打到房间的来电，还有一键式的24小时贴身秘书服务，其中包括为语言不通的客人进行语言沟通等。如外国客人不会讲中文，在出租车上与司机讲不清楚，只要一按手机，酒店就能直接与司机沟通。

房间最有特色的设计，可说是那只嵌在门口衣柜中的“管家服务箱”了。需要换洗的衣服、要擦的鞋子和一切临时需要添补的物品可以随时放进去，另一扇门则开在房间之外的走廊里，服务员可以立即取走和放入，而不必打扰客人。总之，客人在房内不便时，任何物品的递送都不必开启房间，这是高度人性化的绝妙创意。

---

① 资料来源：王大悟．精品“亚致”超凡价值．饭店世界，2008（02）．

（二）卫生间设计与装修的发展趋势

一家酒店卫生间的档次，代表了客房的档次，某种程度上也代表了酒店的档次。近年来，设计师在卫生间上的着力、业主在卫生间上的投入，明显不同以往。随着消费市场的多元化，以及新技术、新材料、新产品选择应用余地的加大，酒店卫生间也一改传统千篇一律的老面孔，呈现出多种发展趋势。

虽然卫生间的传统布局及设备配置并未有较大改变，但内容及设施上的升级换代却一刻未停，这使客房卫生间在保有传统功能性、方便性、舒适性、耐用性等特征的基础上，在智能化、人性化、环保化方面，也取得了与这个时代的发展相一致的长足进步。随着设计技术的提高及大量高档装修材料、灯具及卫浴设备的采用，客房卫生间的美观度、时尚感、洁净度及豪华感，也在与日俱增。

1. 布局上的变化

现在新设计的五星级酒店，房间轴线宽度一般做到了 4.2 米，有的达到了 4.5 米，长度达到了 9~9.5 米，这给室内设计师的平面设计留下了极大的创作余地——卫生间不再一定是规则的长方形，衣橱也可能做在卫生间一侧，从小走道（或卧室）或卫生间均可取用换洗的衣服；进出卫生间也不再是一扇门，可能是一对移门或平开门（香港四季）；座便器可能像淋浴房那样，有独立的一小间，使得整个卫生间的整体感更强；卫生间本身或有两个出入口，一个到小走廊、一个直通卧室，宾客在使用时更为便捷（成都香格里拉）。总之，在卫生间空间感大大增加后，有些套房的布局开始被标间采用，给宾客带来耳目一新的个性化感觉。

2. 风格上的创新

虽然有很强奢华感的欧式或者现代古典欧式设计仍然是某些设计师及新富阶层的最爱，但某些现代时尚的装饰材料，如大面积的玻璃（有时是特种艺术玻璃）、镜子、不锈钢，超现代风格的吊灯壁灯，也开始在卫生间的装修中得到应用，代替了传统的石材、壁纸、瓷砖（抛光砖）等。

3. 功能上的多元化

卫生间最基本的功能是满足客人盥洗、如厕、淋浴等个人卫生要求，而在 21 世纪，除了这些基本功能外，卫生间将成为宾客健身与享受温馨的空间，其设施性能、室内装修等都有了相应的改变。

在卫生间的诸多功能中，化妆功能将得到进一步强化。台面应可以让客人摆放各种自带的梳洗、化妆用品。为此，台面要宽阔。此外，一些酒店化妆台除正面使用大面积的镜子外，侧面还设有供化妆、剃须用的放大圆镜，豪华饭店的卫生间镜面后还装有加热导线，以提高温度，消除镜面雾气。

此外，包括三星级在内的越来越多的饭店还在卫生间放置磅秤和安置吹风机，以满足客人保健和美容美发的需要。

4. 设施的现代化

现代化的卫生间设施设备将为客人提供更加方便、舒适的享受。

（1）具有保健功能的按摩浴缸。很多高档饭店竞相在豪华套间设置冲浪式浴缸，以显示档次，其四周与下部设有喷头，喷射水流冲击人体肌肉，起到按摩作用，以消除疲劳，恢复体力。

（2）将出现方便、舒适的自动化马桶。客人如厕时，可根据需要调节坐盖的温度。如厕结束后，可自动冲洗下身（水温要自动调节），并带有自动烘干装置。

（3）在卫生间安装音响和电视。为了使客人在使用卫生间（如在浴缸沐浴）时得到彻底的放松和享受，越来越多的酒店除了在卧室内安装音响以外，还将在客房卫生间安装音响设施，以便为客人提供更加舒适的享受和高标准的服务。除了音响以外，有的豪华饭店甚至在卫生间内安装小电视，方便客人随时收看经济行情、重要新闻、球赛和各种娱乐节目。香港四季酒店就是这方面的典范，它将液晶电视装在台盆后的洗面镜子上，不使用时，是一面镜子；使用时，宾客躺在浴缸内或洗脸刷牙时也能观看，实现了功能与美观的完美统一，让人拍案叫绝（见图 1-7）。

图 1-7 Ritz-Carlton 酒店卫生间浴缸

（可以边沐浴边看电视——图中白色反光处为电视机屏幕）

（4）卫生间不用排风扇。为了降低噪声，卫生间不采用排风扇，而采用管井集中排风。

5. 独立的淋浴装置将在客房卫生间装修中大行其道

越来越多的酒店将在其客房卫生间设独立的箱式淋浴间，且多为拼装结构，采用玻璃或有机玻璃箱体。这一趋势将从很多豪华酒店及套间发展到普通酒店的普通房间。在一些热带国家和地区，还可能出现用这种独立的淋浴装置替代传统的浴缸的趋势。

6. 浴缸朝大体量、SPA 化方向发展

虽然在设立淋浴房后，浴缸大部分时间是一个摆设，但国际五星级酒店客房浴缸的配比比例仍旧非常高。浴缸在提升一个酒店卫生间的空间感觉及档次形象方面，确有其他卫浴洁具不可替代的优势。近几年，浴缸更是朝着大体量、SPA 化方向发展，浴缸越深、越宽，则越可增加豪华感，SPA 型浴缸则在别具艺术感的造型及更丰富完善的功能上大做文章。除冲浪、按摩双系统浴缸外，还有泡沫型、瀑布水流型、带溢水槽型浴缸，有些浴缸甚至还带有能使水不断变色的幻彩等功能。

7. 卫生间的空间扩大化

酒店卫生间空间的总趋势是面积越来越大。我国饭店星级评定将卫生间的面积定为4~6平方米，这与国际上三件套设施（洗盆、浴缸、马桶）卫生间的面积相同，但对五件套设施（增加净身盆和箱式淋浴器）的卫生间来说，需8~10平方米。豪华卫生间的经典之作当属香港丽晶酒店的海景套间，其卫生间面积达36平方米，拥有豪华的按摩浴缸及独立的桑拿浴室，卫生间三面采用大面积镜子，将迷人的维多利亚港湾风景采用借景的手段尽收眼底，沐浴在按摩浴缸之中，仿佛置身于蔚蓝的大海，令人心旷神怡。

8. 卫生间的灯光设计更加人性化

客房卫生间大部分照明开关集中为一个或者两个，虽然方便了宾客，但夜晚宾客睡梦中去卫生间时，一打开灯便照醒了睡梦，个别宾客因此很难再次入睡。香港半岛酒店在卫生间照明开关设计上分设了夜晚模式，宾客夜晚去卫生间时，按夜晚模式，卫生间则只出现微弱的灯光，既不刺眼，又方便了客人如厕。

9. 节能型洁具将在卫生间普遍采用

为了节约经营成本，建设绿色环保型酒店，各种节能型卫生洁具将在卫生间普遍采用。

10. 卫生间的“开放化”

迄今为止，酒店客房的卫生间基本上都是一个“小黑箱”（Little Black Box），而今后的设计将更趋向于有连通外部空间的窗户和回归自然的气氛，特别是在度假酒店中的单人房内更应倡导这种客、卧室相通（可以用玻璃隔开，也可以在卫生间内加PVC卷帘），使客人通过落地窗欣赏户外景观的设计风格和理念（见图1-8）。

11. 卫生间的设计将更加注重“美感”“温馨”和“浪漫”

卫生间将力图为客人创造温馨、浪漫、富有美感的情调和氛围。高档、豪华酒店将在洗面台、镜面、浴缸等位置陈设或安装一些特别的工艺品、装饰画、插花等，同时，要为每一件陈设品安装相应的低压石英灯照射。

图1-8 卫生间的开放化，使客人可以通过落地窗欣赏户外景观

此外，卫生间的设计与装修还将出现以下变化趋势：

- 在卫生间内安装艺术画；
- 在卫生间内安装“呼叫”和“请等候”按钮，以便在出现紧急情况或在客人使用卫生间期间有来访客人敲门时使用；
- 沐浴液、洗发液改为盒装，挂墙。

链 接 世界最豪华酒店——“七星级” BurjAl-Arab 酒店（迪拜）

BurjAl-Arab 酒店

五、智能技术在酒店设计与装修中的应用

随着科学技术不断提高，各种现代化、智能化设施设备管理技术越来越多地应用在酒店的经营当中，为酒店开展人性化、个性化的服务提供了完善周到、可靠先进的技术支持。新建酒店或旧酒店改造时，要注意以下智能技术在酒店中的应用。

（一）智能门锁系统

电脑智能门锁的锁舌为防撬、防锯的锁舌结构，为防止客人开锁后忘记拔卡，智能门锁等卡拔出后才开启。一旦转动把手后立即锁上，防止有人跟踪进门。如果客人未关好房门，门锁会自动报警提示，同时智能门锁可与酒店管理系统接口使用，以实现酒店信息资源统一化、网络化管理。现在酒店内常用的智能门锁主要有 IC/磁卡门锁、TM 卡门锁和射频门锁，同时智能门锁卡还可以一卡多用，可以开门锁、保险箱、取电、付费、乘电梯，具备安全、方便、易管理的特点。

（二）智能保险箱

智能保险箱将智能卡技术、微电子技术、电磁技术和机械制造技术有机地融为一体，是高科技的结晶。有密码、IC 卡、TM 卡、液晶显示等多种规格，其钥匙都采用与开门卡统一的智能卡，安全性高、管理方便，而且可以与房间智能控制器、门锁一起联网到中央监控系统，一旦遭到非法侵犯就会自动报警。客人退房时，前台甚至可以看到保险箱的开关状态，提醒客人以免造成遗漏，真正体现“影子”服务。

（三）智能客房中心

智能客房中心（IGC）由智能门锁、智能卡、智能身份识别器、门磁开关、联网组件（网络控制器、转接器等）、智能管理软件系统（包括能源管理系统、服务管理系统、安全管理系统和互动平台等）组成。通过智能客房中心，酒店可以提升服务细节品质，提供“贴身侍从”般的服务。例如，客人到前台登记入住时，前台员工可以通过远程控制系统，打开房间灯光和空调；打开电视，带有客人姓氏的问候语映入眼帘，使客人有宾至如归之感；当客人不在房间时，检测系统会及时提醒中心控制人员，及时通知服务人员进行清洁，退房预告功能可以将客人下楼结款的时间减到最短；特别是当白天房间无人时，如果房门一直处于打开状态或客人晚上入住后门未锁好，智能客房中心会自动提醒服务人员对该房间进行检查，大大提高了安全性能。由于管理系统控制中心界面上包括了正在维修、清洁请求、呼叫请求、V/D 房、V/R 房、维修房、正在清洁、房门打开/关闭、保险箱开/关、客史档案自动弹出、温度显示等 20 多项状态显示并可实时查看，使得对客人的多种需求的关注程度大大提高，真正体现以客人为中心的关注焦点。

（四）智能数码电视

万豪国际集团宣布，旗下酒店在其客房及酒廊安装纯平数码高清晰度电视机（HDTV）。这批电视机有一个独特设计，就是它带有一个连接面板，置于桌面可以令客人有足够的电线和其手提电脑、个人数字助理（PDA）、DVD 播放机、MP3 播放机、摄像机及电脑游戏连接至电视机。客人只需插入设备，连接面板就会自动进行系统设置程序，无论商务旅客还是休闲旅客，都可以享受数码科技带来的便利和乐趣。

第四节 特色客房

链 接 **雅戈尔的特色客房**

雅戈尔是我国的衬衫名牌，但早在 2002 年时，雅戈尔就进军了酒店市场，在苏州市中心观前街买下了一栋烂尾楼，打造成一家有 200 间客房的四星商务酒店。酒店连年盈利状况极佳，最高年份的纯利润超过 2000 万元（已扣除折旧），最低也有 1000 多万元。

雅戈尔的成功归于很多因素，其中一个重要因素是其极富个性的特色客房设计。这种主题化的特色客房既提高了客人满意度，也扩大了酒店的知名度和市场吸引力。

除去行政楼层的 52 间高级客房外，酒店从楼层到客房的装潢各有特色，形成不同的鲜明主题。如“绅士之家”“时尚天地”“七彩世界”“天长地久”“玫瑰之梦”“北欧风情”“现代中国”“华丽西班牙”等，各种主题别具一格。

——“绅士之家”突显精致稳重的现代设计，提供具有商务和生活双重功能的空间，深得商务人士的青睐。

——“七彩世界”是专为中国的年轻人设计的。橙黄的床帘、艳红的床靠垫、嫩绿的躺椅、时髦的环状吊灯、雪白的床罩上有英文字和圣诞花，鲜活跳跃的色彩使其成为多数年轻人的选择。

——“天长地久”是酒店特意打造的婚房，长悬的中国结、高挂的宫灯、喜气洋洋的红地毯、剔透的木框窗棂、若隐若现的镂花白帐幔，是典型的中国传统婚房的布置，深得欧美客人的喜欢。

——“玫瑰之梦”是专为女性设计的居所，既具有古典的浪漫，又具有时尚韵味，为讲究品位的女性提供舒适、温馨、高雅又略带几分神秘色彩的休憩空间。客房充满青春气息，写字台又是梳妆台，台灯、床头灯都是绒状毛巾灯，显得特别柔和。

——“华丽西班牙”采用西班牙家具摆设，古典、庄重、宽敞，给客人一种至尊无上的感觉。一位日本商人特别钟爱这间客房，每次来苏州，必住此房。

由此可见，越来越多的客人已经厌倦了长期呈现千篇一律的“标准”客房模式，他们更希望在客房内也能够有一些新奇的享受和经历，能有一些与众不同的收获和感受。因此，酒店应开发各类具有个性色彩的新概念主题客房和各种特色客房，如温馨客房、女性客房、商务客房、度假客房等。为了满足不同客人的偏好，制造客房卖点，一些酒店还推出了奥运冠军房、无烟客房、中式客房、明星客房、金钥匙执行官房等特色客房，取得了很好的效果。

一、女性客房

时下，个性化的女性客房（见图 1-9）、女性楼层颇受青睐。一家酒店在开设女性客房时曾做过市场调查：通常，酒店入住率达到 70%～80%时，女性楼层的入住率会达到 100%。实践证明，女官员和女老总等对女性客房青睐有加。

图 1-9　私密、高雅的女性客房

“安全、卫生、温馨、方便”，是女性客人入住酒店时最为关心的问题。因此，女性客房必须体现以上特点。女性大多比较胆小、敏感，加之单身女性独来独往的习惯，更需要饭店尽量为她们提供一个安心、称心、舒心的住宿环境，确保其个人人身、财物、心理与隐私等各个方面的安全，并在接待服务的各个细节上使她们感受到尊重和理解（见表1–5）。

装修、装饰女性客房时，可以考虑以下做法：

- 客房内设置紧急呼叫按钮；
- 客房具备良好的隔音效果；
- 客房内放置针对女性客人的安全提示说明；
- 客房内放置精美的时尚杂志，供客人休闲时翻阅；
- 客房中每日准备各种鲜花干花，视需要提供时令水果；
- 保持客房干净、整洁。相对而言，女性客人对客房的整洁有序更为关注，因为想要拥有一尘不染与一丝不乱的居住环境不仅是女性的天性，更有助于她们拥有一份惬意、良好的心境；
- 浴室内配备品牌洗浴用品及女性专用卫生包，以体现对女性客人的照顾；
- 客房中放置为女性客人“量身定制”的送餐菜单，为不愿到餐厅用餐的单身女性客人提供方便。

表1–5　女性客房布置要求

区　域		设施用品配置	说　明
客房	房　间	高档雅致的品牌家具 彩壳电器 环绕音响系统(配时装光碟等) 互联网接口 宽大舒适的床 色彩明快的沙发和靠垫 明亮时尚的走入式衣柜,内备熨衣板、电熨斗 宽大的全身镜 家居化的高品质床上用品 精致的饮具和花草茶等饮品 熏香	提供与国际接轨的中产阶级生活方式 满足女性自恋,兼顾生活与生理基本需求 营造小资情调 免费上网服务
	卫生间	盆栽花木或鲜花 面积宽敞,光线明亮,装饰典雅 光源调节器 化妆镜与化妆凳 品牌卫生用品 女性客人就餐专区	满足女性化妆及生理方面需要

链接

女性客房“万花筒”

——“女性客房”经营集锦

专职管家，温馨服务

住进把25层至27层3个楼层共28间客房专门辟为女性客房的上海瑞吉红塔大酒店，会体会到一种独特魅力：暖色调的客房布置、一束幽香的百合花、品种繁多的水果、护肤品和香水以及受欢迎的ELLE杂志等。酒店公关部协调员陆小姐告诉记者，在女性客房，服务员会留心果盘里缺少的水果品种来猜测客人的喜好。客人入住后，专门的女性专职管家可以在客房内为客人办理入住登记手续，而且24小时服务，甚至可以帮忙熨衣服、打包行李。

女性客房的硬件配备和软件服务都力求贴近女性，如郑州金质大酒店每间女性客房都放置了一个贵妃椅。北京温特莱酒店则准备了洋娃娃等小玩具或小饰品，从细节方面讨女宾客的欢心，客人在前台登记时，服务人员若发现单身女宾客或搭伴的女宾客，就会主动推荐其入住女性客房，但如果女客人吸烟，为其他人着想，则不建议她们住女性楼层。

女性客房，“男士禁地”?

在瑞士的苏黎世，有“谢绝男士入住”的女性专用宾馆，职员都是清一色女性。上海瑞吉红塔的女性楼层为了突出特色，则专门设置了女性专职管家。那么，“女性楼层”是否会成为“男士禁地”呢？一些不享受这些服务的宾客会不会有不舒服的感觉呢？记者在采访中了解到，一些酒店的女性楼层会摆出“男士止步”的牌子，如果有陌生男性出现，保安人员会礼貌地询问他是否走错了楼层或提示“这是女性楼层，请您谅解”等。有的酒店则允许男性访客白天到访，晚间则需要到专门会客区或茶餐厅。酒店一般不允许男士入住女性楼层，也有酒店允许，还有的酒店在普通客房满员的情况下，会取消女性楼层，不分性别地让宾客入住。

瑞吉红塔酒店的陆小姐告诉记者，作为五星级酒店，入住女性客房的皆为高端商务女性，事务非常繁忙，接待男宾客都是到特定的场所，所以酒店还没有遇到过男访客到来的情况。

房号保密，安全第一

世界各地众多酒店纷纷开设的女性客房，除了从硬件上考虑女性需求之外，从女性最敏感的安全考虑，其房间号码通常对外严格保密，不经客人同意，外来电话不随意接进。

二、儿童客房

近年来，美国饭店纷纷为跟随父母出游的儿童单独安排适合儿童特点的用房。假日饭店集团所属的饭店早在2001年已经拥有1100个“孩子套间”（Kid-suite）。这类房间色彩鲜艳，墙上可能是热带雨林的壁画，也可能是别的什么吸引孩子的东西。但房间较一般客人用房小，房内放的不是常见的单人或双人床，而是双层床，可供两个孩子使用。房内也放有电视机、DVD机以及电子游戏机等适合孩子需要的物品。波士顿Ritz-Carlton饭店则为孩子提供“孩子总统套间”（Junior Presidential Suite），内有孩子浴室、玩具箱、手工艺品以及放有各种健康食品的电冰箱，房价每晚高达700美元。

三、健康客房

近年来，消费者对健康问题日益重视，为了迎合这种需求，提高酒店客房的吸引力和竞争力，国内外很多高星级酒店纷纷推出“健康客房”理念。

所谓“健康客房”，是指酒店在健康理念的指导下，通过配备全套健康睡眠用具以及保健设备（如健身设施、桑拿按摩设施等），满足客人对健康需求的一种特色客房。很多健康客房以高科技生物产品为依托，为顾客营造一种健康、舒适、人文的休息环境。健康客房的目标客户主要集中于高层次的商务客人，这些人经常在外奔波，工作压力大，精神紧张，不同程度地存在睡眠不足、睡眠质量不高、身体抵抗力下降、疲劳等问题，即处于“亚健康状态”。正因如此，一些专为此设计并生产的产品应运而生。珠海市某生物工程科技有限公司推出的“健康睡眠系统”产品，依照人体生理曲度设计，能提供舒适的睡眠条件，为客人提供多种选择，如客房的枕头有5种类型、3种型号的枕芯，所有产品中都含有获得专利的功能性物质——天年素，能把来自于人体和周围环境的能量转换为生物能作用于人体，这种生物能可以与人体内的水分子产生共振，从而活化细胞、扩张血管、增加毛细血管的血流量，显著改善人体微循环，使细胞内酶的性质发生变化，从而达到增强代谢功能和免疫功能、降低血乳酸、消除疲劳的作用。该产品还具有抑菌、抗螨、防霉的自洁功能，可保证贴身使用的清洁卫生。国内一些酒店专门开辟了“健康客房楼层”“非吸烟楼层”等，顾客回头率明显高于其他客房，产品销售业绩不俗。

四、主题客房

主题客房的类型很多，如新婚客房、民俗客房、海底世界客房、太空世界客房等。饭店还可根据不同历史时代的人文现象进行主题的选择和设计，这种人文现象既可以是现代的，也可以是历史的，甚至是远古的，抑或是未来虚拟的，如史前客房、未来主流客房等；饭店更可以形形色色的历史文化作为主题切入口，设计各具特色的历史文化客房。

以北京某五星级饭店为例，其在制订装修改造方案时，聘请饭店专业的品牌形象设计公司对客房的主题文化进行了全面的设计，将 12 个楼层的客房，按照中国的 12 个不同朝代的主题划分，用不同朝代的典型建筑风格和装饰风格来营造不同朝代的文化氛围。同时，该饭店还聘请音乐家精心挑选各个朝代最典型的音乐，在不同楼层的客房内播放，使得饭店的音乐艺术恰如其分地配合不同朝代的文化特色和经营主题，让客人一进入客房就能充分体验到中国悠久的历史和不同朝代的文化氛围。这不仅是从视觉、触觉等方面去营造符合各个朝代的主题，还运用音乐艺术来达到听觉上与其他感官体验的统一。

主题客房大都出自于主题酒店。主题酒店是世纪之交国际酒店业的新宠。最早推出这一新概念的是美国勃鲁斯接待业物业公司在芝加哥创建的勃鲁斯饭店和美国硬石咖啡国际连锁集团在印度尼西亚巴厘岛兴建的硬石酒店。继之纷纷涌现的有拉斯维加斯的主题酒店群落（以好莱坞为主题的米高梅酒店、以金字塔为主题的金字塔酒店等），以历史音乐为主题的维也纳公园酒店，以雅典卫城为主题的雅典卫城酒店，等等。我国酒店业紧随其后，以意大利水城威尼斯文化为主题的深圳威尼斯皇冠假日酒店于 2001 年 10 月试营业，率先引进主题酒店新概念并尝试实践。而后，全国各地以各种主题文化为标榜的一批主题酒店脱颖而出，诸如道家文化、儒家文化、三国文化、温泉文化、草原文化、养生文化、茶文化、乒乓文化、赏石文化、海洋生态文化等，层出不穷，受到市场的追捧。

五、公寓式酒店客房

公寓式酒店客房可将睡觉、做饭、就餐、洗澡、工作集中于一室，非常实惠。在美国，这类酒店的房价一般在 40~100 美元之间（依档次、城市、地段、预订方式而有所差别）。这与相对应的经济型酒店相比，价格未必贵，但要舒适方便得多，这就是公寓式酒店近年来深受市场青睐的缘故。

美国的“多宿”公寓酒店（Extended Stay Hotels）在全球酒店排行榜上排名第 14 位，并被《财富》杂志评为全球 100 家快速成长的公司之一。纵观包括莫泰在内的所有可称之为酒店的住宿设施，多宿酒店连锁是最能贴近“家”的现实、最能提供“家”的实惠的酒店，其性价比也很高，能吸引最广泛的大众市场。其单间公寓（Studio）就是指一室加小厨房和卫生间。进门就是小厨房，与客房连为一体，客房 26 平方米，厨房约占 4 平方米，另有卫生间 4 平方米。房间的亮堂得益于顶灯，房内既有吸顶灯，又有两只封罩的大照度日光灯，两种灯全是白光，映射着浅绿缀黄点的地毯、米白色的粉墙和一幅百花展艳的工笔画。房间明亮而简洁，从门角、墙角到卫生间，凡拐弯处均有 1 米高的不锈钢包角。两个 1.5 米的床，床头搁一小长方桌，上有台灯，另一头是两个灯，一个供躺在床上的照明，一个为靠在沙发上阅读书报，宾馆酒店里传统式的圈椅、小圆桌和床头柜等在这里都被淘汰了，取而代之的都是现代家庭中常见的摆设。卫生间配有浴巾4条，毛巾3条，面巾3条。在厨房的洗碗盆边还备了4块白底花格的洗碗布，烘托出温馨的家居感。厨房里有微波炉、电磁炉、特大冰箱、咖啡壶、烤面包机，碗柜里锅、碗、盆、勺、刀、叉、锯、铲、杯、筛、开瓶器、滴水架等餐具和厨具应有尽有。客房和厨房的插座很多，为客人提供了极大的便利。这样的客房特别适合数人同住，有工夫的可一日三餐都在酒店自己做。白天在外的，也可以舒适地吃上顿丰富可口的早餐。在这里，匆匆一夜的过客是不多的，大多是住2天以上的小群体和家庭。

由于餐饮背景不同，公寓式客房在中国的推广有一定的难度，不会像欧美那么普及。这是因为，在中国，无论大小城市，高、中、低档的餐饮丰富、便利，应有尽有，绝大多数住宿客人毫无必要自添麻烦去做饭。更重要的是，中国烹饪方式与西方截然不同，美国酒店放上微波炉和电磁炉即可解决炊事问题，而中国人做饭，必须要起油锅，这会使得房间变得肮脏陈旧，这是酒店的大忌。因此，公寓式酒店客房如何开拓本土市场，尚需探索。

链　接　　**丽思卡尔顿酒店公寓**

广州富力丽思卡尔顿豪华公寓是一家高星级酒店公寓，同时也是丽思卡尔顿在中国的首家公寓（见图1-10）。公寓位于大楼的6层到19层，拥有独立的电梯和专用大堂。房型包括两厅一房、两厅两房、两厅三房、两厅四房，单位面积由111到275平方米不等，其空间的宽敞为城中之最。

公寓的硬件配置充分考虑长租客人的生活所需。所有公寓单位均配备免费的有线及无线宽带上网、直线IDD电话及语音信箱系统，在客厅、卧室及主卧洗手间内均配有平面液晶电视，接入有线及卫星电视频道。丽思卡尔顿定制的进口床褥及床枕用品、巨大的步入式衣帽间、顶级家庭影音系统和全套进口家电配置的厨房为住客提供了居家生活的必备品。此外，还可以根据住客的要求定制的个性化信笺、名片和办公用品等个性化服务和设施彰显了丽思卡尔顿服务的细致。

如果住客需要在公寓里举办私人派对或商务宴请，酒店的各国名厨可以马上变身私人大厨，上门服务。富力丽思卡尔顿豪华公寓的7位私人管家为住客悉心安排家政、交通、医疗、婴儿托管等事务；公寓穿梭巴士直达城中所有的国际学校、主要商业区和购物中心；购物管家是最理想的私人导购，甚至可以每日代购新鲜肉类和蔬果，让住客打开冰箱就可轻松下厨。

此外，公寓的住户还可以尽享酒店的餐饮和休闲设施，包括每日在酒店餐厅免费享用自助早餐、免费的24小时健身中心和酒店餐饮的折扣优惠及优先服务等。

图 1-10　广州丽思卡尔顿酒店公寓（左：厨房，右：起居室）

六、残疾人客房

残疾人客房的设计要同时考虑行走不便（包括老年人——据联合国人口司预测，到2050年，全球60岁以上人口可能会增长2倍，达到20亿人）和失聪失明残疾人的使用。特殊性的设计有：选用合适的坐便器，旁边设置扶手架；卫生间紧急呼叫的选用，要保证安全；卫生间电话、手纸盒位置的确定以方便客人取用为原则，可放在前方或侧前方；开关、电梯和电话按钮数字要凸起；设置高低不同的盥洗面台，水龙头变正前方为侧方。另外，残疾人客房最好取消地毯，改为铺设防滑木质地板，方便轮椅行走。北京亚运村内某酒店为迎接参加残运会的运动员，还特意将电梯门、客房门加宽以便于轮椅出入。

七、无烟客房

除了上述类型以外，无烟客房也是一种特色客房。有的酒店会把无烟楼层称为“洁净空气区”，在明显位置摆放敬告房客及来访者不要吸烟的告示卡，通常在置放烟缸的地方摆上一盘糖果，盘中附条提醒客人这是无烟客房。酒店还要求装修工人不得在现场吸烟，同时规定客房服务员不可吸烟。

本章小结

- 客房是酒店的心脏，是酒店为客人提供服务的核心部门，也是酒店收入的主要来源。
- 客房部的主要任务是：保持房间干净、整洁、舒适；为客人提供热情、周到而有礼貌的服务；保障酒店及客人生命和财产的安全以及确保客房设施设备时刻处于良好的工作状态；负责酒店所有布草及员工制服的保管和洗涤工作等。

> 客房设计与装修的原则：安全性、健康性、舒适感、实用性和美观性。
> 卫生间设计的原则：宽敞、明亮、舒适、保健、方便、实用、安全、通风。
> 进入21世纪，酒店客房和卫生间的设计和装修呈现出一些新的特点，卫生间更加讲究宽敞、开放，以淋浴代替浴缸，而卫生间功能上的多元化、设施的现代化等也将成为未来的发展趋势。
> 各种智能技术将在未来客房设计与装修中得到广泛应用。

思考题

1. 试述客房部的地位作用。
2. 客房部的主要任务有哪些?
3. 谈谈你对酒店特色客房的看法。
4. 客房设计的一般原则有哪些?
5. 如何进行卫生间的设计?
6. 简述客房卫生间的发展趋势。

案例分析　上海世茂皇家艾美酒店客房设计①

近年来，国际酒店顶级品牌相继登上上海大舞台，最引人注目的是喜达屋(Starwood)旗下声名显赫的“艾美”品牌——世茂皇家艾美酒店（Le Royal Meridien Shanghai)。

酒店位于上海最核心的南京路西藏路口，66层的建筑拔地高耸，成为浦西最高的地标，同时也给上海带来了新时代的欧式奢华享受。酒店为世茂大厦8至66层，拥有770间（套）客房，虽然最低房价也要3300元，但依然一房难求。本文对最能反映酒店水平的客房做一描述。

现代的豪华已不再是通过堆金砌银来显示的了，对于什么都已拥有和享有的富商大贾来说，赤裸裸的“黄金”反倒显得俗气，不会引起他们的在意和惊奇。现代奢华，是时尚感、舒适感、便利感和安全感的高度融合，时尚中，当然包括了装潢设计及其材料和用品，但这些必须紧扣客源市场宾客实实在在的需求。

1. 布局：一个豪华的大床单间总面积约34平方米，其功能分割为内间卧室23平方米，外间5平方米，卫生间面积6平方米。卧室呈方形，这在酒店中很少见，

① 吴彩芳. 上海皇家艾美酒店客房素描. 饭店世界，2007（6）.

约4.8米×4.8米，这样床尾留出的空间很大。外间与卧室并无隔离，用12毫米厚的竹纹磨砂玻璃做了遮掩，内外间的区别在于内间为地板，外间地面铺设白底灰纹的意大利大理石。客人进门直接就是外间的宽敞空间，不存在一般房间的玄关。而卫生间则由三个部分构成，一是1.3平方米的马桶间，二是1.7平方米的洗浴间，洗脸池另辟出1.5平方米，就放在外间。

2. 材料：这是表现现代装潢时尚的一种重要元素。玻璃、不锈钢和镜子的客房组合结构给人以强烈的视觉冲击。卫生间外向的壁面全部由厚玻璃围起，面对卧室的一面是透明玻璃，卧室一面有电动按钮方便升降遮窗。室内的柱子、横杆、把手，乃至台灯，都是锃亮鉴人的高级不锈钢，清新、简洁、赏心悦目。外间橱柜是全立面的镜子，也就是说一进门的右手边等于是“明镜为墙”了，外间洗脸池上也是大圆镜，在卧室里也有一面落地长镜和一面半身镜。镜子既方便了客人的梳妆整理，也映射出客房的豪华，加大的进深在视觉上拓宽了客房的空间。

3. 色彩：这是表现现代时尚风格的又一要素，高雅、简洁、明快是其典型特征。酒店的客房没有姹紫嫣红，没有金碧辉煌，而是凸显出一种淡淡的美，透析出一股柔柔的温馨。客房的四壁由浅米黄、浅灰白和由深、黑、白三种颜色交错的垂直平面勾勒出室内的基本框架。地毯是浅米黄底色上缀深褐与纯白弧形交叠的图案。墙上的绘画没有动物、植物、人物，而都是现代派的朴素色彩，如床头上方的一幅50厘米×200厘米的条幅图，就是在白色布纹上自然散撒了落英缤纷的七彩斑点与线条。在这样的色彩环境中，客人可以感到轻松、宁静和安谧。

4. 卫生间：这是所有酒店的重头戏，在艾美酒店又别有一番情趣。除了布局上的分隔和液晶玻璃材料的应用外，该酒店在设施上也为客人的便利做了充分考虑。浴室配有盆浴和淋浴两套设备。浴缸除了冷热水龙头外，还有一个固定冲淋器和一个手提冲淋器。而淋浴位置上方安置的是热带雨林式的大冲淋头，边上还有一个手提的移动冲淋器。一间客房的卫生间备了4个冲淋器，这是极为周到的。

外间的洗脸区域也很别致。艾美酒店一改卫生用品都放在盥洗台面上的传统做法，在客人洗漱站立位置竖起一个分四层的玻璃搁柜，除肥皂外的所有洗漱卫生用品都分置4格中，一格放毛巾，一格放牙刷、梳子、口杯等，一格放免费赠送的矿泉水，最上面一格是一个小榕树盆景，颇有情趣。

5. 灯光：任何酒店要真正营造“家”的氛围，顶灯是必不可少的。一间客房装修得再好，没有顶灯，也绝对不会有家居的感觉。艾美客房的顶灯与众不同，它是分别通过9个小射灯从天花顶上照射到房内各个部分，光线分布均匀、柔和，各个局部都能有顶射光线，但又可分别调控开关，互不干扰。其中卧室3个，外间2个，洗脸池1个（再配2个柱形吊灯），马桶间1个，洗浴间2个。当然，这样小射灯的安装也有安全保障，不会发生大顶灯意外跌落的危险。

床头两侧各有一个隐在墙内的读书灯，客人若要躺在床上看书，只需随手将灯拉出，灯光可方便地360°自由旋转调节，且能适合任何睡姿和位置。

写字台也是全透明玻璃，长1.4米。台灯很有趣，是一支像弯刀刀鞘状的不锈钢弧形细杆，内装一支长70厘米的日光灯，既照亮整个桌面，又仿似一件艺术摆设。

6. 空间利用：按说单间30多平方米的面积算很大了，但酒店在设计中还是尽量利用有效空间，使客房显得更宽敞。整个客房内除双人沙发外再没有任何笨重宽大的家具和物品，立体柜面均压缩，且不落地，便于整理打扫。

- 冰柜45厘米×50厘米，离地10厘米，里面塞满了20多种不同的饮料，而所谓的“酒柜”就是开放式的两层搁板，体积仅30厘米×75厘米×25厘米，上层放着红酒、香槟、大瓶矿泉水、小零食等放不进冰柜的饮料、食品，下层放着杯子、开瓶器、调酒棒等用品；
- 衣柜高2.2米，但分两层，上层显然高度太高，于是设计成拉杆型的，只要把拉杆轻轻一拉，整个挂衣架就移出门外，并降到1.4米的高度，取挂衣服比在衣柜里还方便。这样就腾出下层，可放其他行李和细软杂物；
- 43英寸的液晶平板电视机嵌入墙内，机前仅有一窄窄的小柜，放置VCD；
- 保险箱放在衣柜一侧不显眼处，保险箱的形状是为商务客人放置手提电脑设计的，具有宽、扁、深的特点；
- 交流器的插座配有多种孔眼，还有上下两层宽带上网插口，而这些都隐装在写字台内侧的一个翻盖盒内，用时翻下，不用时就收缩回盒内，既整洁美观，又节省了空间。

问题：对于上海世茂皇家艾美酒店客房设计，您是否认同，为什么？

【补充与提高】

谈客房的电源开关与插座①

客人入住客房，少不了与电源开关和插座打交道。开关与插座的使用方便与否，直接关系到酒店的服务质量与水平。

不少酒店在建设装修或改造装修过程中对此事并不太在意，于是出现了以下这些

① 陈文生. 谈客房的电源开关与插座. 中国旅游报，2008-04-30.

给客人带来诸多不便的情况：

- 客房卫生间的电灯开关装在卫生间内，客人只能凭经验和手感在黑暗中去摸索开关；
- 由于卫生间的毛巾架安装位置不当，挡住了备用电源插座，使用电动剃须刀或电吹风时，只好拉下毛巾；
- 壁橱里装一个未必需要的电灯，当橱门关不紧而无法碰到电灯开关时，则造成漏光，影响客人睡眠；
- 迷你吧摆放着电热水壶，但找不到插座，宾客只好移到卫生间烧水；
- 若想在化妆台使用电吹风或手提电脑，因台面上方的墙上没有备用插座，往往要爬到桌子底下寻找，若没有备用的插座，则只好拔去台灯或电视机插头将就；
- 若想为手机充电，要么使用落地灯电源插座，要么拔去电视或台灯电源插头临时凑合，而由于这些电源不是不间断电源，客人出去办事回来后才发现并未充上电，耽误使用；
- 客人并没有“请勿打扰”的意思，只因打开其他开关时顺手把装在一排的其中“请勿打扰”开关打开，造成服务员判断失误而影响工作；同样的原因，客人并没有召唤服务员，而服务员却接到“呼唤”指令来敲门；
- 更有个别酒店将“请勿打扰”开关和“请速打扫”开关装在并排，但是没有做“此亮彼暗”的技术处理，因客人不经意间同时按下这两个开关，造成了门外两个指示灯同时亮着，可以想象服务员看到这种现象后的窘迫神态；
- 最富有戏剧性的恐怕要数客人为打开电视而手忙脚乱的情景了：打开了电视机上的开关，荧屏不亮，再按一下遥控器开关，仍没有图像，最后才想起来是床头柜这边开关未打开，待掉头打开床头柜开关还是没有反应时，才发现刚才按下电视机开关实际上是把原已打开的又关上了。

这些现象在许多酒店总会出现其中的几种。因此，笔者建议：

第一，卫生间电灯开关和过道灯开关应分别装在卫生间门的两边。卫生间内还可增设紧急呼救和“请稍候”按钮以及备用电源插座。

第二，壁橱可以不装电灯，当然过道灯亮度应能足够照亮衣橱。

第三，在化妆台上方的墙面，或在化妆镜两边，或在化妆镜下方，设置镜前灯开关和备用电源插座（分别为 110V 和 220V，此为不间断电源）。

第四，床头控制柜上的开关越少越好，一般只将床头灯、音响和地灯开关设在控制柜上，其他开关都可以“各就各位”，如落地灯、台灯、镜前灯、迷你吧灯、过道灯乃至房灯均装在灯具上或附近位置的墙面。“请勿打扰”灯的开关装置要有意让客人“不方便”，可以设在显眼而又独立的墙面某一位置（如与空调开关并排）。有的酒店若设“请速打扫”开关也应做同样处理，而且要保证这两种指示灯此亮彼暗。

第五，至于电视，有机身上的开关和遥控器开关就足够了。而“呼唤服务”完全可以通过电话解决，没有必要再另设专用开关。

第六，为了免除客人因睡觉要一一关闭许多电灯的麻烦，可以专设一个“总开关”，一钮“搞定”。

第七，建议用“琴键式”开关代替“触摸式”开关。实践证明，“触摸式”开关不大灵便，“纽扣式”或“琴键式”开关则相对好用些。

酒店经理人答

经理的困惑

Re：员工不微笑该怎么办？

贺虹　西安古都文化大酒店　前台部经理

我觉得让员工微笑的背后，要有一套完整的机制来推动，酒店要明确自己的企业文化，提高员工待遇、建立奖励机制、开展评选微笑明星等活动，同时要关爱员工，多举办员工活动，让员工真正感受到酒店这个大家庭的关怀和温暖。让员工爱店如家，把快乐带到工作中，并发自内心地将微笑传递给客人。员工开心了，他才会让我们的客人开心。

可通过以下两种方式观看西安古都文化大酒店贺虹经理谈员工不微笑该怎么办。

方式一：请登录刘伟酒店网（www. LiuweiHotel. com）—院校服务—视频—员工不微笑该怎么办？

方式二：扫描以下二维码

贺虹经理谈：员工不微笑该怎么办？

第二章　客房组织管理

管理工作是通过设置组织机构和落实岗位职责来完成的，组织机构的设置和客房定员将直接决定客房管理的效率和酒店的经济效益。客房管理人员要掌握科学的定员方法，实现组织机构的精简、高效化和客房定员的科学、合理化。

除了客房组织机构的设置和客房定员问题以外，本章还将介绍客房管家系统，并对客房管家、楼层主管、楼层领班等管理岗位的岗位职责、素质要求以及如何实现有效的管理等问题加以分析和论述。

通过本章学习，读者应该能够：

- 了解客房部组织机构的设置及各岗位的职责；
- 了解客房管家系统；
- 掌握客房定员的方法；
- 掌握客房经理、楼层主管与楼层领班的管理要诀。

关键词：客房组织结构；客房定员；客房经理；楼层主管；楼层领班

Key Words：Organization Chart；Staffing；Housekeeper；FL Supervisor；FL Captain

经理的困惑

——客房部配备多少人才算合理？

马骊是一家有400间客房的酒店客房部经理，在刚刚结束的经理例会上，总经理迫于经营压力，要求客房裁员，可客房主管和领班们却一直在抱怨人手不够。到底该怎样说服总经理，又该怎样向员工交代呢？客房到底多少人才算合理？怎么定员才算合理的定员呢？她陷入了沉思……

第一节　客房部组织机构

一、客房部组织机构设置

由于饭店规模大小不同、性质不同、特点不同及管理者的管理意图不同，客房部组织机构也会有所不同。客房部组织机构的设置同样要从实际出发，贯彻机构精简、分工明确的原则。

大、中型饭店客房部的组织机构可参照图2-1进行设置。小型饭店可对其进行适当的压缩、合并，去掉主管（或领班）之中间管理层。

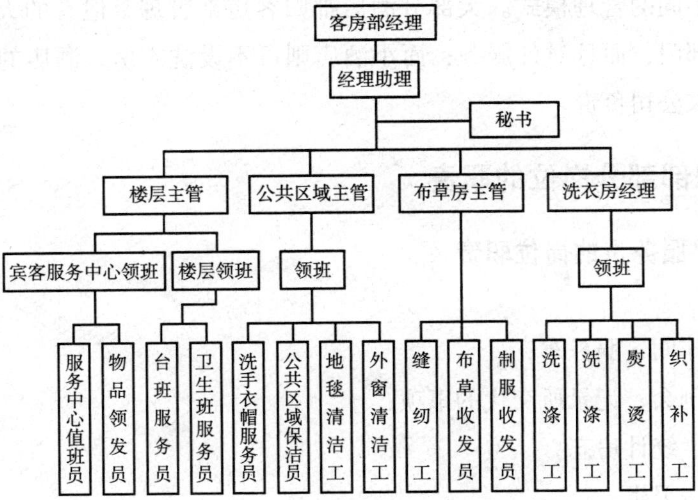

图2-1　大、中型饭店客房部的组织机构图

二、客房部各班组的职能

（一）房务中心（Guest Service Centre）

中、外合资酒店及由外方管理的酒店通常都设有房务中心。房务中心既是客房部的信息中心，又是对客服务中心，负责统一调度对客服务工作，掌握和控制客房状况，同时负责失物招领、发放客房用品、管理楼层钥匙，并与其他部门进行联络、协调等。

（二）客房楼面（Floor）

客房楼面由各种类型的客房组成，是客人休息的场所。每一层楼都设有供服务员使用的工作间。楼面人员负责全部客房及楼层走廊的清洁卫生，同时还负责客房内用品的替换、设备的简易维修和保养，并为住客和来访客人提供必要的服务。

我国的大部分酒店，特别是国有酒店，一般都设有楼层服务台，配备专职的台班服务员，为客人提供面对面的服务，同时加强对楼层的安全管理。不过，设有房务中心的酒店可不设楼层服务台。

（三）公共区域（Public Area）

负责酒店各部门办公室、餐厅（不包括厨房）、公共洗手间、衣帽间、大堂、电梯厅、各通道、楼梯、花园和门窗等公共区域的清洁卫生工作。

（四）制服与布草房（Linen Room）

负责酒店所有工作人员的制服以及餐厅和客房所有布草的收发、分类和保管。对有损坏的制服和布草及时进行修补，并储备足够的制服和布草以供周转使用。

（五）洗衣房（Laundry Room）

负责收洗客衣，洗涤员工制服和对客服务的所有布草、布件。洗衣房的归属，在不同的酒店有不同的管理模式。大部分酒店都归客房部管理，但有的大酒店，洗衣房独立成为一个部门，而且对外服务；而小酒店则可不设洗衣房，酒店的洗涤业务可委托社会上的洗衣公司负责。

三、客房部部分岗位的职责

（一）楼层服务员的岗位职责

1. 早班

- 整理工作间、服务车；
- 开楼层例会，记录所交代的事项；
- 查客衣、统计房态；
- 清洁客房卫生；
- 记录棉织品使用情况；
- 报告客房内维修项目；
- 清洁、保养清洁工具、设备；
- 做计划卫生；
- 随时清除客房内地毯、墙纸污迹；

- 负责所管客房及客人的安全；
- NB、SO、DND 房记录；
- 检查客房内迷你吧酒水；
- 清洁楼层公共区域卫生。

2. 中班

主要负责楼层、客房的清洁及开床服务。

- 根据中班程序标准，清洁楼层公共区域的卫生；
- 做定期计划卫生；
- 收楼层垃圾；
- 维护楼层的清洁；
- 准时参加晚例会，领取物品，记录有关事项；
- 开床服务；
- 检查白班报修房间；
- VIP 房间按 VIP 标准开床；
- 记录 DND 房间；
- 做走客房；
- 整理服务车，为早班做准备；
- 维护楼层公共区域、角间及职工电梯厅的卫生；
- 检查楼层安全；
- 收取楼层的餐具，通知服务中心；
- 为客人提供其他服务；
- 检查客房内的迷你吧；
- 负责报告楼层维修项目。

3. 夜班

- 阅读服务员通知本；
- 根据领班要求工作；
- 收取挂于门外的客衣；
- 夜间楼层安全检查（每 30 分钟一次）；
- 检查走客房酒水。

（二）工服收发员及缝纫工的岗位职责

向酒店员工提供干净、整齐的工服。

- 严格按照工作程序和标准发放、更换和保管工服（更换制服须征得经理同意）；
- 确保所有工服在洗衣房取回后，整齐地依次摆放在衣架上；

- 确保离店的员工离职前如数交回工服，并做好记录；
- 做好缝纫机的保养工作，保证机器正常使用；
- 及时并高质量地修补工服、缝纫、钉扣子；
- 保证工服房的清洁，搞好环境卫生；
- 服从并完成上级分派的其他工作任务。

（三）布草收发员的岗位职责

负责回收、发放并检查各部门使用的布巾。

- 向布草房领班报告从各部门送回的布巾中严重损坏或沾污的情况；
- 检查从洗衣房送回的干净布巾，把需要重新洗涤或熨烫的布巾拣出，向布草房领班报告上述情况；
- 保持布草的整洁卫生；
- 完成主管和领班分配的其他工作。

（四）仓库管理员的岗位职责

负责管理库房，控制客用品、清洁用品的发放，并进行成本控制。

- 配合上级做好客房部物品管理工作；
- 定期检查楼层物品量，适量给予客用品的补充；
- 掌握市场信息，订货适用、适量，避免积压；
- 以住宿率为标准，发放客用品，严格执行控制程序；
- 客用品的发放要登记入账，避免丢失和浪费；
- 熟悉管辖物品的位置，了解物品的性质、应用范围及使用期限；
- 每月进行物品盘点，及时了解消耗数量；
- 做好酒水的发放、入账提货工作，做好每月分析报告，控制酒水成本；
- 完成上级交给的其他任务和工作。

以上是客房部部分岗位的职责，客房其他岗位的职责见以后各相关章节。

第二节　客房定员

一、客房定员

客房定员（Staffing）就是在确立客房组织架构的前提下，确定各部门、各岗位工作人员的数量。

客房定员是客房部建立组织机构的重要内容，同时也是影响客房部工作效率、服务质量以及管理费用的重要环节。客房定员不科学，势必导致两个结果：一是机构臃肿，人浮于事，工作效率低，人力资源成本增大；二是职能空缺，员工工作量超负荷，工作压力过大，积极性下降，服务质量下降。因此，客房定员必须科学、合理。

二、工作定额

要进行客房定员，首先要确定各工作岗位的工作定额，国内外酒店的经验表明，客房部主要工作岗位的工作定额如下。

（一）领班（Floor Captain）工作定额

一个领班可以有效管理的客房数为：

- 早班（A. M. Shift）：约 80 间（+5 间）；
- 中班（P. M. Shift）：约 160 间（+10 间）。

（二）服务员（Floor Attendant）工作定额

一个客房服务员可以清洁的房间数为：

- 早班（A. M. Shift）：约 15 间（+3 间）；
- 中班（P. M. Shift）：约 60 间（+5 间）。

以上工作定额主要是针对星级酒店而言的，一般来说，酒店定员人数与星级成反比。酒店星级越高，服务和卫生标准要求也越高。因此，员工可以有效清洁的客房数也会减少，工作定额也会随之减少，反之亦然。

三、客房定员的方法

客房部的人员配备通常以班次划分、岗位设置来分区域进行。首先，根据客房部的工作范围将各职能区域分开。其次，确定本工作区域所有岗位或工种设置。再次，明确各工作岗位的班次划分。最后，根据工作量和工作定额，计算该班次所需要的人数。计算公式为：

$$岗位定员 = \frac{工作量}{工作定额} \div 有效开工率$$

其中

$$有效开工率 = \frac{员工一年中实际可工作天数}{365} \times 100\%$$
$$= \frac{365 - 周末 - 固定假日 - 年假日 - 病事假}{365} \times 100\%$$

按照组织机构图将以上工作逐一完成之后，就可求出客房部各岗位、各班次所需要的人数；然后将其加总，就可得出整个客房部所需要的人员配备额，即客房定员总数。

案 例

某酒店有960间客房（均折成标准房计），分布在3~23楼（其中，3~10楼主要接待内宾，故要求每层配备早、中、晚班值台服务员各1名）。客房清扫服务员的定额为：早班15间，中班60间。领班的工作定额为：早班80间，中班160间。假定酒店年均开房率为80%，员工每天工作8小时，实行每周5天工作制，且每年除可享受法定节假日11天（清明、端午、"五一"、中秋、元旦各1天；国庆、春节各3天）以外，还可享受年假5天。另外，估计每位员工一年中可能有5天病事假。试问，该酒店客房楼层服务员和领班的定员总数应为多少？

根据题意可知：

员工年实际工作天数=365−周末−固定假日−年假日−病事假

$$=365-365\div7\times2-11-5-5=240\text{（天）}$$

因此，有效开工率$=\dfrac{240}{365}\times100\%\approx66\%$

1. 服务员人数

（1）早班清扫服务员$=\dfrac{\text{工作量}}{\text{工作定额}}\div$有效开工率$=\dfrac{960\times80\%}{15}\div0.66=78$（人）

（2）中班清扫服务员$=\dfrac{\text{工作量}}{\text{工作定额}}\div$有效开工率$=\dfrac{960\times80\%}{60}\div0.66=20$（人）

（3）值台服务员=3（人）×8（层）÷有效开工率=3×8÷0.66=37（人）

所需服务员总数：78+20+37=135（人）

2. 领班人数

（1）早班领班$=\dfrac{\text{工作量}}{\text{工作定额}}\div$有效开工率$=\dfrac{960\times80\%}{80}\div0.66=15$（人）

（2）中班领班$=\dfrac{\text{工作量}}{\text{工作定额}}\div$有效开工率$=\dfrac{960\times80\%}{160}\div0.66=8$（人）

需领班总数：15+8=23（人）

因此，该酒店客房部共需楼层服务员（含台班）135人，领班23人。

需要说明的是，本例中计算"有效开工率"的各项假设条件是比较符合国内酒店的实际情况的，因而，所计算的有效开工率值即"0.66"具有广泛的参考价值，各酒店在定员时，可以直接使用这一参数。

四、采用灵活的客房定员方法

需要指出的是，上述定员方法仅供客房管理人员参考，实际定员时，还应考虑各酒店楼层的结构、劳动力市场的供求状况等客观情况。如果劳动力供给状况良好，那么在制定编制时，不妨稍紧一些，以免造成人力资源的浪费以及在开房率较低时造成窝工而影响工作气氛，因为在旺季时，可以征招一些季节性的临时工来缓解一下矛盾。反之，则要将编制做得充分些，以免影响正常的接待服务工作，造成服务质量的下降。

案 例 **客房服务的社会化**

——上海的尝试

近两年，上海一些高星级酒店开始采用社会化的劳务，尤其是一些国际品牌酒店，如四季酒店、威斯汀酒店等。这些酒店的做法是：在酒店内部某些适用简单劳动的部门，按照最低限度的劳务需求测算社会化劳务的启用线（如威斯汀是按出租率60%时清扫客房所需的劳务来测算）；启用线内的劳务需求折算成员工数，配置正式员工；启用线以上超出部分向社会采购。与之相适应，社会上出现了几家酒店劳务服务公司（如客房清洁公司、宴会服务公司等）。作为酒店劳务的承包商或者说酒店劳务产品的供应商，他们招聘、培训和管理劳务人员，负责劳务人员的工资和保险。在酒店需要的时候使用这些人员承包酒店的劳务，并根据不同劳务的特点按照或长或短的时段与酒店结算费用（如公共区域的清扫是按月结，客房清扫是按天结）。每家公司都与多家酒店签订合同，根据签约酒店的需求预报来决定劳务人员在酒店之间的调配或确定招聘与训练新劳务人员的计划。

1. 积极作用

从实施的情况看，劳务的社会化使用使酒店的人力资源管理显得更有效率。主要表现在三个方面：

首先，社会化劳务的使用直接减少了酒店的人力资源成本开支。以某家饭店为例，养一个客房服务员，基本工资1500元，加上50%的各类保险、年终双月奖和其他福利，每人每年要近5万元，如果分摊上广告费、面试费、体检费等招聘管理费就更多。使用社会化劳务后，酒店不但省去了招聘管理费，支付给劳务公司的费用平均下来只相当于原来的70%多，节省的幅度为20%~30%。如果员工的基本工资更高（1800元），节省的幅度也更大，达到1/3。

其次，社会化劳务人员比较稳定，避免了人员频繁流动对员工情绪的负面影响。劳务公司提供的劳务人员一般固定到人，情绪也比较稳定，不存在跳槽的问题。即使有人员变动，也是劳务公司的内部调配所致，与酒店无关，有利于酒店稳定自己的员工队伍。

最后，高素质复杂人才的薪酬变得较有吸引力。成功使用社会化劳务的酒店节省了简单劳动的成本，有可能将较多的资金用于激励高素质骨干人才，提高了酒店的吸引力和凝聚力。从实际情况看，上述酒店的中、高层人员相对比较稳定，人才流动保持着顺差。

2. 需注意的问题

酒店劳务社会化的前提是酒店业比较发达或者酒店存在一定程度的集聚，而这是与所在地经济发展到一定阶段相联系的；酒店劳务社会化也不可能靠单个酒店的活动来实现，而是有赖于社会上的酒店群体与劳务产品供应商的协作互动。这样的前提和条件并不是所有地方都具备的。因而我们这里介绍酒店劳务社会化只是给具备条件的地区和酒店提供一条思路。酒店是否采取劳务社会化的方法来改进用工形式、用工结构和人力资源管理，应从实际出发，视具体情况而定。

专业的酒店劳务供应商是实现酒店劳务社会化的关键。酒店劳务供应商应该具备三个条件：一是专业化，如上海客房清扫承包商某清洁公司的经营者都是从原华亭喜来登出来的，只有熟悉酒店相关部门的业务和流程，才能有效承接和组织实施酒店业务；二是规模化，一家公司只有同时经营多家酒店的业务，才能从营运和管理中产生效益，降低成本；三是角色化，劳务供应商在劳务社会化使用的关系中是酒店所需劳务产品的供应商，而不是酒店所需劳动的中介商，这一点至关重要。劳务供应商只有坚持这个角色才能继续发展业务，否则转变为劳动力中介商，劳务社会化的关系就不复存在了。

对社会化劳务的使用要把握好“度”。劳务社会化可以在一定程度上降低人力成本，但并不是酒店中所有的劳动力都可以用社会化劳务来替代。此外，从质量保险系数看，社会化劳务似乎要略逊于酒店自有员工。因此，在决定使用社会化劳务时，应从全面出发，既要考虑节约成本的因素，又要根据人力资源储备、质量监控要求等具体情况把握好使用的范围和程度。

以威斯汀酒店客房部安排使用社会化劳务为例：考虑到社会化劳务的熟练程度略逊于本店员工，同时考虑到在需要打扫的客房中，留住的房间状况复杂，客人可能随时在房间出现，一旦有差错将难以弥补，而结账退出的房间清理比较简单，后面的新客不会马上入住，做完后发现有缺陷还可弥补。酒店决定，客人留住的房间由员工打扫，当天结账退出的房间由社会化劳务来承担。

对社会化劳务的培训应恰当分责。由于酒店之间存在差异，对劳务产品的要求也不尽相同，劳务供应商难以按不同酒店的不同具体要求分别对劳务人员进行差异化的培训，因此，酒店有必要进行补训，但是酒店要与供应商双方就各自负责培训的内容作明确界定。否则，酒店承担的培训内容过多，起不到使用社会化劳务降低人力成本的作用；承担的培训内容过少，劳务产品又不能符合本酒店的要求。在实践中，上述酒店是这样与对方分责的：劳务产品的供应商负责有关酒店业务的基本培训；酒店方则根据自己需要的内容进行入店培训或岗前培训。双方各司其责，便可避免培训交叉或培训不到位的现象。

第三节 客房部经理

一、客房部经理的岗位职责

客房部经理（Executive Housekeeper）全权负责客房部的运行与管理，负责计划、组织、指挥及控制所有房务事宜，督导下属管理人员的日常工作，确保为住店客人提供热情、周到、舒适、方便、卫生、快捷、安全的客房服务。其主要职责及工作内容如下：

- 监督、指导、协调全部房务活动，为住客提供具有规范化、程序化、制度化的优质服务；
- 配合并监督客房销售控制工作，保证客房最大出租率；
- 负责客房的清洁、维修、保养；
- 保证客房和公共区域达到卫生标准，确保服务优质、设备完好；
- 管理好客房消耗品，制定房务预算，控制房务支出，并做好客房成本核算与成本控制等工作；
- 提出年度客房各类物品的预算，并提出购置清单，包括物品名称、牌号、单价、厂家及需用日期；
- 制订人员编制、员工培训计划，合理分配及调度人力；
- 检查员工的礼节礼貌、仪表仪容、劳动态度和工作效率；
- 与前厅部做好协调，控制好房态，提高客房利用率和对客的服务质量；
- 与工程部做好协调，做好客房设施设备的维修、保养和管理工作；
- 检查楼层的消防、安全工作，并与保安部紧密协作，确保客人的人身及财产安全；
- 拟订、上报客房部年度工作计划、季度工作安排；
- 建立管家部工作的完整档案体系；
- 任免、培训、考核、奖惩客房部主管及领班；
- 按时参加店务会，传达落实会议决议、决定，及时向总经理和店务会汇报，主持每周客房部例会、每月部门业务会议；

- 处理投诉，发展同住店客人的友好关系；
- 检查贵宾客房，使之达到酒店要求的标准。

二、客房部经理的素质要求

客房部经理是酒店最忙碌、最重要的部门经理之一，全面负责客房部的日常管理工作。作为一名客房部经理，除了要有组织领导才能和管理才能以外，还应具备以下素质：

第一，有一定的房务工作和管理经验。

第二，有强烈的事业心和工作动力。邓小平南巡时曾说过："没有一点'闯'的精神，没有一点'冒'的精神，没有一股子气呀、劲呀，就走不出一条好路，就干不出新的事业。"强烈的事业心和工作动力是做好每一项工作，尤其是管理工作的基本保证，同时，也是激励下属员工的重要因素之一。因此客房部经理应该能够进行自我激励（Self-motivated），有在事业上取得成就（自我实现）的强烈愿望。

第三，有旺盛的精力，良好的体魄。能够胜任经常性的超时工作。

第四，有较好的业务素质和较宽的知识面。包括旅游业基本知识以及房务服务与管理的专业知识（如布草、地面材料、家具、清洁剂和清扫工具以及财务会计、设计、室内外装饰等方面的知识）。此外，还要懂得心理学、管理学等专业知识。不懂业务就是外行，就会出现"瞎指挥"的现象。只有具有较高的业务水平和专业素质，才能使员工信服，才能赢得员工的尊重，提高员工的服从性，增强管理者的凝聚力，做好各项管理工作。

第五，有优秀的个人品质。为人正直，能公平合理地处理各种关系和矛盾。

第六，有良好的人际关系（Inter-personal Relationship）和沟通能力。管理工作主要是（而且难度最大的也是）对人的管理，因此，客房部经理应该具有良好的人际沟通能力。包括与下属、与上级、与其他部门的管理人员及与客人的沟通。有效地与人打交道并不意味着要对人特别"随和"，而是意味着管理人员应该能取得同事的信任，并能获得顾客的认同和好感。

第七，有组织协调能力。能协调好本部门各区域、各班组之间的关系以及本部门与酒店其他部门之间的关系。

第八，有语言、文字能力。客房部经理人员要有说服人的本领，要像一位有说服力的推销商那样，能够向自己的下属员工及同事清晰地说明自己的意图，力陈非此不可。此外，还要有写作能力，能够撰写房务管理的有关文件和工作报告。

第九，有一定的外语水平。旅游饭店是涉外企业，为了更好地为外国旅游者提供服务，客房部管理人员必须具有一定的外语水平，能够用简单的英语与外宾交流。尤其是随着中国加入 WTO 以及对外开放的不断深入，酒店将接待越来越多的国际游客，因而，对管理人员的外语水平要求将越来越高。

第十，在仪表仪容、言谈举止等方面，有良好的个人修养。经理人员的个人修养是员工的表率，它不仅反映管理人员的个人素质，也代表着酒店的形象和档次。

第十一，有管理意识和创新精神。服务人员要有服务意识，同样，管理人员要有管理意识，这是做好管理工作的前提条件。除此以外，客房部经理还要有创新精神，不墨守成规。

第十二，掌握管理艺术。

三、怎样当好客房部经理

当好客房部经理应该注意以下几点：

（一）有自信心（Self-confidence）

一个人如果失去了自信心，连自己对自己的工作能力都感到怀疑，就不可能把工作做好。尤其是管理人员，如果缺乏自信心，就不可能赢得员工的尊重，不可能激励员工，带领员工完成工作任务，实现管理目标。

管理人员要有自信心，但不能“自信”到听不进别人的建议或建设性批评的地步。

（二）工作要有主动性

客房部经理要能够把本部门的一切工作安排得井井有条，对于可能发生的不良事件要防患于未然，而不是到处“修修补补”，整天四处“灭火”，让这些事件牵着鼻子走，忙得团团转。

（三）力争有效地利用人力资源，节约劳动力成本

特别是在工资费用比较高的国家和地区，有效地利用人力资源具有更重要的意义。

（四）为例行工作创立程序和标准，制定部门岗位责任制

这是提高客房工作质量和效率，使管理工作走上正轨的基础工作。

（五）善于激励员工

经理人员的管理意图是通过部门员工贯彻落实的，因此，要搞好客房部的工作，提高服务质量，必须激励员工的士气，这是实现客房管理目标的手段，也是客房部经理日常工作内容之一。为此，客房部经理必须具有心理学方面的专业知识，能够以最大的耐心、幽默的语言，配合以行之有效的管理制度，激发员工的工作热情，调动员工的工作积极性。

（六）让员工参与管理

客房部经理要就客房工作中存在的问题经常与员工进行沟通，交换意见，达成共识，进而采取措施，这也是激励员工、实现管理目标的重要手段。为此，经理人员要鼓励员工发挥想象力，让他们经常给自己提出这样一个问题：做这件事还有没有别的更好的办法？不仅服务员应该经常提出这个问题，负责监督、指导服务员的各级客房管理人员也应如此。而一旦员工提出切实可行的合理化建议，客房部经理要积极地予以采纳，并对提出合理化建议的员工提出表扬。

（七）给员工提供培训与发展的机会

员工不只是“会干活的机器”，他们在完成本职工作的同时，还希望在业务上得到发展，事业上取得进步，作为客房部经理应该充分理解和尊重员工的这一需求，为员工提供培训与发展的机会。同时，客房部经理还可以利用员工的这一需求，作为激励员工的手段。

（八）与其他部门的经理多进行沟通，努力与其他部门搞好协调与合作

客房部对客服务质量的好坏，在很大程度上取决于酒店其他部门（如前厅部、公关销售部、工程部等）的合作及与其他部门的信息沟通。部门之间缺乏信息沟通，势必在工作中造成矛盾和冲突，并最终影响服务质量。因此，客房部经理除了在各种正式会议上与其他部门经理进行沟通外，平时也应与其他部门的同事多沟通，做好部门间的协调工作。

此外，作为一名优秀的客房部经理，还应具备五大管理意识，即创新意识、市场竞争意识、公关销售意识、全面质量管理意识和员工激励意识。

链　接　**一位美国酒店客房部经理的管理方法**

海丽是美国希尔顿饭店公司西方分部的一位客房经理，她是法国人，富有魅力，性格奔放，干劲十足，并力图博得她所在部门以及饭店其他人士的赞扬。她所管辖的客房部会使人想起军队的情形，但她也因通情达理而赢得下属人员的尊敬。她希望下属对她坦率忠实，有错敢于承认，她对他们的过错则不予以惩罚。她认为既然他们承认并认识到了自己的过失，吸取了教训，那么，他们是会吃一堑长一智的。

海丽通常采取书面交流的办法使她的部门正常运转。所有她要了解的情况，她的助手都做详细的记录。她的助手是权威的，有权处理各种问题，只有解雇员工这一件事，必须等到海丽与该员工谈话之后，才能执行。例如，假如某位服务员同海丽属下某个楼面主管发生了纠纷，海丽往往会调这位服务员到另一楼面去工作，看看在那里会不会再发生类似的个人纠纷。海丽经常说：“我掌管这个客房部，就好像这家饭店就是我的。”她本人以身作则，很少同她的上级闹别扭，她以行动表明她毫无保留地将她的才能贡献出来都是为了让饭店得到最好的声誉和最大的利益。

四、客房部经理的“五个力”

除了以上内容以外，客房部经理在日常管理中还应具备“五个力”，即亲和力、执行力、培训力、协调力和创新力。

（一）亲和力

客房部的工作特点之一是员工劳动强度大，工作简单重复，技术含量不高。相比于前厅部和营销部等部门，客房部员工的文化程度不高，具有大学专科学历的员工比例更低，员工的流动性较大。经理要做好本职工作，首先要想方设法取得员工的信赖，让员工对经理有信任感。因此，经理应从员工角度多为他们的工作和利益着想，采取实际行动去维护部门和员工的合法权益，只有为他们多讲实话，多办实事，才能让员工感受到经理真诚爱护员工的亲和力。

（二）执行力

要想制定的管理制度、工作规程和安全制度具有较强的执行力，就要求客房部经理有踏实和细致的工作作风。

客房部的工作烦琐、枯燥，员工的机动时间少，卫生工作细致，安全责任重大。而部门的各项工作又是由一个个细小的环节构成的，每天每月每季要做的工作几乎从不中断。因此部门各班组的工作执行力度一定要既到位又扎实。

第一，应根据各酒店客房的实际情况，确定部门的月度、季度和年度工作目标。经理在制定这些工作目标时要切合实际，制定的工作目标应是能够实现的，不能实现的工作目标只会损害经理的威信。如果若干次的工作目标不能实现，将极大地影响员工对经理的信任感。

第二，要用表格化、数字化管理部门工作。正因为客房部的日常工作繁多，要将部门工作做得有序有效，将每天每周每月工作进行表格化和数字化管理是十分必要的。这样不仅可以为下属员工的考核和奖罚提供依据，而且通过表格化和数字化的管理，还能从中获得大量可供研究和分析的资料，制订更有针对性的工作方案，完善客房部的各项管理和服务工作。

第三，要用“五个常”推进部门的工作。客房部经理的执行力，很大程度表现在日常工作中的规范化、标准化和制度化方面。要用“五个常”让部门工作更加扎实。（1）常规范。即对酒店和部门已制定的各项管理和服务制度要制订学习和再学习的计划，在每年的不同阶段，组织管理人员和员工进行学习，督促和检查实施的情况，维持部门工作的规范化、程序化和制度化。（2）常检查。即对部门工作地域，包括客房和公共地域的卫生、安全生产，应经常组织检查，以保证各项工作的标准化。（3）常维护。即对部门所属地域的设备设施应保证日常的维护工作。（4）常培训。要推进客房服务细微化，只有将客房部的培训工作日常化，才能适应客人的个性化、人性化的需求。（5）常总结。通过阶段性的工作总结，表彰先进激励后进，对于员工而言，是一种切合自身利益需求的部门举措。

（三）培训力

培训是客房部的一项日常工作，经理应具备综合的培训能力。客房部的培训工作开展的效果，与经理自身的综合素质有极大关系。除了熟悉本部门的业务流程、各项服务和管理规程之外，经理还应具备培训师的资格。一般而言，客房部经理也是酒店的合格培训师之一，其本身除应具备有对部门员工直接培训的能力之外，还应有较强的组织培训能力，应针对本部门的培训工作制订每年、每季和每月的培训计划，亲自参与部门培训，并对班组培训给予切实的指导。

客房部是酒店三级培训制度的发源地和实践地，部门培训和班组培训是酒店三级培训制度中最基础的两级，许多培训的理念、培训的程序、培训的方法、培训的制度和培训的精彩典例可以说都是从客房部的工作实践中产生的。例如，要制订酒店《客房细微服务工作手册》，就需要客房部长期的工作实践和培训实践，经过不断筛选和比较、归纳和总结，变“个性服务”为“共性规范”，将服务实践活动变成具有理论指导的程序化的服务产品。

（四）协调力

客房部管理范围较广，人员众多，工作区域涉及整个酒店，不仅需要楼面、洗衣房、布草间、PA 部等客房部内部部门保持信息畅通，协调一致，而且还要同其他部门保持密切联系，相互合作。只有与各部门的协调工作做好，才能保证提供高效、优质的客房服务。因此，客房经理应具备较强的协调能力。包括：与前厅部经常协调，了解当日的入住率、重要客人入住和每月的营业高峰，以做好各种应对准备；与营销部经常沟通，以了解各种商务活动包括会议接待的情况；与工程部协调，以保证客房维修的工作进度，尽可能多地提供可开房数，增加营业收入；与保安部协调，以确保客房区域安全生产的落实和各种安全设备设施的正常工作；与财务部协调，以保障采购客户用品的品种、数量和质量的落实，同时反映员工的劳动情况，切实落实“月度开房率超额奖励制度”等奖励制度；与人事部协调，以保证人力资源供给的数量和质量，合理安排部门人力，同时与之配合，做好店级的培训工作；与餐饮部协调，以保证送餐服务的质量和餐饮布草洗涤的正常运转。

（五）创新力

在一个人性化的社会，饭店更多地是满足住店客人的个性化需求。在个性化服务中，客房部是最主要的阵地。客房服务的个性化发展，很大程度上依赖于客房部的创造性的劳动实践，依赖于部门的领导者——经理的创新力。

客房部创新活动的开展可从两个方面着手，其一是在酒店现有的客房数量和类型中，发挥想象空间，适应社会各类型的客人需求，将一小部分房间布置成个性化强烈的房间，如新婚房、女性客房、奥运客房、绿色客房等。例如，在布置绿色客房时，可以与一些绿色环保产品的企业进行合作，互通有无，资源共享，利益共分，做到投入少，收益好，取得共赢。另外，组织部门员工参与特色客房的布置，用员工的心灵手巧制作一些不花钱或少花钱的饰品，以营造客房特色气氛，这是许多酒店的客房部已经实践过的行之有效的创新举措。除了能够激发员工的劳动热情之外，也能凝聚部门员工的向心力。其二是对各种服务方法和服务规范的创新。为了适应对客细微服务的需求，尽最大可能让客人感受到客房服务的温馨细微、居家亲情和恰到好处，有些酒店在长期服务实践的基础上，将客房细微服务进行系列化，总结编纂了《客房细微服务手册》，作为各级员工培训和工作时的指导手册。另外，在对客服务方法方面，将多个个性化的服务案例，依照客人的不同类型进行分类整理，将“个性服务”案例变为具有“共性规范”的服务流程，进而制定部门的日常培训安排，从部门培训、班组培训和现场培训几个方面加以实施，让员工在对客服务之前就有一套可借鉴的工作手册。类似这样的服务创新活动是很有实践意义的工作，这些创新活动的开展，与经理创新力的培养有着十分密切的关系。

第四节　楼层主管

一、楼层主管的岗位职责

楼层主管直接对客房部经理/副经理负责，协助客房部经理处理客房的日常事务。

- 检查房间的清洁及维修状况，确保客房保持在最佳的出租状态；
- 确保楼层各个班次有足够的人员；
- 检查员工的工作表现及工作分配；
- 确保楼层人员在工作时间内发挥最大的作用；
- 与本部门的各个小部门密切合作，以达到预期的工作目标；
- 负责楼层员工的培训工作；
- 执行并完成客房部经理（管家）制定的各项工作程序和任务；
- 改进客房员工的工作，提高生产数量和质量；
- 贯彻、执行管家部的规章制度；
- 调查客人的投诉，并提出改进措施；
- 完成各项计划卫生清洁项目；

- 确保每日检查 VIP 房，使之保持接待 VIP 之标准，同时抽查一定数量（20 间左右）的走客房、空房及住客房；
- 负责楼层领班的排班；
- 节约物品、控制消耗；
- 随时向客人提供可能的帮助。

二、楼层主管的工作程序

（一）白班主管工作程序

- 8：00 到服务中心签到，领取钥匙、BP 机和房态表；
- 巡视所管楼层区域；
- 9：00~9：10 记录有关事项及客人的特殊要求，接受客房部指派的工作；
- 9：10~9：30 传达有关指令，并检查员工的仪容仪表及工作准备情况，核对房态，根据房态合理调配人员；
- 检查楼层公共区域及可出租房的卫生；
- 检查记录维修房的维修进展状况；
- 检查督导员工的做房程序、清洁卫生的步骤方法是否符合规定标准；
- 检查管区所有走客房和部分住客房的卫生；
- 跟查当日计划卫生的落实情况；
- 报房态；
- 收取员工做房表，记录未办事项和客人的特殊要求；
- 15：30 开下午主管例会，交接班；
- 17：30~18：00 写工作日志及向下一班交代未完成工作。

（二）中班主管工作程序

- 注意了解当日客情房态状况，了解部门交班记录内容；
- 检查中班员工仪容仪表；
- 合理安排人力，以保证楼层公共区域的卫生清洁；
- 注意跟查当日的计划卫生项目；
- 巡视检查楼层公共区域的安全、卫生；
- 15：30~16：00 开下午主管会，进行交接班，记录白班未完成的事项和客人的特殊要求；
- 16：00 中班员工会，安排中班服务及有关跟办的事项；
- 16：10 巡视楼层；
- 19：00~22：00 督导检查夜床的服务质量；

- 督导员工做楼层其他清洁工作和安全巡视；
- 23：00 服务中心收做房表，记录有关问题、事项、交接班；
- 23：30 写中班工作日志及开夜班员工会。

（三）夜班主管工作程序（24：00~次日 8：20）

- 24：00~0：20 了解当天的房态，了解部门交班记录内容；
- 0：20 巡视楼层及公共区；
- 检查督促员工的仪容仪表及工作规范；
- 检查当日计划卫生项目；
- 与客房中心保持密切联系，发现特殊情况要及时向值班经理报告；
- 8：20 写夜班的工作日志及向下一班交班。

第五节 楼层领班

楼层领班是客房部最基层的管理者，是确保客房服务质量和卫生质量的关键人物。有人说，“领班是在夹缝里做人”，这话一点也不为过。他们向上要对部门经理、主管负责，向下要在普通员工中以身作则，所以，工作对于他们而言，来不得半点松懈和怠慢。为了领导基层员工，他们必须有过硬的业务技能。每天清晨，他们总是早早地来到所管辖的楼层，给服务员开会，布置一天的工作事务。除了对员工进行督导、培训以外，领班每天还要负责检查六七十间客房，每间客房的检查项目达 100 多项，即使思想集中、目光敏锐、手脚并用，也难免有遗漏和疏忽之处，而一旦主管以上的领导发现客房卫生有差错，总是批评领班，领班却是绝少听到赞扬声的。正如一位客房部经理所说的：“我要求客房领班检查、检查、再检查，对细枝末节问题要敏感，每天我不批评他们就等于表扬他们。”

由此可见，要当好一个领班并不是一件容易的事，他必须要能够承受住工作上、体力上和心理上的多重压力，不仅要掌握过硬的业务技能，还要有一定的管理艺术。

一、楼层领班的岗位职责

楼层领班（Floor Captain）是客房部最基层的管理人员，其主要职责是检查指导服务员的工作，确保出租给客人的每一个房间都是干净、卫生的合格“产品”。

- 检查服务员的仪容仪表、行为规范及出勤情况；
- 合理安排工作任务，分配每人负责整理和清扫的客房；
- 分发员工表格、钥匙、BP 机，并通知 VIP 及有特殊要求的房间；
- 检查督导服务员按程序标准操作；

- 保管楼层总钥匙；
- 按照清洁标准检查客房卫生；
- 检查楼层公共区、角间、防火通道的卫生；
- 随时检查、督导员工清除地毯、墙纸的污迹；
- 检查计划卫生执行情况；
- 确保每日对 VIP 房的检查；
- 报告房间状态；
- 检查报修、维修情况；
- 记录 DND、NNS、SO、NB 房间；
- 控制客用品、清洁品的发放、领取，严格控制酸性清洁剂的发放与领取；
- 负责楼层各类物品、床单、巾类的控制；
- 记录物品的丢失、损坏，向上级报告；
- 督导新员工以及在岗员工的培训；
- 督导员工对服务车、清洁工具、设备的清洁与保养；
- 负责安全检查；
- 贯彻、执行客房部的规章制度；
- 调查客人的投诉，并提出改进措施；
- 处理客人的委托代办事项；
- 定期向上级提出合理化建议；
- 按照部门的临时性指令安排工作；
- 负责月盘点。

二、楼层领班的素质要求

楼层领班必须有客房服务经验，熟悉客房业务，有较高的业务技能，并有一定的管理水平。

- 能吃苦耐劳，工作认真负责；
- 熟悉客房业务，有一定的工作经验和较高的操作技能，领班的服务技能要高人一筹，如果领班不是全能的多面手，就无法带动全班员工工作；
- 有一定的英语水平；
- 有督导下属的能力；
- 具有本岗位较强的专业知识，如清洁知识、布草知识等；
- 有良好的人际关系能力；
- 有良好的个人品质，办事公平合理。

三、如何当好楼层领班

（一）做好客房的检查工作

“查房”是楼层领班最主要的工作任务和职责之一，是检验客房产品是否合格的工作步骤，是控制客房产品质量的最后环节，直接影响对客人的服务质量。因此，做好客房检查工作具有极其重要的意义。

客房检查的主要内容有三项，即清洁卫生状况；用品配备状况；设施使用状况。其中卫生标准包括：一是天花板、墙角无蜘蛛网；二是地板、地毯无杂物、痰迹；三是灯具光亮无尘；四是房间整洁无六害；五是布草干净无破烂；六是卫生间无积垢、无臭味；七是金属器皿无锈迹；八是毛毯、棉被无异味；九是家具整洁无残缺；十是茶具无茶渍、水珠。

（二）抓好班内的小培训

客房服务员所需要的服务技能不可能在岗前培训中全部解决，因此，领班必须抓好岗位培训，包括利用交接班时间搞各种服务姿态、敬语和小技能的培训等，这是确保客房服务质量的重要环节。每次培训要有签字记录，这样，服务员就不能以“不会”作为借口了。

（三）建立客房用品核算管理制度

这项制度的目的在于控制物耗。客房部团队与散客、内宾与外宾、常住与暂住等不同类型客人的物耗是不一样的，领班必须对其进行统计，摸索规律，在可靠的原始数据基础上，计算出各类客人的物耗比，从而使考核指标具有可行性，在保证客人满意的前提下，使楼面库存用品既不浪费也不积压，减少客房用品的支出，降低流动资金的占用。

（四）讲究工作方法和管理艺术

领班除了要认真履行自己的职责，做好自己的本职工作以外，还要具备起码的人际沟通的能力与经验，即处理好与上级、平级和下级三方面的关系，这是做好督导工作的前提条件。

四、领班忌讳

实践证明，以下几种领班是不受员工欢迎的：

第一，亲疏有别类。即对下属员工亲疏有别，这是不公平的。

第二，不注意聆听类。如果一位领班毫不听从员工对工作的见解，员工将会非常失望，慢慢地就会没有兴趣与领班谈论任何工作情况，积极性受挫。

第三，听喜不听忧类。只喜欢听好消息，而不愿听坏消息，当员工将坏消息报告领班时，即大发雷霆或指责员工。

第四，爱讽刺挖苦类。对员工喜欢讽刺挖苦，这样会使员工的自尊心受损，容易引起对立情绪。

第五，犹豫不决类。很多员工说他们最讨厌的是每次向领班请示，领班都拿不定主意。

第六，自以为是类。听不进员工的意见。其实，员工提出的实际操作上的意见往往是十分宝贵的，有建设性的。

第七，时间管理不当类。处理事情没有条理，没有轻重缓急。

第八，难觅踪影类。员工工作上遇到困难时，总是找不到领班。

第九，缺乏尊重类。忽视员工的情感，用不客气的语气指挥员工，对员工缺乏尊重。

此外，在管理活动中，独断专行、粗言秽语、喜怒无常的领班也是不受欢迎的，因而，也是所有领班应该忌讳的。

链 接

怎样当好客房部领班①

——一位客房领班谈领班管理经验

有人说，领班是“三明治中的夹心”，上要对主管负责，下要管理服务员，弄不好就是猪八戒照镜子——里外不是人。我认为只要依照以下诸条去做，便绝非难事。

1. “下马威”法

“新官上任三把火”是一定要烧的，且要烧得轰轰烈烈。所以，我从卫生班开始抓起：该严的地方就一定要严。比如，查卫生该达到什么标准就必须达到，不然就不放责任者回去。有一位员工工作不到位，结果，我一直让她干到下午6点，完全达标了才让她下班（下班时间是5点）。从此，她在我面前服服帖帖。另外，我还坚持一视同仁的原则。时间一长大家自然服我了。

2. 威信管理法

为提高我的威信，我就努力做好以下两件事：其一，工作中服务员能做的，我自己必须能做，且做得更好，如铺床等技能。服务员做得不好或不能做的工作，我要求自己也能做得好。其二，培训服务员。一是对新服务员的培训，内容有业务知识和操作技能，另外就是淡季培训。对有争议的问题，还让大家讨论，共同找出一个最好的答案，如此便能解决很多实际问题，对自己也是一种提高。此外，我还努力做好处理客人投诉等需要较高业务水平的工作。

3. 按意愿分配不同的工种

服务员上班的动机各式各样。有人是为了赚钱（如外地打工妹）；有人家境

① 题目为编者所加。参考：邵德春. 酒店领班的管人技巧. 饭店世界，1999（2）.

好，只是混混日子。对前者我多派房间（计件工资制）；对后者则安排些较轻松的工作，基本符合了他们个人的意愿，所以各自的工作积极性都被激发起来了。

4. 不吝啬表扬，创造良好的工作氛围

服务员渴望被尊重，我就尽量让下属的这种要求得到满足。那么如何才能满足呢？我认为鼓励和赞扬比什么都有效，一旦碰到做得好的事，我就从内心赞扬，毫不吝啬地说出赞扬的话。我对服务员经常表扬，他们的心自然会开朗起来，慢慢地就会创造出一个良好的工作氛围。

5. "偏心"激励

"偏心"激励是指我先通过技能比武和观察平时工作表现等方法找出一位工作出色的服务员做榜样，在平时工作中处处对他偏心照顾，以激励其他服务员达标的一种管理方法。做榜样的服务员有时是一个人，有时是几个人，也可能每个服务员都能成为被"偏心"的对象，只要他有一技之长。比如，通过平时的观察，我发现卫生班A小姐表现很好，体现在：床铺得挺括，卫生搞得干净，工作主动，可贵的是天天如此，有时人员不够，要她加班也很爽快。这样，我自然对她另眼相看，她若提出要求，只要是合理的，我都尽量满足她。有次一位资历更深的B小姐来质问我，为什么同一要求，照顾A小姐却不照顾她？我回答B小姐："因为目前你的表现还不如她好。比如，你卫生搞得没有她干净等，不信你去看看她搞的房间！"B小姐听后未吭声。第二天查卫生时，我发现B小姐搞的房间比以前干净了很多，我当时就表扬了她。从此B小姐的表现也越来越好了。

6. 对服务员犯错时采用不同的批评法

个别谈话法。有时会出现争吵，等冷静下来后，我便主动找服务员们个别谈话。先静听服务员的申诉，然后站在他的立场考虑表示理解，但也请他站在我的立场考虑问题，求得他的谅解。其实不管什么事，只要双方坐下来，将心里话都说出来，问题就迎刃而解了。有一位干了10多年的老服务员和我发生矛盾，我找她谈话后，她对我心服口服。

"开玩笑"式批评。对表现一向较好的服务员，偶然犯错时，我以开玩笑的方式提醒他，在一笑之间解决问题。有次一位小姐由于一时大意致使两个房间里的地巾忘了补放，在查到第二次时，我笑着说："小姐，你好像不喜欢地巾，是吗？"从此以后她搞的房间再也没有少放过物品，且常将此事说给人家听，说我很幽默，在组里工作很愉快。

通过第三者批评法。有时，个别资格较老的员工犯了错却不来认错，为避免与他正面冲突，我便在跟他关系较好的员工面前狠狠地批评他，并说："到某某时还不来认错，就让他走着瞧。"我敢保证，这位员工肯定会在此时间前主动来认错。

表演法。巡查时发现值台服务员在无客人时趴在服务台上，形象不佳，又较普遍，我便在值台例会时，将他们的形象表演出来，让大家在笑声中接受批评。

此外，先表扬后批评法、当众表扬批评法等，也颇行之有效。

7. 参与式管理

对有些有争议的决定让服务员讨论，听取意见，让他们参与管理。一旦有些建议被采纳，提出建议的服务员势必积极响应，带头遵守。我店新楼改建以后进了一批新式床，床架特别重。我在检查时发现有些服务员偷懒，铺床时没有把床拖离床片就直接铺上床单。就这件事，我让卫生班服务员讨论：到底是床拖离床片铺好呢，还是直接铺好？有两个老服务员提出：还是直接铺好，因为不但省力，而且照样可以将床铺得挺括，其他做新楼房间的人都赞成，于是我就此事向部门经理请示，结果，经理同意了他们的做法（因床太重有人拖不动）。由于提建议这俩人的床铺得特别挺括，有其他人不懂时，还会主动向他们请教。

本章小结

- 本章主要介绍了客房部的组织机构、各班组的职能以及各主要岗位的职责和素质要求等。特别是比较详细地论述了客房部经理、楼层领班等主要管理岗位的职责和素质要求，并对如何做好客房管理工作进行了讨论。
- 客房组织机构的设计，应该根据酒店规模的大小等因素加以确定。
- 要求酒店设置楼层服务台，是我国酒店、招待所传统的服务和管理模式，但这不符合酒店的经营规律，不仅浪费了大量的人力，大大增加了客房经营成本，而且常常引起客人的不满，从发展的趋势看，楼层服务台将逐渐被高效率的客房服务中心所取代。

思考题

1. 试画一张大型酒店的客房部组织机构图。
2. 客房部各班组的主要职能有哪些?
3. 如何进行客房定员?
4. 客房部经理应具备哪些素质，怎样当好客房部经理?

案例分析

依据客房定员方法，分析您所在酒店客房定员是否合理？

【补充与提高】

客房基层管理者如何开好班组会

酒店班组会的重要性是毋庸置疑的，酒店基层工作细致而烦琐，员工分散在各个岗位，平常很难有时间集中在一起进行交流和沟通，因此，班前班后这段时间尤其宝贵。

班组会是上情下达、下情上传的重要通道，这点早已经成为共识。但是，不是所有的班组会都是富有成效的，很多人干基层管理很多年，给员工开班组会也是很多年，但是很多时候，班组会毫无生气，每天流于无谓的重复，员工觉得厌倦，基层管理者也觉得苦恼。那么，如何开好班组会呢?

1. 班组会的内容要以培训为主

班前、班后会应该是培训会，是最基本、最有时效性的日常培训形式。在班组会上，基层管理者可以说案例、讲服务、提要求、传信息等，而不是用来点名、念文件、逐事汇报或者是批评某个人，也不能只是简单地分配日常工作，分配工作只是班组会中一个微不足道的组成部分。班前会重传递信息，班后会重总结经验。

班组会的内容要以培训为主。由于酒店工作的特殊性，服务员很难有比较集中的时间进行操作技巧、服务意识、服务技巧的培训。也由于班组会时间较短暂，所以最大限度地发挥这段时间的效能就显得尤其重要。班组会上的培训一定要有侧重点，要有针对性，一天几个重点，一天解决几个疑问，日积月累，不管是基层管理者还是员工，每天才都会有所提高。员工的服务技能得到培训提高以后，就越容易在工作中找到成就感。班组会的全部核心就在于提升员工及基层管理者自身的服务意识和服务技能，有了优秀的服务意识和服务技能，才能有令顾客满意的服务行为。

2. 在班组会上激发员工的工作热情，传播快乐

基层管理者组织班组会的首要职责就是激发员工的工作热情，传播快乐。基层管理者应该始终保持一种积极乐观、自信微笑的姿态，尽可能调动起员工的情绪，绝对禁止个人不良情绪在员工之间蔓延。快乐自信是可以感染的，员工的心情好了，自然倾向于更好地完成对客服务。酒店工作相对比较单调，班组会是否成功，关系到员工一整天的工作心态。

3. 重视观念的提升

在班组会上，要重视观念的提升。观念是人们内在的信念和追求，是行动的指导，没有先进的观念，就不会有优秀的服务行为。酒店从业人员所需要的观念主要包括职业观念、服务观念和创新观念。在观念的提升过程中，尤其要结合本酒店的企业文化建设，引导员工认同本企业的价值观念、行为准则、道德规范、传统习惯、规章制度、企业形象等。

4. 班组会要生动，让人有所感悟

班组会要生动，要讲究传达方式，切忌表达生硬。没有员工会喜欢枯燥乏味、没有一点儿波澜和惊奇的语言表达方式。

“填鸭式”的班组会是最不可取的。生动的、让人能有所感悟和马上行动的培训才是最好的培训。其中，案例教学是最直接、最生动、最有效的培训方式。基层管理者可以结合本班组、本部门、酒店内部以及外部的案例进行培训，这种方式最能提升员工的工作认知和服务意识。

5. 班组会应该是互动的

班组会在员工和基层管理者之间应是双向互动，互动越多，员工的参与度越高，班组会效果也就越大。班组会要让员工充分发表意见，形成共识。

6. 要讲究内容的选择

如果是普遍存在的工作问题，可以拿到班组会上占用公共时间。如果是个别问题，则最好在其他时间采用一对一等小范围的方式。

7. 班组会忌空泛说教

基层管理者最忌认为自己的地位比员工高，有优越感，在组织班组会时带有说教的腔调。基层管理者必须明白，即使是对员工正确的忠告，但这些忠告也经常因带有说教的味道而引起员工的逆反情绪，不被员工所接受。

8. 要形成班组会记录

班组会记录是最佳的培训教材，因此，要做好班组会记录，供管理者和班组员工随时翻阅、学习，也可供上级管理者检查。班组会结束后，基层管理者一定要去检查、去落实，尤其要分析班组会上提出的问题的解决程度。只有这样，才能真正提高员工的工作技能，不断改善员工的工作表现，使班组会卓有成效。

酒店经理人答 经理的困惑

Re：客房部配备多少人才算合理？

邱雪娇　广州南沙大酒店　客房部副经理

合理的人员配置的定义包含两方面的含义：

1. 人员足够支撑日常工作量

足够支撑日常工作量的人力，必然是基于客房部的主要工作内容和工作量来定的，大致上可按以下两类来分析。

(1) 固定的、可量化的工作。如客房清洁，其所需人力与开房率和平均清洁效率密切相关。

(2) 临时、难量化的工作。如对客服务任务、计划卫生清洁，这部分任务与开房率、客人类型有一定关联性，如开房率高时对客服务任务多，必然占据服务员较多工作时间，且通常较难量化统计。可通过软件系统记录员工这部分的工作量和工作效率，以统计在不同开房率下这部分的工作占比。

2. 人力成本在可接受范围内，即不能无限增添人员。

控制人力成本，避免人力资源的浪费。员工每天的工作量是否饱和必须要能够可视化，否则难以明确人力资源是否存在浪费的现象。在第一点的基础上，明确每一个员工的固定和临时工作量，在不饱和的情况下，再另外分配其他任务，如计划卫生任务。另外，还可利用软件系统简化工作流程或代替人工操作、旺季利用外包人员补充临时人力需求等方法。

合理的人员配置一般都是根据酒店的情况动态变化的，要想使其时刻维持在合理水平，就要定期评估当下的工作量和人力配置的变化情况，有条件的话，可利用软件系统自动生成的工作量报表数据，如我们南沙大酒店使用蓝豆云报表等来进行随时评估，以便及时调整。

可通过以下两种方式观看广州南沙大酒店区雪娇经理谈客房部配备多少人才算合理。

方式一：请登录刘伟酒店网（www. LiuweiHotel. com）—院校服务—视频—客房部配备多少人才算合理？

方式二：扫描以下二维码

区雪娇经理谈：客房配备多少人才算合理？

第三章　客房部管家系统

客房管家系统主要指管理客房状态（清洁、维修、停用及其他特殊房态）、处理房间消费（小酒吧、洗衣、租借、赔偿等）的记账、管理客房设备和耗品、统计服务员工作量等，并为客人提供物品租借、失物招领及特殊服务（送花、送报纸、叫醒等）。

通过本章学习，读者应该能够：

- 了解客房管家系统的主要内容；
- 掌握管家系统的查询和管理方法。

关键词：客房状态；客房消费；客人查询；物品租借；失物招领服务

Key Words: Room Status; Room Consumption; Guest Inquiries; Rental Items; Lost and Found Service

经理的困惑

——对于客人的遗留物品该如何管理？

客房员工在查房时，经常会发现客人的遗留物品，但是对于遗留物品的管理，各酒店有不同的做法。到底怎么样管理才算科学、合理呢？我比较困惑。首先，是遗留物品的保管问题。发现遗留物品应该保管在房务中心呢，还是像一些酒店一样，保管在前台或保安部？其次，发现遗留物品要主动通知客人来领取呢，还是被动地等客人来找？再次，遗留物品的保存时间问题，是要长期保管，供客人来认领呢，还是要规定一个时间，超过这个时间段，则声明酒店有权自行处理？如果有固定期限，这期限应该是多长？最后，遗留物品的处理问题。对于长期（或超过保管期限）无人认领的遗留物品，酒店应该如何处理？是酒店没收呢，还是发给拾获者？

第一节　房态的控制与统计

一、房态控制

客房部所管理的房态主要包括客房的清洁状态、维修房、停用房、辅助房态、差异房态等（见图 3-1）。

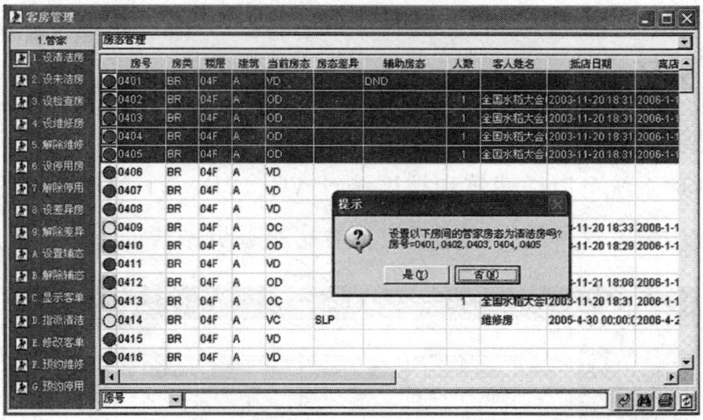

图 3-1　房态的管理

第一，设置清洁状态房态。客房的清洁状态分为清洁、未洁和已检查房三种。

第二，设置和解除维修房。如需维修某个房间，则可将其在电脑上设置为维修房；维修结束后，可用“解除维修”指令解除维修。

第三，设置和解除停用房。由于种种原因需要停用某个房间时，可通过电脑将其设置为停用房，并输入预计复用日期、停用类别、停用原因等。

第四，设置和解除差异房态。当前台电脑系统记录的房态与客房部查证的房态不一致时，出现了差异房态（Room Discrepancy），又称矛盾房。

- 当前厅显示为占用房、管家显示为空房时，称为 SKIP 房（走单房）；
- 当前厅显示为空房、管家显示为占用房时，称为 SLEEP 房（睡眠房）。

房态差异主要是由于前台对客人抵店和离店未及时进行电脑操作，或者真的出现了客人逃账或者未通知前台而出现的酒店自用房。

通常，对于前台的空房，差异房态标记为 SLP；对于前台的住客房，差异房态标记为 SKP。

解除差异房态时，在房态管理视图中，选中已标记为 SLP 或 SKP 的矛盾房，点击命令区中的“解除差异”，即可恢复为正常的一致房态。

第五，设置辅助房态。辅助房态用于辅助说明客房的特殊状态，如请勿打扰 DND、双锁房 DL、携少量行李 LB、外宿不归 SO 等，在管理上提醒要特殊关注，一般对在住客房指定辅助房态较多见。对于有轻微故障的坏房，在客房紧张时可以标志为可以出售的“毛病房”，以区别于不能出售的“维修房”（见图 3-2）。

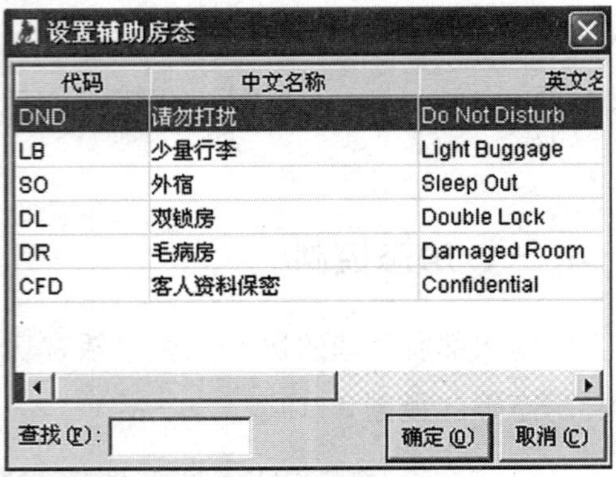

代码	中文名称	英文名
DND	请勿打扰	Do Not Disturb
LB	少量行李	Light Buggage
SO	外宿	Sleep Out
DL	双锁房	Double Lock
DR	毛病房	Damaged Room
CFD	客人资料保密	Confidential

图 3-2 设置辅助房态

二、房态统计

（一）按建筑和楼层统计

客房电脑管理系统可以按建筑和楼层统计 VC、VD、VI、OC、OD、OOO、OOS 等各种房态的实时房数，这种统计可用于安排客房服务员做清洁工作（见图 3-3）。

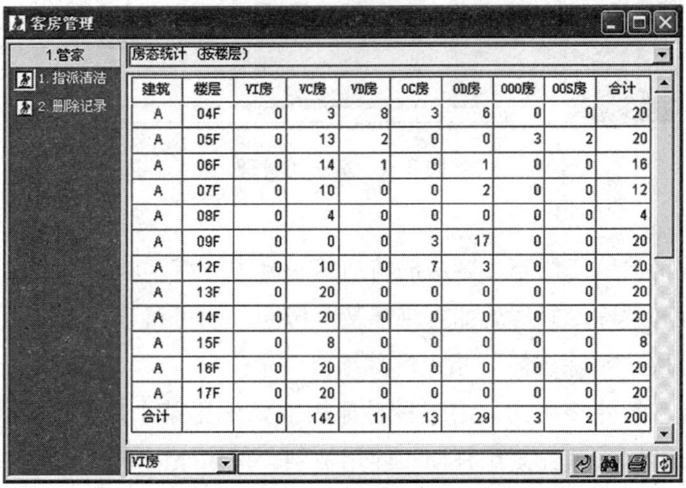

建筑	楼层	VI房	VC房	VD房	OC房	OD房	OOO房	OOS房	合计
A	04F	0	3	8	3	6	0	0	20
A	05F	0	13	2	0	0	3	2	20
A	06F	0	14	1	0	1	0	0	16
A	07F	0	10	0	0	2	0	0	12
A	08F	0	4	0	0	0	0	0	4
A	09F	0	0	0	3	17	0	0	20
A	12F	0	10	0	7	3	0	0	20
A	13F	0	20	0	0	0	0	0	20
A	14F	0	20	0	0	0	0	0	20
A	15F	0	8	0	0	0	0	0	8
A	16F	0	20	0	0	0	0	0	20
A	17F	0	20	0	0	0	0	0	20
合计		0	142	11	13	29	3	2	200

图 3-3 房态统计（按楼层）

（二）按房类统计

除了按楼层统计以外，还可以按房类统计当前各类房态的房数（见图 3-4）。

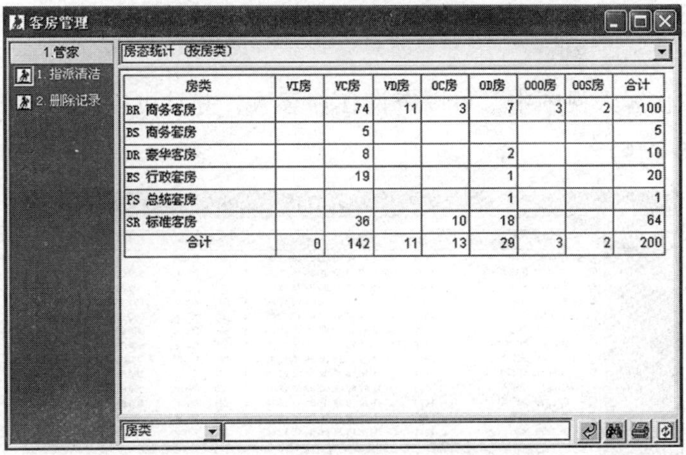

房类	VI房	VC房	VD房	OC房	OD房	OOO房	OOS房	合计
BR 商务客房		74	11	3	7	3	2	100
BS 商务套房		5						5
DR 豪华客房		8			2			10
ES 行政套房		19			1			20
PS 总统套房					1			1
SR 标准客房		36		10	18			64
合计	0	142	11	13	29	3	2	200

图 3-4　房态统计（按房类）

第二节　客房消费与在住客人查询

一、客房消费

客房消费项目包括小酒吧、洗衣单、赔偿单等（见图 3-5）。

- 输入账单：点击“输入账单”，输入房号，选定账户和账单，选择客房消费的项目，再输入消费明细的数量；
- 冲减账单：选中待冲减的一张或多张客房消费账单，点击“冲减账单”并确认即可；
- 显示账单：显示客房消费账单的明细内容。

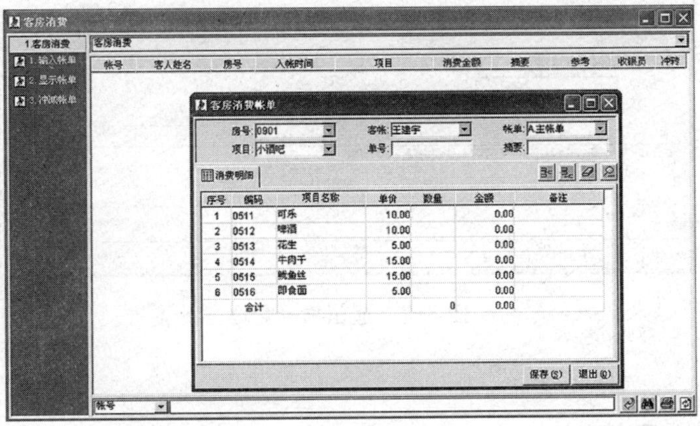

图 3-5　客房消费项目

二、在住客人查询

在管家的在住客人视图中，可以查询在住客人，并且可以查询详细的客单资料和客历档案（见图3-6）。

图3-6　在住客人查询

第三节　遗留物品与租借物品管理

一、遗留物品管理

客房部要负责登记客人遗留物品的拾获情况、处理情况和认领情况（见图3-7）。

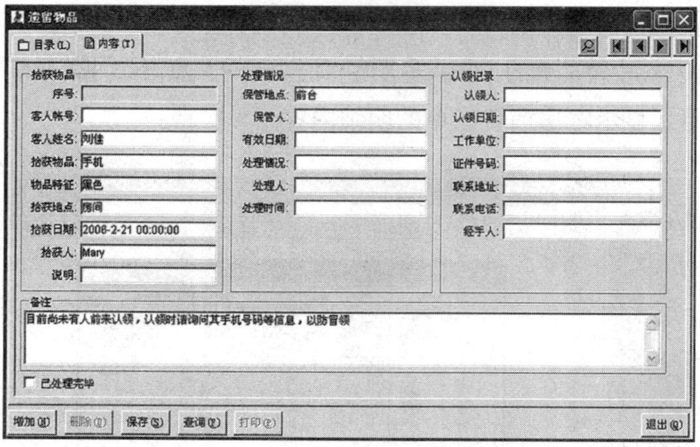

图3-7　遗留物品管理

二、租借物品管理

除了遗留物品以外，客房部还要负责登记客人租借物品及归还情况（见图3-8）。

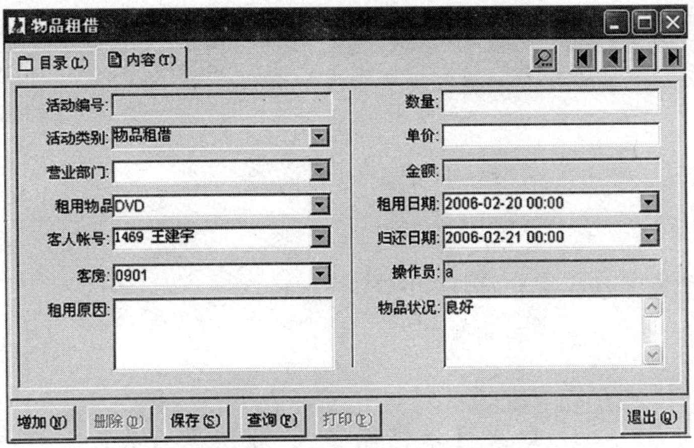

图 3-8　租借物品管理

租借物品通常由客房服务中心统一管理，客房部为客人提供的租借物品通常包括以下内容（见表 3-1）：

表 3-1　客房租借物品

客房租借物品	客房租借物品
茶具(Tea Set)	吹风机(Hair Dryer)
电熨斗(Iron)	剪刀(Scissors)
烫衣板(Ironing Board)	指甲刀(Nail-clippers)
充电器(Charger)	各类枕头(如软枕头、荞麦皮枕头等)(Pillow)
调压器(Adaptor)	活动衣架(Hanger)
插线板(Socket)	电脑音箱(Sound Box)

本章小结

- 客房部管家系统主要包括：客房状态的控制与统计；客房消费与在住客人查询；客人遗留物品与租借物品管理等。
- 客房部管理的房态主要包括客房清洁状态、维修房、停用房、辅助房态、差异房态等。客房员工除了要设置清洁状态（分为清洁、未洁和已检查房三种）房态以外，还要学会设置和解除维修房、停用房、差异房态等，特别是要做好差异房态的管理。另外，还须做好辅助房态的设置——用于辅助说明客房的特殊状态，如请勿打扰 DND、双锁房 DL、携少量行李 LB、外宿不归 SO 等。

➢ 掌握客房部管家系统的管理方法，对于加强客房管理、提高客房服务质量和客房利用率以及做好客房成本控制都具有重要的意义。

思考题

1. 客房部管家系统主要包括哪些内容?
2. 客房的租借物品通常有哪些?

案例分析

如果可乐过期了，我该怎么办?

昨晚23点由我值班，我正开开心心地在酒店经理人网站的论坛上看帖，突然前台一个服务员对我说，1110房间客人声称其房间冰箱内的可乐过期了，他喝完觉得肚子痛，并扬言要打电话到电视台把我店曝光。

客房部会在客人退房查房时非常仔细地检查其房间内的酒水，每日也都会有领班检查房间内是否有过期饮料，而且客房部每星期都会检查客房内和库存酒水有无时间长的，有就会发给餐厅，因为那儿的出货量较大。此外，可乐的保质期是18个月，在这么长的时间里经过这么多次检查，出现过期可乐是可能性非常小的一件事。

为了给自己争取思考和调查的时间，我让前台服务员对客人讲："值班经理现在不在，我会马上设法联系到值班经理，并且如果方便的话值班经理会亲自到您的房间处理此事的。"客人应允。

我先去客房部，发动客房部所有当班人员检查出厂日期，发现基本上出厂日期都是2004年以后的，最早的是2003年9月和10月，并且已寥寥无几。

在去1110房间的途中，我心里盘算着，如果可乐真的过期了，我该怎么处理。到了1110房间，当我接过客人手中表面已被刮得很花，底部已严重凸起的可乐，我如释重负——出厂日期为2002.10.30，而保质期是18个月，尽管日期已经非常接近，但现在仍在保质期内！我顿时觉得底气足了很多。

"先生，可乐没有过期。"

客人从我手中拿回可乐："怎么没过期，你算算……那也快到期了……"

"要不我给您换一个。"我欲把可乐拿走。

客人把可乐拿在手里："你走吧，我要给电视台打电话，什么破饭店……"

在下楼的途中，我一直在想：如果可乐真的过期了，我该怎么办呢?

【补充与提高】

如何处理无人无行李房

一天上午，江苏新世纪大酒店 1908 房（当天是预走房）客人没有结账就离开了酒店。当日下午 2 点多，客人打来电话通知退房，几天后来店结账。可是酒店规定的退房时间是 13：00 整，由于超出一个多小时，电脑自动加收了半天房费。几天后，客人来结账时发现房费与预计的有出入，于是以酒店失误为由不予承认。酒店大堂最终以免收这半天房费的方式处理了此次事件，并要求往后客房服务员在每日 13：00 前必须逐间查报无人无行李房。

点评：这是一个典型的无人无行李房案例。无人无行李房的查报本就是一项补救措施，到了退房时间客人不退，主要责任应在客方，按照合同契约和酒店规定，确实应加收房费。

此类客房究竟该如何操作呢？如果服务员一间一间地敲门询问，无疑会打扰客人的休息，客人也会产生不安的心理。一般来说，在住房分为两种类型：当天不走的与当天预走的。对于当天不走的在住房，由于他的押金足够，不存在逃账问题，所以通常不必担心客人会忘记退房时间，也就无需主动查房。但楼层服务员如果发现了无人无行李房，还是应当及时把信息传递给前台，以确认是不是外宿房等，以备客满时的应急之需；而对于当天预走的在住房，总台收银应提前半小时加以关注。对为量不多的预走房应做好提醒工作，主动打电话向客人了解情况，是续住？还是退房？如房内无人接听，才应通知楼层服务员去查房况，然后将结果报回给收银处理，收银处理不了的问题，再请示大堂经理。如此一来，整个过程也就清楚明了了。

酒店经理人答

经理的困惑

对于客人的遗留物品该如何管理？

Grace Yu　大连凯莱大酒店　房务总监

对于 Lost & Found 问题，很多集团化酒店都有自己规定的程序，结合现实工作的经验，我认为各酒店其实可以根据自身情况决定客人遗留物品的处理程序。客人遗留物品的保管原则是应统一将其存放在客服中心，以方便收存和记录，并由客房部文员按照规定时间定期清理（通常食品最长保存一周，其他无保质期的物品保存 3 个月）；一般物品超过规定期限，酒店原则上会统一退返给拾获的员工，这也是对拾金不昧员工的一种奖励方式；贵重物品，如现金、相机等，酒店可酌情没收后，折算一定金额的奖金发给拾获员工；客人遗留物品通常是由客人自己认领，但对于贵重物品或酒店长住客、VIP 客户，酒店应及时通知客人尽早认领其遗留物品，以彰显酒店对客人的优质服务。

James Kong **上海锦江汤臣洲际大酒店 行政管家**

有关客人遗留物品，不同酒店可能有不同的政策和规定，但本人主张如下：

第一，普通客人遗留物品由客房部保管，不主动追溯客人，保留 3 个月（食品和有保质期的物品除外；已申领物品除外），有价值的通用物品超过保存期后发放给拾获者，其余集中丢弃处理。

第二，贵重物品由客房部登记后交由前台保险箱存放，由保安和前台合作开启，由 GRO 主动追溯客人，每月核对，保留期一年，过后也发放给拾获者（特殊物品除外，如证件、银行卡、现金等），或由酒店管理者决定处理方式，如支持员工年会等。

第三，此做法的理由和原则是：

- 发放给拾获者是对其在第一时间上缴的一种奖励；
- 有助于客人找回不慎遗忘的物品；
- 贵重物品的多方联合保存是确保其安全的一种方法。

凡不符合以上原则的行为，可视作违反规定，遵守该原则的拾获者将可以得到酒店方面的奖励。

第四章　客房服务质量管理

酒店客人大部分时间是在客房度过的，因此，客房服务质量在很大程度上反映了酒店的服务质量。服务质量管理是客房管理的三大任务（服务、卫生、安全）之一。客房部应通过设立适当的服务组织模式，为客人提供热情、主动、高效、个性化的服务。

通过本章学习，读者应该能够：

- 了解客房服务工作的组织模式；
- 了解客房服务项目及其服务规程；
- 掌握提高客房服务质量的途径；
- 掌握客房部与酒店其他部门沟通的内容；
- 学会对客房服务和管理中常见问题的处理方。

关键词：客房服务中心；服务项目；服务质量

Key Words：Guest Service Center；Service Items；Quality of Service

经理的困惑

——客人的要求合理吗？

某日，入住我们酒店1808房的客人张先生提出需要酒店在第二天早晨7点钟叫醒他，以免贻误飞机。早晨7点整，房务中心文员小孙根据前台下达的Morning Call通知单，准时给张先生打叫醒电话。可能是张先生旅途劳累，睡得太沉，打了几次都没人接，于是，小孙便通知楼层服务员前去敲门提醒。楼层服务员来到房门口，看到门上悬挂着“请勿打扰”的牌子，便一声不响地回到了自己的岗位。

8点多钟，客人一觉醒来，发现已经耽误了航班，不禁大发雷霆，马上向大堂副理投诉酒店叫醒服务不及时、不到位，给他造成了一定的经济损失，要求酒店赔偿。作为客房部经理，我该怎么办？客人的要求合理吗？

第一节　房务中心的管理

客房对客服务的组织模式有两种：一种是楼层服务台模式，另一种是房务中心模式。我国传统饭店对客服务都采用楼层服务台模式，这也是很多地方公安部门对酒店的要求。但国外酒店以及国内中外合资（合作）酒店基本上都采取宾客服务中心的模式。与楼层服务台模式相比，宾客服务中心模式不仅能够节约用地，增加营业面积，节约客房部人力资源的成本和费用，而且更能保持楼层的安静，更能保护客人的隐私，也更能提高经营效率。因而受到越来越多酒店的欢迎，国内星级酒店及中高档酒店开始普遍采用宾客服务中心模式为客人提供服务（即使有楼层服务台，也是形同虚设），这是酒店经营管理的发展趋势。

一、房务中心的职能

除了对客服务这一基本功能以外，房务中心还可以发挥其他职能。房务中心的主要职能如下：

（一）信息处理

凡有关客房部工作的信息几乎都要经过房务中心的初步处理，以保证有关问题能及时得以解决或分拣、传递。

（二）对客服务

由房务中心统一接收服务信息，并通过电话机、BP机等现代化手段，向客房服务员发出服务指令。这样，即使房务中心不能直接为客人提供有关服务，也可以通过调节手段来达到这一目标。

（三）员工出勤控制

所有客房部员工的上、下班都要到此签名，这不仅方便了考核和工作安排，而且还有利于增强员工的集体意识。

（四）钥匙管理

客房部所使用的工作钥匙都集中于此签发和签收。

（五）失物处理

整个饭店的失物和储存都由房务中心负责，这大大方便了失物招领工作的统一管理，提高了工作的效率。

（六）档案保管

房务中心保存着客房部所有的档案资料，并必须做及时的补充和更新整理，这对于保持有关档案资料的完整性和连续性具有十分重要的意义。

为了及时了解和处理客房服务和管理中随时出现的各种问题，掌握宾客和员工的动态，客房管理人员，特别是主管，应将自己的办公室设在房务中心内。一些客房主管将自己隔绝起来，根本不管每天发生什么事情，也不知道宾客以及员工发生的各种各样的问题，这样非常不利于管理工作。

二、房务中心的运转

（一）房务中心员工的岗位职责

- 接听电话，随时回答客人的提问，满足客人的要求；
- 负责客房钥匙的收发；
- 负责各组的签到；
- 协助客人借还接线板、吹风机；
- 随时接收、登记与包装遗留物品并每月清点上报客房经理；
- 管理各种表格；
- 向工程部提出维修请求，及时送交报修单；
- 记录酒水使用情况，发放每日报纸；
- 分派鲜花、报洗地毯；
- 做好开门情况的记录；
- 接听电话，完成上级交给的各项任务；
- 负责房务中心的清洁工作；
- 接待客人并尽可能满足客人的要求；
- 做好各种交接及一切工作记录。

（二）房务中心的运转

房务中心24小时为客人提供服务。可设一名领班或主管负责日常事务。房务中心每天三班倒，根据酒店规模的大小和客房数量的多少，每班可设2位或2位以上接听电话及处理相应问题的服务员，当然也要设相应的专职对客服务人员。

房务中心的理想位置是处于员工更衣室和员工电梯之间的同一平面上，其内部设计因条件而异。一般而言，它应具有同时接听两个以上电话的能力，最好有小型交换机的功能，以保证信息的畅通。在对内联络方面，要求有快速、灵便的传呼手段。

另外，从某种意义上讲，客房服务中心的主要工作是接听客人有关客房服务需求的电话。因此，在客房服务中心工作的员工必须具备话务员的素质，能够用礼貌、悦耳的声音接听客人电话，回答客人问讯，否则将影响服务质量，损坏酒店的形象。

案　例　“你的声音听上去太硬……”

今年5月，我因为身体的原因从楼层调到了房务中心工作。初来房务中心时，我想自己在楼层工作五六年了，而房务中心也是客房部的，应该没什么问题。谁知，没多久主管就找我谈话了，非常委婉地对我说：“房务中心虽然只有简单的三部电话，却像窗口一样反映了整个客房部的精神面貌，声音的把握和调节非常重要。你的声音听上去太硬、太直了，回去调整一下好吗？”

初听主管的话，我心里还挺疑惑，觉得不可能吧!？但回到家以后，我利用手机的呼叫拨号功能，把声音录下来听了一下，天哪！竟有一些“大老爷儿们”的感觉。知道自己的问题后，我就在业余时间利用手机不停地练习与调整。慢慢地，我从中总结出了一些心得：如果音调过高，会给人不成熟及情绪冲动的印象；声音太弱，会给人不肯定的感觉；语速过快，会减低人们的重视程度；发出呼吸声，会让人有不稳重的感觉；粗声粗气，会给人粗俗之感；语调末尾上升会给人信心不足、有恳求他人的感觉；声音颤动（有时因呼吸不规律而造成）会让人误认为你紧张或害羞。

而要想克服以上的问题，就要注意：

- 音调适中，不可过高或过低；
- 声音浑厚，不要很轻弱；
- 说话清晰，要毫不含糊；
- 要有节奏感，不单调。

当把这些心得运用到工作中以后，我再去询问主管的意见。从主管的微笑中，我已知道了答案。

（郑州市××饭店　刘郑红）

三、房务中心与各部门的沟通

（一）沟通的原则

客房服务中心是客房部的“控制指挥中心”，很多工作内容需要与各部门的各个岗位进行沟通协调。房务中心与其他部门、岗位的沟通与协调应遵循以下原则：

1. 当与对方无法沟通、协调时，应与其上一级主管沟通

当沟通协调的对象无法沟通、协调时，如服务员通知不到、信息阻塞、中断等，应与上一级领班沟通协调，领班沟通不到时，再与更上一级主管沟通，以此类推，直到沟通有效为止。同时，要说明与更上一级沟通的原因，以免双方误会（与其他部门沟通也一样）。

2. 与对方沟通时，提供必要的帮助

沟通协调前，要尽量掌握对方的职责能力，并提供必要的帮助，以防因对方事情处理不妥而引起麻烦。

3. 保持良好的沟通态度，心平气和，有耐心

无论任何情况，沟通的态度必须心平气和、有耐心，尽量多用“请”字、“谢”字并使用商量的口吻，即使对方不耐烦，态度不好，也不要受其感染，仍然要保持冷静，以免事态向不好的一面发展。

4. 遇到沟通障碍时，先解决问题，不可推卸责任

遇到沟通协调的事情难以分清责任时，要先尽力解决，而后报告上级进行区分，千万不要在有能力处理的情况下不处理或推卸责任。

（二）沟通的艺术

房务中心协调和沟通的对象很多，沟通讲究的是迅速和愉快，如何才能做到这两点呢？

第一，房务中心人员要把自己当作一名内务公关员来看待。面对各种各样的人物，为了达到沟通愉快、有效的目的，就要采取不同的应对手段。很多酒店的房务中心人员不要说有什么手段，其自身的心理素质这道门槛还没有跨过，害怕、畏缩、妒忌、不服气、不愿受委屈、喜欢斗气、相互攻击、出言不逊、不耐烦、易受不良感染等不健康的心理因素还未能解除，房务管理者应该鼓励房务中心员工平时多看一些自助、励志方面的书籍、资料，把沟通、协调的对象当客户看。

第二，要向酒店的公关人员学习，掌握为与客户或相关人员的沟通畅顺、愉快而应采用的基本、必要的公关手段。掌握了这些手段以后，即便以后离开此岗位，也会在自身的人际交往中受益匪浅。

（三）沟通的内容与方法

1. 与楼层的沟通、协调

客房服务中心与楼层同属客房部管理，相互之间的沟通协调更是频繁、紧密。其日常工作除了要提供直接信息给楼层以外，还要充当其他部门为楼层传递信息的“二传手”。具体而言，房务中心通常有以下事项需与楼层沟通协调：

（1）要获得楼层实际房态时：发现前厅与服务中心电脑房态有差异时可呼叫楼层领班或服务员亲临房间进行检查核实。

（2）客房维修、保养时：客房的工程维修事项、地毯清洗及各类坏房不能开出时，要详细记录，并通知相关人员前往处理（维修事宜要下单通知工程部维修，地毯、沙发的清洗要通知 PA 部领班处理）。

（3）前厅报 C/I、C/O 时：要立即记下对方工号、房号、时间并立即通知楼层，不得延误。在 C/O 时要根据时间做相应的跟踪、跟催工作。

（4）客房有遗留物品、损坏事项时：如果客人未离开酒店，应立即通知前厅派人至楼层将物品拿到前厅交与客人，不可延误并做好记录；如果客人已离开酒店则应立即通知领班交到服务中心登记保管，有损坏事项时，须立即记录并通知领班前往处理。

（5）收到客人服务信息时：要问清客人的房号、姓名、要求，并立即做好记录；马上通知该区域服务员提供服务；在规定的 3~5 分钟内须再确认一次此服务是否完成。

（6）接到会议订单时：要根据订单时间、级别、要求、人数等通知楼层领班做茶、饮具（茶杯、杯垫、纸杯、纸巾、茶叶、茶壶、托盘、电热壶）及派员准备，通知 PA 部领班做好卫生、台、椅、派员等准备；会议结束时，要提醒领班检查会场。

（7）接到 VIP 入住及特殊人员入住时：要通知楼层领班了解信息，按要求派发鲜花、水果、赠品并及时做好检查、迎送、布置等工作。

（8）天气变化，遇到大风、阴雨、潮湿、闷热时：大风及下雨要提醒楼层员工关窗，提醒领班到酒店外围观察、检查在住客人的窗户及外挂物，并及时做好相关布置工作。

（9）上级有关指令需通过房务中心传达到楼层时：应立即做好记录，通知到楼层员工和领班予以执行。

（10）为楼层发放酒水时：要在下午 3 点准时通知一名楼层领班到前厅收银拿酒水消耗单，然后由两名楼层领班到楼层酒水仓按酒水单上所耗酒水领取、发放到各楼层；房务中心收回酒水单做当日酒水统计时，要进行核对。

2. 与前厅的沟通协调

（1）房务中心接到前厅各类订单时：预览订单、表格上各个项目是否填写完整，了解各类注意事项后，在订单、表格上签名，并写上签名时间，然后归类挂在信息板上，根据时间、日期对相关人员做提示、布置。

（2）前厅为客人查询遗留物品时：迅速查阅遗留物品登记本，根据客人反映的时间、品名、特征，检索登记本上的结果，如果检索到有此客人描述的物品，则按遗留物品处理程序进行处理；如果没有检索到此客人描述的物品，应请客人再稍等一下，向其他人员（如楼层领班、员工、主管）了解情况；如确实没有，则应向主管报告，同时请客人留下联系电话，待次日向客人反馈主管的处理结果。

（3）接到前厅送来的报刊、杂志时：点清数量并检查是否分类，然后签上时间、名字以作签收；如在规定的时间内没送来，应跟进并问明原因。

（4）收到前厅送来房务中心需中转给客人的物品时：检查“中转”单上的物品名称、数量、双方客人姓名、留言、资料是否齐全，与实物是否相符，核实无误后签收、暂存（不明物品及违禁物品一律不得转递、暂存），再根据“单上”资料、时间通知领班做相应的转递处理。如果在注明的时间内未能中转到指定的对方，则应立即反馈到前厅，由前厅联系客人请示意见。而房务中心对“中转”三天内无结果的，要暂存登记到客人的遗留物品簿，以便追溯并记下时间、工号、序号及有关内容。VIP 鲜花、水果派送也属中转之列，应及时通知领班、主管跟进。

（5）前厅向房务中心报 C/O、C/I 时：要求重述房号、工号给对方，以免听错，然后迅速通知楼层，如楼层没有在规定的时间内（3 分钟）完成，则必须重催、跟进，以免延误客人时间而被投诉。

（6）接到入住紧张需要赶房的信息时：立即与楼层领班沟通，反馈房态情况供前厅参考，并通知主管组织人力跟进。

3. 与 PA 部的沟通协调

（1）调拨、借送较多、较重物件时：呼叫 PA 部领班提供协助，告知对方的沟通对象、地点、时间、所需人力等情况（此情况暂限于客房部本部）。其他部门有此现象需要协助时，可告知对方与本部门主管、经理沟通协调。

（2）楼层及其他部门报洗地毯、沙发时：做好专用记录，把地点、性质转告 PA 部领班，经 PA 部领班确认后，回复对方的处理时间和需要协助的有关事项。

（3）接到有关区域来电请求清洁的信息时：了解对方人物、地点、事物性质并做好记录，立即把详情通知 PA 部领班做好准备并派员前往处理。若中班无领班，先通知楼层领班跟进，再直接通知 PA 部员到达现场。

（4）有会议或团体接待或团体用餐、上级来店检查、督导时：有会议接待时，提前通知 PA 部领班按要求摆设台椅、借齐物件（如台布、围裙）并备齐用品，搞好卫生间和会场卫生；团体用餐时要提醒餐厅洗手间岗位储水、重点清洁；上级或团队来店参观检查、督导时，应提前提醒 PA 部领班尽快搞好各岗位卫生，做好检查完善工作，做好重点岗位（大堂、外围、洗手间）巡查保洁。

4. 与工程部的沟通协调

（1）有会议接待时：根据会议要求，检查灯光、电器设备，通知工程部调试音响、麦克风，调试视听设备，悬挂横幅，开启空调设备，以保证会议召开期间设备运转正常。

（2）客房部维修项目：客房的维修项目，影响开房的要在当班时间内跟踪并提醒领班跟进后转 VC 房。通知工程部尽快维修好并报告主管，以免维修房过夜。在住房产生的维修，要第一时间通知楼层领班和工程部前往查看维修处理；不能在短时间内解决的，要征求客人意见与前厅协商是否换一个房间，尽力满足客人。其他公共区域的维修，要及时传达到工程部，做好记录和跟踪。

5. 与餐厅的沟通协调

（1）有会议接待时：有些会议安排餐厅服务员或大堂吧服务员，做茶水服务，借用围裙、台布等布置用品。房务中心要提前通知餐厅管理人员做好物品及派员准备。在会议召开期间，该员工用餐及离岗时一定要通知楼层领班或主管调配人员顶替，方可离岗。

（2）接到客人要求送餐的电话时：在餐饮营业时间内先建议客人参考服务指南中的点餐单，如没有合意的餐式，则可了解客人房号、姓氏，请客人稍等，说明马上派人为其点餐，并做好记录；立即打电话到餐厅，由餐厅派部长或致电到房间为客人点餐；5 分钟内再致电餐厅咨询此事是否办妥；客人用餐后立即通知餐厅人员前去收餐具（无餐厅人员时可叫楼层服务员收出餐具）。如果客人未通知收餐具，应在送餐后 1 小时左右，致电该客人，询问什么时候方便可以进来收餐具。尽量在客人用餐后收出餐具、残羹，以防食物异味在房间过夜而影响环境。

6. 与保安部的沟通协调

（1）接到楼层有醉酒客人的信息时：无论醉酒客人是在通道上还是在客房内，都应在接到此信息的第一时间把情况告诉保安部，由保安部派人上楼层协助楼层服务员和领班处理问题，保障员工和客人的安全。加强巡视并预防破坏、消防事故的发生。

（2）接到楼层有闲杂人员逗留或房间内有聚会，人员过多或嘈杂时：通知保安部派人至该区域了解情况，对闲杂人员或嘈杂声要当即制止；房内聚会或人员过多时，要重点巡视管理，了解情形，防止安全事故发生。

（3）深夜有客人叫女服务员进房服务时：在通知服务员的同时要通知保安部立即派人陪同服务员前去服务，服务员进房时，保安员可在门外观察，遇有客人关门而服务员仍在房内时，要婉言制止不让关门。服务员服务完毕后，保安员方可离开。

7. 与财务部的沟通协调

（1）酒水统计报表与房态表：房务中心须在每日上午 10 点前核实此两项报表并呈送财务部，对于财务审计出的问题，要认真解答并找出原因予以修正。

（2）请购物件和领料时：下请购单要列明物品的规格、生产商、数量、使用部门，对可能混淆的物品要在备注栏内说明清楚，并与采购沟通讲明，对紧用物品在三天内未购回的，要询问采购原因并上报本部门经理，以免误事。

(3) 物资、酒水报损事宜：须在食品酒水过期日的前1个月将其撤出，提醒楼层每月1~3日做此项工作，过期未撤出报损的，由楼层负责按进货价认购。物资破旧不能用时，每月5日前集中填写报损单，经部门经理核实并签署后交副总经理认可，然后由财务部派人鉴定。对报损后另作他用的应打上“已报损”标志，并与其他物资分开，以免混淆。报损后作废品处理的，在盘点报表相应栏做消数处理。

四、设置房务中心后可能出现的若干问题的处理

取消楼层服务台，改而设置房务中心后，可能会出现一些问题，客房管理人员应采取相应的措施予以补救。

(一) 送还客衣

一般情况下，洗干净的客衣必须马上送还给客人。但服务员送还客衣时，常常发现房间的“请勿打扰”灯亮着。在酒店设有服务台时，服务员能及时确认该房是否已取消“请勿打扰”，并及时将客人衣物送还。设立房务中心后则可能存在客人已取消“请勿打扰”，但不能及时收到客衣的问题。这时，可采取打电话通知客人或将书面通知送入房内的做法。其他类似情况，也可采取同样的办法。

(二) 客人忘记带钥匙

由于楼层上取消了值台服务，如客人忘记把钥匙带在身上或钥匙在同房间同伴身上（每个房间只有一把钥匙），要想进房就比较困难。针对这一情况，可采取每楼层保留一个服务台（不配备服务员），服务台上放置一部电话和一块精美的告示牌，写明“客房服务请拨14或15（房务中心电话），谢谢！”这样，客人可用电话与房务中心联系，房务中心即可通知客房服务员在3分钟之内到达楼层为客人开门。

(三) 在接待客人的高峰期或客人可能需要的服务次数较多时

有时，楼层接待的客人可能比较多，或客人可能需要服务的次数比较多时，可临时安排服务员在楼层值台一段时间。以会议代表为例，他们所需要的服务比较集中，可在客人散会之时，由会议室的服务小姐通知房务中心，再由房务中心通知服务员前往会议代表所住楼层，进行半小时左右的值台服务，以满足会议客人的各种需求。

案　例　　**叫醒失误的代价**[①]

小杨是刚从旅游院校毕业的大学生，毕业后分配到某酒店房务中心，目的是为了从基层开始锻炼。今天是他到房务中心上班的第二天，轮到值大夜班。接班没多久，电话铃响了，小杨接起电话：“您好，房务中心，请讲。”

---

① 陈文生. 叫醒失误的代价. 中国旅游报，2005-06-29.

“明天早晨5点30分叫醒。”一位中年男子沙哑的声音。

“5点30分叫醒，是吗？好的，没问题。”小杨知道，叫醒虽然是总机的事，但一站式服务理念和首问负责制要求自己先接受客人要求，然后立即转告总机，于是他毫不犹豫地答应了。

当小杨接通总机电话后，才突然想起来，刚才竟忘了问清客人的房号！再看一下电话机键盘，他吓出一身冷汗，这部电话机根本就没有号码显示屏！小杨顿时心慌，立即将此事向总机说明。总机告称也无法查到房号，于是小杨的领班马上报告值班经理。值班经理考虑到这时已是三更半夜，不好逐个房间查询，再根据客人要求一大早叫醒情况看，估计十有八九是明早赶飞机或火车的客人，现在只好把希望寄托在客人也许自己会用手机设置叫醒，否则，只有等待投诉了。

早晨7点30分，一位睡眼惺忪的客人来到总台，投诉说酒店未按他的要求叫醒，使他误了飞机，神情沮丧且气愤异常。早已在大堂等候的大堂副理见状立即上前将这位客人请到大堂咖啡厅接受投诉。

原来，该客人是从郊县先到省城过夜，准备一大早赶往机场，与一家旅行社组织的一个旅游团成员会合后乘飞机出外旅游。他在要求叫醒时，以为服务员可以从电话号码显示屏上知道自己的房号，就省略未报。

酒店方面立即与这家旅行社联系商量弥补办法。该旅行社答应可以让这位客人加入明天的另一个旅游团，不过今天这位客人在旅游目的地的客房预订金270元要由客人负责。接下来酒店的处理结果是：为客人支付这笔订金，同时免费让客人在本酒店再住一夜，同时免去客人昨晚的房费。这样算下来，因为一次叫醒失误，酒店在经济方面一共损失了790元。

点评

因为一次叫醒的失误，酒店竟为此付出790元的代价，可谓“花钱买教训”！

由本案得出的教训和应采取的改进措施有三：

一是缺乏岗前培训（或培训不到位）。所有新入职的员工，都应该接受部门安排的严格的入职培训，并掌握部门的服务程序、操作标准和规范。

二是所有“新手”上岗，都应当由“老员工”或领班带班一段时间，关注他们的工作情况，包括哪怕一次接电话的全部过程，都要考察他们与客人对话是否得体、完整，是否复述、是否记录，等等，必要时要做好“补位”工作。

三是所有接听客人服务来电的电话机都必须有来电显示屏，并有记忆功能。这样既利于提高效率、方便客人，也可防止类似事件的再次发生。

第二节　客房服务项目及其服务规程

如前所述，酒店对客服务工作有两种模式：一是楼层服务台模式；二是房务中心模式。我国酒店传统上大多都采用楼层服务台模式，但近年来，越来越多的国内酒店也开始采用房务中心模式。这一方面是在向国际惯例靠拢，力争与国际接轨；另一方面，也是各酒店在日益激烈的竞争中，力求通过压缩人员编制来降低人力资源费用所致。

考虑到客房服务和管理的这一发展趋势，本书主要研究采用房务中心模式的酒店的经营和管理问题。采用房务中心模式的酒店，楼层不必有专门的迎宾服务。楼层对客服务主要集中在两个环节：一是客人住店期间的服务；二是客人离店时的服务。

一、客人住店期间的服务项目及服务规范

（一）客房小酒吧（Mini-bar）

为了方便客人，大部分酒店都在客房内安放了冰箱，一些高档酒店还在客房内设有小型吧台（见图4-1），向客人提供酒水、饮料和一些简单的食品。

图 4-1　客房小酒吧

为了加强对这些食品和饮料的管理，饭店应设计一份记有冰箱内（或吧台）食品、饮料的种类、数量和价格的清单，并要求客人将自己每天饮（食）用的饮料、食品如数填写（见表 4-1）。酒单一式三联，第一、第二联交结账处作为发票和记账凭证，第三联作为补充酒水食品的凭证。

客房服务员每天早晨对其进行盘点，把客人实际饮用的数目通知前台收款（Cashier）处，随后，对冰箱中所缺饮料予以补充。提供客房小酒吧服务时，客房服务员应注意以下事项：

- 当发现客人使用过小酒吧时，应核对客人新填的酒水耗用单；
- 如客人填写有误，应注明检查时间，待客人回房时，主动向客人说明并更正；如客人没填写，应代客补填并签名和注明时间；

表 4-1　客房迷你吧酒水单

（Mini-bar Voucher）

Guest Name（姓名）：____________

Room No.（房号）：____________

Date（日期）：____________

STOCK 贮量	ITEM 品名		UNT PRICE 价格（RMB）	CONSUMED 消耗数量	AMOUNT 金额
2	Martell VSOP	金牌马爹利	28.00		
2	VSOP Remy Martin	VSOP 人头马	28.00		
2	JW Black Label	黑牌威士忌	38.00		
2	JW Red Label	红牌威士忌	38.00		
2	Gordon's Dry Gin	哥顿毡酒	28.00		
2	Grant's	格兰威士忌	38.00		
2	Imported Beer	进品啤酒	15.00		
2	Juices	各式果汁	8.00		
2	Coca Cola	可口可乐	8.00		
1	Sprite	雪碧	8.00		
2	Watsons	屈臣氏蒸馏水	8.00		
2	Chocolate	巧克力	20.00		
4	Mineral Water（Imported）	进口矿泉水	20.00		
1	Local Beer	本地啤酒	8.00		
2	Wine	葡萄酒	25.00		

第一联：客户（白）　第二联：前厅（红）　第三联：存根（黄）

Please indicate daily the number of items you have consumed and kindly sign this form and leave it on your mini-bar. The amount will be added to your room account.

请将您每天消费的饮料记入账单并把账单放在吧台上，收费金额入贵账户。

____________　　　　____________

Guest Signature　　　　Room Attendant

- 如客人结账后使用了小酒吧，应礼貌地向客人收取现金，并将酒单的第一联作为发票交给客人，收取的现金连同酒单的第二联记账凭证应及时交给结账处；
- 领取和补充小酒吧的酒水和食品时，要检查酒水的质量和饮料、食品的有效保质期。

有些高级饭店对客房内的冰箱采用计算机管理，当客人从冰箱里取出一瓶饮料后，冰箱内的开关信号将指示机器驱动，使总服务台收款处该客人账单上的账目自动增加。但这种装置也有缺点，譬如，客人取出一瓶啤酒后，发现商标不中意，便放回原处，但此时计算机已记入这瓶啤酒的账。

（二）房膳服务（Room Service）

房膳服务在欧美国家旅馆业中称为“Room Service”，它是指应客人的要求将客人所点之餐、饮送至客房的一种餐饮服务。常见的房内用餐有早餐、便饭、病号饭和夜餐等项目，其中以早餐最为常见。

提供房膳服务时，酒店要设计专门的房膳服务餐牌，摆放在床头柜或写字台上，上面标明房膳服务电话号码。另外，提供房膳服务，通常要收取20%~30%的服务费。

房膳服务的方式有多种。在一些大饭店里，这项服务是由餐饮部负责的，餐饮部设有房膳服务组，由专职人员负责提供房膳服务；在另外一些饭店，房内用餐则是由餐厅服务员送到楼层，再由楼层服务员送进客房，采用这种服务方式的饭店，要求客房服务员必须熟悉菜单，并掌握一定的餐厅服务技能。

图 4-2　酒店为客人提供的房膳服务

房内用餐可以用托盘提供，也可以用餐车送上（见图 4-2），这要视所送餐食饮料的多少而定。如用餐车送餐，要小心谨慎，以免因地毯不平或松动而翻车。另外，送餐时，必须要使用保温、保暖、保凉和保持清洁卫生的用具。

提供房膳服务时，要注意及时将客人用过的餐具和剩物撤出（一般在 1 小时后，征得客人同意后撤出），以免影响房内卫生或丢失餐具。收东西时，要注意清点餐具并检查有无破损，同时还要注意随手更换烟灰缸、玻璃杯，擦净桌上的脏物，以保持房内清洁。最后，用餐完毕，不要忘记请客人在账单上签名。

另外，为客人提供房膳服务，还应注意方法的多样性。例如，香港某酒店客房送餐菜单中，有一个深受客人欢迎的特色项目是“令客人自己创新”的内容，它可昼夜使客人能够设计挑选他们喜爱的餐食（包括调味汁、制作方法等）。对许多住客来说，“自己创新”是仅次于在自己家中做饭的美事，使得这项业务占到了该酒店所有客房送餐服务订单的近 40%。

（三）洗衣服务（Laundry Service）

旅游者离家在外，生活很不方便，再加上每天的旅游和商务活动安排都很紧，而自己的衣服又要勤换洗，自己动手洗衣服费时又费力，因此，饭店一般都向客人提供洗衣服务，且大型酒店一般都设有自己的洗衣房。

饭店向客人提供的洗衣服务，从洗涤方式上讲，有三种类型：即干洗（Dry Cleaning）、湿洗（Laundry Service）和熨洗（Pressing）。其中，采用干洗的一般是一些高档衣料以及毛织品、化学纤维衣物、绸缎真丝等。从洗涤速度上，可以分为“普通服务”（Regular Service）和“快洗服务”（Express Service）两种。每种服务都要在规定的时间内完成，普通服务一般在早上9点以前收取衣服，当天送回；快洗服务则要求收到客衣后3~4小时内洗完送回，由于快洗服务会为洗衣房的工作带来不便，因此，一般要加收一倍的服务费。

无论是干洗、湿洗还是熨洗，也不管是普通服务还是快洗服务，都要求客人预先填好洗衣登记表（见表4-2）。

表4-2 洗衣清单

Laundry 湿洗 Dry Cleaning 干洗 Pressing 熨洗

<table>
<tr><td colspan="6">Forservices please touch 3（洗衣请按内线3）</td></tr>
<tr><td colspan="2" rowspan="2">Room No.房号</td><td colspan="2">Name
姓名</td><td colspan="2">Signature
签名</td></tr>
<tr><td colspan="2">Date
日期</td><td colspan="2">Time AM/PM
时间 上午/下午</td></tr>
<tr><td colspan="6">Special Instructions 特别指示</td></tr>
<tr><td colspan="2">□Same Day Service:
Collected by 11:00
Delivered on Same Day.</td><td colspan="2">□Express Service
(4 hours):Latest
Collection by 14:00
Delivered on the Same
Day.50% Surcharge.</td><td>□Pressing Service
(1 hour):Pressing
is available from
7:00~18:00.</td><td>□Overnight:
Pressing
Returned by
8:00.</td></tr>
<tr><td colspan="2">□普通服务：
上午11时前收取的
衣物即日可送回</td><td colspan="2">□加快服务（4个小时）：
下午2时前收取的衣物，
即日可送回，50%附加费</td><td>□熨洗服务：
早上7时至晚上6时
收衣1小时内送回</td><td>□隔夜熨衣：
于早晨8时归还</td></tr>
<tr><td>Guest Count
贵客点数</td><td>Hotel Count
酒店点数</td><td>Laundry Items
湿洗项目</td><td>Price RMB 价目
Laundry 湿洗</td><td rowspan="3">Shirts Return
恤衫交回</td><td rowspan="3">□On Hanger 挂起
□Starch 浆
□Folded 折叠</td></tr>
<tr><td></td><td></td><td>Normal Shirt 普通衬衫</td><td>26.00</td></tr>
<tr><td></td><td></td><td>Blouse 女装衬衫</td><td>26.00</td></tr>
<tr><td></td><td></td><td>Sport/T-Shirt 运动衣/T恤</td><td>20.00</td><td colspan="2" rowspan="2">Plus 15% Surcharge
加15%服务费</td></tr>
<tr><td></td><td></td><td>Jacket 外套</td><td>38.00</td></tr>
<tr><td></td><td></td><td>Dress 连衣裙</td><td>43.00</td><td colspan="2" rowspan="4"></td></tr>
<tr><td></td><td></td><td>Skirt 短裙</td><td>26.00</td></tr>
<tr><td></td><td></td><td>Pants/Jeans 西裤/牛仔</td><td>32.00</td></tr>
<tr><td></td><td></td><td>Shorts 短裤</td><td>20.00</td></tr>
</table>

续表

Guest Count 贵客点数	Hotel Count 酒店点数	Laundry Items 湿洗项目	Price RMB 价目 Laundry 湿洗
		Pyjamas（2pcs）睡衣裤（两件/套）	26.00
		Night Gown 睡袍	26.00
		Undershirt 内衣	12.00
		Underpants 内裤	12.00
		Socks/Stockings（Pair）短/长袜（对）	8.00
		Handkerchief 手帕	8.00

Guest Count 贵客点数	Hotel Count 酒店点数	Dry Cleaning/Pressing Items 干洗/熨洗	Price RMB 价目	
			Dry Cleaning 干洗	Pressing 熨洗
		Suit（2pieces）西装（两件/套）	78.00	42.00
		Jacket/Coat 外套	48.00	26.00
		Slacks/Pants 西裤	32.00	16.00
		Shirt/Blouse 衬衫	32.00	16.00
		Skirt 短裙	32.00	16.00
		Skirt（Full Peated）有褶短裙	62.00	36.00
		Dress 连衣裙	68.00	36.00
		Dress（Evening）/Tuxedo 晚礼服	85.00	45.00
		Vest 背心	20.00	10.00
		Sweater 毛线衣/羊毛衫	38.00	16.00
		Tie/Scarf 领带/领巾	16.00	10.00
		Overcoat/Long Coat 大衣	88.00	36.00

Remarks:

1. Should the list be omitted or not itemized, the hotel count will be taken as correct.

2. All Laundry/Valet/Dry Cleaning, is accepted by the hotel at the owner's risk. While the utmost care will be exercised by the hotel, the liability of the hotel is limited to TEN times the value of the Laundry/Valet/Dry Cleaning charges. The hotel shall not be responsible for any further loss or damage howsoever arising.

3. Shirts will be folded and blouses will be on hanger unless otherwise requested.

说明：

1. 如客人未填写衣物数量，将以本饭店所计数量为准。

2. 本饭店在正确的洗涤操作下若造成衣物的任何损坏，最高赔偿额不超过衣物洗熨单价的10倍。衣物上的装饰品和衣兜里的物品损坏或遗失，饭店概不负责。

3. 送衣时，除有特殊要求，男装衬衫将以折叠方式送回，女装衬衫将挂架送回。

这张表可置于写字台上或与洗衣袋一起放在壁橱里，客人有洗衣要求时，要在上面注明自己的姓名、房号、日期、所需洗涤各类服装的件数，并标明要求提供普通服务还是快洗服务。服务员进房收取衣服时，要仔细核对表中所填需洗涤衣服的数目是否与客人放进洗衣袋的衣物相符，同时检查一下口袋内有无物件、纽扣有无脱落、有无严重污损、褪色、布质软弱不堪洗涤等情况，发现问题应向客人指明，并在登记表上注明。

为了避免一些不必要的麻烦，饭店方面还应在印制的洗衣登记表上注明在洗涤过程中出现某些情况时的处理方法，如关于洗涤时客衣缩水或褪色的责任问题以及如出现洗坏或丢失情况时的赔偿问题（按国际惯例，赔偿费一般不超过该件洗衣费的10倍）。鉴于很多客人待洗衣服的价值远远超过洗涤费的10倍，如衣服损坏或丢失，按洗涤费的10倍进行赔偿远远不能补偿客人的损失，酒店可考虑推出“保价洗涤收费方式”，即按客人对其所送洗衣物保价额的一定比例收取洗涤费。

洗烫干净平整的客衣送回时，应根据洗衣单存根联仔细核对清楚，如衣物的件数、房号、客人姓名等。随后，将客衣送至客房，请客人查收，待客人点检清楚后再离房，并向客人道别。最后，在存根联上注明送衣日期、时间，并签上姓名。

案　例

洗衣单引起的思考

最近，在某酒店投宿，早餐时，因西装袖口沾上了油污，想送酒店洗衣房洗涤，但仔细看过洗衣单的“说明”后，却打消了原来想洗衣的念头。

洗衣单说明栏注一：“……如有任何于洗熨过程中损坏或失去纽扣或饰物，本酒店概不负责。”

这条说明分为两个部分，一是“损坏”，二是“失去”。先说“损坏”，据我所知，由于科技的发展，纽扣制作的材料呈现出多种多样、日新月异的趋势，酒店洗涤人员不是某学科的专家，不可能全部识别它的材料是否能水洗以及是否耐高温，是否会引起其他的化学变化等。所以，在培训中，许多酒店洗涤人员就会被告知：除了多掌握专业知识外，遇到没把握的情况时，采用先剪下来再洗的方法，就不应该存在“损坏”的问题，更不至于损坏后“本酒店概不负责”。至于“失去”纽扣，其实说白了就是“遗失”，酒店等于在说，我丢失了你的纽扣是不赔的！

这家酒店平时的信誉情况我不太清楚，假设我真的“中头彩”，“损坏或失去”纽扣，洗衣契约中已白纸黑字写得明明白白，找酒店是白搭，接下来就为补齐纽扣而奔波忙碌去吧。

再看洗衣单说明栏注二：“任何衣物的丢失损坏，其赔偿将不超过洗熨费的10倍。”

该酒店西装洗涤的收费是每套12元。本人西装极其普通，商店买来也要900元，也就是说，如果酒店丢失了我的衣服，赔偿上限是120元，拿到120元应额手称庆，但反过来问一问，120元能补偿西装的损失吗？更不要说有些国外客人几千美金的高档西装了。

丢失客人的衣服，赔偿不超过洗衣费的10倍，这一点在国外比较流行，酒店写上这一条应该说也是符合国际惯例。问题是，国外洗衣收费也贵，洗衣费与赔偿费的差距也没有国内这样大。洗衣单上的这些说明，从表面上看，是酒店维护了自己的权益，但客人的权益没有受到充分的保护，于是，我因此而打消了洗衣的念头。是否会有许多人有我这样的心理呢？客人如遇到以上诸“说明”中的一项，虽然只有自认倒霉，但他又会对酒店产生什么样的印象呢？

有些饭店现在推出保价洗涤，即客人可以开出自己衣服的价值，洗衣价也按比例相应上升，这样，客人、酒店利益两不误，各家酒店不妨一试。

（香港　闵惠斯）

（四）托婴服务（Babysitting）

住店客人外出旅游时，带小孩有时会感到很不方便，为了解决这个问题，很多饭店都为住店客人提供托婴服务。客人外出或有商务应酬时，可以把小孩交托给客房部，由客房部委派专人照管（或由客房女工兼管），并支付适量服务费。

照看婴儿（或小孩）时要注意按客人的要求进行，不要随便给小孩吃东西，尤其要注意小孩的安全。

（五）擦鞋及其他服务

高级酒店一般都为客人提供擦鞋、钉纽扣和缝补等服务，以此为客人提供方便，并提高服务质量。

客人需要擦鞋服务时，会将鞋放在壁橱内的鞋筐内（或打电话到房务中心），服务员做房时，应将鞋筐里的鞋子收集起来，并在擦鞋服务单上写清房号。擦完后，要按房号将鞋子连同鞋筐放回客人房门口或壁橱内。

另外，遇雨雪天气，客人外出归来，鞋子上易沾有泥，此时，服务员应主动要求帮客人擦鞋，这样做不仅会使客人满意，又可以避免弄脏酒店和房内地毯。

（六）手机充电服务

在当代社会，手机已经成为人们的生活必需品，酒店为客人提供手机充电服务已经成为酒店必不可少的服务项目。酒店应该准备好各种常用手机的充电器或多功能充电器，满足客人的需要。此外，免费的Wi-Fi服务也已成为住店客人的基本需求。

（七）叫醒服务

叫醒服务通常由酒店总机房话务员（或房务中心文员）提供，但在很多情况下，当话务员叫醒无效时，客房部应通知楼层服务员上门叫醒，否则，可能引起严重后果。本章“经理的困惑”提到的案例就很好地说明了这一问题。案例中，小孙的失误在于没有追踪楼层服务员是否叫醒了客人，楼层服务员的失误在于缺乏经验，没有将其遇到的“请勿打扰”的状况及时反馈，致使服务断裂，而主管应承担督导不力的连带责任。房务中心也应以此为契机，针对叫醒服务进行专题讨论，分析各种可能出现的情形，制订相应的解决方案。这样做以后，相信酒店不会再发生叫醒服务方面的投诉。

二、客人离店时的服务规程

客人离店时的服务规程包括以下三个方面：

（一）客人离开楼层前的准备工作

- 确切了解客人离店的日期、时间以及乘坐的交通工具；
- 检查客人有无委托代办事项，有无办妥，该送总台的账款单是否已结清，以免错漏；
- 如有清早离店的客人，要问清是否要准备早餐，是否需要叫醒；
- 如客人要求代叫行李员搬送行李，应问清何时搬送以及行李件数，并立即通知前厅行李组做好准备。

（二）客人离开楼层时的送别工作

- 客人出房时，应向客人微笑道别，并提醒客人是否有遗忘物品；
- 为客人按电梯按钮，电梯到达楼面，应用手挡住电梯活动门，请客人先进入电梯并协助行李员将行李送入电梯内放好；
- 当电梯门即将关闭时，要面向客人，微笑鞠躬告别，欢迎客人再次光临并祝旅途愉快。

（三）客人离开楼层后的检查工作

- 客人离开楼层后，应迅速入房仔细检查；
- 如发现客人离房前使用过小酒吧酒水，应立即告知结账处，并将酒水单送前台；
- 同时检查房间物品有无丢失，设施设备有无损坏，如有应立即报告大堂副理，以便及时妥善处理；
- 如发现客人有遗留物品，应立即追送，如来不及，应按有关程序处理；
- 做好离店客人情况记录，送客房部存档备查。

案　例　**我在丽嘉酒店提供房膳服务**

我在丽嘉酒店提供房膳服务

第三节　客人类型和服务方法

酒店的客人来自世界各地和社会各个阶层，由于他们的身份地位、宗教信仰、文化修养、兴趣爱好、生活习惯、社会背景等各不相同，因而，对酒店所提供的服务有不同的要求。了解他们的需求特点，采取针对性的服务，是客房管理者和服务人员搞好对客服务的前提。

一、按旅游目的划分

（一）观光旅游者

1. 观光旅游者的特点

这类客人以游览为主要目的，对自然风光、名胜古迹最感兴趣，最大的要求就是住好、吃好、玩好。他们喜欢购买旅游纪念品，喜欢照相，委托服务较多。

2. 对观光旅游者的服务方法

应根据其进出店时间，注意做好早晚服务工作。如早上叫醒服务要准时，提前送水；晚上客人进店前备足开水和冷开水，调节好室温。接受客人如洗熨衣服、擦皮鞋、冲洗胶卷等委托服务时要主动热情、保证质量、及时周到，努力为客人创造一个良好的居住环境，使他们能有充足的精力、愉悦的心情完成他们的旅行活动。另外，要主动介绍自然风光、名胜古迹、风味餐馆和本地区、本城市及酒店商品的工艺美术品、土特产品和旅游纪念品等，便于客人购买。

（二）商务散客

据统计，全世界所有饭店客源中，商务旅游者占了53%，其支出至少占全球旅游观光消费的2/3。因此，了解商务客人在商务旅游中的需要和偏好，对饭店经营者至关重要。随着我国国民经济的迅速发展，国内商务散客逐渐成为饭店业的重要客源之一。

1. 商务散客的特点

这类客人对饭店的设施设备要求很高，如完备的商务中心、先进的通信设备等，他们喜欢高档、单人客房，同时希望房间的布置有特色而非千篇一律。此外，他们消费水平较高，对服务要求高，希望饭店提供的服务快速、高效、有个性。这类客人有公务在身，注重仪表仪容，常常要早出晚归；有的住户则在客房办公，住店时间一般较长；这类客人的文件较多，且要求严格保密；来访客人较多；他们最怕打扰，工作时要求安静；他们有钱，对生活上要求较高，晚上需要娱乐活动，常利用公务之余外出游览参观，委托服务多。

2. 对商务散客的服务方法

对于商务客人的房间来讲，设备设施应充分考虑办公条件，如宽大的办公桌、舒适的座椅、明亮的灯光（写字台台灯最好为60W。一般来说，写字台的台灯如果采用普通灯泡，其功率必须超过40W，特别是对于商务客房而言，更是如此。一些酒店为了节能，采用25W的灯泡，光线昏暗，客人无法正常工作）、充足的种类齐全的文具用品和个人卫生用品（最好有发胶、摩丝类用品）、先进的通信设备（如Internet接口）、传真机。尽量向他们推销高档客房，要为他们提供优质的洗衣服务和美容美发服务，洗烫衣服、擦皮鞋等服务速度要快。服务员不要乱翻乱动他们放在房内的文件，否则会引起抱怨。有客人来访，必须事先征得其同意。商业竞争对手，不要给他们分在同一层楼。茶水供应要及时。不要轻意进房打扰他们。有舞会或其他夜间娱乐活动不要忘记告诉他们。

目前，国内商务客人有相当一部分为企业、公司的营销人员和老总。他们对饭店客房档次的要求因职别的不同而不同，需要能解决各种交通工具的订票业务，喜欢住熟悉的饭店和曾住过的房间；住店期间，一般访客比较多，希望饭店能提供热情、周到、适时的访客服务。

资 料　**国际商务旅客的需求特点**

美国运通公司对来自14个国家及地区的1400名商务旅客进行了调查，结果表明：整体而言，受访者认为房间设有上网服务和免费早餐几乎具有同样的吸引力，其中29%表示上网设施是酒店最具吸引力的增值服务；26%则选择免费食物；16%选择商务中心；13%喜欢贵宾式的入住/退房办理手续服务；12%喜欢免费使用健身中心。

调查显示，欧洲人比较喜欢免费早餐——42%的瑞典人、36%的德国人和34%的法国人选择此项为他们最喜爱的酒店增值服务。相对所有受访者，美国人(40%)、墨西哥人（39%）和日本人（35%）最欣赏有上网设施；而亚洲人则比其他各国受访者更重视商务中心设施，29%的新加坡人、24%的中国香港商务旅客和23%的日本商务旅客选择此项为最具吸引力的服务。另外，18%的加拿大人和德国人以及17%的美国人特别希望可免费使用健身房。

（三）会议旅游者

1. 会议旅游者的特点

此类客人人数较多，住店时间长，客人活动集中，有规律，会场使用多，时间抓得紧，客房服务任务重，要求严格。这类客人身份地位较高，有专长，多属高级知识分子或政府官员，生活上要求高级享受，爱买旅游纪念品，会议间隙或晚上要求有娱乐活动。

2. 对会议旅游者的服务方法

分房要根据主办单位要求，尽量售出高级客房，但要集中，一般要安排在同一楼层或按照组别安排房间。会议期间，要分派有关人员和客房班组专门负责，讲清任务、要求、方法等，妥善安排好会议室或会场出租。有时一天同时召开若干小组讨论会，会出现会议室周转不开的情况，酒店客房要充分挖掘潜力，利用客房或公共场所临时布置代替。要根据人数和需要，安排好茶水，放好桌椅，布置好主席台，做好通信和扩音机设备工作，清扫整理好会议室。两次会议间隙，要做好清扫工作，保持会议室清洁整齐。客房布置打扫要及时，保证茶水供应和房间整洁，室内信封、信纸、墨水等要保证供应，便于客人会议期间使用。客人用过的会议文件和抄件要严格保密，不得随便乱翻乱动。遇有在会议室或客房签订合同，服务员要事先布置好，主动增添桌椅。夜晚有娱乐活动不要忘记告诉他们，以便调节客人生活。平时多介绍名胜古迹、旅游纪念品（包括工艺美术品、文物复制品）和其他高档商品。

另外，会议结束，众多客人几乎在同一时间回到房间，此时，服务要求较多，因此设房务中心的饭店最好能提供短时的楼层值台服务，对回到楼层的客人表示欢迎，同时回答客人的问讯，并应客人的要求，为客人提供各项服务。

（四）蜜月旅游者

1. 蜜月旅游者的特点

此类客人要求住“蜜月房”（大床间）；要求房间干净、卫生、僻静，不受干扰；对当地风景名胜及旅游纪念品感兴趣。

2. 对蜜月旅游者的服务方法

为他们安排“蜜月房”（切忌为其安排有两张床的“标准间”），客房整理一定要做到整齐、美观、怡静。必要时，按照客人的要求和风俗习惯，布置好“洞房”，房间布置要气氛热烈、美观、大方，举行婚礼时要送结婚纪念品，组织客人和服务员表示祝贺。

（五）休闲度假者

休闲度假客人一般住店时间相对较长，消费水平较高，比较喜欢房间布置有家居氛围，服务要求比较多，洗衣、客房送餐、小酒吧、委托代办、托婴服务等均会出现。喜欢有丰富多彩的娱乐项目，喜欢同服务员打交道，希望得到热情、随和而非呆板、规矩的服务。另外，度假饭店多为开放式建筑布局，客人来度假都很放松，希望饭店在为宾客提供一个轻松自由的休闲环境的同时，能保证客人的人身财产安全，因而要求客房服务和管理工作外松内紧，防止不法分子混入饭店给客人造成伤害。

二、按宾客身份划分

（一）体育代表团

随着各种国内、国际体育赛事的频繁举行，运动员也成为饭店经常接待的客源之一。体育代表团是客源类型中比较特殊的一种，这种特殊性主要是由他们所从事的职业造成的。运动员入住一般人数较多，行动非常统一，他们在参加比赛前一般要聚集在一起进行战术讨论，观看比赛录像，因此需要有宽敞的、配备录像设备的会议室。另外，紧张的比赛会使他们特别需要一个安静、舒适的休息环境，这就需要服务人员在工作中坚持“三轻”，减少进入客房的次数，打扫房间要及时，同时还应配合饭店保安人员保护他们免受记者、球迷及“追星族”的骚扰。

链　接　**改睡床·定浴袍——迎接NBA球星“梦之队”**

2006年8月7~8日，拥有众多NBA超级巨星的美国“梦之队”将访问广州，并与中国国家篮球队进行对抗赛。负责接待的广州地中海国际酒店为此做了“充分”而又特别的接待准备。

1. 加长睡床，精选地毯

“我们一个房间的装修费用要30万~40万元，我们相信球星们会对这里的环境感到满意。”酒店工程总监马泉伟先生说，这段时间以来他也正忙着改造部分酒店设施，主要是为了满足球员的需要。“就连房间里面的羊毛地毯都是经过精心挑选的，地毯的价钱大概为700元/平方米。”为了迎接篮球明星，酒店房间最大的改动就是要加长睡床，以便让身高超过2米的球员能够睡得舒服。酒店正在定做一些宽0.5米、高度和床一样的长凳，到时把长凳拼在床脚，就相当于把床的长度延至2.5米。“NBA最高的球员是姚明，他身高是2.26米，我们把床加长到2.5米已经足够了。”马泉伟说。

球员的睡床将有2.5米长

“NBA的官员在2月和3月曾到广州考察住地，我们酒店只是其中的一家。”酒店市场营销部的黄宇青介绍说，“他们拍了很多照片回去让球员选择，球员后来选中了我们酒店。3支球队加上官员一共订了100个房间，我们酒店届时不对外营业，在比赛期间只接待比赛的相关人员。”

2. 官员看重淋浴设备，酒店定做喷头、浴袍

酒店在浴缸旁安装了液晶电视，球员可以一边泡澡一边看电视

NBA的考察官员在考察酒店的时候对淋浴的设施要求最高。因此，酒店对浴室的装修非常讲究，每个房间的浴室大小都在15平方米左右，另外，浴室和房间之间用一扇透明的玻璃隔开，这让浴室显得格外光亮通透。最奢侈的是，浴缸旁边还安装了一个小小的液晶电视，这意味着球员届时可以一边泡澡一边看电视。“我们的设备已经符合了他们的要求，接下来我们还要提升淋浴喷头的高度，免得球员要弯着腰洗澡。”

酒店的工作人员十分细心，他们甚至考虑到浴袍和拖鞋这样的细节问题，一般的浴袍都是按照正常人的身高定做的，而很多身高2米以上的球员肯定穿不下这些正常大小的浴袍。“我们到时会给球员提供定做的浴袍，保证他们能够享受到舒适的服务。”除了浴袍外，酒店方面还定做了一批大号的拖鞋。“大部分定做的拖鞋是48码的，还有一些特大号的拖鞋是58码的，这些拖鞋基本上都适合球员们的脚形。”

3. 100多名保安人员随时待命

面对如此多的篮球巨星，安全保卫问题也是本次赛事的一个重点。除了与公安部门协作外，酒店内部也准备了保卫方案，届时将会有100多名酒店的保安人员负责球队在酒店的安保问题。

40楼和41楼是酒店内顶级的豪华楼层，这里届时将会招待NBA方面的高级人物。为此，酒店在这两个楼层派出了24小时的管家为这些高级人物服务。而为了能及时了解球星的需求和回应他们的咨询，酒店方面也专门从高校聘请了一批外语水平较高的在校大学生，在经过专门的培训后，他们将守候在餐厅、酒吧间、楼层、前台等球星们有可能涉足的地方提供服务。

（二）新闻记者

由于职业关系，新闻记者的生活节奏比较快，因此要求服务讲究效率，并且对服务比较挑剔。他们把房间既当卧室又当办公室，各种稿件、传真机、复印件比较多，东西摆放比较杂乱。此外，他们还希望房间里有完备的通信设施、齐全的办公用品、准时得到当天的报纸等。考虑到这类客人一般都比较敏感，酒店在服务方面要特别留意。

（三）政府官员

政府官员入住，服务及接待标准要求很高，重视礼仪，店外活动比较多，店内活动较少，服务要求一般由随行人员传达给饭店，且经常会出现一些即时需要，要求饭店尽快做出反应，安排妥当。这类客人住店期间不希望服务人员过多进入房间，对安全要求极高，任何安全隐患都应绝对避免，因此，酒店要提供高质量的个性化服务。

（四）外国专家

这类客人一般受国内学术机构邀请来华作学术报告或有其他科研任务，有的则与国内厂家、企业有合作项目而长期住在酒店。他们多属高级知识分子，接触上层人士多，工作废寝忘食，对图书馆及有关科研机构和科技报刊杂志感兴趣，平时话不多，但风趣幽默，一般住店时间较长，对礼仪要求严格，讲究身份地位，住房条件甚高。

因此，酒店应尽量安排高级僻静的客房给他们，最好带有会客室。平时不要打扰他们，尽量保持安静，用餐时要注意提醒他们。这类客人的写字台和书房一般较乱，书籍很多，但服务员在整理房间时未经客人同意不要随便动；科技杂志和寄来的图书资料要及时送入客房；平时可告诉他们有关图书馆、外文书店或新华书店的地理方位和路线，以便于他们购买书籍；他们要外出活动时注意叫醒；有客人来访要事先通知，做好茶水、毛巾供应。

（五）长住客人

一般来说居住时间超过一个月的客人都称之为长住客人。他们大多为一些国内和国外商社客户。这些公司在饭店长期包租一些客房来建立办事机构，派有常驻人员，有些甚至提出特别的设施摆设和安装要求，希望一切都舒适方便。长住客人不仅将客房作为住宿场所，而且作为接待客人、办公、商务洽谈的场所，期望得到清洁、舒适、安静、安全以及热情周到的服务，希望有“家”一样的感觉。

为长住客人服务，应注意以下几点：

- 细心观察客人的生活习惯，熟知他们的房间、姓名、性格、爱好等；
- 做好来访客人的接待工作，要像对待住店客人一样热情有礼，如来访客人多时，要主动送上座椅，并主动询问被访的住客还需要提供什么服务，同时迅速提供，要记住：尊重来访客人，就是尊重住店客人；
- 在服务细节上多下工夫，如节日送鲜花水果，生日送蛋糕；
- 服务人员要相对稳定，以便客人熟悉，产生亲切感，如员工有替换或新员工上岗，也要做好交接和培训，不使客人感到陌生；
- 对长客的服务要主动、热情，为他们创造良好的工作和生活条件；
- 客房管理人员要经常征询意见，发现问题，及时解决。

三、按年龄划分

（一）儿童住客

儿童客人虽然在酒店客人中所占比例不高，但服务好、关注好儿童宾客，对提升宾客满意度和回避风险会产生积极作用。安全、卫生、舒适是让他们满意的重要标准。

儿童宾客根据年龄可以分为婴儿、幼儿和儿童，酒店服务的重点也有所不同。如婴儿入住，酒店可以增加浴盆、消毒器，奶瓶及奶瓶保温器等，并做好床铺、沙发的保护措施，避免便溺污染。幼儿和儿童入住，都要特别关注安全，可用安全防碰条做好桌面、家具边缘的防护工作，以免碰伤他们；用安全插头插入他们容易触到的电源插座，防止触电；多与家长交流，提醒设施设备存在的安全风险，共同做好防护措施。除安全外，客房内还需配备一些生活用品，比如儿童用的小马桶、儿童玩具、儿童洗漱用品等。为防止儿童涂鸦污染墙壁和家具，可配入小黑板或多配备一些纸张。

（二）青年住客

这类客人一般以观光、修学和增长见识为目的，暑假期间来得最多，往往三五人结伴而来。他们精力旺盛，白天多外出活动，晚上也有喜欢出去走走看看，手里钱不多，对饮食和住宿条件要求不高，一般要求参观游览的地方较多，客房为他们服务的速度要快。

因此，酒店要特别注意叫醒服务。另外，服务员要有多方面知识，能够正确回答他们的各种问题。

（三）老年住客

此类客人一般动作迟缓，行动不便，要求舒适、安静，服务要求热情、周到、亲切。

对于这类客人客房楼层要保持绝对安静，住店期间要热情迎送、帮拿行李，上下楼时服务员要多搀扶，多介绍著名历史古迹和美酒佳肴。

四、按性别划分

按性别划分，可以划分为男性客人和女性客人。酒店在为女性客人提供服务时，应注意以下几点：

第一，除住客事先约定同意接听的电话外，总机为每位女性住客提供电话保密服务。

第二，在女性楼层内配备女性服务员和女性保安人员。

第三，告诫员工不向外界透露有关本酒店接待的单身女性客人的饮食、住宿、娱乐等方面的习惯、癖好，切实维护住客的个人隐私和人身安全。

第四，对有需要的女性客人选派经验丰富的服务人员提供“贴身管家”服务。

第五，举办各种生活时尚 Party。单身职业女性最重要的人际关系是群体或朋友关系，而不是婚姻或亲戚关系，她们热衷于参加各种社会活动和社交活动。因此，酒店可举办各种生活时尚 Party，定期邀请著名专家、学者开设系列讲座，内容包括个性化形象设计、社交礼仪、美容健身、家庭园艺、厨房烹饪等，甚至还可延伸到心理咨询、医疗保健、家庭理财、法律顾问等，以满足她们的个人涵养和生活情趣需求。

第六，女宾客由于性别原因与男宾客在消费习惯上存在一些不同。在服务上应差别对待，比如女士入住客房，要撤出剃须刀等非女士用品，适当添加化妆棉、擦手纸、毛巾等物品；根据宾客头发的长短，决定是否添加梳子、扎头绳；根据宾客衣服的多少，适当增加衣架数量；卫生间云台上准备一个小盘子放置客人的化妆品；明显位置可放置温馨天气提示，提供穿衣指数。发现女性生理周期时，可配备红糖、大枣、暖水袋等。

五、按国别划分

（一）外国客人

这类客人文化修养较高，注意礼貌礼节，彬彬有礼；多有晚睡晚起习惯，比较随意；对客房卫生及设施非常敏感，尤以年长一些的女宾最为突出；消费水准高，服务要求也较多，如洗衣服务、擦鞋、房内送餐服务等，房内小酒吧消耗量较大，美国客人还特别喜欢喝冰水；习惯电话服务，希望服务要求能尽快满足；重视个人隐私，不希望看到有楼层服务台（有受到监视的感觉），希望保持楼层绝对安静。

因此，为客人服务时要特别注意尊重客人的隐私，注意服务时的各种礼貌用语，同时，在服务过程中要注意做到"三轻"。还要注意服务的效率问题，客房部还应注意为客人供应冰水（外宾楼层可设制冰机）。另外，为外国客人排房时，不要安排烟味重的房间。在为外国客人服务时，还应注意语言沟通艺术，避免因文化背景的差异，引起客人误会。

案　例　　**"你出去呀"**

早上7点半，住在某四星级酒店的美国客人珍妮照常收拾好文件，提上公文包，锁上房门，准备到公司驻本地办事处上班。当她经过酒店楼层服务台时，一位女服务员正在值台，见有客人走过来，便用中文问候道："小姐，早上好！您出去呀！"珍妮由于长年在中国工作，中文较熟悉。听到此话，她停下了脚步，正视着女服务员说："你是新来的？"女服务员点了下头。接着珍妮问道："你说'小姐，早上好'我懂，那你说的'您出去呀'是什么意思？"服务员一看客人面容严肃，意识到可能自己的话伤害了客人，忙解释道："在我们中国，平时遇到朋友都习惯说'你出去呀''你去哪里'等表示对朋友的关心，没别的意思。"听到此解释，珍妮说："没别的意思？我懂中文，你不用说了，我懂！"服务员听到珍妮说的话后，又微笑解释了一遍，可珍妮还是不理解，联想到在公司驻本地办事处工作时，主任约翰经常怒气冲冲地指着下属说"你出去"，珍妮认定这位女服务员是在骂她，是要她滚出这家酒店。她越想越恼火，待要发作，又想到要赶去上班，只得作罢。临走时，她愤怒地对女服务员说："不听你解释了，我要赶去上班，回来再投诉你!”说完气呼呼地走了。

（二）国内客人

大部分国内客人对楼层服务台的依赖性较强，不善于使用房内的服务指南通过电话要求酒店提供服务，而是希望有楼层值台服务员，并希望服务员随叫随到。特别是因公出差的国内客人，常需会客服务，因此，对于国内客人住宿的房间，要注意多观察，随时准备为客人提供服务。

此外，国内客人大都有午睡习惯，因此在这段时间，绝对不要进房打扰客人，否则，将引起客人极大的不满，甚至惹怒客人，影响客人一天的学习、工作、生活。

六、按入住次数划分

（一）对初次入住宾客的服务

初次入住酒店的宾客不熟悉酒店情况，酒店也不熟悉宾客的情况，宾客对酒店既有新鲜感也有陌生感。对于这种初次入住酒店的宾客，服务的第一印象十分关键。

针对初次入住的宾客，客房部要做好信息的收集，利用和宾客的接触，比如行李服务、用餐、公共区域等各环节，捕捉宾客服务需求，并将相关信息传递到责任部门，积极提供各种细微服务，进一步加深和提高客人对酒店的良好印象。

（二）对回头客的服务

回头客对酒店情况、服务比较熟悉，与部分酒店人员也十分熟识。酒店回头客既认可酒店的产品和服务，同时又具有喜新厌旧的特点。因此，做好回头客的服务工作，既简单又有挑战性。

做好回头客服务首先要建立回头客档案。详细的档案可使每一个新老服务人员都能有章可循，使所提供的服务始终如一。在收集宾客档案时，不要将宾客临时的要求错认为他的习惯，继而提供多余的服务，令服务多此一举，甚至让客人啼笑皆非。此外，在为回头客提供细微服务时，还应根据实际情况灵活变化，给宾客新鲜感甚至惊喜，避免重复无新意的服务，让客人感觉呆板。

把握时机，为回头客提供方便。比如在酒店房间紧张时也应满足其住房需求；能为回头客提供快速入住和快速退房服务；在客人外出用餐时，及时进房整理，送上客人喜欢看的报刊等。

以上只是对饭店常见的客源类型及其基本需求做一简单分析，随着饭店业的发展，客人的需求会呈现更复杂化、多样化的趋势，需要我们从业人员不断地总结经验，真正站在客人立场上准确把握客人需求，为客人提供更完美的服务。

案 例　　客房虚拟VIP接待小组①

××大酒店根据客源市场的分析，定位于商务会议型酒店，按照该酒店原有的服务模式，VIP的接待只有个别优秀的服务员才能担任，这容易造成工作被动的局面。酒店专门召集了曾经担任过数次重要VIP接待的服务员进行商讨，经过2个月的酝酿，客房部正式成立了楼层VIP接待小组，成为一支重要的“虚拟团队”。其优势在于最大化地利用现有的服务人员，不用增加酒店人员编制，且操作灵活，该小组成员平时各自立足于本职岗位，如遇重大接待及V3级以上客人入住酒店，由部门经理指定组长召集小组成员各赴VIP接待岗位，担任重大活动的接待工作。2个月的集训中，小组成员接受餐饮知识、客房服务程序及标准、VIP客人接待服务程序、VIP房间的布置标准以及VIP房的插花、水果及食盒的包装和酒店专业英语知识的学习，并由部门培训老师制定相关专业技能的考核表及业务知识试卷。培训结束后，每位受训员工都要进行笔试和实操考试。在接到会议接待通知后，VIP接待小组在组长的规划下进行接待预案的制定，着力于对宾客需求的了解，由小组成员各尽其责，有的收集宾客的个人喜好，有的负责房间的艺术插花，有的负责水果的包装，还有的进行房间个性化的布置。根据酒店所提供的宾客入住时间表，每个VIP服务员都被分配在贵宾所下榻的楼层做好专项服务。

第四节　提高客房服务质量的途径

“踏入金棕榈，从大堂到房间，从泳池到空中花园，你所能碰到的每一个服务员，不管他（她）在做什么，都会稍停下手上的工作，望向你，然后，给你一个或是灿烂，或是羞涩，或是恬淡，却透出无比真诚的微笑……

正是这一笑，使你的心与这个酒店一下子亲切了许多，一下子放松了，有了回家的感觉……”②

一、客房服务质量的基本要求

（一）真诚

是否真诚，反映了服务员的服务态度问题。要为客人提供最佳服务，首先要突出“真诚”二字，要实行感情服务，避免单纯的完成任务式的服务。客房服务员为客人提

① 李榕. 虚拟VIP接待小组. 中国旅游报，2005-12-21.

② 王健生. 记三亚亚龙湾金棕榈度假酒店. 中国旅游报，2005-09-26.

供的服务必须是发自内心的——热情、主动、周到、耐心，处处为客人着想，也就是“暖”字服务。饭店许多服务质量差的现象，究其原因，都是由于服务人员的态度不好造成的。服务态度不好，主要是缺乏真诚和热忱，表现在实际工作中，就是对待客人没有微笑，不使用敬语，甚至与客人争辩。这里有一个心理因素，认为客人是人，自己也是人，我为什么要服侍他，将人与人之间的关系和社会角色之间的关系混在一起。客房部的每一个员工都要调整好自己的心理，把饭店的客人当成自己请来的朋友一样，以主人的身份来接待客人，替客人着想，这是提供优质服务的保证。

真诚服务，实际上也是感情服务，是在用“心”为客人提供服务，体现在细枝末节之处和服务过程的各个环节之中。下面这一案例可以很好地说明这一点。

案　例

一只没有清洗的茶杯

某大学的刘教授出差去桂林，住在四星级的桂湖饭店，在参加完一整天的会议之后，晚上回到房间，发现床头柜上有一张留言条，仔细一看，是客房服务员留给自己的，上面写着：

桂林桂湖饭店
GUILIN PARK HOTEL
电访阁下
YOU WERE CALLED

先生，太太，小姐
MR. MRS. MISS 尊敬的刘教授

房号
ROOM NO. 224#

于　　　　上午　　　　下午
AT　11：00　AM　　　　PM

由：先生/太太/小姐
BY：MR/MRS/MISS 管家部办公室

电话号码
TEL. No.：内线“80”

请复电话
□PLEASE RETURN CALL

再来电话
□WILL CALL CGAIN

留言
MESSAGE：您好！
因不知您是否留用杯里的茶，故没有帮您清洗杯子，如需清洗，请随时与我们联系，给您带来不便，敬请谅解。祝您在我店入住愉快！

日期
DATE：2002年3月27日

当值职员
CLERK：李丽

看了这张留言条和放在一旁自己只喝了一口的茶，刘教授心里非常感动，心想，这里的服务员可真细心，工作这么认真，处处替客人着想。又一想，服务员是怎么知道这杯茶不是酒店提供的普通茶叶泡的，而是客人自己带来具有特殊功效的保健茶呢？噢，肯定是从茶杯里茶水的颜色上判断的！这么一想，他更为服务员的细心、真诚所感动。刘教授在国内外住过很多高星级酒店，几乎每一家酒店的房间里都有一张“征求客人意见表”，他从来没有填过，可这次，他忍不住提起笔来，在“征求客人意见表”上表达了自己对服务员的感激和对酒店服务的赞赏之情。

（二）微笑

微笑服务是客房服务员为客人提供真诚服务的具体体现，是服务工作所要求的基本礼貌礼节，是优质服务的基本要求。微笑不仅是热情友好的表示、真诚欢迎的象征，而且是旅游者的感情需要，能给旅游者带来宾至如归的亲切感和安全感。

“在日本的酒店，楼层很少能见到酒店员工，但有一点感受却很深，就是一旦有一位员工为你服务，肯定是始终面带微笑，彬彬有礼，让客人有一种很舒服的感觉。而且，无论你出现在酒店哪一个地方，无论你遇到酒店里任何职位的员工，他们都会面带微笑，给你让道并驻足向你点头打招呼，总是很亲切”。

（广东温泉旅游协会考察团赴日考察印象）

（三）礼貌

客房服务中的礼貌礼节，是客房服务质量的重要组成部分，也是客人对客房服务人员的基本要求之一。

“礼节”“礼貌”是两个不同的概念。“礼节”是向他人表示敬意的某种仪式；“礼貌”是待人谦虚、恭敬的态度。礼节礼貌就是饭店员工通过一定的语言、行为和程式向客人表示欢迎、尊敬、感谢和道歉。

礼貌待客表现在外表上，就是客房服务员要讲究仪容仪表，注意发型服饰的端庄、大方、整洁，挂牌服务，给客人一种乐意为其服务的形象；在语言上，要文明、清晰，讲究语言艺术，注意语气语调，服务中始终以从内心发出的微笑相迎；在举止姿态上，要文明、主动、彬彬有礼，坐、立、行和操作均有正确的姿式。

链　接　　**“礼貌服务+真诚服务=温馨服务”**

客房是住店宾客的主要休息场所，客房服务员要承担宾客大部分的日常生活服务，因此，做好客房个性化温馨服务作用重大。客房服务员必须在礼貌服务中切实做到热情迎宾送客。例如，接到住客通知后，应及时做好迎接准备，宾客一到楼层要致辞欢迎：“您好！欢迎，欢迎！”；又如，碰到节、假日迎宾时，应对每一位宾客特别问候：“新年好”“欢迎光临”“圣诞快乐”“欢迎你到来”等；对于老、幼、病、残的宾客，应及时搀扶，给予关心和帮助；对于重要宾客（VIP），主动上前引领帮助宾客提携行李物品，同时要察言观色，予以必要的帮助。宾客离店时，要心怀感激之情告别，“感谢光临”“欢迎再来”，语调要亲切柔和，感情要显得诚恳真挚，目光柔和，面带微笑，让宾客真正享受到“宾至如归”之感。

（四）高效

效率服务就是快速而准确的服务。在客房对客服务中，很多投诉都是由于缺乏效率而引起的。因此，国际上著名的酒店集团都对客房各项服务有明确的时间限制。例如，希尔顿饭店集团对客房服务员的要求是：在25分钟内整理好一间符合饭店卫生标准的客房。

二、提高客房服务质量的基本途径

（一）培养员工的服务意识

员工的服务意识是员工的基本素质之一，也是提高服务质量的基本保证。很多情况下，客房部服务质量上不去，服务员遭到客人的投诉，并不是因为服务员的服务技能或操作技能不熟练，而是因为服务员缺乏必需的服务意识，不懂得“服务”的真正含义和服务工作对服务人员的要求，这正是我国很多酒店员工所欠缺的。客房部很多工作是有规律性的，客房管理人员可以将这些有规律性的东西制定为服务程序和操作规范来保证服务质量，但也有很多问题或事件是随机的，正确处理这些问题，要求服务员必须具有服务意识，必须掌握服务工作的精髓。

链　接　　**丽思卡尔顿酒店员工的服务意识**

《世界酒店》杂志曾采访过丽思卡尔顿酒店集团区域副总裁兼上海浦东丽思卡尔顿酒店总经理 Raniner J. Burkle 先生，谈到丽思卡尔顿酒店员工的服务意识时，他说道：“我常跟员工们分享的一个小故事：当有顾客推门进入酒店的瞬间，这个时候刚好我们酒店的工程人员爬上一个梯子准备换灯泡，而恰在此时门童因故不在。那么请问，这个工程人员是马上放下手中的工作，去接待进门的顾客，还是继续自己手头换灯泡的工作？我们想通过这个小故事教导员工，在此类情况下，我们首要任务是要照顾好我们的客人，换灯泡这些工作可以等服务完客人之后再进行……”这就是倡导“以绅士淑女的态度为绅士淑女服务”的世界顶级酒店集团员工的服务意识。

（二）强化训练，掌握服务技能

客房服务员的服务技能和操作技能是提高客房服务质量和工作效率的重要保障，也是客房服务员必备的条件。客房管理者应通过加强训练、组织服务技能竞赛等手段，提高客房服务员的服务技能。

（三）为客人提供“微笑服务”

一位日本客人曾经说过：“论长相，中国的服务小姐比我们日本姑娘漂亮得多。论微笑，我们每位日本姑娘都比你们的小姐笑得好。”此话不假，正如一位酒店管理专家对我国酒店的评价：“多数员工的面部表情是‘冷冰冰、木呆呆、阴沉沉’。平时员工之间的交谈笑意盎然，一见到客人就立即板起面孔。”

要使客房服务员为客人提供微笑服务，必须使员工认识到：

- 微笑服务是客房服务质量的重要组成部分，是客人对酒店服务的基本要求；
- 为客人提供微笑服务是对酒店员工的基本要求；
- 笑脸常开会使您的服务生辉；
- 是否为客人提供微笑服务，反映一个人的礼貌礼节和整体素质。

（四）为客人提供“无NO”服务

服务要说“No”，很容易，要不说“No”，则非常不容易。但酒店如果能把“无No”服务上升为一种企业文化，成为员工的一种行为准则，那将成为酒店在竞争中的一把利器。

案例 **“无NO”服务**

一天，上海某酒店一位客人着急地来到大堂，问是否可以提供苹果手机的充电服务。当时，苹果手机刚刚推出，酒店没有配备这种充电器。按照一般的服务原则，有则有，无则无，最多告诉客人附近哪里有可能买到这种充电器。但在大堂经理陈文盈眼中，这恰恰是“无No”服务的好机会。那位商务客人如此着急，意味着手机电池耗完后无法与外界联系，也许会失去一笔大生意。陈文盈不仅一一致电工程部、IT部寻求解决办法，而且还积极寻找有苹果手机的员工借用。当一名员工气喘吁吁地把自己的充电器送到大堂时，这位客人感动不已，在连声道谢的同时，也订下了下次入住酒店的日期。

"无No"服务一旦成为每个员工的行动准则，那么就形成了酒店的核心竞争力。一天，客房部接到一个客房送餐电话，若回拨过去，只要告诉客人再重拨一个电话，直接打到客服中心即可。但接电话的员工按照"首问责任制"，立即协调厨房等相关部门，卡着点儿把送餐车推进了客房，并在一小时后到客房收餐盘时才告诉客人，以后客房送餐可以直接拨1，而不用拨6找客房部。这时，客人才明白刚才的送餐是"份外服务"。

（五）为日常服务确立时间标准

服务质量是与一定的服务效率相联系的，服务效率是衡量服务质量的重要标准之一。客人所需要的服务，必须在最短的时间内为客人提供，尤其是对惜时如金、时间观念极强的商务客人。因此，为了提高服务质量，客房部必须为各项日常服务确立时间标准，并以此作为对服务员进行监督、考核的标准。

以下客房服务项目及其时间标准可供参考（见表4-3）。

表4-3 客房服务项目及其时间标准

服务内容	标准时间（分钟）
补充客房用品（如茶叶、开水、信纸等）	2~3
取冰粒	4
特别用品	5（如变压器等）；15（如VCD机等）
客房送餐服务	10
加床（含婴儿床）	8
请速打扫房（赶房）	30
领取客人遗留物品	15

案 例

金海湾大酒店客房服务的"六快"

五星级的汕头金海湾大酒店与ISO9004-2国际标准——《服务指南》接轨，通过强化服务的时间观念来提高服务质量，推出了充分体现服务效率的"十二快"服务，其中，涉及客房服务的有：

1. 接听电话快：铃响两声内接听电话。

2. 客房传呼快：2 分钟。楼层服务员配 BP 机，凡向客房服务中心提出的要求，服务员必须在 2 分钟内送到客房，如送开水、茶叶等。有些在 2 分钟内提供不了的服务，服务员也必须在 2 分钟内到达客房向客人打招呼，然后尽快解决。

3. 客房报修快：5 分钟内处理好小问题，如更换灯泡、保险丝、垫圈以及解决设施设备运转中的各种操作性问题等。这就要求酒店设有 24 小时分班值岗的“万能工”，粗通水、暖、电、木、钳等各个工种。对于重大问题，一时不能解决的，也要安慰客人，并给予明确的回复。

4. 客房送餐快：10 分钟。酒店规定，员工电梯必须首先保证送餐服务，即使有员工想去低于送餐的楼层，也必须等送餐完毕后再返下。

5. 回答问讯快：立即。为此，酒店就客人常常问到的问题，对员工进行全员培训。

6. 投诉处理快：10 分钟。小问题，10 分钟内圆满解决；大问题，先对客人进行安慰，稳住客人，10 分钟内给予回复。

（六）搞好与酒店其他部门的合作与协调

要提高客房服务质量，还应做好与酒店其他部门的合作与协调，特别是前厅部、工程部、餐饮部、保安部等。客房部与这些部门联系密切，客房部的对客服务工作必须得到上述部门的理解和支持；同样，客房部也必须理解和支持上述部门的工作，同时，加强与这些部门的信息沟通。

（七）征求客人对服务质量的意见，重视与客人的沟通

客人是服务产品的消费者，对服务产品的质量最有发言权，最能发现客房服务中的薄弱环节，因此，征求客人意见，重视与客人的沟通，是提高客房服务质量的重要途径。征求客人意见，可通过以下两种途径进行：

1. 设置客人意见表

为了及时征求客人意见，让客人有机会对客房服务质量发表意见，客房部和酒店可在客房放置意见表。事实上，几乎每家酒店都在客房内设置有“客人意见表”（见表 4-4），但对客人意见表的管理却大都存在问题，管理人员不够重视，服务员只对客人的表扬意见感兴趣（可以据此领取奖金，获得上级管理者的表扬和认可），而对批评意见则置之不理，有时甚至随手扔掉，使客人意见表流于形式。

表 4-4　客人意见表

1. 接待 RECEPTION

	满意 Good	一般 Average	不满意 Poor
■大堂副理 Duty Manager	□	□	□
■接待处 Receptionists	□	□	□
■行李员 Bellboys	□	□	□
■问讯处 Information	□	□	□
■电话员 Operator	□	□	□
■结账处 Cashier	□	□	□

意见 Comments:________________________

____

2. 客户服务 GUEST ROOM

	满意 Good	一般 Average	不满意 Poor
■洁净 Clean	□	□	□
■设施 Facilties	□	□	□
■服务 Services	□	□	□
■洗衣 Laundry	□	□	□

意见 Comments:________________________

____

3. 餐厅 RESTAURANTS

	满意 Good	一般 Average	不满意 Poor
■一楼餐厅 1st Floor	□	□	□
■二楼餐厅 2nd Floor	□	□	□
■西餐咖啡厅 Coffee Shop	□	□	□

意见 Comments:________________________

____

4. 康乐 RECREATION FACILITIES

	满意 Good	一般 Average	不满意 Poor
■游泳池 Swimming Pool	□	□	□
■卡拉 OK Karaoke	□	□	□
■桑拿健身 Sauna & Fitness	□	□	□
■桌球室 Snooker Room	□	□	□
■三楼餐厅 3rd Loor	□	□	□

意见 Comments:________________________

____

5. 阁下订房是通过

DID YOU MAKE YOUR RESERVATIONS REQUEST THROUGH

- ■直接向酒店办理 Directly with the Hotel □
- ■旅行社办理 Travel Agent □
- ■单位介绍 Company Referral □
- ■参加会议 Conference Attendance □
- ■其他途径 Others □

意见 Comments:________________________

____

6. 阁下为何选择本酒店

WHY DID YOU CHOOSE OUR HOTEL

- ■以前住过 Previous Experience □
- ■酒店声誉 Reputation □
- ■他人推荐 Rersonal Recommendation □
- ■广告 Advertisement □
- ■其他原因 Others □

意见 Comments:________________________

____

7. 对酒店总体评价

GENERAL COMMENTS

	满意 Good	一般 Average	不满意 Poor
■卫生清洁 Clealiness	□	□	□
■服务态度 Service	□	□	□
■维修保养 Maintenance	□	□	□
■收费标准 Charges	□	□	□
■总体评价 General Comment	□	□	□

意见 Comments:________________________

____

8. 阁下对酒店的其他意见和建议

FURTHER REMARKS OR SUGGESTIONS

____

____

____

____

____

姓名 Name:________________________

房号 Room No.:________________________

入住日期 Date of Visit:________________________

通信地址 Address:________________________

对客人意见表的管理应注意以下几点：

（1）客人意见表的设计应简单易填。

（2）统一编号、月底收集汇总，禁止乱撕乱扔，并以此作为考核服务员工作好坏的重要依据。

（3）由于客人意见涉及客房服务员的工作质量，因此，具有一定的保密性质，为了防止对不利于自己的意见进行“截流”，可将客人意见表设计成自带胶水、可由客人自行密封的折叠式信封状表格。不少酒店已将其设计成折叠式信封状表格，但是，表格并不自带胶水，酒店也不在客房内为客人提供糨糊或胶水，使得客人意见表失去了保密作用。

当然，为了提高客人意见表的回收率，酒店也可以请求客人直接将意见表交给大堂副理或客房管理人员。但这样做会给客人带来不便，一般客人不到万不得已，也不会这么做，而一旦到了“万不得已”，客人必须反映意见时，也不会采取填写“客人意见表”的方式，而是会直接找客房管理人员或大堂副理口头投诉。

除了在客房设置客人意见表以外，为了激励员工为客人提供更加优质的超值服务（A service that is truly above and beyond the guest's expectation），还可以在客房放置一张针对服务员的“表扬卡”（Customer Delight Card），对于收到表扬卡的客房员工，管理方面应以某种特殊的方式给予表扬或奖励，使其成为其他员工学习的榜样（见表4-5）。

表4-5　表扬卡

（Customer Delight Card）

尊敬的客人： 　　您好！ 　　感谢您下榻于大连香格里拉大饭店。我们很想知悉在您逗留本饭店期间是否得到了超前服务。如果您能抽出时间填写此表扬卡，以帮助我们认可以及鼓励为您提供超前服务、令您喜出望外的员工，我们将不胜感激。这对于被您提名表扬的员工有着极其重要的意义，谢谢！ 您得到的超前服务是____________________ ____________________ 为您提供该服务的员工是________提供该服务的日期是________ 您的名字是________房间号或联系电话________ 为您方便起见，您只需将此卡交给您下榻饭店的任何员工即可， 他们会非常乐意为您将卡片投入指定的信箱。

2. 拜访客人

客房部经理定期或不定期地拜访住店客人，可以及时发现客房服务中存在的问题，了解客人的需求，便于进一步制定和修改有关清洁保养的标准和计划。同时，这种拜访也会增进与客人的感情交流，是客房部改善宾客关系、提高客人满意度的重要途径。

（八）重视细节服务，做好留言工作

酒店服务说到底都是细节服务，细节服务是客房服务质量的重要体现。其中，重视并做好对客人的留言工作，则是细节服务的重要内容。客房服务员要通过“客房留言条”，加强与客人的沟通。

案　例

五楼514房间曾常住一位姓王的客人。一次客人在留言条上告知，马桶坏了。清洁员小汪在整理房间时发现了该留言，马上报修，修好后，小汪在留言条的下方注明：尊敬的王先生，您房间的马桶已修好。语言不多，却一目了然地体现出一种有问必答、有难必帮的负责精神。就这样，清洁员小汪每次都按照客人出门时的留言，一一认真办理，同时每次都将办理结果回馈在客人的留言条上。一来二往，这种认真负责的细节服务令住客十分满意，王先生在临离宾馆时将一封封热情洋溢的表扬信交到大堂副理处，一再表示自己的感激之情。

客房服务的特点是“暗服务”，与餐厅服务员面对面的服务不同，客房服务员通常不接触客人（客房清洁卫生工作要求服务员在客人外出时进行），这就减少了与客人沟通的机会。实践证明，通过在客房放置书面形式的“客房留言条”，可以加强与客人的沟通，是一个非常行之有效、能够从内心感动客人的情感沟通方法，对于提高客人感受的服务质量，增强客人对酒店的好感，加深客人对酒店的良好印象，都具有重要的意义。国内很多酒店通过这种方法鼓励客房服务员与客人进行沟通，都取得了良好的效果。心与心之间的沟通，拉近了客人与服务员之间的距离，使服务员的服务增加了感情色彩，也使她们的服务更加专注、用心和细微化。

“小便条”的功效就在于它的出奇不意与情感沟通。但是，毫无疑问，同许多个性化的服务形式一样，小便条服务亦要把握好一个“度”的问题。有一位长住客人，两个月来每天都收到同样的小条，上边写着：“知道您很劳累，特将您的袜子洗好，晾在晾衣绳上，祝好！”显然，当客人第一次看到这样的便条时，当然很感动，但如果天天如此，客人会觉得酒店服务员有问题，只会说这一句话；或者，时间一长，客人也不会欣喜，倒是觉得应该如此。要是有一天换了服务员，不知道这件事，而终止了为客人洗袜子的服务，反而觉得是服务下滑了。由此可见，“小便条”服务就像一把双刃剑，不能不引起我们的思考。

（九）加强对员工在仪表仪容与礼貌礼节方面的培训

服务员的仪表仪容与礼貌礼节不仅体现了员工的个人素质，而且反映了酒店员工的精神面貌，是客房部对客服务质量的重要组成部分。管理人员必须加强对员工在这方面的培训。酒店员工在这方面存在的常见问题有：

1. 礼貌礼节方面

（1）称呼礼节

称呼客人时不使用“先生”“太太”“女士”“小姐”等敬语，而用“男的”“女的”“老头”“老太太”等词语。

（2）接待礼节

- 客人抵达时，不热情、主动地问候客人；
- 遇到客人，不主动问候或向客人微笑点头致意；
- 接待客人时，不全神贯注，常用粗鲁和漠不关心的态度待客；不与客人保持目光接触，而将眼光注视着计算机屏幕或别的目标，甚至与其他服务员闲聊；
- 和一位客人谈话太久，而忽略了其他需要服务的客人；
- 歧视客人，对外国人热情接待，而对国内客人则态度冷淡。

2. 言谈举止方面

（1）站立时

- 无精打采，倚靠门窗家具，或单腿站立；
- 单手或双手插在衣兜或裤兜内；
- 双臂抱于胸前或交叉于身后；
- 脚在地上画来画去，大腿小腿晃来晃去；
- 站立姿势难看，不规范，未能做到肩平、头正、两眼平视前方，也未能挺胸、收腹；
- 向客人指示方向时，手势不够规范，用手指或笔杆指点，谈话时手势过多，幅度过大。

（2）行走时

- 走得过慢或过快；
- 摆臂过大，或双臂僵直；
- 抱臂行走；
- 低头或昂首行走；
- 行走时不够轻稳，晃肩摇头，上体左右摇摆。

（3）说话时

- 为客人提供服务或与客人交谈时，缺乏微笑；
- 在客用区域内与同事扎堆聊天，说家乡话；
- 与客人谈论自己的私事；

- 与客人或同事争吵；
- 随意打断客人的谈话，不等客人把话讲完就作应答；
- 与客人谈话时左顾右盼，将头低下或玩弄手指，或捏拽衣服；
- 与同事议论客人的短处或讥笑客人不慎的事情（如跌倒、打碎物件等）；
- 与客人谈话时，流露出厌烦、冷淡、愤怒、僵硬的表情。

（十）强调“隐形服务”

客房服务应以不打扰客人为原则，强调“隐形服务”和“暗服务”。里兹·卡尔顿酒店集团的创始人里兹常说：“人们喜欢有人服务，但是要不露痕迹。”

案 例 **小木棍的妙用**

泰国一些好一点的酒店都有一种跟踪服务，即客人入住后，楼层服务员会在客房门口底下立上一根火柴棍大小、与房门颜色接近的小木棍。巡查的服务员以小木棍立着还是倒了来判断客人是否在客房里，当小木棍立着的时候，服务员一般不去敲门整理客房，而只有当小木棍倒了，客人不在房间里，服务员才会进入客房整理房间。

第五节 客房部与酒店其他部门的协调

一日，服务员小王正在打扫A房间，这时，行李员领着一位客人来到楼层，对小王说：“你先打扫B房间吧，这位客人现在要住了。”其实，当时楼层有好几间已打扫好的空房，而总台却把这间没打扫的房间出租了。小王只好停下手头工作，到B房间打扫。B房间是客人刚离店的走客房，房内很乱、很脏，行李员走后，客人的行李放进B房，而客人没地方去，只好坐在房里看着服务员收拾凌乱的床和一堆堆垃圾……

由此可见，客房部要生产出高质量的服务产品，必须得到酒店其他部门的合作与支持，做好客房部与酒店其他部门的沟通与协调工作是提高客房部服务质量的重要保证。

一、与前厅部的沟通与协调

客房部与前厅部的联系最为密切，很多酒店的前厅部与客房部是合二为一的（Rooms Division）。正因如此，这两个部门之间的信息沟通也就最频繁，内容也最多。

首先，前厅部应将客人的入住信息及时、准确地通知客房部，以便客房服务员随时掌握房态，并对入住的客人做到“七知三了解”（知客人到店时间、人数、国籍、身份、接待单位、客人要求和收费办法；了解客人的宗教信仰和风俗习惯、生活特点和活动日程安排、离店日期等），从而为客人提供针对性服务。

其次，前厅部应将客人的换房、离店等信息及时通知客房部。

再次，客房服务员应在客人离店时，及时检查房间，看看有无客人的遗留物品，客房内的设备、用品有无丢失和损坏现象，并将检查结果立即通知前台。

然后，客房部应将客房的实际使用状况通知总台，以便核对和控制房态。楼层领班应每日按时填写房态表，说明楼层每间客房的使用状态，并交由客房部房务中心汇总，然后交总台。总台接待员拿到这张表后，要用它核对电脑上所显示的房态。核对的内容主要有两项，即客房状态及各房间住客人数。如果电脑上的资料与房态表上的信息不相符，则有可能是总台服务员工作疏忽所致，但也有可能是客房管理存在着问题。例如，电脑上显示某一房间为住客房，而房态表上却标明是“CO”房，即走客房间；电脑上显示的是空房，而房态表中却标为占用房；电脑上显示为一人占用，而房态表中却注明二人使用，等等。针对这些异常情况，必须立即调查处理。

对于下列几种状况的客房，客房部在查房时，应注意掌握并通知前台。

- 外宿房（Sleep Out）：如果客人住店期间在外过夜，前台接待员应在电脑（或房卡架）上对该房做外宿未归标记，同时，将此信息通知大堂副理及客房部，大堂副理会双锁客人的房间（双锁前，客房部应派人清扫客房），并做记录，客人返回时，大堂值班经理再为客人开启房门；
- 携少量行李的住客房（Occupied with Light Luggage）：为了防止发生逃账等意外情况，客房部应将此种客房状况通知总台；
- 请勿打扰房（DND）：如客房的请勿打扰灯亮着，或门把手上挂有“请勿打扰”牌，则服务人员就不能进房为客人提供服务；请勿打扰房通常属于住客房，但也有可能是走客房或空房，所以，有必要对此种客房状况加以关注，到了酒店规定的时间，总台或客房部应打电话与住客联系，以弄清情况，进房打扫或检查；
- 双锁房（Double Locked）：有时，住客为了不受干扰，在房内把门双锁，服务人员用普通钥匙无法开启房门，对双锁房也要加强观察，因为有可能在双锁房内发生了刑事案件或其他不测事件。

需要说明的是，房间状况是随着时间的变化而不断变化的，因此，房态表是一张动态的表格，为了取得客房状况的最新资料，领班应每天多次查房（以2~3次为宜），并将每次查房的确切时间填入表格。

此外，客房部应在最短的时间将走客房清洁完毕，并通过电话或电脑尽快向前台报告房态，以便提高酒店客房利用率。

最后，根据前厅部提供的客情预报，安排客房的维修和定期清洁计划，并做好人员的安排。

二、与工程部的沟通与协调

（一）客房部与工程部沟通与协调的主要内容

- 客房部负责客房设施设备的日常保养工作，而工程部则主要负责客房设备的维修事宜；
- 客房部要及时向维修部提供客房设备的维修信息，并为维修人员进入客房进行工作提供一切方便；
- 向工程部提供客情预报，以便工程部对客房进行大修理；
- 安排及时封闭房间以便进行保养修理；
- 工程部维修时，做好各项配合工作，如维修后房间的清洁等。

（二）沟通的主要手段

客房部与工程维修部的沟通主要采取填写“维修通知单”的方式（见表4-6）。这样做能够提高工作效率，易于落实责任，同时也便于考核。

表4-6 维修通知单

<table>
<tr><td rowspan="2">安排
Ordered</td><td>Phone 电话</td><td></td><td rowspan="2">日期
Date</td><td rowspan="2">部门
Department</td></tr>
<tr><td>Written 书面</td><td></td></tr>
<tr><td>收到
Rec. Eng</td><td colspan="2">日期
Date</td><td>时间
Time</td><td>文书
Clerk</td></tr>
<tr><td>批准
Approved</td><td colspan="2">总经理
GM</td><td>成交商
Con. tr</td><td>工程师
Eng.</td></tr>
<tr><td>负责
Incharge</td><td colspan="2">工程师
Eng.</td><td>组长
Supervisor</td><td>小组
Crew</td></tr>
<tr><td colspan="5">Work Piace/Eq No:工作地点/设备编号</td></tr>
<tr><td colspan="2">Work Description:工作说明</td><td colspan="3">例行维修
Routine</td></tr>
<tr><td colspan="2"></td><td colspan="3">紧急
Urgent</td></tr>
<tr><td colspan="2"></td><td colspan="3">停止
Shutdown</td></tr>
<tr><td colspan="2"></td><td colspan="3">预防性维修
P.R.Maint</td></tr>
<tr><td colspan="2"></td><td colspan="3">房内有客
Guest in room</td></tr>
<tr><td colspan="5">联系人：</td></tr>
<tr><td colspan="5">联系电话：</td></tr>
<tr><td colspan="5">Charge to Account:负责计算(财务部)</td></tr>
</table>

续表

工作开始 Work Started	日期 Date	时间 Time	执行人 Done by
工作完成 Work Completed	日期 Date	时间 Time	执行人 Done by
工作检查 Work Checked	组长 Supervisor	所用时间 Time Used	发单日期 Date Posted
工作接收 Work Received	日期 Date	时间 Time	接收人 Received by
在背面列出所有使用的零件及材料 List all spare parts materials used on reverse side.			

“维修通知单”是酒店工程部与其他部门在业务上进行沟通的主要手段，如上表所示。维修单一般包括日期、部门、维修地点、维修项目、报修时间及完成时间等内容。工程部接到维修通知单以后应立即派人查修，并在尽可能短的时间内完成维修任务。

维修通知单一般一式三联，就客房部而言，第一联留给客房管家，第二联送交工程部，第三联交给修理技工。小修应立刻进行，花时间的修理则要封房几小时，甚至几天。修理工作结束后，要通知客房管家检查验收，并在维修单上签字，如有必要，应立即派人重新打扫客房。

三、与餐饮部的沟通与协调

首先，客房部负责所有餐厅的地面清洁（厨房除外）、餐巾清洗、员工制服更换清洗。如果客房班组负责打扫餐厅，则一定会与餐厅服务员发生关系，餐厅人员可能会抱怨客房部员工工作做得不理想，这时客房管理人员就必须与餐饮部管理人员进行协调，解决问题，处理好部门间的相互关系。

其次，协助客房餐饮服务组，收集房间内饮食餐具及餐车。

再次，客房部每日清点房间迷你吧（Mini-bar）的酒水数量，由饮食部食品仓库提供酒水。

最后，为 VIP 提供的水果篮和蛋糕等，由饮食部负责送上楼层。

四、与采购部的沟通与协调

客房内的一切生活用品和清洁用品都由采购部负责采购。因此，采购部和客房部之间要经常相互传递信息，务求以最低的价格购入最适合的物品。为此，客房部应提出采购计划，明确采购物品的规格、质量、数量，经核准后，由采购部负责办理（见表 4-7）。

五、与财会部的沟通与协调

财会部负责客房部有关账单及存货（如家具、用具、酒水、低值易耗品）的核对，并负责客房部员工薪金的核算与发放工作。客房部在制定房务预算时，也应得到财会部的协助与认可。

表 4-7　申请订货单

部门：________
DEPARTMENT：
填写日期：________
DATE PREPARED

项目 Item No.	要求数量 Qty	单位 Unit	物品摘要 Desc.	现存数量 Qty On Hand	上次购买 Last Purchase		供应商报价 Supplier's Quotation			购货单 PO#
					日期 Date	价格 Price	A	B	C	

<table>
<tr><td rowspan="5">采购理由
Reasons for Purchase</td><td rowspan="5">预算
Budget</td><td>运费与保险：
Freight & Insurance</td><td>申购部门主管
Requested by
(Dept. Head)</td><td>日期
Date</td></tr>
<tr><td rowspan="2">采购方式：
Pur. Terms</td><td>成本控制总监
Cost Controller</td><td></td></tr>
<tr><td>采购经理
Purchasing Mngr.</td><td></td></tr>
<tr><td rowspan="2">要求送货日期：
Delivery Date</td><td>财务总监
Fin. Controller</td><td></td></tr>
<tr><td>总经理
G. M.</td><td></td></tr>
</table>

WHITE 白色　PURCHASING 采购部　YELLOW 黄色　ACCOUNTING 财务部　PINK 粉红　REQUISITIONER 申请部门

六、与洗衣部的沟通与协调

任何布草（床上用品、巾类）、员工制服和住客的衣物，均由洗衣部负责洗涤。在大部分酒店里，客人的待洗衣物由洗衣部员工上楼层收集和送回，楼层服务员应主动协助做好此类工作。在一些中小型酒店里，洗衣部是由客房部直接管理的。

七、与人力资源部的沟通与协调

客房部应协调人力资源部做好客房部员工的招聘、使用与培训工作，只有这样，才能确保和提高客房服务质量。为此，客房部应：

- 向人力资源部提供人才的需求信息（包括需求数量和要求等）；
- 向人力资源部提出员工的培训需求（包括培训内容和要求等）；
- 积极支持和落实人力资源部的各项培训计划。

八、与保安部的沟通与协调

- 协助并提供资料，以防止闲杂人员混入酒店；
- 保安人员要监督员工的行为，如规定员工上下班打卡，要求走员工通道等，另外，客房服务员应主动打开提包接受保安人员的检查等；
- 协助保安部帮助住客找回失物，如住客在退房时或入住期间遗失物品，客房部应协助保安部调查，若丢失的物品数量多、价值大，必须向当地公安部门报案；
- 保安部还须对走火通道的安全、员工工作地点的安全及客人的安全负责；
- 请保安部对客房服务员进行培训，讲授客房消防及安全保卫知识；
- 客房管理人员要与保安部负责人定期碰面，研究加强客房保安工作的措施。

九、与公关销售部的沟通与协调

客房的销售工作人人有责，尤其是客房部员工更是如此。因此，客房部必须协助公关销售部做好客房的各项销售工作，包括带客人参观客房等。但与此同时，公关销售部也应主动与客房部做好沟通，否则，会影响客房部的工作，甚至影响对客服务质量。

曾经有这样一个案例：有一家酒店的公关小姐带着旅行社订房人员参观客房，她只从总台领了房间钥匙便带客入房，而没有向客房部打招呼，总台服务员也没有将这一情况通知客房部，结果导致这间客房被参观的人弄得一团糟，对此，客房部自然一无所知，所以也不会去重新整理，而总台电脑仍然显示这间客房是已经整理好的“Ready 房”，第二天又将这间客房出租给新来的客人，结果，这位客人入室后，发现此状，大为恼火。

总之，为了做好对客人的各项服务工作，客房部与其他部门进行的沟通与协调是非常重要的，而要做好协调工作，客房部与其他部门员工之间的互谅互让是十分重要的。为此，客房部员工应该多了解其他部门的工作，在工作中，多理解对方，多支持对方。要明白客房部与其他部门之间是合作的关系，而非竞争关系。

第六节 客房服务常见问题与解决对策

但是我没有想到的是，早上4点钟的时候，我被闹钟吵醒了，将我从刚刚进入的深度睡眠的愉悦状态中拉了出来。我醒来时吓一跳，感到迷惘困惑。我在极力回忆是不是有什么会议、活动或其他什么理由需要我4点钟就醒来。当我完全清醒的时候，我意识到这只是上一个房客设定好的闹钟。我气愤无比：为什么酒店服务员不检查一下闹钟，确保下一位房客不受干扰呢？这个时候重新入睡已非常困难。类似的“闹钟噩梦”故事，去年至少发生三次……

——Robert Nedry

以下问题是很多客人在酒店常常会碰到的问题，也是令客人非常恼火的问题，严重影响酒店对客服务质量和客人的住宿体验，应该引起酒店设计者及经营管理者的高度重视。

一、电视无法打开

（一）存在问题

很多客人都有这样的经历：睡觉前躺在床上想看电视，结果按遥控器，没反应；不得已下床直接按电视机开关，依然不出现电视画面；再检查电源插座，好像没问题；苦思不得其解时，突然想起床头柜上还有个电视开关（有经验的客人才会想到），再按一下这个开头，依然没有反应……还有的酒店客房电视安装了机顶盒，床头柜上（或电视机前）摆放了2个遥控器，要看电视，先要按机顶盒遥控开关，很多客人没用过机顶盒，根本不知道哪个是电视遥控器，哪个是机顶盒遥控器，即使知道，面对几十个红、绿、蓝、黑按键，也不知道如何操作。出现这种情况，客人完全崩溃，气不打一处来，睡意全无！

还有些档次不高的酒店盲目求新潮，电视功能繁多，遥控器复杂，客人研究半天也收看不到电视，只好在楼层喊服务员或打电话到客房服务中心请求帮助。结果，服务员只得放下手中的工作，楼上楼下疲于奔命，特别是遇有旅游团或会议团的时候，每个房间都打开门，找服务员开电视，令人哭笑不得。有时，除了少数几个有经验的服务员以外，其他服务员也不知道怎么操作（很多酒店客房服务员都是上了年纪的大姐、阿姨）。

（二）解决对策

1. 将床头柜的电视机开关置于开启状态

之所以出现按了电视遥控器没反应，按了电视机开关仍然开不了电视的现象，原因是电视床头柜控制开关处于关闭状态（也许是上一个客人随手关的）。因此，要在做房程序上明确规定，服务员在做房时，不但要检查电视等设施设备功能是否正常、好用，还要确保将床头柜上的电视开关置于开启状态。

2. 电视遥控器应置于床头柜，而不应放在电视机前

不少酒店要求服务员将电视遥控器置于电视机前，这是很不合理的。一般客人看电视是在睡觉前，躺在床上看会电视，因此，遥控器放在床头柜是最方便的。如果将遥控器置于电视机前，客人就会因找不到遥控器而着急（实际上体积不大的黑色的遥控器放在黑色的电视机屏幕前，客人也很难发现），即使发现遥控器在电视机前，也不得不下床去拿，这么来回折腾，客人也没有了睡意。

3. 酒店客房尽量不要使用机顶盒

机顶盒不能明显地改善电视画面质量，但给客人使用电视平添了很多麻烦，而且使用机顶盒后，电视频道之间的转换速度明显降低，给客人带来诸多不便。因此，除非必须（或者能够明显改善电视的画面质量），否则，建议酒店最好不要使用机顶盒。

4. 不要盲目赶潮流，增加电视机的功能

特别是一些中低档酒店，不应盲目赶潮流，追求时尚。否则，不但没有提高服务质量，反而把客人搞晕，无形之中，还增加了经营管理的成本。

二、电话无法打出

（一）存在问题

很多时候，客人入住登记进入酒店客房后，发现需要服务，于是想打电话到客房服务中心（或总服务台、总机），但却找不到电话号码簿，好不容易找到了，却在一本厚厚的电话号码簿里找不到服务中心的电话在哪里。或者，想告诉自己的朋友住在哪个酒店，但当亲友问及酒店和房间电话时，自己却瞠目结舌，无言以对……

（二）解决对策

将酒店常用电话，包括本机、本酒店电话、总机电话、总台电话、服务中心电话、送餐电话等印制在客房电话机的面版上。

三、关灯需要满屋跑

（一）存在问题

很多客人都有这样的住宿体验：夜深了，看完电视已迷迷糊糊想要睡觉了，关了床头灯，发现落地灯还亮着，翻身下床关了落地灯；又发现写字台灯还亮着；走去关了台灯，又发现走廊灯还亮着，找到走廊灯关了，又发现卫生间灯还亮着，关了卫生间灯，又发现位于床头柜下面的夜灯还亮着，等把这些灯全关了，屋内一片漆黑时，

又摸不到床在哪里了……等上了床以后，已经睡意全无。

（二）解决对策

这种情况给客人带来极大不便，却在酒店普遍发生，对此客人也是很无奈的。建议在客人床头柜设计客房总开关，在客人睡觉时，只要关掉总开关即可。

四、闹钟在客人熟睡时突然自鸣

（一）存在问题

最令客人恼火的是，在客人未曾设置闹钟的情况下，客房内的闹钟却在客人午睡或半夜熟睡时突然响起，使客人再也无法入睡，严重影响了客人第二天或下午的工作和身体状态。

（二）解决对策

出现这种情况的原因，一般是上一个住客设置了闹钟。因此，在房间摆放闹钟的酒店可以要求服务员做房时，调好闹钟，并检查钟表的准确度和音量，确保闹钟时间准确、音量合适，以及闹钟在新的顾客入住时是关闭的。从而防止闹钟无端响起，影响客人的休息。

其实，现代客人都是手机不离身，而手机都有闹钟功能，如需要，客人可以自己用手机设置。再者，酒店总机也提供叫醒服务，因此，完全没必要在客房摆放闹钟。

本章小结

- 住店客人大部分时间是在客房度过的，因此客房服务质量是保障客人在酒店获得舒适、方便的住宿体验的重要因素，也是客房管理的主要任务之一。
- 在国外，酒店的客房服务工作主要是由客房服务中心组织和提供的，而在中国，传统上是由楼层服务台提供的，但近年来，特别是加入WTO后，这种状况正在改变。
- 客房服务项目主要包括：迎送服务、客房小酒吧服务、房内用餐服务、洗衣服务、托婴服务、茶水服务、擦鞋以及其他委托代办服务，客房管理人员要为每项服务确立程序和标准。
- 客房服务的基本要求是：真诚、高效、礼貌、微笑。
- 为了提高客房服务质量，必须加强对客房服务员的培训，确保员工具有良好的仪表仪容和礼貌礼节；同时，不断提高员工的服务意识和服务技能，为不同类型的客人提供有针对性的个性化服务；另外，还要与前厅部、工程部、公关销售部等相关部门做好信息沟通。

思考题

1. 客房服务的组织模式有哪几种?
2. 房务中心的职能有哪些?
3. 如何针对不同类型的客人提供不同的服务?
4. 如何提高客房对客服务质量?
5. 客房部与其他部门沟通与协调的主要内容有哪些?

案例分析

"请勿打扰" 的麻烦

1809 房客人 Mr. Smith 向值班经理投诉：他在房门上挂了请勿打扰牌，但服务员还是来打扰他。客人表示其最近经常需要加班到深夜，为了白天能保障睡眠，这段时间房门上一直悬挂请勿打扰牌，但还是受到了打扰。一开始，他接到电话询问他清理房间的时间，然后是服务员来敲门、按门铃，没有应答就直接开门进入房间，看到他睡在床上，又什么也不说，关门走掉。之后，客人又接到数次电话询问清洁房间的时间，他一气之下把电话拔掉后，几名工作人员又要进来检查房间。客人认为请勿打扰牌没有起到应有的作用，工作人员无视它的存在。值班经理该如何处理呢?

参考答案：（以下参考答案来自互联网）

henry Re：请勿打扰

哈哈哈，这问题大了。

首先，查明事情真相，是否如客人所言；然后，如果是一般客人，免单，赠果盘、鲜花，致歉；如果是重要客人，还要总经理亲自宴请，征询意见。

大校（来自：广州）Re：请勿打扰

一般客人都免单?!

henry，你太大方了，很容易被老板干掉!!

知己知彼，方可打胜仗。客人这么久才投诉，说明容忍度还可以，相对好对付一些。可以多送些小东西，提供些额外服务或是送金卡，评为"最爱护酒店的客人"等虚的东西，就是不能轻易免单。

Jasmine Re：请勿打扰

后来也没送他什么东西，就是跟他道歉，叫管家部没什么事别老烦他。

他住了一个月。就是投诉的时候很凶，应该是气疯了，差点把值班经理台上的花瓶打掉。发泄完了后，他好像好了。

每家酒店在下午都会由值班经理牵头去查DND超过24小时的房间，主要是为了房客的安全。跟他解释清楚了，他就明白了。

Jasmine Re：请勿打扰

值班经理对客房服务员无视请勿打扰牌就直入房间表示道歉，向客人表示，酒店对挂请勿打扰牌的房间是持尊重态度的，在没有客人的许可下不会私自进入客房；但是对于一些长期悬挂请勿打扰牌的房间，酒店会在挂牌后的24小时之内与客人联系，确定客人在房间内是否安全；这个程序通常在每天下午4点左右执行，首先致电给客人，若是电话无人接听，工作人员会检查房间，检查房间的主要目的是了解客房内的情况，假如客人在房间内发生意外的话，还有时间可以挽救。像该客人的房间那样长时间挂请勿打扰牌，而且电话又接不进去，很容易引起工作人员的担心。其实例行检查是为了保障住客的安全，希望客人能够理解。值班经理向客人表示会特别交代管家部重视他的房间不受到打扰，同时建议客人在不需要"请勿打扰"的情况下，取下牌子，避免造成房间长期请勿打扰的假象而引起工作人员的警觉，亦可让服务员有时间清洁房间。客人表示接受。

Sunshine 086（来自：杭州）Re：请勿打扰

这个问题应该出在前台，因为顾客经常在晚上加班，如果是这样，酒店客房应该有相关电器设备一直在使用的信号，前台让工程部查一下就明白了。

简单的男人（来自：河南）Re：请勿打扰

本酒店，不仅用牌子，还用"DND"指示灯。用牌子吧，一面是"请勿打扰"，一面是"请即打扫"，有的客人不小心挂错了，就出现麻烦事儿了；用指示灯吧，开关又都在电控柜上，有的客人喜欢把所有的开关都打开，这样也会造成误会和投诉。还是不用电控柜的好，可惜本酒店还没有改。准备在下次改造时，收拾它。

这方面的问题确实挺让人头痛的！

Luckybaby（来自：河北）Re：请勿打扰

以前有的客人挂了DND但忘了摘，结果服务员没敢打扰，客人投诉说没打扫房间。后来服务员学精了，先打个电话问一下，如果没人在房间就视为客人忘了摘牌，结果一次服务员正打扫房间，客人回来了，说挂着牌还进房间要投诉……

【补充与提高】

“暗访”——提高客房服务质量和管理水平的重要手段

酒店的管理和经营需要不断创新，同时，管理和服务的标准又需要保持不变。为了使酒店在行业激烈的竞争中永远立于不败之地，除了依靠酒店管理者自身的力量外，往往还要借助“外脑”“外力”。通过请专业公司暗访的方法来纠正酒店在经营管理中的不足之处，是国际酒店连锁集团常用的手段。

各连锁酒店根据集团的规定，在每年的预算中，将暗访需要的费用在行政管理费中列支，然后每个月会对暗访需要的费用进行预提。这样对于借助外力来进行服务质量的控制，就有了资金的保证。这种暗访的周期，一般为每两年一次。暗访的方法是：专业公司会派出2名专业人员，如果是一男、一女，会以夫妇的假象出现，如果是两名同性，则以商务旅游者身份出现。“外脑”公司的专业人员，在抵达酒店前和住宿酒店期间，完全和一般顾客无异。他们的工作时间根据酒店的规模大小而定，一般为2天1夜或3天2夜。暗访者的工作节奏是很紧张的，看似在酒店的各个部门消费，但消费中在观察、在检查。这些观察和检查从入住前的预订开始，在预订的过程中，暗访者可以检查预订员的工作态度、业务熟悉程度、价格促销的方法。预订完以后，暗访者会要求酒店安排接机，抵达机场后，酒店接机员的态度、工作效率等，又是所要检查的内容。抵达酒店后的登记入住、客房内的一切、预订就餐、要求难度极高的送餐服务、到礼品店购物希望特殊包装、叙述客房内有设备故障要求工程部维修、申报物品遗失要求安保部查找、到商务中心要求翻译文件、到夜总会喝酒看歌舞、到健身中心提出特殊要求等，所有场所的消费，暗访者都像一般顾客一样，按原价、按房号签账单。在很多的情况下，暗访者是不容易被发现的。这样的服务质量和服务标准的检查，体现了一个酒店的真实水平，没有任何水分，没有任何假象。

暗访者除了到处“吃、喝、玩、乐”外，还要忙于“吃、喝、玩、乐”以后的工作：对于每一个被检查的环节，都需要书写详细的报告。报告是对所有被检查内容的真实反映，没有人为因素。报告的反映形式分为两部分：符合标准的项目、内容，用黑色字体打印；不符合标准的项目、内容，用红色字体打印，并注明要求在什么时候改进，改进的时间从一周到两个月。暗访者在结束了所有的“吃、喝、玩、乐”和写完检查报告以后，在离店前会去拜访酒店的总经理，呈上检查报告，并要求总经理阅读后在报告上签名。然后报告一式三份，一份交给酒店的总经理，一份交给连锁集团的总部，一份交给“外脑”公司。“外脑”公司根据其员工完成工作后的报告，根据报告上的该酒店总经理的认可签名，将其员工为检查所花费的费用账单，一并寄给该酒店的总经理，要求在一周内付清款项。酒店的总经理，会将专业公司的报告，按部门分发给各位总监，然后召开部门以上经理会议，讨论改进的落实措施和具体时间表。这一落实措施和具体时间表须上报集团总部。连锁集团的总部根据收到的专业公司的报告和酒店的报告，一方面督促酒店落实改进；另一方面组织专人，就被检查出来的共性问题，查找症结，组织培训内容。

这种暗访形式，对于酒店来说，实在没有机会作假，发现的问题都能及时得到改进。换句话说，酒店服务、质量管理能落到实处。这种方法在本土酒店还没有实施。本土酒店按照传统的方法，对于任何检查，无论是评星级的检查，还是平时的卫生检查，往往是应付表面，忙于花诸多的时间打听被检查的时间和检查人员的名字，猜测会被检查的地点和内容，然后请客、吃饭、送礼。检查完以后，一切又恢复原状。

附：××酒店暗访及管理咨询报告（参见附录3）

酒店经理人答　经理的困惑

Re：客人的要求合理吗？

Robert Zhou　香格里拉大酒店　行政管家

仔细聆听，善意回应，表现出对客人的理解和真诚道歉，并解决问题。此事发生后，应陪同前台经理/驻店经理出面道歉解决。道歉并不是表示我们承认过错或赔偿，而是要表达出我们对客人的关心和关注，尽最大限度帮助客人解决问题——赶时间为重，当务之急是在获得客人同意后替客人换机补救时间，并找到直达机场的专车，迅速将客人安全送达机场，通过解决问题获得客人的谅解，同时车内递上一份刚打包好的营养热早餐，赢得客人满意。

其实连客人自己都会知道他的要求赔偿无法实现。我们无法见到由于酒店的失误而造成的客人实际的损失，但切不能因为害怕客人投诉或要求赔偿损失而轻易承认错误和做出承诺。另外，其实客房服务员的做法是不正确的。当他看到该房是DND时，他不应该一声不响地走了，应报告上级去处理该事情。届时，主管必定沟通前台及安全部制订紧急处理方案。同时，房务文员也负有责任，应Call Back一次。

姜东皓　北京中旅大厦　客务部经理（北京客务经理协会理事）

这种情况明显属于酒店工作人员未按操作程序操作给客人造成了麻烦。首先，高

级管理人员应当马上出面直接向客人道歉，并且帮助客人立即改签机票，避免损失的扩大化，在对方情绪过了暴躁期后安排免费膳食，借机再次向客人致歉并说明酒店已经安排了叫醒服务，只是遇到了这种罕见的“叫而不醒”的极特殊情况，随后跟办的工作人员经验不足未敢违背客人的意愿，导致延误了客人的行程。然后，可根据对方的身份、客户重要性、情绪和态度的具体情况向对方施以免费膳食、免费送车、免当日房费并扣减已经发生房费等安抚手段，佐以当班负责领班、主管和直接责任人当面向客人正式道歉，并许诺下次为客人做特殊礼遇安排等手段；如果不得不涉及赔偿金额的棘手问题，应避免正面答复，向对方说明按照酒店的规定，这种情况是由服务员承担全部责任，希望客人能够接受酒店，利用现有和未来资源来善后此事；如果上述方法均无效，没有商量的可能，则应向客人说明：酒店已按客人需要多次实施叫醒服务，因客人悬挂免打扰提示，故无法敲门及进入，属于客人自身原因造成行程延误，酒店不承担责任，酒店已经做好应诉的准备。

第五章　客房贴身管家与个性化服务

规范化服务是保证客房服务质量的基本要求，但规范化服务只能满足客人的共性需求，而不能满足每位客人的特殊需求。因此，规范化服务只能维持客房部最基本的服务质量，要使客房服务质量上一个台阶，必须为客人提供个性化服务。

个性化服务是未来酒店服务的发展趋势，也是酒店业竞争的重要手段，而贴身管家服务则是高级酒店为VIP客人提供的重要服务项目，同时也是客房部个性化服务的重要形式。

通过本章学习，读者应该：

- 了解个性化服务与“贴身管家”的基本概念；
- 认识客房部提供个性化服务与“贴身管家”的意义；
- 了解“贴身管家”的服务内容和服务方式。

关键词：个性化服务；“贴身管家”

Key Words：Personalized Service；Hotel Butler

经理的困惑

——四星级酒店有必要设“贴身管家”吗？

“贴身管家”这个词听起来很新鲜，也会让人产生很多遐想，特别是随着电视连续剧《五星大饭店》的热播，很多人也知道了这个角色。我们也有意设这个工作岗位，但是，作为一家四星级酒店，是否真的有必要设置这样一个工作岗位？如果要设，应该是专职的好还是兼职的好？“贴身管家”的主要工作内容和工作方式、工作程序应该怎么设计？对此，我还是感到有些困惑。

第一节　客房部个性化服务的实施

为客人提供个性化服务，不仅是提高客房服务质量的重要途径，而且是未来酒店管理的发展趋势。

要使顾客高兴而来，满意而归，仅凭标准、严格的规范化服务是不够的，只有在规范化的基础上，逐渐开发和提供个性化服务，才能给客人以惊喜，才能让客人感觉到“宾至如归”，才能使客人“流连忘返”。

链　接　　**上海清水湾大酒店客房员工的待客行为规范**

清水湾大酒店倡导员工将“亲情文化”外化为举手投足间的待客行为规范，具体浓缩成如下十个要点：

（1）仪表：衣履整齐洁净，发型规范，胸牌端正完好，不交叉手臂，不把手放在臂部或者口袋中，不咀嚼食物，不随意倚靠，遵守酒店仪容仪表修饰标准，展示自己最佳的仪容仪表。

（2）微笑：始终向与你目光相遇的客人微笑。微笑必须发自内心，而不是刻意迎合服务标准。

（3）问候：与客人做眼神交流，友好地微笑。客人抵店时，向他们打招呼；客人离店时，向他们表示感谢，并欢迎他们再次入住。

（4）让路：与客人相遇时要止步侧身礼让并致以微笑和问候，要留给客人最大的空间行走。不要与其他同事簇拥在一起。

（5）起立：居坐时遇客人来访要主动起立，微笑问候并热诚服务。

（6）优雅：在客人活动场所要动作轻缓、言语低调、举止优雅。铃响 10 秒内接听电话，电话结束后要等客人先挂电话才可轻轻挂断电话。

（7）关注：目光要始终关注客人，尽量预先察觉并提前满足客人的需求。关注客人的同时，尽可能快地完成每一项与客人的互动，并保持礼貌和令人愉快的肢体语言。

（8）尽责：不对客人说“不”。遇有自己不能解答的问题或不属于自己岗位职责的事宜，要主动联系办理；遇有客人咨询店内场所，不仅要指明去向，还要尽可能陪同前往。告诉客人你的名字，让他们知道有专人在处理他们的问题。

(9) 致歉：为自己或同事的失误向客人真诚道歉，并要使投诉的客人立即得到安抚；及时快速采取补救行动，尽最大可能让客人满意，并予以复核。

(10) 保洁：维护酒店环境整洁，遇有烟头、纸屑等废弃物要主动拾捡，发现有摆放不当物品要主动恢复。

以上10大要点是针对我国酒店服务，特别是客房服务中普遍存在的问题提出的，具有很强的针对性和实用性，酒店全员推广贯彻待客行为规范，大大促进了广大员工通过更加亲和的人格魅力进行对客交往，为清水湾“亲情文化”特色增添了异彩。

个性化服务对于提高客人的满意程度，具有重要的意义。要为客人提供个性化服务，客房服务员必须在日常服务中，注意观察客人的需求特点，还应加强与前厅部的联系，建立并充分利用客历档案（内容包括客人的姓名、性别、年龄、出生日期、婚姻状况以及通信地址、电话号码、公司名称、头衔等基本资料，客人旅行的目的、爱好、生活习惯，宗教信仰和禁忌，住店期间要求的额外服务等）。

一、称呼客人姓名

称呼客人姓名是为客人提供个性化服务的一个重要方面。在国外，有一句谚语：“A guest’s name is music to his ears.”（客人听到别人称呼他的姓名，就如同听到音乐一般美妙。）对客人以姓氏相称，是对客人的一种尊重，是承认客人的与众不同，表明酒店对客人的一种特殊关照。凡是服务质量好、受到客人称赞、给客人留下深刻印象的酒店，无一不对每位住店客人以姓名相称。例如，连续十多年被评为世界第一的泰国曼谷东方饭店，其引以为荣的主要服务特色之一就是能够做到对每一位预订客人和住店客人以姓氏相称，增加亲切感和客人对酒店的认同感与归属感。我国大连的香格里拉大饭店也要求其员工对每一位住店客人以姓氏相称。当客人办理完入住登记手续后，总台人员会迅速将客人的资料传递到有关接待部门，如行李服务处、客房楼层、房务中心、电话总机等，以便这些部门的员工在为客人提供服务时，能够对客人以姓氏相称，增强人情味和个性化色彩，拉近酒店与客人之间的距离，增加亲切感。如当客人打电话到房务中心时，对方会说：

“您好，房务中心。可以为您效劳吗？”

“……”

“您是1704房的刘先生吗？我们马上派人去您的房间，好吗？”

……

二、了解、识别和预测客人的需求

满足客人提出的需求，不足为奇，能捕捉到连客人自己都没想到而又确实需要的需求，才是服务的真功夫。了解、识别和预测客人的需求，这是为客人提供个性化服务的基础。“客人想到了，我们替客人做到，客人没想到的，我们要替客人想到而且做到”，只有这样的服务，才能使客人感到意外的惊喜，才能体现个性化服务。比如，发现客人走向电梯，服务员上前一步，为客人按亮电梯开关；看到客人买水果回来，主动送上水果刀；客人在会议室开会，钢笔突然没有墨水时，及时从身后递上一支笔……

案　例　　**发现客人的需求之后**

这是我们酒店一个真实的个性化服务案例。

进入一间续住房，房间状态是这样的：有好多书籍堆放在写字台，桌面上有许多凌乱的文件，书桌下有一些卷成团的面巾纸；房间没有打开冷气；电视机上放着客人的身份证；茶几上有几瓶啤酒；床头柜上有一份精美的小礼物；行李柜面上有三个凌乱的塑料袋；一双皮鞋倒在房间正中的过道上；客人将放在迷你柜处的电热水壶拿到落地灯插座处使用……

客房服务员清理完房间后，让回房的客人看到了另一番情景，非常感动。

服务员做了如下判断和服务：

(1) 书桌上的文件没有打乱顺序，而且依次适当整理好，还在此配放纸和笔，以便客人使用；

(2) 将垃圾桶移动位置（视客人的生活习惯需求而灵活地变动）；

(3) 客人有可能是感冒了，增配一盒纸巾；

(4) 礼品和啤酒说明会有小聚会，刚好客人的身份证放在电视机上，一看果然是客人的生日，请示上级，赠送鲜花和生日蛋糕；

(5) 增加配置一张棉被；

(6) 将鞋子整齐地摆放到行李柜前面容易看到的位置；

(7) 将塑料袋整齐折叠放好在行李柜面上；

(8) 马上通知工程部师傅修复迷你柜处的插座，将电热水壶放回原来位置并烧一壶开水，之后还留言告诉客人该插座可以正常使用；

(9) 对客人房间进行喜庆的布置，如：用小花点缀及折叠不同的饰物摆放等；

(10) 最后留下一张温馨的提示卡片，提醒客人注意休息，并建议客人感冒严重的话，可以到酒店医务室或附近的粤海医院就诊。

从以上打扫续住房提供的服务来看，只要服务员在“情”和“细”上多下功夫，充分理解客人的需求，学会观察客人和分析客人，了解客人的喜好，就能推动客房个性化服务的开展。

孙丽君

由此可见，在饭店服务中，只要服务人员有心，就能发现客人的服务需求，进而为客人提供更加细致温馨的服务，使客人感受到酒店对他的特别关怀。

三、将自己的姓名留给客人

同样是为了增强个性化色彩和与客人之间的亲切感，客房部还可要求当天为客人提供客房服务的服务员将其姓名以某种方式告知本楼层客人，使客人真正感到宾至如归（见表 5-1）。

表 5-1　欢迎卡（大连香格里拉大饭店）

欢 迎 回 家！
尊敬的宾客，希望我为您整理的房间能使您在入住期间感到如在家般的舒适。为使您入住期间更加方便、愉快，欢迎您随时使用房间电话拨打“3”——饭店宾客服务中心，告诉我您对房间服务和清洁方面的个人要求。
再次感谢您选择入住大连香格里拉饭店！
最美好的祝愿来自于您今天的房间服务员＿＿＿＿＿＿
Welcome Home!
While you are here as our guest, I have taken great pride in preparing your room. It is my wish that you feel as comfortable here as you do in your own home. Please let me know if there is anything I can do to make your stay more enjoyable.
I can be reached through our Guest Service Center at extension 3.
Thank you for choosing the Shangri-La Hotel, Dalian.
Your Room Attendant ＿＿＿＿＿＿

另外，服务员在服务过程中给客人的任何留言，都应签上自己的姓名。

四、个性化服务的全面实施

要使个性化服务在酒店全面落实，并取得切实的成效，必须采取以下措施。

（一）完善一套激励机制

保持个性化服务的持续性依赖于基层管理人员和员工高度的敬业精神和良好的职业习惯，而高度的敬业精神和良好的职业习惯需要有一套行之有效的激励机制来保证。山东新闻大厦采取“用心做事报告会”的形式，让用心做事的员工把自己的个性化服务案例在报告会上宣讲，然后进行评比。这种形式的好处在于让员工现身说法，用员工教育员工，同时，通过宣讲，让其他员工从中学到个性化服务的方法，而对于进行宣讲的员工，这本身就是一种自我精神的激励。然后通过评选，酒店颁发物质奖励进行肯定。这种激励机制保证了个性化服务的持续性。

（二）实现两个转化

1. 偶然性向必然性的转化

通过对于个性化服务案例的分析、推介，实现由个别员工出于“偶然性”的个性化服务向全体员工有意识的“必然性”的个性化服务的转化。个性化的服务案例为岗位员工提供了个性化服务的方法和学习的榜样。

2. 个性化向规范化的转变

通过对于个性化服务案例的全面分析，对于其中反映客人普遍需求的服务，实现由“个性化”的服务向“规范化”服务的转化。往往一些客人的个性需求也许是客人的共性需求。客房管理人员应对个性化的服务案例进行认真分析，研究个性化服务是否是客人的普遍需求，衡量推广的难度和可行性。例如，某酒店有一个客房服务员在清理房间时主动为客人脱落纽扣的衬衣缝补纽扣，客房部分析认为这是客人的共性需求，而且容易操作，随后作为规范化服务在部门中推广。总之，个性化服务转化为规范化服务是服务质量的一个飞跃。

案 例　　将个性化服务推广成标准化服务：错了吗？

有客人提出了一个建议，说他喜欢自然醒，最好开夜床的时候窗帘能够留个缝，那样第二天早晨就会有光线从窗帘缝里照进来，就能自然醒过来了。本来如果将客人的这个建议登记进他的个人档案，下次等他入住的时候为他提供这个个性化的服务，绝对是一次成功的服务。但是，这家酒店却修改了开夜床的服务规范，规定开夜床时窗帘都要留一条缝，结果还没实施多久就引起了多位客人的投诉，最后这个改动也只能草草夭折了。

点评：并非所有的个性需求都是客人的共性需求，因此，不能将针对某个客人的个性化服务都转化为酒店的标准化服务。这家酒店所犯的错误就是没有正确区分个性化服务和标准化服务，将个别客人的需求等同成了大众的需求，自然而然会导致失败的结果。

（三）提倡“三全”，即全员参与、全过程控制、全方位关注

提倡“三全”是做好个性化服务的必然要求。个性化服务不仅是对基层管理者和一线员工的要求，也是对酒店全体员工的要求。一线员工的对客个性化服务离不开二线员工甚至管理人员的帮助。没有部门与部门之间的合作以及其他员工的参与，个性化服务也许只能停留在员工的心里，很难实施。

（四）注重“三小”

“三小”即“生活小经验”“宾客小动向”和“言谈小信息”。生活小经验是提供个性化服务的依据和源泉，掌握更多的生活小经验有利于采取正确有效的个性化服务。关注媒体小消息，会为个性化服务提供指导。“宾客小动向”和“言谈小信息”是提供个性化服务的线索，客人的一举一动和客人的谈话可以提供许多有价值的信息。

（五）强调“五个环节”

五个环节，即客历档案的建立和使用、宾客信息的快速反馈、创建优质的内部服务链、关注长住客人和续住客人的生活习惯、不断激励和培训，塑造员工良好的职业习惯。

五、不断挖掘和发现个性化服务中的好人好事

酒店实施个性化服务是一项系统工程，酒店不但要倡导员工为客人提供个性化服务，还要采取措施，不断挖掘和发现个性化服务中的好人好事，予以激励。香格里拉集团在其管理的酒店内放置“我听说的好人好事”推荐表（见表5-2），是一种很好的做法。这不仅对提供了个性化服务的员工是一种激励，还可以使其提供的个性化服务长期保持下去，同时，这种活动对部门和酒店其他员工也起到一种很好的带动和示范作用，有利于创造良好的个性化服务氛围和企业文化。

表5-2 “我听说的好人好事”推荐表

Shangri-La hotel

GUANGZHOU

广州香格里拉大酒店

“GOOD THINGS I HEAR” NOMINATION FORM

“我听说的好人好事”推荐表

NAME OF NOMINEE

被推荐人姓名：________________

DEPARTMENT
部门：________________________________

DATE OF EVENT/INCIDENT
事情发生的时间：__________________________

GOOD THINGS THAT I HEAR
我听说的好事：

____

____

____

____

____

____

____

____

____

____

IF YOU NEED ASSISTANCE IN COMPLETING THIS FORM PLEASE CONTACT HUMAN RESOURCES DEPARTMENT
如果您需要帮助,请到人力资源部

YOUR NAME
您的姓名：__________________________

DEPARTMENT
部门：__________________________

六、谨防将“个性化”退化为“机械化”服务

提供个性化服务，还要注意与客人的沟通，并根据实际情况进行调整。否则，不但打动不了客人，而且还有可能让宾客不满，甚至出现服务笑话。

案 例　虾酱玉米饼子的故事

某省领导是胶东人，喜欢吃虾酱玉米饼子，所以他每次到各地市调研，各地市的接待单位都把他的客史记得牢牢的。早餐上虾酱玉米饼子，午餐上虾酱玉米饼子，晚餐上虾酱玉米饼子；这个市地上吃虾酱玉米饼子，下个市地也上虾酱玉米饼子。

每次不想吃，地市领导给帮忙加，服务员给帮忙分。导致他见了虾酱玉米饼子就反胃，最后一站，一下车就给接待单位讲，今天能不能不上虾酱玉米饼子！

七、客房个性化服务案例

（一）客人的手机备用电池在充电，却把取电牌拿走了

服务员为客人打扫房间时，发现客人的手机备用电池在充电，却把取电牌拿走了，充电器处于断电状态，客人不在房间。分析客人可能因紧急事情外出，或者不知道插卡取电、拔卡断电的原理，随手带走取电牌，这时，服务员主动插上备用取电牌使电器处于工作状态，并做好交接班工作，待电池充满电后留下便条告知客人。

（二）客房的遮光窗帘是否留缝

绝大多数客人晚上休息时，喜欢将客房的遮光窗帘拉合好，才会睡得香甜，因而客房服务程序中规定对住客房间开夜床。然而有的客人却因一天的工作劳累，常常一觉到天明，为了不影响第二天的工作，希望将遮光窗帘中间留出一条缝，这就需要细心的服务员发现、分析、判断，在夜床服务时提供令客人满意的服务。

（三）服务员发现一张靠背椅靠在床边

服务员清扫房间时，发现一张靠背椅靠在床边，仔细观察后才发现床上垫着一块小塑料布，卫生间还晾着小孩衣裤。服务员这才明白，客人怕婴儿睡觉时掉到地上，服务员随即为客人准备好婴儿床放入房间。

（四）清扫房间时，发现床单、床垫等处有不同程度的污迹

清扫房间时，发现床单、床垫等各处都有不同程度的污迹。服务员马上意识到，是客人外出游玩时因饮食不慎而引起肠胃失调，应将所有脏的物品更换一新，还应通过楼层主管及时与导游联系，并通知医生及时为客人治疗，让客人得以康复。

（五）服务员清扫住房时，发现暖水瓶盖开着

服务员清扫住房时，发现暖水瓶盖开着，不知是客人倒完开水，忘记盖好瓶塞，还是客人喜欢喝凉开水，故意打开瓶塞的。为满足客人的需要，服务员为客人送去凉水瓶装满的凉开水，并留下服务员亲笔签名的字条，向客人礼貌地说明情况；同时，暖水瓶照例更换好新的开水。

（六）服务员发现客房中放有西瓜等瓜果

服务员发现客房中放有西瓜等瓜果，则主动为客人准备好托盘、水果刀和牙签。

以上事例虽小，但常常使客人惊喜万分。总之，要想为客人提供优质服务，做好个性化服务，必须走近客人，细心观察，只有站在客人角度，去看待、分析、处理问题，才能收到实效。

第二节 客房贴身管家

一位第二次到苏州接洽商务的外企老总，住到了曾经下榻过的新城花园酒店。刚走进房间，他吃惊地发现，眼前的一切竟与上次自己提出过的要求完全吻合：桌上摆着他喜爱的康乃馨，床上特意放了两个枕头，电视设定的开机频道也是自己喜欢的CNN……事先秘书并未与酒店沟通，这些细节安排酒店是如何预先做到的呢?

原来，这一切都是“贴身管家”的功劳。在欧美，很多大酒店都设有贴身管家，为客人提供个性化服务。在中国，20世纪90年代初“贴身管家”最早出现在北京、上海等中心城市，主要是为国外来的领导人配备的。目前，上海瑞吉红塔、凯宾斯基等酒店都能找到贴身管家的身影。当客人首次踏进酒店大堂，事先指派的管家就会上前奉上名片……

一、贴身管家的含义

图5-1 贴身管家（Butler）服务源于欧洲贵族家庭的管家服务

贴身管家（Butler）服务源于欧洲贵族家庭的管家服务（见图5-1），演变到今天成为了一种专业化、私人化的一站式高档酒店服务。下榻酒店的贵宾将得到一位指定的专业管家专门为他服务。训练有素的贴身管家将为客人提供体贴入微的个性化服务，无论是商旅事务还是娱乐休闲，都会为客人安排得尽善尽美，让客人居住愉快，体验现代商旅的舒适与便捷。

简言之，酒店的贴身管家服务是一种高档酒店针对入住贵宾的更加个性化的服务方式，它通过为入住贵宾提供专业化、私人化的服务内容，极大地方便和满足了酒店贵宾的需求。

二、贴身管家的素质要求

贴身管家为贵宾提供殷勤周到的24小时服务，要求具备相当高的素质：

- 流利的外语水平：很多贵宾来自国外，因此，贴身管家要能够用流利的英语与客人交流，为客人提供服务，特别是对一些西餐、酒水的翻译都要达到相当标准；

图 5-2　“贴身管家”要有专业的服务技能

- 良好的沟通能力：良好的沟通能力和沟通语言是提高服务质量、使客人满意的前提条件；
- 良好的礼仪、礼貌修养：这是贴身管家的必修课，为贵宾服务，必须要有良好的礼仪礼貌修养；
- 良好的服务意识：为客人提供体贴、周到的服务，良好的服务意识是必不可少的；
- 专业的服务技能：掌握全面而专业的技能，其中给客人沏茶（见图 5-2）、烫衣服也是非常必要的功课，甚至还要在短时间里了解客人的性格喜好，由于是 24 小时服务，贴身管家就住在离客人房间不远的套房里，听候客人随时通过电话要求的服务；
- 宽广专业的知识面：包括了解各种洋酒的常识等。

三、贴身管家的服务内容

贴身管家主要负责客人在酒店的“生活起居”，诸如拆装行李、入住退房、客房服务、清晨叫早、订餐送餐、洗衣、订票、安排旅游和秘书服务等，都由贴身管家负责。曾经有位笃信伊斯兰教的中东老板入住某酒店，为了“做礼拜”，客人特别关注每日太阳升起的确切时间和方向。酒店的“贴身管家”便主动与气象局联系，查明每天日出的精确时间，还算出了“正东”的确切方位提供给客人，客人因此赞不绝口。

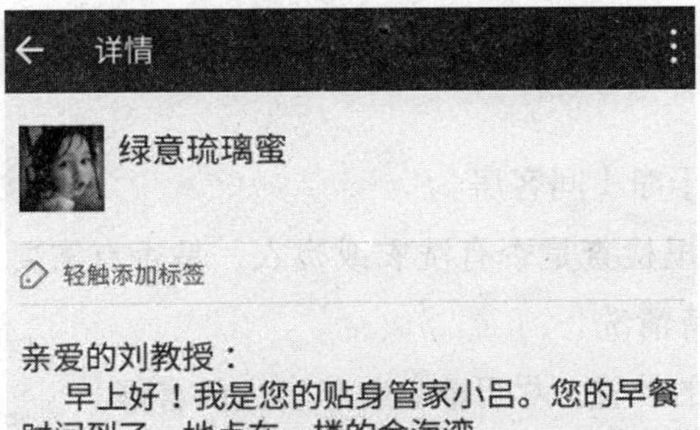

图 5-3　照顾好 VIP 客人的生活起居是客房贴身管家重要的服务内容

（图为苏州某大酒店贴身管家小吕通过微信为客人提供周到的服务）

除了照顾客人的生活细节，“贴身管家”还要兼当客人的“业务助理”。特别对于高档商务客人而言，初来乍到，可能不了解当地的情况，管家要替他们向工商、税务等部门沟通、咨询信息，推荐并预订地方特色餐厅以供客人商务洽谈。

总之，贴身管家要通过提供体贴入微、周到、私密性的服务，使客人感受到生活起居的方便和酒店的特别关怀（见图 5-3），从而使酒店的服务档次得到提升。

四、贴身管家的服务标准和工作流程

北京R酒店是亚太区首个提供全店式专职管家的高星级酒店。贴身管家的历史可以追溯到1904年，在纽约成立的第一家R酒店就有标志性的管家服务。下面以R酒店的案例说明管家服务的服务标准和工作流程。

（一）6：30~8：30

（1）检查专职管家交接日志（主要是收集夜班管家的工作信息）。

（2）根据叫醒的工作单准备叫醒饮品，按时送到客人房间里，并提供服务。

（3）根据Opera系统信息，更新所管辖楼层的工作间的白板提示信息（主要供白天客房服务员清理房间时使用）

（4）收取客人要洗熨的衣物以及要擦洗的鞋子。

（5）查看所在楼层的牛奶、各类糖、咖啡和茶的储备量是否足够，并通知客房部及时补货。

（二）8：30~13：30

（1）到客房办公室和管家办公室开晨会。

（2）向管辖范围内的楼层服务员告知特殊事宜（如早到的客人不要太早去打扰等）

（3）查看楼层客梯间是否干净整洁，及时通知卫生清洁人员打扫。

（4）根据Opera系统查看当日预抵客人的信息（预抵时间、离店时间、是否是会员、有无特殊喜好）。

（5）根据客史资料准备好房间。

（6）确保楼层服务员在规定的时间里清理干净1间客房。

（7）10：00~11：00到所管辖的住客房间里检查是否有洗衣或熨衣，是否有需要擦的皮鞋，并把咖啡或茶的用具收回工作间等待清洗。

（8）在查看客房的同时留意客人屋内用品的放置，尽可能地收集客人的喜好。

（9）房间如果出现工程问题，及时通知工程部修理，确保每间房的设施都能正常使用。

（10）在客梯间欢迎每个入住酒店的客人，必要的时候去大堂迎接客人，并将客人引领到相应的房间，做相应的服务介绍。

（三）13：30~15：30

到管家办公室开午会，简要汇报上午的工作情况，与下午班的同事交接班次。

（1）把特殊水果送至需要的客房内。

（2）保持对楼层工作白板的信息更新。

（3）追踪上午未能解决的工程问题，并适时敦促工程部解决。

（4）将工作间的饮品用具归位放好。

（5）和下午班的同事交接，把未完成的工作告知下一班次的同事。

（6）做好交接记录。

五、贴身管家的“88”字精髓

贴身管家的灵魂：容忍、含蓄、幽默，贴身管家做好工作的“88”字精髓包括：个性服务，因人而异；预察主动，尽少骚扰；肢体语言，文雅得当；永不否定，给出选择；随机应变，处惊不乱；生活各行，熟练精通；随时记录，更新信息；他人财富，毫不动心；主人隐私，回避保密；意外惊喜，营造舒适；忠于职守，维护和谐。

六、贴身管家的培训

贴身管家的培训内容如表5-3所示。

表5-3　贴身管家的培训内容

训练编号	培训内容	训练编号	培训内容
训练1	贴身管家葡萄酒服务演练	训练11	贴身管家服务用语训练
训练2	贴身管家雪茄服务演练	训练12	贴身管家服务禁忌语言训练
训练3	贴身管家的角色意识训练	训练13	贴身管家套房检查训练
训练4	贴身管家的形象意识训练	训练14	贴身管家套房整理训练
训练5	贴身管家的饭店意识训练	训练15	贴身管家观察客人喜好的训练
训练6	贴身管家服务意识训练	训练16	贴身管家联系客人的训练
训练7	贴身管家专业用语训练	训练17	贴身管家内部客人意识训练
训练8	贴身管家服务行为训练	训练18	贴身管家投诉处理训练
训练9	贴身管家文化差异意识训练	训练19	贴身管家客人信息及入住记录内容训练
训练10	贴身管家卫生标准训练		

七、贴身管家服务的组织模式

由于涉及服务成本问题，贴身管家服务一般只有高档酒店才提供，三星级以下的中低档酒店没有必要提供贴身管家服务。一般来说，贴身管家服务可以有两种组织模式：

（一）临时模式

即对于偶尔入住酒店的贵宾（如高级政府官员、体育明星、演艺界人士、企业高级行政人员以及其他社会名人等），临时抽调酒店精兵强将，充当客人的贴身管家角色。这种模式主要适用于接待贵宾数量不多的中小型高档酒店。所抽调的“临时贴身管家”，可以来自于客房部，也可以来自于酒店其他部门。

（二）固定模式

即在客房部（管家部）设立专职贴身管家岗位，为入住酒店的贵宾提供贴身管家服务。这种模式主要适用于经常有各类贵宾入住的大型高档酒店或各类高档精品酒店。

链 接 **我做私人管家**

我做私人管家

八、国际酒店管家组织

（一）英国爱博公司

1990 年在英国注册，与英国专业管家协会、世界上最大的荷兰国际管家学院、国际管家公司等专业机构有着长期的合作关系，致力于把英式管家的精髓与中国的具体实践相结合，并首次把英式管家引入中国。

（二）国际白金管家酒店联盟

由“英国爱博公司”“荷兰国际管家公司”和“国际酒店领袖机构”共同创立的服务品牌联盟机构，以专业化资格认证培训、中国高星级酒店服务品牌打造、白金管家酒店联盟授徽为目的，通过建立白金管家服务标准及专业培训教程的推广，把管家服务理念与品牌服务相结合，树立五星级酒店特有的白金管家至尊服务形象（见图5-4和图 5-5）。

图 5-4 国际白金管家酒店联盟

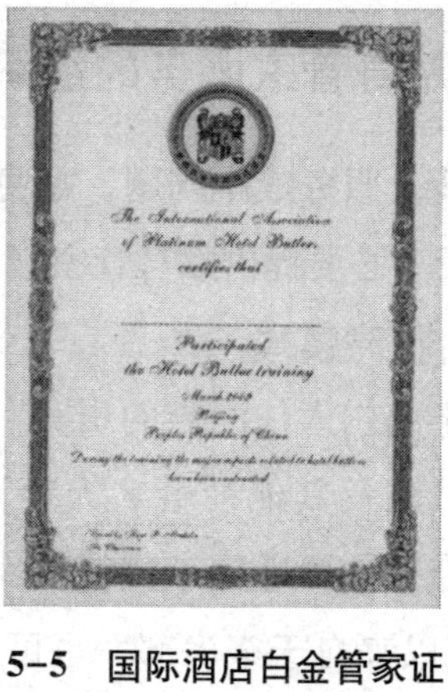

图 5-5 国际酒店白金管家证书

本章小结

- 为客人提供个性化服务是未来酒店服务和管理的发展方向和发展趋势。
- 称呼客人姓名、将服务者的姓名留给客人以及了解、识别和预测住店客人的需求，是客房部常用的为客人提供个性化服务的方法。
- 客房部为贵宾提供的贴身管家服务将个性化服务发展到极致。通常，只有四星级以上的高星级酒店及精品酒店才为客人提供这种服务。
- 客房贴身管家需要很好的服务意识、很高的服务技能和很强的沟通能力，可看作酒店最高级别的“服务员”。

思考题

1. 解释下列概念：贴身管家；个性化服务。
2. 如何为客人提供个性化服务？
3. 客房贴身管家的服务内容有哪些？

案例分析

服务员为客人洗内裤：应该吗？

某酒店在开展细微化和个性化服务活动时，提倡“以情服务，用心做事”，并提出，要力所能及地为客人做一些事。比如为客人洗袜子，看见客人带的毛巾脏了，要帮客人洗干净等。“别的酒店，提供这样的服务要收费，但我们不。我们只想让客人感觉在这里就像在家里一样，可以得到亲人般无微不至的照顾。虽然酒店不要求给客人洗内裤，但有的服务员也做了……”

对此，你有何评价？

【补充与提高】

什么是“英式管家”？

“英式管家”是现代酒店贴身管家的前身。也就是说，现代酒店的贴身管家来源于有悠久历史的“英式管家”。

我们从好莱坞电影中形成了有关英式管家的印象：一位身着白色西服，带着白手套的男士站在宴会厅门口对进来的每一位客人颔首致意，“罗宾斯小姐，您今天的晚礼服真漂亮”“啊，温杰森夫人，您总是这么神采奕奕!”他一边说一边帮绅士淑女们将外衣脱下，交给身边的佣人保管，之后他走到一位派头十足的男子身侧，低头耳语:“客人已经来齐，我们是不是开始?”……这样的镜头我们常在电影里看到，像这样温文尔雅的先生，就是我们印象中的管家。

“英式管家”在西方已经有六七百年的历史了。“英式管家”是世界上家政服务领域的经典名词。它起源于法国，但职业理念和职责范围的成熟是在英国完成的，并将其臻于艺术化。从过去到现在，英式管家在豪门中扮演的角色是相当多元化的，举凡购物、管理家庭财务、准备餐点、送孩子上学，洗熨衣物、招待客人、准备晚宴等，都由管家交代其他佣人执行，最后监督验工。如果把一个豪门富户家的佣人们比作一个团队的话，英式管家就是他们的CEO。

英式管家首先要具备从容应付主人晚宴的能力，而操办一次晚宴是极其烦琐的。布餐具之前，桌子上的东西要全部清理掉，把刚熨过的台布铺上来，然后定椅子的位置，最靠边的椅子距离桌角的长度和椅子之间的长度要一致。椅子位置固定好了，接下来要放鲜花和烛台，一般放4个烛台，每个烛台上插5支蜡烛，这5支蜡烛要一样长，4个烛台上的蜡烛无论从哪个方向看都要成一条线。布好烛台就该放盘子了。盘子要放在每位用餐者的正前方，之后相应的摆上3套刀叉、4种杯子。还要根据上酒的顺序来调整杯子的位置。座椅、盘子、酒杯之间的距离都要用尺子量好，而不能以目代测。

上菜时，管家要带领佣人进去，每个人的动作要协调一致，他们双手托盘，拇指指尖要在盘沿以外，走进餐厅先绕桌一周，停下来时要每人对应一位主人，并站在主人的侧后方，双脚呈丁字步。站好后抬眼看管家的暗示，大家左脚向前滑步，右手背后，同时放下托盘。再看管家施令，同时掀起盘盖，然后排队离开。上菜的方位也有讲究，比如上菜从左边上，饮料酒水从右边上。上酒水要说的话也是固定的，比如问主人要不要把酒杯中的陈酒倒掉，换新的酒，就说:“refresh?”问要不要再来点就说:“tempt?”，这个程序的要旨就是优雅，每个动作都要给人以美的享受。

熨报纸是一项历史悠久的管家服务，很早以前，管家就开始将熨过的报纸和早餐一起送到主人的卧室。熨报纸的目的是杀灭报纸上面的病菌，同时可以让未吃进纸张里的油墨充分干透，以防主人读报后弄一手黑。熨斗一定要是专门用来熨报纸的，要不当天的头条新闻就会出现在主人的衬衫领子上了。每天管家给主人送早餐时，要把熨过的报纸折成方块放在盛有早餐的银盘下（不过这种服务即使在英国的贵族家庭也很少有人用了），进门后先把早餐放下，把报纸递给主人，然后径直走到窗前把窗帘拉开。

敲门是管家们在日常工作中经常会做的动作，管家如何敲主人的门也很有讲究。早上起来，管家进主人卧室要轻敲3下门，如果里面没有回应，心里默数到10再敲，如果还没有回应，就可以直接推门进去了。如果推门进去后主人不便见客，比如没穿好衣服，那就应该马上退出去。但如果发生了紧急情况，即使主人让管家出去，管家也要坚持告诉主人发生了什么事。

做管家最重要的是细致。主人要出游，管家要事先做出一个详尽的计划。路线的安排中一定要有医院，如果有突发情况，比如小孩爬山受伤，马上就能想到去哪就医。一般至少要设计两条路线，预防堵车或者说这家医院不行，要去另一家医院。虽说这些计划都是以防范为主，但一点都不能疏忽。

管家要时刻保持警觉，比如叫车。保护主人上车时，管家要面向车头，打开车门之前要左右环视一下，这样即使真有妄图行凶者也可以暗示他你是有防备的。打开车门后管家应该站在车门的后面，这样如果有紧急情况前面有车门挡着，后面有管家挡着，可确保主人的安全。

总之，英式管家需要极高的自身素质，一般的英式管家要求拥有丰富的生活知识与专业素养：熟知各种礼仪、佳肴名菜、名酒鉴赏、水晶银器的保养；更高档次的管家，甚至要上知天文、下通地理，这样才能为那些高档次的客户服务。贵族豪门家中的管家，他们不仅深得主人的信任与倚重，有时候主人更会将他们视为家庭中的一分子，事无巨细，都会交由管家打理。很多大家族的管家是世袭的，管家的后代通过耳濡目染，对家族的情况非常了解，而家族也容易对老管家后代产生信任。

酒店经理人答　经理的困惑

Re：四星级酒店有必要设“贴身管家”吗？

邹逢春　山西天贵国际酒店　房务经理

贴身管家这个岗位在豪华商务酒店或度假型酒店有必要设置，以便满足客人的个性化需要。对于这个职位，一般应该设置为兼职较好。因为酒店里要满足客人的服务需要，可以因事设岗，但是需要这类专职贴身管家服务的机会在普通酒店的概率不是太高，从人力资本的角度来看，应该设置为兼职的，闲时在其他岗位从事工作，忙时从事自己的专职工作。

与之相反，豪华商务型酒店或度假型酒店则设为专职较为妥当，既可体现尊重客人的服务理念，又可以提供全方位服务，彰显客人尊贵身份。

贴身管家的工作内容、方式、程序可以按以下几个方面进行设计：

- 从客人预订后开始的一切服务内容均由贴身管家进行提供，如到店引领、在房间办理入住登记、用餐、生活起居等都应考虑在内；

- 客人的活动日程均由贴身管家协助安排车辆或是提供其他相关服务；
- 在当地的参观、购物、旅游等活动，在客人需要的时候也可以陪同。

特别值得注意的是：所有的服务内容和程序虽然拟定，但是在服务客人时必须以满足客人的合法合理需要为目的，不能因为遵守了所谓的服务标准而不能提供给客人真实需要的服务，这就与设置这个岗位的初衷背道而驰了。

姜东皓　北京中旅大厦　客务部经理（北京客务经理协会理事）

关于贴身管家，要根据酒店客源结构的具体情况定。对于目前中国的大部分四星、五星级酒店来说，还没有必要设置专职人员提供该项服务，因为客户群的消费理念还没有达到。换言之，现在认为应该为此而付费的人还没有多少，如果酒店的少数客户有这方面的需求，我们还要盘算一下投入和产出的关系。如果设置此项服务，建议还是培训少数人从事兼职。贴身管家即客人吃、穿、住、行的高级顾问和高级代办，我们在制定工作内容、程序和标准时，要根据酒店地域的具体情况围绕这两个宗旨来考量，建议逐步加项，不要一下子大而全。

第六章　客房卫生管理

客房卫生工作主要包括客房的日常清扫、客房计划卫生和酒店公共区域的清洁保养等几方面的内容。

卫生，是客人对酒店客房的最基本要求，也是客人决定是否选择某家酒店的首要考虑因素，因此，做好客房的卫生管理具有极其重要的意义。卫生管理是客房部管理工作的永恒主题，需要各级客房管理者常抓不懈。

通过本章学习，读者应该能够：

- 掌握客房清洁知识；
- 了解客房清扫程序及其相关管理问题；
- 熟悉客房计划卫生的组织和管理工作；
- 掌握对客房清洁质量进行控制的方法。

关键词：客房清扫；公共区域；计划卫生

Key Words：Housekeeping；Public Areas；Planned Sanitation

经理的困惑

——客房服务员不按操作规程工作怎么办？

酒店一般都要求客房服务员在做房时，要用不同的抹布擦拭不同的部位（浴缸、洗脸盆、马桶等），并禁止员工把刚从房间撤下的脏布草当抹布用，可实践中，据我所知，很多酒店（包括国外的酒店）的很多员工在搞房间卫生时，为了图方便，在搞卫生时，并没有分开，而且总是喜欢用撤下的床单等来擦浴缸，甚至擦马桶。酒店对此多次进行强调，但总是屡禁不止。作为客房管理者，应该对此加以理解，睁一只眼，闭一只眼呢，还是要严格管理？如何才能有效地防止这种情况的发生？

第一节 客房清扫作业管理

客房清扫是饭店每天要进行的工作。客房的清洁程度是客人入住酒店最关心的问题之一，同时也是客人选择酒店的标准之一。整洁的房间、优雅的环境能使客人心情舒畅、轻松愉快，因此服务员必须按时、按服务规程和标准的要求，认真、高效地清扫客房。

清扫客房时要注意，有些项目是每天都要进行的工作，如床铺的整理、地毯的除尘、写字台的干擦等；而有些项目则是隔一段时间才进行的工作，如翻转褥垫、换床罩、除污、维修等，其间隔有的是周期性的，有的则是不定期的，视具体情况而定。

一、不同类型房间的清扫要求

客房状况不同，对其清扫的要求和程度也有所不同。一般来说，对于暂时没人居住、但随时可供出租的空房（Vacant），服务员只需要进行简单清扫或小扫除；对于有客人住宿的住客房间（Occupied）以及客人刚刚结账离店、尚未清扫的走客房间（Check-out），需要进行一般性清扫或中扫除；而对于那些长住客人离店后的客房以及将有重要客人（VIP）光临的客房则要进行彻底清扫或大扫除。

进行简单清扫，服务员只需要视具体情况每天擦擦灰尘；过几天吸一次地毯，检查一下设施设备是否管用，看看卫生间水龙头是否有锈水（如有黄色的锈水，则应打开水龙头1~2分钟，把它放掉）；如室内空气不新鲜，应打开窗户换换空气；调节温度，使室温比较适宜。

进行一般清扫，服务员还需要整理床铺，撤换脏布草（床单、枕套、浴巾、毛巾等），补充客房用品并较为全面地清扫客房（倒垃圾、倒烟灰缸、擦洗卫生间、整理衣物等）。

长住客人离店后，服务员要进行彻底清扫，要仔细地刮地毯，进行地毯除污，认真擦洗客房内各个角落、设施设备的里里外外，如发现墙纸脱落或有污损，还应更换墙纸、翻转褥垫甚至撤换窗帘。此外，接待重要客人的房间也应进行大扫除，除污、打蜡、抛光，做到窗明几净、没有尘埃，床也要铺得整齐、美观、没有褶皱，床单上不留任何污迹。

二、清扫作业的标准时间

清扫作业的标准时间是客房管理者确定服务员工作定额和进行客房定员的依据。打扫一间客房需要花费的时间取决于：

- 服务员体力的大小；
- 服务员工作经验的多少；
- 服务员劳动熟练程度的高低；
- 服务员做床方法的科学与否；
- 客房面积的大小；
- 床的大小；
- 客房状况的不同（空房、走客房、VIP 房等）；
- 客房类型的不同（单人房、双人房还是套房）；
- 住客素质的高低（外宾住过的房间易整理，而很多内宾住过的房间则需要较长时间去整理）。

一般而言，各种不同类型的客房所需要的清扫时间大致如下：

- 双人房：25~30 分钟；
- 单人房：20~25 分钟；
- 套　间：50~60 分钟。

由此可见，清扫一间客房平均需要 25~30 分钟，按照这个标准，每个服务员每天清扫的房间数应最少为 14~16 间，而我国很多地方的酒店每个服务员每天打扫的房间数还不到 10 间，工作量明显不足。近年来，情况已经发生了很大变化，越来越多的酒店（特别是南方城市的酒店）为了提高工作效率，节约人力资源开支，适应竞争的需要，纷纷开始加大服务员的工作量，将服务员的工作定额提高到 15 间/（人·天），已基本上向国际标准看齐。

三、不同类型房间清扫的先后顺序

为了提高客房利用率和服务质量，客房清扫要根据实际情况，按一定的先后次序进行。客房清扫的顺序应根据酒店淡旺季的不同而有所不同：

（一）淡季时的清扫顺序

淡季时，应按以下顺序进行：

- 总台指示要尽快打扫的房间；
- 门上挂有“请速打扫”（Make up room immediately）牌的房间；
- 走客房（Check-out）；

- “VIP”房；
- 其他住客房；
- 空房。

（二）旺季时的清扫顺序

旺季时，酒店用房紧张，客房清扫顺序与淡季时应有所不同。一般来说，旺季时，要依照下列顺序进行：

- 空房：空房可以在几分钟内打扫完毕，以便尽快交由总台出租；
- 总台指示要尽快打扫的房间；
- 走客房间（Check-out）：旺季时，应优先打扫，以便总服务台能及时出租，迎接下一位客人的到来，优先打扫走客房的意义还在于可以及时发现是否有丢失或损坏室内物品，如有，则可以及时报告客房部或前台结账处以便酌情处理，另外，这样做还可以及时发现客房内是否有客人的遗留物品以便及时送交客人；
- 门上挂有“请速打扫”（Make up room immediately）牌的房间；
- 重要客人（VIP）的房间；
- 其他住客房间。

以上客房清扫顺序还应根据客人的活动规律加以调整。客房清扫应以不打扰客人或尽量少打扰客人为原则，因此，应尽量安排在客人外出时进行。

案　例　　**牙签的妙用**

今天是我值夜班。在交接班时，上一班服务员告诉我，208 套房住的是 VIP，需要做好跟踪服务。我记在了心上，不停地在楼层巡视，因为 208 房间一直有客人在谈话。

到了 18：00，应该是客人用晚餐的时候了，如果 VIP 客人出去，我是要及时做房间小整理和开夜床的。所以这个时候，我就在楼层静候客人。这时手中的报话机响了，售房中心通知我去给 310 房间配备水果。我听到通知刚要走，可转念一想，如果我去准备水果，怎么确定 208 房间客人是否出来呢？可要去敲门询问，肯定又打扰了客人，我仔细想了想，对！就用这个办法。

我疾步走回服务室，找来一根牙签，悄悄地来到 208 房间门口并将其插到门缝里，然后就去准备 310 房间的水果了。

等我送过水果回到 208 房间门口，低下头仔细看了地面，果然有牙签在地上。我轻轻敲了门，房间无人应答。我以最快的速度整理了房间，并将晚宴卡放置床头的明显处，然后退离房间。

做好这一切，我轻舒了一口气，既为没有打扰客人而高兴，更为自己能够在关键时刻想出的小小“妙计”而自豪。其实“用心服务”本应如此，只要我们一切本着“尽可能少打搅客人便是最好的服务”的原则，那么服务将会在规范化的基础上，更加富有创意，也会更加符合客人的心意！

（山东香江曲阜国宾馆　田慧霞）

四、客房清扫的一般原则和卫生标准

（一）客房清扫的一般原则

- 从上到下：例如，抹拭衣柜时应从衣柜上部抹起；
- 从里到外：尤其是地毯吸尘，必须从里面吸起，后到外面；
- 先铺后抹：房间清扫应先铺床，后抹家具物品，如果先抹尘，后铺床，铺床扬起的灰尘就会重新落在家具物品上；
- 环形清理：家具物品的摆设是沿房间四壁环形布置的，因此，在清洁房间时，亦应按顺时针或逆时针方向进行环形清扫，以求时效和避免遗漏；
- 干湿分开：在抹拭家具物品时，干布和湿布要交替使用，针对不同性质的家具，使用不同的抹布。例如，房间的镜、灯罩、卫生间的金属电镀器具等只能用干布擦拭。

（二）房间清洁卫生标准

- 眼看到的地方无污迹；
- 手摸到的地方无灰尘；
- 设备用品无病毒；
- 空气清新无异味；
- 房间卫生达“十无”。

链　接　**客房卫生“十无”**

- 天花板墙角无蜘蛛网；
- 地毯（地面）干净无杂物；
- 楼面整洁无害虫（老鼠、蚊子、苍蝇、蟑螂、臭虫、蚂蚁）；
- 玻璃、灯具明亮无积尘；
- 布草洁白无破烂；
- 茶具、杯具消毒无痕迹；
- 铜器、银器光亮无锈污；

- 家具设备整洁无残缺；
- 墙纸干净无污迹；
- 卫生间清洁无异味。

五、客房清洁剂的种类及使用范围

清洁剂是客房服务员在进行客房清洁和保养工作时所必需的用具和物品，选择和使用合适的清洁剂不仅可以增强工作效果、提高工作效率，而且对于做好客房设施设备的保养工作具有重要意义。客房管理人员应该熟悉各种清洁剂的性能和使用范围。按照不同的划分方法，客房部使用的清洁剂可以划分为不同的类型。

（一）按清洁剂的化学性质划分

按照化学性质，清洁剂可分为以下几种类型：

1. 酸性清洁剂

一般含有盐酸、磷酸、硫酸和醋酸等酸性化合物，可用于清洁茶渍、咖啡等碱性物质。另外，酸性清洁剂还可以用来还原氧化物，故常被用来去锈（将深咖啡色的高铁还原为浅绿色的亚铁离子）、清洗冷气机的蒸发器及冷凝器（将氧化铝或结在钢管内的氧化物还原）。含浓硫酸的清洗剂则主要是利用其脱水性进行清洁。

2. 碱性清洁剂

含氢氧化钾、氢氧化钠或其他碱类，可以清洁一切酸性污渍。另外，碱性清洁剂还可以用来清洁一切油污，因为它可以将不溶于水的油脂变成半溶于水的物质。强碱（如氢氧化钠）非常活泼，常被用作起蜡剂，因为它能将蜡水中的金属链切断，令“亚力加块”浮于水面，从而起到起蜡作用。通常，碱性清洁剂的应用最为广泛。

3. 中性清洁剂

含合成化合物，呈中性，其“清洁”能力不很显著，主要用于“保养”方面，一般不会损坏物体的表面。

（二）按用途划分

按用途划分，常用的清洁剂有以下几种：

1. 多功能清洁剂

这种清洁剂呈中性，多用于去除家具表面的污垢、油渍、化妆品渍，有防霉功效。原装的清洁剂为浓缩剂，使用前要根据使用说明进行稀释。此种清洁剂不能用来洗涤地毯，对特殊污垢作用也不大。

2. 三缸清洁剂

马桶清洁剂属酸性清洁剂，能去除马桶、便池上的污垢，有较好的除臭、杀菌功效。使用时必须在马桶、便池有水的情况下倒入少许，稍过片刻用毛球轻轻刷洗，再用清水冲净。日常清洁三缸最好选用碱性剂，以利保养。

3. 玻璃清洁剂

客房内的玻璃和镜面，特别是卫生间内的镜面常有一些不易清除的污迹，像油渍、化妆品迹等。要清除这类污迹，使用装在高压喷罐内的玻璃清洁剂效果最好。使用时对准污迹喷洒少许，然后用干布擦拭便可光亮如新。

4. 金属抛光剂

客房内有很多金属制品，像门锁把手、水龙头、浴缸配件、扶手、卷纸箱、毛巾架、浴帘杆等，容易染上手印和锈蚀。这种抛光剂只对金属制品除锈去渍有效。使用时用抹布蘸上抛光剂或将抛光剂直接喷在物件上，用干布反复擦拭直至光亮为止。

5. 家具蜡（家具保养蜡）

为使家具保持光洁，服务员须按计划卫生的要求定期对家具物品上蜡保养。客房部选用的家具蜡多为浓缩乳蜡，家具蜡能较好地为木质家具、皮革制品去污除尘，并能在家具表面上形成保护膜，防尘、防潮、防污。使用时只需在家具物品上均匀喷洒，再用柔软的干布来回擦拭，即能光亮如新。

6. 空气清新剂

空气清新剂含有香精和杀菌成分，喷洒在客房内或大厅中，有灭菌和清新空气的作用，且芳香四溢。但有些客人不喜欢空气清新剂的香味，因此，在住客房中要慎用。

7. 杀虫剂

杀虫剂含除虫菊脂，能杀灭蟑螂、苍蝇、蚊子等害虫。客房区内一旦发现虫类，应立即施放杀虫剂。此外，杀虫剂属于易燃品，所以要谨慎使用和妥善保管。

六、客房清扫时的注意事项

在整理客房时，应注意下列问题：

（一）以不打扰客人为原则

做客房卫生时，应选择客人不在房间时进行，以免打扰客人工作或休息。此时，应正确判断客人是否在房间。假如敲开门后，发现客人在房间，需要问明客人现在是否可以整理房间，征得客人同意后，方可开始做房。

（二）敲门时，应报明身份

进入房间做卫生时，要报称“Housekeeping”，同时要注意，敲门的声音要大小适中，不可过急或力度过大，否则，不仅是没有礼貌的表现，而且还会使房内客人受到惊吓，或给客人带来不便。有些性急的服务员往往敲一下门就进房，还有些会从门缝向里瞅，这些都是缺乏礼貌和修养的表现。

（三）整理房间时，要将房门开着

这样做的好处包括：第一，可以换换房间的空气；第二，方便服务员从工作车上取物；第三，可以防止顾客或其他闲杂人员从工作车上顺手牵羊，拿走客房用品；第四，可以接受管理人员的监督；第五，还可以顾及楼层安全。此外，整理房间时把房门开着，将工作车停在房门口，也不会使客人因回来时发现服务员在自己的房间而感到吃惊或发生误会。

不过，现在很多国际品牌的高档酒店则要求服务员做房时，将房门闭上，这样做一方面可以保持楼层的安静、私密；另一方面也能防止闲杂人员趁服务员清扫房间（或卫生间）时进入房间，顺手牵羊，拿走客人物品，从而保证客房的安全。

（四）不得在客房内做清扫之外的其他事情

不得在客房内吸烟、吃东西、看报刊杂志（特别是客人的书刊）。

（五）不得使用客房内设施

服务员不得使用客房内厕所；不得接听客人电话，也不得使用客房内电话与外界通话；除维修、检查外，不得收听、收看客房内录音机、电视机；不许躺或坐在床上休息。

（六）清理卫生间时，应专备一块踏脚垫

服务员清理卫生间时会频繁进出，卫生间门前的地毯特别容易潮湿、沾污、发霉，日久天长，这一部位较之室内其他部位会提前损坏，破坏客房地毯的整体美观。因此，服务员在清扫客房时应随车带上一小块踏脚垫，工作时将其铺在卫生间门前，工作后收起带出客房，以保护房内地毯。

（七）清洁客房用的抹布应分开使用

客房清扫使用的抹布必须是专用的。一般应配备 6 块抹布，其中：房间 2 块（湿、干各 1 块）；卫生间 4 块（擦马桶 1 块 ，擦浴缸、面盆 1 块，擦地面 1 块，镜布 1 块）。房间抹布及擦拭镜子的抹布应用平布，其余用毛巾。另外，根据不同的用途，应选用不同颜色、规格的抹布，以防止交叉使用。用过后的抹布最好由洗衣房洗涤消毒，以保证清洁的高质量。

（八）注意做好房间检查工作

服务员在做客房卫生时，特别要做好房间的检查工作。除了在抹尘时要检查房内电器设施设备以外，还要检查一下淋浴器、抽水马桶等设施是否好用。发现问题应记入“客房服务员工作日报表”里“备注”一栏。必要时，还要填写“维修通知单”，并及时通知工程部进行维修（紧急维修可先用电话报修后再补开报修单）。由客人造成的设施设备的机械损伤，还要由客人负责赔偿。

如果是走客房间，服务员还应检查一下床上、枕头下、桌面上、抽屉里是否有客人的遗留物品，如钱、手表、录音机、戒指、书、衣物等。如果发现有客人遗留的物品，则应在“工作日报表”上注明遗留物品的名称、发现地点以及发现时遗留物品的状况等事项，并立即上交客房部经理室或总服务台（视酒店各自的规定而定）。同时，接收遗留物品的有关人员还应填写客房“遗留物品登记卡”，然后将遗留物品加以妥善保管。

（九）不能随便处理房内“垃圾”

清理房内垃圾时，要注意扔掉的瓶、罐必须是空的，而且要确认所扔掉的报纸、杂志一定是客人废弃不用的。否则，不可将这些报纸、杂志随便扔掉或擅自留归己有。有些东西，如一份画报，服务员很难判断到底是客人遗忘在房内的，还是废弃不要的，这时也应上交或请示楼层领班加以处理。

案 例　隐形眼镜不翼而飞

王先生夫妻俩来广州旅游，住进一家五星级酒店。第二天一早他们去吃早餐，准备回来后去越秀公园转一转。可是当他们回到房间时，王夫人发现自己的隐形眼镜不见了，她说：“刚才去吃早餐前还看见了呢。”于是他们四处查找，却还是没有找到。无奈，王先生向酒店提出投诉。经核对，王先生夫妇二人去吃早餐，从出门到回房，准确的时间是50分钟，而在这一段时间内，只有实习生小平进入房间打扫卫生。小平回想当时的情景，发现自己不小心把杯子里的隐形眼镜和药水当作剩水给倒掉了……

（十）浴帘要通风透气

我们常常发现浴帘易长霉斑点，给人一种不洁之感。即使服务员擦干了清洗后的浴帘，仍不可能十分干燥，此时若将浴帘束成条状拢在浴缸尾部，就容易产生霉斑点的情况。因此，应适当地展开浴帘，让其通风透气，方法是将浴帘朝浴缸尾部方向较松散地展开（与卫生间门的宽度相当）。

（十一）电镀部位要完全擦干

在打扫卫生间时，服务员必须要用干抹布（绝不能用湿布）将卫生间洁具上，特别是电镀部位的水迹擦干，否则，电镀部位很快就会失去光泽，甚至留下深色的斑块，严重的还会生锈。

（十二）不得将撤换下来的脏布草当抹布使用

清扫卫生间时一定要注意卫生，绝对不能为了方便而把毛巾、脚巾、浴巾或枕巾、床单等撤换下来的脏布草当抹布使用，用其擦拭浴缸、马桶、洗脸池甚至客房内的水杯，也不能把擦洗浴缸马桶或洗脸池的不同抹布混用。

（十三）拖鞋应摆放在床头柜下

国外的酒店一般在客房不提供拖鞋，但国内酒店通常都将拖鞋作为客房低值易耗品为客人提供。有的酒店将其摆放在床前；有的摆放在沙发前；有的摆放在写字台下；还有的则摆放在壁橱里。实际上，将拖鞋摆放在上述地方都不合适，因为，摆放在壁橱里或写字台下不容易被客人发现，失去了摆放的意义；放在床前或茶几（沙发）前，虽然容易被发现，但不雅观。那么，到底应将拖鞋置于何处呢？本书认为，将其放在床头柜下比较合适，既方便客人发现，也不影响房内整洁。

（十四）房内物品的摆放，要注意将商标面对客人

房间物品的补充要按照酒店规定的品种、数量及摆放要求补足、放好，并注意商标面对客人。

（十五）损坏客人物品时的应对方法

进行住房清扫卫生工作时应该小心谨慎，不要随意移动客人的物品，必要时应轻拿轻放，清扫完毕要放回原位。如万一不小心损坏客人的物品，应如实向主管反映，并主动向客人赔礼道歉，如属贵重物品，应由主管陪同前往，并征求意见，若对方要求赔偿，则应根据具体情况，由客房部出面给予赔偿。

（十六）离开房间时，应要求服务员打开房内照明灯

服务员打扫完房间离开时，应打开房内台灯、落地灯、床头灯等主要照明用灯，这样，客人进房后，只要插上钥匙卡（牌），灯就会自动亮起，以免使客人进房后在黑暗中摸索，带来不便。

（十七）不能在下午2点以前打电话进房，催客人清理房间

房间的清扫，原则上要在不打扰客人的前提下进行，所以，不能在下午2点以前打电话进房，催客人清理房间。特别是不能在客人午休时间打电话进房，以免影响客人休息。酒店管理人员和服务人员要清楚：对于客人而言，午休比清扫房间重要得多！

第二节　客房计划卫生

客房的计划卫生是指在日常客房清洁的基础上拟订一个周期性清洁计划，针对客房中平时不易或不必进行清洁的项目，采取定期循环的方式做彻底的清洁保养工作的客房卫生管理制度。

客房服务员每天清洁整理的工作量一般都比较大。例如，一个卫生班的服务员平均每天要负责14~16间客房的清扫工作，到了旅游旺季则更多，所以对客房的某些部位，如通风口、排气扇、天花板、门窗玻璃、窗帘、床罩等，不可能每天清扫或彻底清洁（有些项目也没有必要每天进行，如地毯的清洗等）。为了坚持清洁卫生的质量标准，使客人不仅对客房那些易接触部位的卫生感到满意，而且对客房的每一处卫生都放心，同时又不致造成人力浪费或时间的紧张，客房部必须通过定期对清洁卫生的死角或容易忽视的部位进行彻底的清扫整理，来保证客房内外环境的卫生质量。

一、计划卫生的项目和清洁周期

针对不同的项目，客房的计划卫生应按不同的时间周期进行。下面是某酒店楼层计划卫生项目及清洁周期安排（见表 6-1）：

表 6-1　楼层计划卫生项目及清洁周期安排

每天	3 天	5 天
1. 清洁地毯、墙纸污迹 2. 清洁冰箱，打灯罩尘 3.（空房）放水	1. 地漏喷药（长住逢五） 2. 用玻璃清洁剂清洁阳台、房间和卫生间镜子 3. 用鸡毛掸子清洁壁画	1. 清洁卫生间抽风机（味）机罩 2. 清洁（水洗）吸尘机真空器保护罩 3. 职工卫生间虹吸水箱、磨洗地面
10 天	**15 天**	**20 天**
1. 空房马桶水箱虹吸 2. 清洁走廊出风口 3. 清洁卫生间抽风主机网	1. 清洁热水器、洗杯机 2. 冰箱除臭 3. 酒精球清洁电话 4. 清洁空调出风口、百叶窗	1. 清洁房间回风过滤网 2. 用擦铜水擦铜家具、烟灰筒、房间指示牌
25 天	**30 天**	**一季度**
1. 清洁制冰机 2. 清洁阳台地板和阳台内侧喷塑面 3. 墙纸吸尘、遮光帘吸尘	1. 翻床垫 2. 抹拭消防水龙带和喷水枪及胶管 3. 清洁被套（12 月至次年 3 月，每月 15 天洗一次，4 月至 11 月一季度洗一次）	1. 干洗地毯、沙发、床头板 2. 干（湿）洗毛毯 3. 吸尘机加油（保养班负责完成）
半年	**一年**	
1. 清洁窗纱、灯罩、床罩△ 2. 保护垫△	1. 清洁遮光布△ 2. 红木家具打蜡 3. 湿洗地毯（2、3 项由保养班负责完成）	

注：有△项目由财产主管具体计划，组织财管班完成，注意与楼层主管在实际工作中协调。

二、计划卫生的组织

客房的计划卫生通常有三种组织方式：

（一）要求客房清洁工每天大扫除一间客房

例如，要求客房清洁工在其所负责的 14 间客房中，每天彻底大扫除 1 间客房，14 天即可对其所负责的所有客房做一次计划卫生。

（二）规定每天对客房的某一部位或区域进行彻底的大扫除

除日常的清扫整理工作外，可规定客房清洁工每天对客房的某一部位进行彻底清洁。这样，经过若干天对不同部位和区域的彻底清扫，也可以完成全部房间的大扫除，其日程安排可参考表 6-2。

表 6-2　客房计划卫生安排表

星　期	一	二	三	四	五	六
项　目	门窗玻璃	墙　角	天花板	阳　台	卫生间	其　他

（三）季节性大扫除或年度大扫除

即集中在淡季对所有客房分楼层进行全面大扫除，一个楼层通常要进行一个星期，必要时，可请前厅部对该楼层实行封房，并与工程部联系，请维修人员利用此时对设备进行定期的检查和维修保养。

在实践中，以上三种计划卫生的组织方式可配合使用。

二、计划卫生的管理

（一）计划卫生的安排

客房管理人员可将客房的周期性清洁卫生计划表贴在楼层工作间的告示栏内或门背后，也可由楼层领班在服务员做房报告表上每天写上计划卫生的项目，督促服务员完成当天的计划卫生任务。

（二）计划卫生的检查

服务员每完成一个项目或房间后即填上完成的日期和本人的签名（见表 6-3）。

表 6-3　客房周期清洁表

姓名 / 日期 \ 项目/房号	地毯	墙面	卫生间	家具	窗户	小酒吧				备注

领班等根据此表予以检查，以保证计划的落实和卫生质量。

（三）计划卫生的安全问题

客房的计划卫生有不少是需要高空作业的，如通风口、玻璃窗、天花板等。因此，在做计划卫生时，一定要要求和提醒员工注意安全，防止出现各种工伤事故。清扫天花板、墙角、通风口、窗帘盒或其他高处物体时，要用脚手架或使用凳子，站在窗台上擦外层玻璃要系好安全带。

此外，在做计划卫生时，还应注意选择合适的清洁剂和清洁工具，以便提高工作效率，确保清洁卫生质量，同时，应防止因清洁剂和清洁工具的选择和使用不当而损坏家具设备。

第三节　客房清洁质量的控制

如前所述，客房部的首要任务是生产干净、卫生、舒适的客房，顾客对酒店产品的需求主要表现在食、宿两个方面，无论是食还是宿，他们都有很高的卫生要求。从心理学的角度来看，整洁、卫生的酒店客房可以给客人一种安全感和舒服感，因此，搞好卫生管理对于提高客房产品质量、满足客人需要具有极其重要的意义。搞好客房清洁质量的控制要从以下几个方面入手：

一、强化员工的卫生意识

要想搞好卫生管理，首先要求服务员及管理人员要有卫生意识，对于卫生工作的重要性要有足够的认识，为此必须经常强调、考核。此外，还要求管理人员及服务人员注意个人卫生。不难想象，一位不修边幅、不洗衬衣的领班若要求服务员搞好卫生，只能成为天方夜谭；同样，对于一位不勤剪指甲常洗澡的服务员来说，要其搞好客房卫生，也是不可能的。

其次，强化员工的卫生意识还要求客房服务员要对涉外星级酒店的卫生标准有足够的认识，不能以自己日常的卫生标准作为酒店的卫生标准，酒店的卫生标准要与国际标准接轨，否则，很可能将国际旅游者正常的卫生要求视为“洁癖”。

二、制定卫生工作的操作程序和卫生标准

要搞好客房卫生，还应制定一些服务规程、操作程序和卫生标准，这是确保客房清洁卫生的基础，也是对客房清扫员的工作进行考核、监督的依据。

在制定操作程序和卫生标准时，要注意体现两个原则：一是要以酒店的档次为依据，酒店的档次不同，其清扫标准和服务规格应当有所区别；二是“双方便”原则，

即方便客人和方便操作。

三、严格检查制度

酒店应建立完善的客房检查体系，并严格检查制度，这是搞好客房卫生、确保客房产品质量的关键。

（一）建立客房的逐级检查制度

检查客房又称查房，客房的逐级检查制度主要是指对客房的清洁卫生质量检查实行领班、主管及部门经理三级责任制，也包括服务员的自查和上级的抽查。实行严格的逐级检查制度，是确保清洁质量的有效方法。

1. 服务员自查

要求服务员每整理完一间客房，要对客房的清洁卫生状况、物品的摆放和设备家具是否需要维修等进行检查。通过服务员自查不仅可以提高客房的合格率，还可以加强服务员的责任心和检查意识，同时，减轻领班查房的工作量。

不过，服务员自查的重点是客房设施设备是否好用、正常，客用品是否按规定的标准、数量摆放，自查的方式是边擦拭灰尘边检查。此外，在清扫完房间、准备关门前，还应对整个房间进行一次回顾式检查。

2. 领班普查

领班检查是服务员自查之后的第一关，常常也是最后一道关。因为领班负责 OK 房的报告，总台据此就可以将该客房向客人出租，客房部必须加强领班的监督职能，让其从事专职的客房某楼面的检查和协调工作。有的酒店既让楼层领班担负客房清扫的检查工作，又给其规定一定数量的客房清扫任务，这是不合理、不科学的（个别情况，如用房紧张或人手不够时，领班帮忙清扫客房则另当别论），会影响其检查职能的发挥。

（1）领班查房的作用。领班查房不仅可以拾遗补阙，控制客房卫生质量，确保每间客房都属于可供出租的合格产品，还可以起到现场监督的作用和对服务员（特别是新员工）的在职培训作用。领班查房时，应对服务员清扫客房的漏项、错误和卫生不达标情况发出返工单，令其返工，并填写楼层领班查房表（见表 6-4）。

（2）领班查房的数量。领班查房数量因酒店建筑结构（每层楼客房数的多少）、客房检查项目的多少以及酒店规定的领班职责多少的不同而有所不同。一般而言，日班领班应负责约 80 个房间的工作区域的房间检查工作（负责带 5~7 个服务员）；而夜班领班的查房数量一般为日班领班数量的两倍，要负责约 160 间客房的工作区域。需要说明的是，上述工作量标准基本上是满负荷的，比较偏大，酒店对领班的工作定额一般不应超过上述标准。

日班领班原则上应对其所负责的全部房间进行普查，但对优秀员工所负责清扫的房间可以只进行抽查，甚至“免检”，以示鞭策、鼓励和信任。

（3）领班查房的顺序。一般情况下，领班查房时应按环形路线顺序查房，发现问题及时记录和解决。但对下列房间应优先检查：

- 首先检查那些已列入预订出租的房间；
- 尽快对每一间整理完毕的走客房进行检查，合格后尽快向总台报告；
- 检查每一间空房和 VIP 房；
- 检查维修房，了解维修进度和家具设备状况；
- 检查每一间外宿房并报告总台。

表 6-4 楼层领班查房表

（DAILY FLOOR SUPERVISOR REPORT）

FLOOR:________ SUPERVISOR:________ DATE:________

ROOM. NO.	STATUS	TIME		REMARKS
		CHECKED	RELEASED	
01				
02				
03				
04				
05				
06				
07				
08				
09				
10				

STATUS：O = OCCUPIED；V = VACANT；OOO = OUT OF ORDER；X = RELEASED；SO = SLEEP OUT；DL = DOUBLE LOCKED；LB = LIGHT BAGGAGE；NB = NO BAGGAGE；HL = HIGHLIGHTED（EXPECTED DEPARTURE）

VIP IN HOUSE（已入住贵宾）：________________

EXPECTED VIP（将入住贵宾）：________________

GROUP ARRIVING（将入住团房）：________________

LOAN ITEMS（借物）：________________

JOBS TODAY（特别工作）：________________

LOST & FOUND（遗留物品）：________________

HAND OVER（交班注意事项）：________________

3. 主管抽查

楼层主管是客房清洁卫生任务的主要指挥者。加强服务现场的督导和检查，是楼层主管的主要职责之一。

（1）主管检查的方式是抽查。抽查的好处在于这种检查事先并未通知，是一种突然袭击，所以检查的结果往往比较真实。主管抽查的意义在于：

- 检查督促领班工作，促使领班扎扎实实地做好工作；
- 进一步保证客房卫生质量；
- 确保客房部经理管理方案的落实；
- 为客房部管理收集信息。

楼层主管对客房清洁卫生质量进行抽查的数量一般可控制在 20 个房间左右。

检查的内容。主管主要检查领班实际完成的查房数量和质量，抽查领班查过的房间，以观察其是否贯彻了上级的管理意图以及领班掌握检查标准和项目的宽严尺度是否得当。主管在抽查客房卫生的同时，还应对客房楼层公共区域的清洁状况、员工的劳动纪律、礼节礼貌、服务规范等进行检查，确保所管辖区域的正常运转。

（2）检查的重点。主管检查的重点是：

- 每一间 VIP 房；
- 每一间维修房，促使其尽快投入使用；
- 长住房、住人房和计划卫生的大清洁房。

4. 经理抽查

楼层清洁卫生工作是客房部工作的主体。客房部经理也应拿出 1/2 以上时间到楼面巡视和抽查客房的清洁卫生质量。这对于掌握员工的工作状况、改进管理方法、修订操作标准、更多地了解客人意见具有十分重要的意义。经理应保持每天抽查一定的房间数量，并特别注意对 VIP 客房的检查。

客房的逐级检查制度应一级比一级严，所以，经理的查房要高标准、严要求，亦即被称为“白手套式的检查”。经理的检查宜不定期不定时，检查的重点是房间清洁卫生的整体效果、服务员工作的整体水平如何，以及是否体现了自己的管理意图。

5. 总经理抽查

酒店总经理要控制客房的卫生和服务质量，也必须充分运用检查这一手段。检查的方式为不定期、不定时，或亲自抽查，或委派大堂副理或值班经理代表自己进行抽查，以获得客房部管理水平和服务质量的信息，激励客房部经理的工作。

除上述方式以外，酒店还可以组织其他方式的检查，包括：

（1）定期检查。定期检查是一种有计划的公开检查，一般事先有布置，有明确的检查时间和检查内容，目的是制造声势、创造气氛、促进工作。饭店对客房的定期检查，一般采取由总经理办公室主任、质检部经理、工程部经理、客房部经理、前厅部经理及大堂副理组成检查小组，由总经理或驻店经理带领，每月定期对客房清洁卫生进行检查，或选择重要任务来临前进行检查。

（2）邀请第三者检查。可聘请店外专家、同行、住店客人等，检查客房的清洁卫生质量乃至整个饭店的服务质量。这种检查看问题比较客观，能发现一些酒店管理者自己不易觉察的问题，有利于找到问题的症结。

（二）客房检查的内容和标准

检查房间时，除检查房间的整理和擦洗是否干净、合乎要求，用品配备是否齐全等卫生情况外，还要检查客房设施设备及各类机器的完好情况，具体检查项目和内容如下表所示。

表 6–5　客房检查的内容和标准

项　目	内 容 和 标 准
(一)卧室	
门	是否擦洗干净,把手上有无污迹 门转动是否灵活,有无吱呀声 房间号码是否清楚,窥镜、安全链是否好用、安全 门锁后是否挂有“请勿打扰(请速打扫)”牌 门后磁吸是否起作用
壁　柜	有无灰尘,衣架及衣架杆是否有积尘 门轨有无损坏,柜门是否好开 衣架、衣刷、鞋刷以及洗衣袋、洗衣清单是否配备齐全 柜内的自动开关电灯是否正常
天花板	有无蜘蛛网 有无裂纹和小水泡(如有说明天花板漏水,应及时报修)
墙　壁	墙纸有无不洁或脱落之处 墙上挂的画是否摆正,有无灰尘
窗　户	窗框、窗台有无灰尘,窗玻璃是否已擦干净 窗帘有无破损,是否干净,窗帘轨、钩是否完好
灯	天花板灯、台灯及壁灯等灯具有无落灰 开关是否完好
空　调	运转是否正常 开关上有无污迹
床	床铺得是否匀称、平展 床罩、床单、毛毯、枕套、床头板及床架是否干净 床脚是否稳固
床头柜	有无灰尘 音响、灯光以及电视等的开关是否灵用 叫醒钟是否准时,电话机是否正常、干净 台面上有无放置禁止在床上吸烟的卡片(Please refrain from smoking in bed)

续表

项　目	内 容 和 标 准
(一)卧室	
茶　几	茶几部位是否擦净,烟灰缸有无清洁 火柴、茶叶有无配备,茶杯是否干净、足数 冷热水有无备好
写字台	桌椅及沙发各部位有无灰尘,抽屉内外是否干净 文件夹内的欢迎词、征求意见表、电报纸、饭店简介、疏散图、明信片、信封、信纸、圆珠笔等是否配齐 电话号码簿以及电视节目单等是否按规定放置
电视机	荧光屏、外壳及电视机架是否干净 音响是否良好,图像是否清晰、稳定
电冰箱	内外是否干净,工作是否正常 饮料是否按规定配齐,是否已备好饮料签单及开瓶器
行李架	是否干净、稳固
垃圾桶	垃圾有无处理,桶内外是否已清洗干净
地　毯	是否干净,有无污迹或破损
(二)卫生间	
门	门锁是否清洁、正常
灯	天花板灯、镜灯有无落灰 开关、插头是否灵用,有无损坏
地　板	是否清洁,有无打蜡
墙　壁	瓷砖是否干净,有无破损
浴　缸	缸内是否擦洗干净,有无污迹或毛发 冷、热水龙头及浴缸放水用塞子是否正常(由服务员检查)
淋浴帘	是否干净,有无异味 杆、钩是否好用
毛巾架	是否牢固、干净
抽水马桶	有无消毒、有无封条、有无异味 马桶盖、坐圈及桶内外是否刷洗干净
垃圾桶	垃圾有无处理,桶内外是否已清洗干净
洗面池	内、外侧有无污迹、水珠
化妆台	台面有无落灰,镜面有无污迹或水珠
排风口	是否干净
用品配备	手巾、脸巾、脚巾、浴巾、洗澡巾、香皂、卫生纸、浴帽、牙刷、牙膏、漱口杯、刀片盒等卫生用品是否配备齐全,并按规定位置放置

以上是房间检查时的内容和项目。特别对于楼层领班而言，一定要严格检查制度，把好卫生工作的最后一关，卫生不合格的客房要重做，对此，绝不能心慈手软或“下不为例”。

第四节　公共区域的清洁保养

除了客房以外，客房部还要负责酒店所有公共区域的清洁卫生工作。公共区域清洁卫生工作的好坏，常常是客人评价一家酒店服务质量和酒店水准的一个重要因素。特别是公共洗手间，是反映酒店卫生状况的一面镜子，常常是一些专家评价一家酒店卫生状况和档次的重要指标。“要了解一家酒店的卫生状况和档次，看它的公共洗手间就行了！”

酒店公共区域的清洁卫生工作通常由客房部的公卫班组负责，这样组织的好处在于能够使清扫工作专业化，提高劳动效率和工作质量。

为了保持公共区域的清洁卫生，这项工作有时每天要进行数次，如厕所的冲洗、大堂的保洁以及烟灰缸的清洁、家具的复位等。

一、公共区域的范围

凡是酒店内公众共同享有的活动区域统称为“公共区域”。酒店的公共区域可划分为室内部分和室外部分。室外公共区域是指酒店的外围区域，包括酒店的外墙、花园、前后大门等。室内公共区域又划分为前台区域和后台区域两部分，其中，前台部分通常指专供宾客活动的场所，如大堂（Lobby）、总服务台（General Service Desk）、电梯（Elevator）、楼梯（Stair-way）、休息室（Lounge）、康乐中心（Entertainment Centre）、游泳池（Swimming Pool）、餐厅（不包括厨房）（Dining Room）、会议室（Meeting Room）、舞厅（Ball Room）、公共洗手间（WC）等；后台部分通常指为酒店员工设计的生活区域，如员工休息室、员工更衣室、员工餐厅、员工娱乐室、员工公寓等。

二、公共区域清洁卫生工作的特点

首先，由于公共区域涉及的范围相当广，因此，其清洁卫生的优劣对酒店影响非常大。

其次，公共区域的客流量非常大，客人活动频繁，这就给公共区域的清扫工作带来许多不便和困难。为了便于清洁，同时尽量减少对客人的干扰，公共区域的清洁卫生工作应尽量安排在没有客人或客人活动较少的时间段进行。

最后，公共区域的清洁工作烦琐复杂，工作时间不固定，人员分散，导致其清洁卫生质量不易控制，这就要求公共区域服务员在日常工作中必须具有高度的责任心，同时，管理人员要加强巡视和督促。

三、公共区域清洁保养的内容

（一）大堂的清洁

大堂是酒店客人来往最多的地方，是饭店的门面，往往会给客人留下第一印象。因此，这里的卫生工作显得非常重要。大堂的清洁卫生工作主要在清晨或深夜进行，白天进行维护和保持。

1. 大堂地面的清洁

（1）每天晚上应对大堂地面进行彻底清扫或抛光，并按计划定期打蜡。打蜡时应注意分区进行，打蜡区域应有标示牌，以防客人滑倒。

（2）白天用油拖把循环迂回拖擦，维护地面清洁，保持光亮。拖擦地面时应按一定的路线进行，不得遗漏。每到一个方向的尽头时，应将附着在拖把上的灰尘抖干净再继续拖擦。

（3）操作过程中应根据实际情况，适当避开客人或客人聚集区，待客人散开后，再进行补拖。遇到客人，要请客人原谅，说声“对不起”（Excuse me）。

（4）客人进出频繁的门口、梯口等容易脏的地面要重点拖，并适时增加拖擦次数，确保整个地面的清洁。

（5）如在拖擦过程中遇有纸屑杂物，应将其堆在角落集中，然后用清扫工具将其收集起来妥当处理。

（6）遇有雨雪天气，要在大堂入口处放置伞架和踏脚垫，并竖立防滑告示牌，同时注意增加拖擦次数，以防客人滑倒。此外，还要根据实际情况，适时更换踏脚垫。

2. 扶梯、电梯清洁

对大堂扶梯、电梯的清洁保养主要在夜间进行，白天只对其进行清洁维护，保持干净整洁。

（1）夜间对大堂内扶梯和电梯进行彻底清洁，如有观景电梯则应特别注意其玻璃厢的清洁，确保其光亮无指印、无污迹。

（2）夜间应注意更换电梯内的星期地毯，并对地毯或梯内地面进行彻底清洁。

（3）擦亮扶梯扶手和挡杆玻璃护挡，使其无尘、无手指印，如不是自动扶梯，还应对楼梯台阶上的地毯铜条进行擦抹，并使用铜油将其擦亮。

3. 大堂家具清洁

（1）夜间对大堂内所有家具、台面、烟具、灯具、标牌等进行清洁打扫，使之无尘无污渍，保持光亮，并对公用电话进行消毒、擦净，使之无异味。

（2）白天对家具等进行循环擦抹，确保干净无灰尘。

（3）及时倾倒并擦净立式烟筒，烟缸内的烟蒂不得超过 3 个。更换烟缸时，应先将干净的烟缸盖在脏的上面一起撤下，然后换上干净烟缸。

（4）随时注意茶几、地面上的纸屑杂物，一经发现，应及时清理。

4. 铜器上光

除了对大堂的上述区域和设施进行清洁以外，还应对大堂等公共区域的铜器进行上光保养。上光时，可准备好两块干净的软抹布及适量铜油，先用一块抹布抹去铜器上的灰尘和手印，然后将铜油滴在另外一块抹布上，接着用沾有铜油的抹布轻轻地在铜器上反复擦拭，直至擦到又黄又光亮即可。

（二）酒店门庭清洁

- 夜间对饭店大门口庭院进行清扫冲洗，遇有雨雪天气，应适时增加冲洗次数；
- 夜间对停车场或地下停车场进行彻底清扫，对油迹、脏渍应及时清洁，并注意定期重新画清停车线及检查路标的清洁状况；
- 夜间对门口之标牌、墙面、门窗及台阶进行全面清洁、擦洗，使其始终以光洁明亮的面貌迎接客人；
- 白天对玻璃门窗的浮灰、指印和污渍进行抹擦，尤其是大门玻璃的清洁应经常进行。

（三）餐厅、酒吧、宴会厅的清洁

餐厅、酒吧和宴会厅是客人的饮食场所，因此，卫生工作尤为重要。餐厅的清洁工作主要是在餐厅营业结束后，做好对地毯的吸尘和对家具、电话等的擦拭、除尘工作，对于地毯上的污迹应及时予以清洁。

宴会厅面积较大，一次就要接待数百人，人多步杂，因此每次使用后都要彻底清扫，主要进行以下工作：

- 地毯吸尘；
- 清扫板壁上的鞋印、指印及客人张贴的画和其他饰物；
- 清扫大厅吊灯，这是一项需要定期进行的工作，由于工作花时费工，常常需要搭脚手架，要将每一拼件洗净抹干（灯泡坏了要更换），因此需要一定的耐心；
- 每月一次的通风口除尘。

此外，餐厅、酒吧、宴会厅或其他饮食场所常常会有苍蝇出现（尤其是在夏季），公卫服务员应随时或定期喷洒杀虫剂，防止蚊蝇滋生。

（四）公共洗手间的清洁

公共洗手间清洁的主要内容有：

- 按顺序擦净面盆、水龙头、台面、镜面，并擦亮所有金属镀件；

- 用清洁剂清洁马桶及便池；
- 擦坐厕内的门、窗、隔档及瓷砖墙面；
- 拖净地面，保持无水渍、无脏印；
- 喷洒适量空气清新剂，保持室内清新，无异味；
- 洗手台上摆放鲜花；
- 按要求配备好卷筒纸、卫生袋、香皂、擦手纸、衣刷等用品；
- 检查皂液器、自动烘手器等设备的完好状况。

（五）其他区域的清洁卫生

除了做好上述前台区域的清洁卫生工作外，还应做好酒店后台区域的卫生工作，特别是员工食堂、服务通道等的卫生。这些场所的卫生状况对员工的思想和精神状况都有潜移默化的作用，进而对酒店的服务质量产生重要影响。有些酒店把卫生工作的重点放在接待顾客的餐厅里，而对员工食堂的卫生情况、饭菜质量不予以重视，结果在寄生虫容易滋生的夏季，由于食堂卫生不过关而导致很多员工病倒，致使酒店连正常的接待工作也难以进行，更不用说提高服务质量了，这种教训是应当记取的。

员工通道的卫生也常常被忽视，饭店正门前客人进出的通道一般打扫得比较干净，而员工通道则是另一个天地。有的酒店通往酒店大楼的员工通道甚至连水泥地面都没铺，一遇到雨天，员工便不得不踩着泥泞的路，拖着沉重的步伐，走向酒店的各个岗位，致使楼道地毯上沾满泥巴，这样不但影响卫生，而且会使地毯严重受损。

（六）绿化布置及清洁养护

1. 绿化布置

- 对客人进出场所的绿化花草按要求进行布置，安排摆放位置；
- 根据规定的掉换时间，定期掉换各种花卉盆景，给客人一种时看时新的感觉；
- 重大任务前，如接待贵宾或举行圣诞晚会，则要根据酒店的通知进行重点绿化布置；
- 接到贵宾入住通知单，应根据客人等级和布置要求，准备好摆放鲜花，按房号送至楼层交服务员，切忌摆放客人所忌讳的花卉。

2. 清洁养护程序

- 每天从指定的地点开始，按顺序检查、清洁、养护全部花卉盆景；
- 拣去花盆内的烟蒂杂物，擦净叶面枝干上的浮灰，保持叶色翠绿、花卉鲜艳；
- 对喷水池内的假山、花草进行清洁养护，对池内水中的杂物要及时清除并定期换水；
- 发现花草有枯萎现象，应及时剪除、掉换，并修理整齐；
- 定时给花卉盆景浇水，操作时溅出的水滴及弄脏的地面应用随身携带的抹布擦干净；

- 对于庭院内的树木花草，应定期进行修剪整理和喷药灭虫，花卉盆景应按时掉换；
- 养护和清洁绿化区时，应注意不影响客人的正常活动，遇到客人礼貌问好。

链 接

一位PA工作者的心得

结合我自己从事PA的工作体会，有以下三点想法与同行共勉。

第一，主动性。我们PA服务员在思想上都认识到本职工作的重要性，明白自己的一言一行关系到整个酒店集体的声誉。我们反反复复地擦洗镜面、台面、地面、百叶门、厕位等，保持每个厕所的整洁卫生无异味，备足客厕用品，对损坏的设备及时报修，为的就是给客人一个满意的“方便”环境。同时，我们还要来回奔波在大堂，擦玻璃、揩铜管、拣烟头、推地坪，做到玻璃明、铜管亮、烟缸空、地坪清。有时因为人手少、任务重，还要负责两个楼层的厕所和大堂清洁工作，每天的来回走动达数公里之多。

第二，自觉性。PA工作虽然不像做客房那样有硬性指标，但从接班到下班的8小时内，除了每天规定的大GC清洁，还要不停地打扫以保持厕所、大堂的清洁，这也是无形指标。我们要做到领导在与不在、检查与不检查一个样，要自觉做到不在大堂内同无关人员交谈，自觉遵守大堂纪律，有事暂时离开要同搭班讲明，并快去快回，服从领班的楼层安排、任务分配，并按要求做好交接班。

第三，服务性。我们要每天保持仪表整洁，精神饱满，使用礼貌语言，对每一位客人提供热情、周到的服务；根据不同客人的要求，提供个性化的服务，尤其要做好对年老体弱、残疾人的服务，搀扶一把，迎送一段；要提高外语水平，以更好地为外宾服务；我们要耐心回答客人的询问，适当适时地介绍本地的旅游景点及本酒店的餐厅、客房、娱乐特色，让每一位客人的吃、住、游都能尽兴满意。

（刘君标）

本章小结

- 干净卫生，是住店客人对酒店客房的最基本要求，因而也是酒店客房管理的三大主要任务之一，无论是五星级的豪华酒店，还是经济型酒店，都应做好客房的卫生管理。
- 客房部的卫生工作主要是按照酒店的要求和标准，做好楼层客房及卫生间的清洁整理工作，确保出租给客人的客房、床铺、卫生间保持干净、整洁的状态。

- 房间清洁的具体卫生标准是：眼看到的地方无污迹；手摸到的地方无灰尘；设备用品无病毒；空气清新无异味；房间卫生达“十无”。
- 为了确保楼层客房的卫生标准，除了做好日常清洁卫生工作以外，客房管理者还应组织和安排好客房的计划卫生工作，定期对一些卫生死角、难清洁的部位以及长住客人离开后的客房进行彻底清洁。
- 除了做好楼层客房的卫生工作以外，客房部还要负责整个酒店公共区域的卫生工作，包括酒店大堂的日常保洁，电梯、门窗的清洁，以及酒店外墙的清洁等，甚至还要负责餐厅、厨房的除污工作。
- 为了确保客房的卫生质量，必须建立严格的卫生检查制度，包括楼层领班的全面检查、主管及客房管家的每日抽查以及酒店质管部门的不定期检查等。

思考题

1. 如何做好客房计划卫生的管理？
2. 怎样控制客房清洁质量？

案例分析　万豪、喜来登卷入“清洁门”：同一块抹布擦马桶和杯子

杭州多家快捷酒店被曝客用毛巾擦马桶，事情余波未消，“市民监督团”记者又发现五星级酒店同样存在“清洁门”。记者对杭州滨江龙禧福朋喜来登和湖墅南路上JW万豪酒店进行了暗访，其中万豪酒店的入住价格更是达到了1688元/天。可是，当我们看到暗访的画面，记者真的“三观尽毁”！

可通过扫描下方二维码或登录刘伟酒店网—院校服务—视频—你所不知道的酒店卫生，观看杭州多家快捷酒店是如何用清洁客房的。

问题：如果你是客房管理人员，如何有效防止此类事件的发生？

【补充与提高】

常见污迹的清洁方法

污渍名称	清　洁　方　法
1. 血迹	用冷水浸泡,用干布吸干,然后用海绵块蘸上清洁剂擦拭,吸干溶液,用清水洗干净;或用1∶50的稀盐水擦湿,等2~3分钟之后用布从旁边向中心擦,然后过清水吸干
2. 口香糖	用口香糖除迹剂喷在口香糖上,待其硬化后,用硬物将其敲碎、剔除
3. 黄油	将能够刮掉的黄油刮掉,用海绵块蘸上干洗剂擦拭,吸干溶液
4. 呕/尿	用冷水吸清,然后用1∶10醋水;对于呕的污渍,苏打水的效果更好
5. 红酒迹	用1∶5苏打水稍浸,然后过清水吸干
6. 唇油/指甲油	用海绵块蘸上醋酸或专用清洁剂擦拭,吸干溶液,然后再用清水清洗干净
7. 可乐/巧克力/牛奶	用适量的白醋加入稀释了的洗洁精擦,然后冲干净、吸干
8. 咖啡	一般洗涤方法即可(用海绵蘸上清洁剂擦拭),最好用干洗剂
9. 果汁	用稀释了的苏打水、丙三醇甘油或白醋,冷水过清
10. 茶水	用海绵块蘸上酸性清洁剂(或白醋)擦拭,吸干溶液
11. 墨水迹	用冷水冲洗,直至墨渍变淡,然后用稀释了的草酸溶液浸湿污渍,过2~3分钟,再用稀释了的高锰酸钾/灰锰氧溶液浸2~3分钟,再过清水吸干
12. 圆珠笔墨水	普通洗涤可以洗去某些种类的圆珠笔墨水;如果不行,则可倒入变性酒精,或用白凡士林在斑渍上摩擦,并浸入清洁剂溶液,然后洗涤
13. 油腻食物	彻底清除食物,吸干汁水;用海绵块蘸上干洗剂擦拭,吸干溶液
14. 油脂	用海绵块蘸上干洗剂擦拭,吸干溶液
15. 鞋油	用海绵块蘸上干洗剂擦拭,吸干溶液;如果色斑难以清除,用海绵蘸上漂白剂擦拭,并吸干
16. 蜡迹	用白醋加温水
17. 汗渍	新的汗渍可用海绵蘸上阿摩尼亚水(氨水,可作洗涤用)擦洗,然后在织物所能承受的热水中漂洗;必要时,可采用漂白剂

酒店经理人答　经理的困惑

Re：客房服务员不按操作规程工作怎么办？

Robert Zhou　香格里拉大酒店　行政管家

必须杜绝，严格管理。高星级酒店代表着客人的信赖，对于缺乏卫生安全的操作方法和提供给客人不洁净的环境，我们绝不能妥协。首先，工欲善其事，必先利其器，如果我们准备的抹布充分合理，并方便使用，而且使用去污除尘效果绝对好于客用毛巾/枕袋的抹布（有专业超细纤维抹布）的话，我坚信傻子才不会用抹布。其次，我们往往忽略准备充足的抹布。最后，采用科学的案例事实（国外酒店对酒店客房卫生的衡量标准）对员工进行培训，让他们懂得清洁和卫生安全的区别和重要性。

刘江　浙江海德华美达酒店　行政管家

从职业道德来说，我们应该严格管理；从方便员工操作、提高做房速度来说，我们应该睁一只眼，闭一只眼。但从以往酒店管理中和客人反映中，我认为还是应该严格管理，杜绝此类不当操作。不要说把撤下的床单、被套拿来擦浴缸、马桶，就是有员工把撤下的床单、被套扔在地毯上，如果被客人看见，不但会引起客人投诉，而且还会有损酒店形象。另外，这样操作对棉织品的损耗也是相当大。原本客房内配备毛巾、浴巾是给客人擦身体的，现在拿来擦马桶、地面，会有很多难以去除的污迹，在与马桶、地面的摩擦过程中也缩短了棉织品的使用寿命。

如何防止此类事情发生，应做到以下几点：

加强员工思想的培训。告诉员工酒店是我们的“家”，到酒店的每一位客人是家里来的“客人”，如果真的在我们家里来了客人，我们会拿一条擦过马桶的毛巾给客人使用吗？

酒店应给员工配足抹布。酒店给员工配足抹布，而且抹布要用颜色来区分，哪些抹布是擦杯子的，哪些是擦马桶的，哪些是擦地面的。这样员工手中有足够的用具，也就不会再使用棉织品了。

加强巡查。楼层领班、主管要加强巡查力度，发现有员工在使用棉织品做卫生要及时纠正。如多次违反规定，可采取一些处罚手段，让员工慢慢形成一种习惯。

第七章　棉织品及洗衣房管理

棉织品是对酒店经营所需床单、台布等各类布草的总称。对棉织品的管理除了包括对这类物品的采购、保管和发放等工作，还包括对员工制服的订做、采购、保管、发放和更新补充等工作。其目的是减少浪费，降低酒店经营的成本费用。

此外，大型酒店一般都设有洗衣房，承担着对客衣、布草及员工制服的洗涤任务。洗衣房不仅要按质保量地完成各项洗涤任务，保证酒店经营活动的顺利进行，减少客人投诉，还要厉行节约，降低洗涤费用，实现绿色环保型经营，为社区及旅游业的可持续发展做出贡献。

通过本章学习，读者应该能够：

- 了解棉织品的储备标准；
- 掌握棉织品储存与保养的方法；
- 掌握对员工制服的管理方法；
- 了解洗衣房的组织机构及员工的岗位职责；
- 熟悉洗衣房工作程序及质量标准；
- 掌握客衣纠纷的预防与处理技术。

关键词： 棉织品；布草房；洗衣房

Key Words： Cotton Goods；Linen Room；Laundry Room

经理的困惑

——酒店洗衣服务对客人的赔偿是无底洞吗？

为客人提供洗衣服务是酒店洗衣房的主要任务之一，但经常会发生客房纠纷问题，主要集中在洗涤过程中所发生的客衣损坏赔偿问题。按照行业的惯例，赔偿额不超过该客衣洗涤费用的10倍，这一点在客衣洗涤单中都有明示。可一旦发生纠纷，很多客人对此并不理会，声称自己的衣服价值昂贵，要求“照价赔偿”，否则，就要“向法院起诉”“向媒体曝光”，对此，我们应该怎么办？曾有一次，我们也应诉过，决定与客人奉陪到底，但令人遗憾的是，地方法院并不承认“赔偿额不超过该客衣洗涤费用的10倍”这一国际惯例，认为没有法律依据，属于“店堂告示”，以违反《消费者权益保护法》为由，判我们败诉……难道，我们只能任“消费者”宰割吗？

第一节 棉织品管理

做好对棉织品的控制和管理，是酒店客房管理的主要任务之一。

表7-1所列是一家拥有800间客房的酒店在6年内对客房床单盘存数字的真实记录。

表7-1 拥有800间客房的××酒店客房床单盘存清单（2011—2016年）

项　目	2011年	2012年	2013年	2014年	2015年	2016年
现有床单(条)	10500	12159	15176	16006	16497	18193
新采购(条)	3600	3600	3600	3600	4000	4000
小计	14100	15759	18776	19606	20497	22193
损失(条)	-1941	-583	-2770	-3109	-2304	-1890
合计	12159	15176	16006	16497	18193	20303

2011年该酒店开业之初共有10500条床单。在800间客房里，有床位1200张，外加存放在楼层棉织品储存室的75张折叠单人床，共有床位1275张。

该酒店每个床位床单的配备标准是5套，即6375条床单（1275床×5）已从储存室拿出来投入使用，剩下的4125条储存在仓库里。

酒店开业第一年，棉织品的丢失数字高得惊人（1941条），这主要是由于酒店在开业前招收了许多临时工，而在正常运营前还没有制定管理措施，加上那种蓝色床单质地很好，所以偷窃现象非常严重。

除了偷窃现象以外，棉织品的损坏现象也很普遍，而且常常难以预料，因为管理阶层和部门负责人根本未料想到天气如此反常的潮湿，不知该如何处理。

此外，新的棉织品推车的边沿比较锋利，极易钩破床单。加上缝纫室忙于制作桌布和赶制成百上千套制服，因此那些破床单要等很长时间才能得到缝补。再者，洗衣房棉织品滑槽底下堆放脏棉织品的混凝土地面有碍存放棉织品，但在人们发现这一点并铺上乙烯基石棉以前，上百条床单已经遭到了腐蚀污染而过早地报废。加上服务员有时候把垃圾槽与棉织品滑槽搞混了，污染了许多彩色床单，使床单沾上各色斑点而无法处理。另外，储存室的一角过于潮湿，当发现时，已经有上百条床单发霉。

第二年，酒店采取并加强了许多管理和控制措施，情形大为改观，原先存在的大部分问题得到了解决。缝纫室也可以进行缝补。因此这一年的损失减少了一大半，不过也采购了同样数量的新床单。

直到 2013 年，常规的报损因素开始显露出来。大部分每天使用的床单预计仅可坚持 2~3 年，而酒店客房出租率上升了近 23%，达到 90%以上，使棉织品得到了最大限度的使用。但由于新来的员工不能正确使用棉织品，使损失又上升到了 2770 条。

2014 年，第一批使用的 6375 条床单全部报废，而酒店客房出租率仍然很高。到了 2015 年，高出租率持久不降，由此造成了饭店对 2016 年形势的乐观估计，客房管理人员唯恐床单不足，又订购了 4000 条。

2016 年，缝纫室负责人辞职，酒店一直找不到像她那样能干的人来接替这一职位，导致破损床单不能及时得到缝补。加上对接待会议业务的乐观估计以及预测棉布和合成纤维织物将出现短缺从而有可能极大地影响床单的供应，客房管理人员又要求酒店有关方面订购了 4000 条床单。

以上因素使这家酒店的棉织品严重供过于求，虽然，它远比供不应求要好，但在那种潮湿的季节，供应过剩就将导致极大的浪费。

由此可见，客房部做好对酒店棉织品的管理，对于降低客房经营的成本和费用，具有何等重要的意义。遗憾的是，很多酒店往往在付出昂贵的代价之后才会意识到这一点。

一、布草房管理

（一）布草房的职能

酒店对棉织品的管理，主要由布草房负责。布草房应发挥以下职能：

- 发放客房供应物品；
- 处理洗衣业务，发出棉织品的计数，送洗棉织品的清点检查；
- 分发餐饮部棉织品；
- 分发酒店员工制服（以脏换净）。

（二）棉织品的储备标准

客房部棉织品的储备标准从 3~5 套不等，取决于营业状况、客房出租率、洗衣房运转状况、部门预算等因素。一般最低的标准是 3 套：一套在客房内使用；一套在洗衣房洗涤；另一套则储存在棉织品仓库备用。但在预算不是很紧的情况下，更现实一点的需要量则是5套：一套在客房内使用；一套在楼层储物室或工作车上；一套在中心棉织品仓库；一套已经脏了正送往洗衣房；另一套则正在洗衣房处理之中。

（三）棉织品的储存与保养

对于棉织品的储存与保养应注意以下要点：

- 棉织品必须避潮储存，如果棉织品仓库与洗衣房相连，那么相连处的门就必须具有较强的密封性能，而且应尽可能地少打开；
- 棉织品仓库必须保持良好的通风；
- 棉织品仓库的搁板、搁架边沿应光滑，不能锋利突出；
- 棉织品（尤其是混纺床单）在洗涤完并经过烘干机烘干以后，应放在储存架上“休息”一下，而不要直接拿去使用，这样可以延长棉织品的使用寿命；
- 不能将棉织品堆放在混凝土地面上（可放在乙烯基石棉地面上）；
- 撤下的脏布草应得到及时洗涤；
- 破损的床单等应得到及时缝补。

（四）棉织品更新

在酒店经营过程中，很多布草会因使用时间过长而改变颜色，破旧、甚至破损，还有些布草由于管理不善、操作不当而出现斑斑点点的污迹，如黄色锈斑、黑色油污等，对于这类布草，饭店应及时更换，使其退出服务过程，而不应凑合着用，否则会严重影响服务质量，使饭店的利益遭受损害。

通常，各类棉织品使用到8成左右的陈旧程度时就需要更换新棉织品。这时，棉织品的洗涤次数为：床单、枕套130~150次；毛巾类100~110次；台布口布120~130次。

布草的退换应由饭店布草使用单位与布草房（洗衣房）共同把关，对于退下来的旧布草、脏布草，饭店采购部门应及时如数予以补充，保证一定的周转量。

（五）棉织品的盘点

布草房对棉织品的管理，还应做好盘点工作。棉织品的盘点工作应每月进行一次，并填写相应的盘点表（见表7-2）。

表7-2　楼层布草每月盘点表

年　　月

名　称	结存	进入	总数	房间	工作间	仓库	布草房	报损	遗失	合计	单价	金额	备注
特大床单													
中床单													
小床单													
枕　套													
浴　巾													

续表

名　称	结存	进入	总数	房间	工作间	仓库	布草房	报损	遗失	合计	单价	金额	备注
面　巾													
脚　巾													
……													

二、缝纫室

对于酒店来说，织物的修补总是一项合算的投资，因此，缝纫室的工作对于酒店节约成本费用而言，是相当重要的。酒店可以根据需要，聘用一名非全日制的缝纫女工，负责改做制服或缝补棉织品，也可以设立一班缝纫班组。缝纫室的主要工作包括：

- 改做制服；
- 修补台布、床单等；
- 缝补窗帘、床罩、沙发套以及任何价格较高而又需稍作修补就能重新使用的物品；
- 用报废的餐巾等制作厨师用工作布。

三、制服的管理

（一）制服的设计和选购

制服是员工工作时穿着的服装，包括：套装、衬衫、领带（结）、厨师制服、厨师帽等。设计良好的制服不仅可以方便员工的工作，而且能够体现酒店的个性、风格和经营特色，因此，员工的制服之于酒店的形象、员工的士气及工作效率具有重要意义。制服设计差会有损于酒店的形象，制服不讲究则会损伤员工的工作干劲，影响员工士气，并最终危及酒店的服务标准。设计和选购制服时，应考虑的因素包括：舒适、实用、美观、耐用、易保养。

其中，“舒适”“实用”是设计和选购制服时的首要考虑因素。酒店应根据部门、各岗位的工作性质和特点来选购和设计员工制服，使员工便于操作。例如，客房服务员要经常弯腰搞清洁工作，因此，其工作服的设计就应宽松一些，不能太紧、太短，以免弯腰时露出身体的某一部分。

除了舒适和实用以外，员工的制服还应美观、耐用和易保养。此外，最好的设计还应使员工不会在家穿着，不应鼓励员工穿着制服从事酒店以外的工作，以减少对制服的过度损耗。

（二）制服的订购量

一般来说，每位员工三套制服是最起码的订购量，但明智一点的酒店经理会要求额外再加一些，以备更换之用。

（三）制服的日常送领

制服的收取和发放均在布草房的专用窗口进行。员工每天上、下班前，将制服送到布草房，制服管理员收取后，将干净的制服发放给员工（制服管理员在收取制服时，必须检查制服上的编号或姓名有无脱落，以免混淆）。

制服管理员在将收取的脏制服送洗衣房洗涤前要进行登记，洗净后再由制服管理员验收入库。

（四）制服的入库保管

1. 分类保管

制服应按质料、使用部门等进行分类保管。例如，厨师制服为棉织品，洗涤频率高，应将它们放在最容易拿取的地方；而全毛套服保管要求高，换洗频率则较低，可悬挂在高处，既干燥又不易污染。

2. 制服上架

洗净后的制服经检查和修补后，要用衣架挂起，衣架杆上最好有固定挂钩并标有员工工号或姓名，制服对号入座。工号和姓名可按姓氏的第一个字母顺序排列，以方便存取。

3. 统一修补

制服如出现破损，如开裂、绽线、脱扣等，由缝纫工统一修补。对于无法修补的制服，由主管检查确认后签字，从后备制服中补发。

（五）制服的更新和补充

1. 建立制服消耗记录卡

对各部门的员工制服做好消耗记录，定期汇总。对于制服的非正常损坏、遗失等，应要求员工适当赔偿（见表 7-3）。因破损、丢失而补发的制服，要按部门登记入账，定期将账单交财务部。

表 7-3　制服/鞋损坏赔偿表

（UNIFORM/SHOES COMPENSATION FORM）

Date 日期	Name 姓名	Dept. 部门	Items 物品	Reason 原因	Amount 金额
			1. Shoes 鞋 □ 2. Uniform 制服 □	1. Under Probation Period 未满三个月 □ 2. Damage 损坏 □ 3. Missing 遗失 □	

Checked by：__________（Linen -keeper）制服房主任

主任签名

Approved by：__________（Executive Housekeeper）客房部行政管家

部门经理

C. C. HRD

知会人事部

2. 制服的更新、补充

对于因洗涤、磨损等自然原因造成的更新需求，要按有关规定和程序，办理有关更新手续。出于损坏、丢失等原因而需要补充的制服，由部门主管查明原因，由员工本人填写“制服申领单”，经部门经理签字后，由布草房负责报销和补充新制服。

第二节　洗衣房管理

一、洗衣房的任务

酒店洗衣房的主要任务是负责洗涤、熨烫酒店客房部、餐饮部（厨房、餐厅、酒吧等）的布草，保证客房、餐饮部门的清洁卫生，从而确保酒店经营活动的正常进行。

就客房布草而言，国际性旅游饭店，无论大小，一般要每天至少清洗一次。也就是说，如果一家酒店有1000间客房，共计2000张床位，按每个床上两条床单计算，那么，在客满的情况下，该酒店洗衣房每天就担负着洗涤4000条床单、4000只枕套、2000条洗脸巾、1000条脚巾和2000条浴巾的繁重任务，再加上餐饮部撤下的台布、餐巾等，其工作量之大是不言而喻的。不仅如此，洗衣房还要对这些布草进行整理和分类。

洗衣房的第二大任务是负责提供客衣的洗涤、熨烫服务。这既是酒店为客人提供的一项服务内容，同时，也是酒店取得经济收入的一个重要途径。

洗衣房的第三大任务是负责酒店员工制服的洗涤工作。

除了上述三大任务以外，一些大型酒店的洗衣房还对社会开放，接受市民的衣物以及其他小型酒店布草的洗涤要求，从而使洗衣房不仅是酒店的后勤保障部门，而且成为酒店重要的盈利部门。

二、洗衣房的组织机构及岗位职责

（一）洗衣房的组织结构

洗衣房的组织结构如图7-1所示。

有些酒店的洗衣房还分为水洗组、大烫组、干洗熨烫组、工服组、客衣组、布巾组等。其中：

水洗组主要负责酒店各类布草以及适合水洗的客衣及员工制服的洗涤工作。

干洗熨烫组完成客衣和工服的干洗和熨烫。

大烫组负责经水洗后布草的烫平、烫干工作。

客衣组负责客衣的核对、打号、包装和收发业务。

布巾组负责布草的收发、分拣工作。

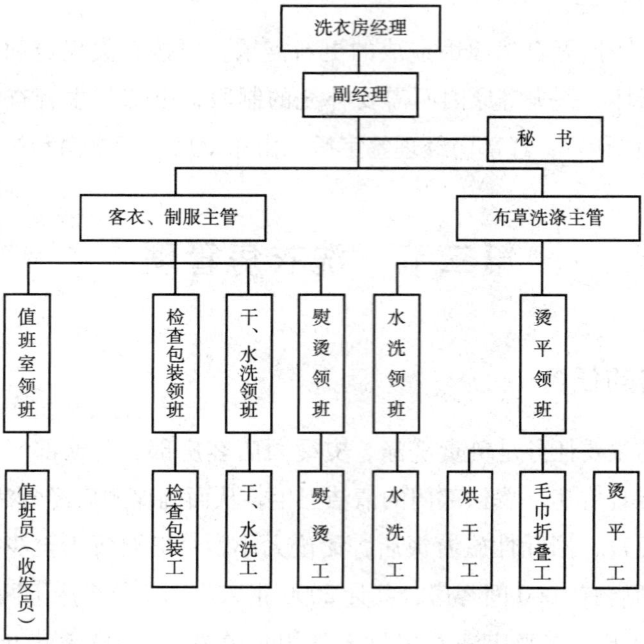

图 7-1　洗衣房的组织结构图

工服组负责工服的收发业务。

（二）洗衣房员工的配备标准

洗衣房的工作是比较繁重的，因而需要配备足够的人员。如果酒店洗衣房不对社会开放，则酒店客房数与洗衣房所需人员之间客观上存在着一定的比例关系。一般来说，这一比例为 1∶0.12 左右，也就是说，拥有 1000 间客房的饭店，洗衣房所需人员为 120 人左右。而如果酒店洗衣房同时对外开放，则要根据洗衣房的大小和实际业务量的多少，适当增加人员。

（三）洗衣房员工的基本素质要求

洗衣房员工应具备以下基本素质：

- 有一定的工作经验；
- 身体健康，能吃苦耐劳，相对于酒店其他部门而言，洗衣房的工作比较辛苦，劳动强度较大，工作环境则较差（温度高、噪声大），因此，要求员工必须具有健康的体魄和能够吃苦耐劳的精神；
- 有强烈的工作责任心，工作耐心细致；
- 熟悉洗涤设备的使用和保养，熟悉各种布料的洗涤要求和标准，熟悉各种洗涤化学药品的用途。

（四）洗衣房各主要岗位的职责

洗衣房各岗位职责是根据洗衣房设备和洗衣业务范围及其管理体制来制定的。

1. 洗衣房经理

在行政管家（客房部经理或客务总监）的领导下，全权负责洗衣房的日常运行和管理工作。

（1）制定本部门各类规章制度和各项工作程序与标准。

（2）制定本部门消防及生产安全措施，确保员工人身及公共财产安全。

（3）决定员工的奖惩，任免下层管理人员。

（4）督导并检查下属员工的工作及工作质量。

（5）计划并组织全部门员工的培训。

（6）处理客人投诉及各类洗涤差错和损坏赔偿事宜。

（7）选购洗衣原料，保证仓库合理的储备量。

（8）控制洗衣成本及其他开支。

（9）定期与客房、餐饮部门进行沟通，听取他们意见。及时调整本部门的工作安排和工作程序，以满足他们的要求。

（10）与工程部协作，搞好设备的维修保养，督促工程部及时申购，储存易损设备部件。

（11）定期召开员工会议，做好与员工的沟通工作。

（12）负责做好员工的思想教育工作。

（13）不断地学习和研究国际有关纺织品及时装的洗涤知识，加强与国际上有关行业组织和协会的信息、工艺交流。

（14）根据酒店当年营销计划制定本部门经营指标，在保证酒店任务完成的同时，开拓市场，面向社会为酒店创收。

2. 洗衣房主管（领班）

（1）督促下属员工遵守店规店纪及部门规章制度（包括安全操作制度、机器保养制度、清洁卫生制度等）。

（2）负责本组内员工考勤和工作分配。

（3）督促所属员工安全生产，按时、保质、保量完成当日任务。

（4）指导下属对机器设备的使用，控制原料成本。

（5）填报生产记录。

（6）向经理负责，按时向上报告洗涤用品及消耗量。按月制作各类用品报表交有关部门，定期领取工作用品。

（7）对所属员工进行培训。

（8）对员工工作表现进行定期评估，向经理提出奖惩意见。

（9）与有关班组沟通，搞好工作协作。

（10）下班前检查洗涤熨烫设备，工作场地的环境卫生和安全情况。

3. 洗衣房文员

（1）记录员工每日出勤情况，做好每日生产统计（包括每日客衣收入统计与入账）及其他固定性记录工作，制作月经营报告等各类固定性报表。

（2）负责办公室各类文件的整理及存档。

（3）负责办公室的内务工作，如卫生、接听电话、接待来访客人等。

（4）管理部门财务及日常用品储存库。

（5）完成经理交给的其他工作。

4. 客衣收发员

（1）接听房务中心或楼区电话，迅捷收取客衣。

（2）按时与楼区服务员清点客衣，检查待洗客衣情况，按"清点交接单"内容签收。

（3）整理衣物并在所收衣物上打码编号。

（4）衣物洗熨后，在装袋前检查质量、核对件数。洗烫不合格的退回有关组复洗或复烫。

（5）及时将装袋或上架衣物分送楼区服务员签收。

（6）完成上级管理员指派的其他工作。

5. 洗涤工（干洗、水洗）

（1）清点收洗的客衣、布草，分类整理，洗前去污等，并做好洗涤记录。

（2）按程序和注意事项进行干、湿洗涤，并自查质量。

（3）搞好机件保养工作及环境卫生。

6. 熨烫工

（1）鉴定各类不同织物的质地，将未洗净衣物退洗涤组返工，并做好记录。

（2）按规定的工作程序与标准熨烫各类衣物。

（3）做好清洁卫生。

7. 织补工

负责拆、缝衣扣、织补客衣和缝补员工制服。

三、洗衣房的工作标准

（一）棉织品洗涤质量标准

- 毛巾类：洗后的毛巾洁净、蓬松、柔软；
- 床单枕套类：洗后的床单做到清洁、柔软、洁白；
- 台布口布类：洗后的台布、口布做到清洁、柔顺，有挺括感，无任何油迹、污迹。

（二）客衣洗涤质量标准

- 干洗：洗涤后的客衣洁净，无任何污迹、汗渍、掉色、脱扣等现象发生；

- 湿洗：湿洗后的客衣干净、完好、不褪色、不染色，无任何污迹；
- 熨烫：整个客衣洗涤做到衣物洁净无污迹、无异味，平整、挺括，折线清晰、裤线无双线。

（三）工服洗涤质量标准

洗衣房将不同种类和布料的工作服分类洗涤。洗后的工作服做到清洁、美观，无污迹或开线等现象发生。需要补修的工作服，交工服房补好。

四、洗衣房的工作程序

（一）洗衣房文员工作程序

（1）接听客人或其他部门的电话，将电话内容详细地记录下来。

（2）客人要求服务，应立即通知客衣收发员收取客衣。

（3）计算客人每天的洗衣费。

①每天上午分批将客衣收发员打好的四联洗衣单，按洗衣类别和单价计算出每份洗衣单的总金额，再加收服务费；

②将账单按房号摆放，并登在营业报表上，营业报表要求填写洗衣单号、房号、洗衣费和服务费，填写后交前厅收银部；

③四联洗衣单的第一联交给客衣收发员，以便交付客衣时使用，第四联交给客人作为收据，第二、第三联交给前厅收银部；

④将每日 10：00 以后收下的客衣按“急件”处理，接到客人电话，立即派收发员去客人房间收取客衣，按照规定的程序，加快洗涤，并收取加急费，立即开出洗衣账单，连同加急洗衣单送前厅收银部入账。

（4）特殊情况的处理程序。

经检查发现有破损、斑迹洗不掉或有洗衣设备无法洗涤的衣物，应退还客人，并给客人一封信（见图 7-2），说明不能洗涤的原因，请客人谅解。同时，要在洗衣单上减去该衣物的洗涤费。

致 歉 信

房号：

日期：

尊敬的贵宾：

阁下今天送洗的________________的污渍在清洗及特别去渍过程中未能被彻底去除，十分抱歉。

不便之处，尚希见谅。

××酒店洗衣部

年 月 日

图 7-2 致歉信

另外，如果遇到洗衣客人更换房间，要立即登记，并通知客衣收发员。

（二）店外客衣的处理程序

接收客衣时，请客人在洗衣单上填写姓名、电话、工作单位等内容，收发员将清点的件数和项目填入洗衣单。当着客人面点清衣物，发现客衣有破损或有不能清除的污渍，应向客人婉转地解释，经客人同意后，方可送洗衣房洗涤。客人对洗衣的特殊要求应注明在洗衣单上。

按客人洗衣件数和洗衣价格计算洗衣费用，并请经手人在洗衣单上签名。洗衣单共四联，第一联交给客人作为取衣凭证，第二联和第三联作营业报表后送交计财部，第四联随客衣交洗衣房，待核对客衣时使用。

取衣时应先请客人出示洗衣单，再请客人验收客衣。将取走的客衣账号和款额填入营业报表内，并注明客人取走的时间。

（三）各种投诉的处理程序

- 耐心听取客人或酒店各部门的投诉，详细记录投诉的时间、客人姓名或部门名称、投诉内容；
- 马上查找投诉原因，尽可能让客人或各部门满意；
- 工作结束前写投诉报告，报告洗衣房主管。

（四）棉织品洗涤工作程序

1. 棉织品的收发

（1）做好各项班前准备工作，检查室内的不安全因素。

（2）每次清点过数与发放要一次性完成，送来多少，领回多少，不积压，不拖欠。

（3）收发棉织品时，先审阅数据，当面办理交接手续。

（4）清点破损棉织品的数量，填写破损棉织品表，向行政管家报批。

（5）需补充的棉织品，由布草房领班报主管批准，从棉织品仓库领取。

（6）将收上来的脏棉织品分类，按照不同种类的棉织品和脏污程度分类打捆，送洗衣房洗涤。

（7）将洗涤后的棉织品进行检查，挑出破损的棉织品，然后将干净的棉织品分类折叠整理后打捆，存在布草房，准备交换。

2. 棉织品洗涤、烘干、轧平

棉织品洗涤、烘干、轧平时要严格按照操作规程进行。另外，要特别注意以下事项：

（1）开始工作前，应清洁机器及地面，检查机器运转状况，确认压缩空气是否正常。

（2）湿洗工要按棉织品分类进行洗涤。若餐厅用的台布、口布有污渍油渍，要用碱水、漂白剂洗涤。有颜色的台布、口布应选用合适的洗涤剂，防止掉色。

（3）布单棉织品洗涤后，要按照程序上浆，烘干；毛巾类棉织品洗涤后，要进行风干，打冷风，以保证柔软手感好。

（4）定期给轧平机上蜡，随时更换断落的传送带。每周上蜡一次，旺季每2天上蜡一次，以保证机器运转正常。

（5）轧平前，机器应先预热，随时注意蒸汽温度，控制转速，床单与床单间隔为2寸。

（6）将各类棉织品轧平，不要有褶。枕套要抖平，床单要放正，未干或不平的布单要重轧。

（7）毛巾折叠要符合要求，正面向外，有脱边的要剪平。

（8）报损的棉织品要按程序办理。

（9）轧平机排除潮气，需转动15分钟。

（10）毛巾、床单枕套、台布口布等各类棉织品经洗涤、风干、轧平后，要分别打捆，清点数量，做到准确、规范，无差错发生。

（五）客衣洗涤工作程序

1. 客衣收发

（1）洗衣房收发员每日8：30上岗，8：40上楼层开始对客人服务，收取客衣（客人将要洗衣物装入洗衣袋，填写洗衣单，注明房号、姓名、洗衣件数、时间、要求。楼层服务员将本楼层的衣物收集到工作间）。在收客衣的过程中做到“三核对”，即核对客人房间号、核对客人洗衣单、核对客人是否填写姓名，无误后，将客衣取回。

（2）如果客人要求加急洗衣，收发员接到客人电话后应在10分钟内到达客人房间收取客衣。加急洗衣应在4小时内送回客房，交给客人。

（3）取回的客衣拿到收发室立即进行编号、打号、清点核算，分类进行检查，然后分出湿洗、干洗、熨烫等类别。

（4）分好类的客衣，该修补的修补，该剪纽扣的剪下来用纸包好并做记录。

（5）收发员将客衣按不同类别送交车间进行洗涤、熨烫。

（6）客衣发出后，收发员开始逐份对洗衣单进行计价算账，登记汇总记账表，待送客衣后交前厅账务核对挂账。

（7）客衣洗、烫完后，收发员将剪下来的扣子按记录缝好，按编号、打号顺序逐份核清客衣，并进行质量检查，发现问题后马上返回进行特殊处理。

（8）收发员认真仔细地将核清后的客衣整理好，装入洗衣袋内，按楼层顺序码放在客衣车上，与楼层服务员同时送入客人房间，并核对签收。如果遇到客人离店或“请勿打扰”的情况，将客衣送入服务中心，并核对签收。

2. 客衣检查打号

（1）将收回的客衣进行编号，连同房号、件数一起填写在查核本上。

（2）如果发现洗衣单上所填项目件数与实际不符，要马上通知主管和办公室予以处理。

（3）在洗衣单上注明衣服颜色、件数、编号并签名，以便查找。

（4）按照编号在衣服上打号。如有不能打号的衣物要用手写号，然后用别针别在衣服上。

（5）注意洗衣单是否列有客人所提的特殊要求。如有，应通知有关人员。

（6）检查客人是否有物品留在口袋里或别在衣服上。一经发现，应立即上交办公室处理。

（7）如果发现衣物有破损，在征得客人的同意后，予以缝补。

（8）打号时，随时注意打号机的温度。须待气压达到标准后，方可使用，否则会发生掉号现象。

（9）检查打号机的墨带，打号如不清，应及时更换，以免产生衣号混乱、衣服混杂的现象。

（10）打好号的衣服可根据送交的时间和衣服的多少，分成几批交与有关人员进行洗烫。

（11）将已洗烫好的干净衣物按洗衣单的件数、编号进行核对并包装。同时检查衣物是否破损或洗涤不净。如有，即通知有关人员返工或缝补。对于错包衣服要重新核对，直至找出为止。

（12）经过核查，确认无误后，将未打上号或打错号的衣物记在本上，连同洗衣单一起交与办公室处理。

3. *客衣的洗涤和熨烫*

要严格按照客衣洗涤和熨烫的有关操作规程进行，并注意以下要点：

（1）将送洗衣物按湿洗、干洗和手洗进行分类，对于易掉色的衣物要单独处理。

（2）按衣物的种类选用最佳洗衣粉，严格控制漂白粉的使用，确保质量。有污渍的衣物，要先去渍，再清洗。

（3）严格控制水温，一般衣物在30～40℃之间，棉织品和衬衣的温度不得超过65℃。毛织品、易掉色的衣物用凉水清洗，但时间不要过长。

（4）先洗涤快件衣物。丝织品，一般用手洗。一些尼龙丝织品，要用网袋装上清洗或手洗。

（5）将待干洗衣物按衣料的质地分类。

（6）检查衣物是否装有其他物品，以免损伤衣物。检查衣服纽扣、装饰品等是否是塑料制品及不宜干洗的东西。检查衣物是否有污渍或粘胶的地方（如有，则要先去污渍）。

（7）按衣服的颜色，选用机内的干洗油（一般由浅到深）。按衣物的质地确定是否增加附加剂。

（8）洗涤开始前检查机器设备是否完好。

（六）工服房工作程序

（1）收回脏衣服，查看破损重污，点清件数，提醒衣主将东西掏净。

（2）发现衣物内有遗留物，交回本人或上交领班，并做记录。

（3）坚持交一件脏工服领一件干净工服的制度。发出的工服必须清洁、无污渍、无掉扣、无开线，必须以衣换衣、以旧换新、编号相符。

（4）11：00前，将换洗脏工服送洗衣房，收回干净工服，以备更换。

（5）干净工服取回后检查工服有无破损，如有，要及时修补、修理、钉扣。

（6）取回已修补好的衣服，套上衣架，按编号挂到规定的位置。

（7）经常检查衣物的质量，核对账务，发现问题及时报领班。

五、客衣纠纷的预防与处理

（一）客衣纠纷的预防

对客人衣物的洗涤要求做到干净、整洁、送准、及时、不丢失、无损坏，否则，将可能引发客衣纠纷。

为了预防客衣纠纷的发生，洗衣房管理人员应从以下几方面入手，加强对客衣流通及洗涤各环节的管理：

（1）收取客衣时，认真细致地检查客人待洗衣物，发现可能洗不净的严重污迹、衣服破旧可能洗坏、口袋内有物品等事先告知客人。

（2）分类处理。打号时要将客衣按干洗、水洗、熨烫和手洗等几种类型进行分类、登记，同时要严格检查，需要去扣、装袋洗涤、先去油污、机洗、手洗的客衣，严格分开。

（3）客衣洗涤、熨烫要严格按照操作规程办事。对不同质料的衣服，采用不同的洗涤方法，选用不同的洗涤剂，确保一定的洗涤时间，这样，既可保证洗净衣服，又可避免损坏衣物。

（4）将洗好的衣物按不同的楼层、客房进行分拣。

（5）工作细致，质量检查、分号装袋不发生差错。

（6）为了防止丢失衣物或出现其他差错，明确洗涤责任，客衣在流通过程中要做好交接记录，检查客衣的数量与质量。

（7）客衣在洗涤速度上可分为快洗和普通洗涤两种类型，无论是哪种类型，都要求洗衣房按时洗涤完毕，及时送还客人。

（二）客衣纠纷处理标准

1. 纠纷原因分析

当客人提出投诉，引起客衣纠纷时，主管首先要认真听取客人意见，态度要诚恳、耐心，接着迅速分析和查明具体原因，以便有针对性地处理。容易引起客衣纠纷的原因主要有：客衣丢失，衣物破损，污迹未洗净，纽扣丢失，客衣染色褪色等。

2. 客衣纠纷的处理

对于客衣纠纷，要在查清原因、掌握事实的基础上区别不同情况进行处理。凡属客衣洗涤过程中由酒店方面的原因引起的客衣丢失、洗坏、染色及熨烫质量差等客衣纠纷，应主动承担责任，该赔偿的赔偿，该修补的修补，该回收的回收，该回烫的回烫。若需赔偿，赔偿费最高不超过洗衣费的10倍，具体数量应由双方根据具体情况协商解决。凡属客人或客人衣物本身原因引起的洗坏、口袋物品丢失、污迹洗不掉等客衣纠纷，酒店不负赔偿责任，但应耐心解释。整个客衣纠纷处理过程应做到友好协商、事实清楚、原因明确、处理得当，让客人满意。

六、洗衣房与楼层职责的协调

为了保证能将客房布草，尤其是客衣按质保量地及时洗涤，并及时准确地送交客人，必须协调好楼层与洗衣房的职责。

一般来说，客房部可设两名或若干名（依据酒店客房数量的多少而定）专职布草取送员，负责取、送客房布草，将当日换下的旧床单、毛巾等布草，及时送交洗衣房洗涤，由洗衣房负责签收，同时，领回相同数量的干净布草，并将其分送各楼层，由楼层当值服务员负责签收。在从洗衣房领取布草时，布草取送员要检查布草是否洗涤干净，无论是床单、枕套还是脸巾、浴巾，有黄色锈斑或其他污迹的一律不得送入客房。

除上述两名客房服务员以外，洗衣房还应委派一名专职服务员专门取送客衣。客人的待洗衣物由客房服务员取出送交楼层服务台（或置于楼层储物室或房务中心），再由洗衣房专职服务员来各楼层服务台（或房务中心）收取，并签收，待衣物洗好后，再由该洗衣房服务员送回楼层服务台，楼层服务员则根据洗衣登记表一一核实、签收，填写楼层“客衣洗涤控制表”（见表7-4）。

表7-4 楼层客衣洗涤控制表

日期：

编号	房号	客人姓名	件数	收客衣经手人	洗衣房送回点数人	送房人	备注

一般来说，收到洗好的客衣后应立即送还客人，为了便于客人查收，一般应将洗净的衣物置于该客人的床上，切忌将衣物直接放于衣柜内，以免引起不必要的误会与麻烦。

如果服务员送还客衣时，发现客房门上挂有“请勿打扰”牌，应将特制的说明字条，从门下空隙处塞进客房，告诉客人“衣服已洗好，需要时通知楼层服务员”或为客人电话留言。

需要指出的是，酒店洗衣房的工作是很累很苦的，工作环境、工作条件往往要比饭店其他部门差得多，尤其是在炎炎夏日，洗衣房机器运转嘈杂的声音，驱不散的“暖流”，使得许多职工难以忍受，尤其是跟其他部门相比更觉低人一等，因此往往会产生自卑感，进而消极怠工，致使洗涤任务难以完成，严重的会影响饭店经营活动的正常进行。对此，饭店管理层及洗衣房管理人员必须具有足够的认识，教育员工树立以店为家的思想，同时，努力改善他们的工作环境，提高其待遇。此外，还要通过加强考勤、严格管理以及必要的奖惩措施，使洗衣房管理严格化、正规化和科学化。

七、洗衣房营业报告

洗衣房每天都要制作营业报告表，月底还应制作月营业报告（见表7-5，表7-6）。

表7-5　每日客衣营业报告表

（GUEST LAUNDRY DAILY SALES REPORT）

DATE 日期________

单号 VOUCHER NO.	房号 RM. NO.	房客姓名 NAME	湿洗金额 LAUNDRY CHARGE	干洗金额 D/CLEAN CHARGE	快洗收费 EXP. CHARGE	附加费 SUR-CHARGE	总计 TOTAL	备注 REMARKS
总金额 GRAND TOTAL								

经手人：PREPARED BY ________

表 7-6 每月洗衣营业报告

（GUEST LAUNDRY MONTHLY SALES REPORT）

月份 MONTH：________

日期 DATE	湿洗金额 LAUNDRY CHARGE	干洗金额 D/CLEAN CHARGE	快洗服务费 EXP. CHARGE	附加费 SURCHARGE	总计 TOTAL	备注 REMARKS
1						
2						
3						
4						
5						
6						
⋮						
31						
总金额 GRAND TOTAL						

本章小结

- 酒店棉织品的管理主要是做好各类布草、员工制服等的采购、保管、洗涤和发放工作。此外，住店客人衣物的收取、洗涤和发放也是棉织品管理工作的重要内容。
- 棉织品储备的最低标准是 3 套：一套在客房内使用；一套在洗衣房洗涤；一套则储存在棉织品仓库备用。但在预算不是很紧的情况下，更现实一点的需要量则是 5 套：一套在客房内使用；一套在楼层储物室或工作车上；一套在中心棉织品仓库；一套已经脏了正送往洗衣房；一套则正在洗衣房处理之中。
- 一般大型酒店都设有自己独立的洗衣房，负责酒店各类布草、员工制服、客衣等的洗涤工作。如果条件允许，还可以对社区开放，为社区提供洗衣服务，从而成为酒店另一盈利点。
- 根据洗衣房的大小，可以将其划归客房部管理，也可以将其视为独立的经营部门。但无论如何，洗衣房要确保对布草，尤其是客衣的洗涤质量，尽量避免或减少客人的投诉。为此，要求洗衣房除了要与楼层做好客衣的交接工作以外，还应严格按照操作规程，认真、负责地做好客衣的洗涤工作。

思考题

1. 洗衣房的任务有哪些?
2. 如何预防客衣纠纷的发生?

案例分析

“城市客栈”(City Inn)酒店是一家准四星级酒店，为了方便客人，该酒店创新性地在其楼层为客人提供自助洗衣服务，客人只需交15元钱，就可在酒店楼层自助(也可交由服务员洗涤)洗衣一次，每次可装满一桶衣物。

请问：对于这种经营手法和服务项目，您如何评价?

【补充与提高】

布草的二次污染与预防

布草的二次污染对酒店来说是一个值得重视的问题，它不仅增加了布草洗涤中的难度，同时也造成了洗涤成本的增加，而且还加速了布草的损坏。

1. 二次污染产生的原因

酒店布草管理中较为普遍的问题是对布草的管理不善，造成布草损坏严重，洗涤成本增加。

二次污染是指布草及毛巾从客房、餐厅撤换下来之后，在收集、送洗过程中形成的新污染。这种污染主要表现在以下几个方面。

(1) 布草随意乱扔，服务员不经意地在布草上踩踏，在布草上留下黑鞋印。

(2) 用面巾或者浴巾擦卫生间的台面，用口布、面巾擦玻璃转台，擦水龙头上的锈垢，在毛巾上留下黑色污垢和黄色锈渍。

(3) 客房服务员在收集布草时，用床单打包，在地上拖，布草与地面摩擦，造成污染；餐厅服务员用口布、毛巾擦玻璃转台、托盘等。

(4) 布草在装卸、运送过程中，随意乱扔乱踩，形成新的脏痕。

(5) 布草在运到洗衣房后，不按规定分类堆放，造成客房布草与餐饮桌布交叉污染，或洗涤不及时，产生霉变现象。

二次污染的根本原因是洗衣房缺少严格的管理制度，同时还有员工存在着不正确的认识，认为布草反正是送到洗衣房去洗的，弄脏一点无所谓。因而，造成了二次污染的普遍性，形成了见脏不怪的现象。

2. 二次污染的危害

二次污染给布草带来的损害是很大的。布草从客房撤出时，一般来说，床上用品实行的是一客一换，长住客一周至少换一次。对于污痕不明显、基本上不脏的布草，只需轻柔洗就可以达到清洁的要求。但二次污染就不同了，二次污染的污垢都是不容易清洗的顽渍，如锈渍的附着力就特别强，必须用专用的去锈渍剂才能去掉。又如布草在地上的拖拉过程中，纤维与地面强力摩擦，污渍已深深嵌入纤维之中，普通的洗涤方法很难去掉，必须经特殊处理才能洗净。据一些酒店洗衣房的统计，因顽渍没洗净返工重洗的布草中，有近80%是二次污染造成的。洗净二次污染的顽渍，不仅加大了洗衣房人员的工作量，而且由于过多使用去渍剂，容易造成对布草纤维的损伤，增加布草破损报废率，加大客房用品消耗和酒店成本。

3. 二次污染的预防

必须完善布草管理制度以防二次污染，具体可采取以下措施：

（1）加强对员工的职业道德教育，增强客房、餐厅和洗衣房员工的工作责任心，使他们尽心尽责，爱惜布草。

（2）制定严格详细的操作规程，使每一步操作都有规可循，避免操作中的不文明现象。

（3）加强日常管理中的检查力度。洗衣部经理要经常对布草情况进行检查，与客房、餐厅、使用部门主动沟通协调布草的洗涤质量问题，保证对客营运服务。

（4）加大处罚力度，建立二次污染赔偿制度。各部门对造成二次污染的当事人，令其负赔偿的责任。

（5）改善工作环境与条件。改善工作环境，增加布草车，楼层二级库的布草摆放货架，餐厅和客房增设布草存放容器、布草袋等，尽可能地配齐设备，解决布草存放、搬运中的具体困难，减少二次污染发生的可能性。

酒店经理人答　经理的困惑

Re：酒店洗衣服务对客人的赔偿是无底洞吗？

姜东皓　北京中旅大厦　客务部经理（北京客务经理协会理事）

按照国际惯例，酒店因提供洗衣服务对客人衣物造成的损害，其赔偿限额一般不超过该件衣物洗涤费的10倍，如果客人不接受酒店提出的解决方案，酒店就要做好应诉的准备，所以酒店最好有专职的律师或法律顾问，至少具有相对稳定的法律咨询渠道。

民事赔偿的原则之一是：谁主张，谁举证。因此客人主张的赔偿额度是要以购置原始发票、专业机构对使用损耗的权威评估作为依据的，不妨在与客人的交涉中提及这些客观事实，把对方拉回到友好协商、协调解决的桌边。无论怎样，不能让客人或者消协误认为只要酒店有了过错就可以任人宰割了。

Robert Zhou　**香格里拉大酒店　行政管家**

首先要求工作人员具备专业的酒店客衣洗涤经验，能及早在洗前判断出洗涤过程中可能发生的洗衣问题，将问题解决在事故前。

本人提供一个较好的方法：因为洗涤行业是再加工行业，不像餐饮业，如果不满意就可以免单，而是不满意就赔偿，所以要有健全的风险意识——购买保险。

让客人尽可能出示购买凭证及购买公司，许多时候是制造商的责任，未提供正确科学的洗涤建议而导致衣服的损坏。

第八章　客房部成本控制

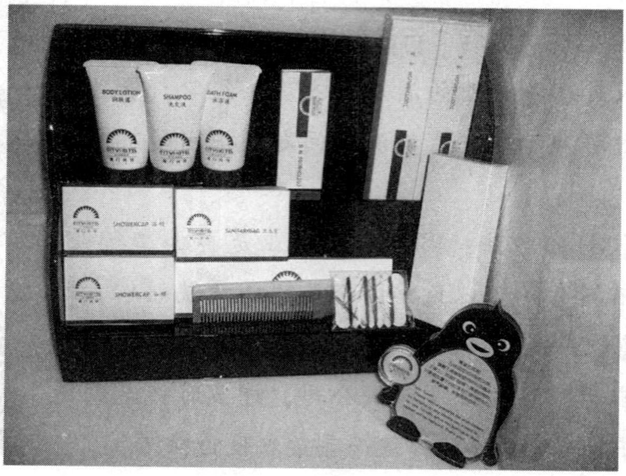

客房成本控制是客房管理主要任务之一。客房成本控制主要是在严格执行客房预算的基础上，做好客房设备用品的采购、保养和管理工作。

客房各种设施设备及客用品是为客人提供服务的物质基础。做好客房设备用品的管理，不仅是提高对客服务质量的保障，同时也是节约客房部经营的成本费用的重要途径。

通过本章学习，读者应该能够：

- 了解客房成本控制主要途径和方法；
- 了解和掌握客房物品与设备管理的任务和方法；
- 掌握客房设施设备清洁保养技术；
- 掌握对客用品进行控制的方法。

关键词：客房设备；客房用品

Key Words：Room Equipment；Room Supplies

经理的困惑

——如何控制客房部经营成本？

李伟是某酒店的客房管家，今天早上，总经理找他谈话，要求他控制客房经营的成本和费用。他想来想去，除了加强管理，防止客房低值易耗品的流失以外，不知道还可以通过哪些方面或采取什么方法节约成本和费用。而要控制客房低值易耗品，就要加强客房低值易耗品领用的管理，要求服务员根据每日实际需要的数量领用，并在做房时填写客用品配备清单。但说实在的，李经理认为这也没必要：他相信服务员不会贪污或偷拿这些小东西，再者说了，即使想拿也带不出酒店啊。他开始考虑是否应该要求酒店采购部采购便宜一点的牙刷、牙膏、拖鞋等客房用品……

第一节 客房物品与设备管理

一、客房物品与设备

客房物品与设备主要包括以下方面：

- 电器和机械设备：包括空调、音响、电视、电冰箱、传真机等；
- 家具设备：如床、写字台、沙发、衣柜等；
- 清洁设备：如吸尘器、吸水机、洗衣机、烘干机等；
- 房内客用品：客房免费赠品、客房用品（包括床单等布草、衣架、烟茶具等），以及宾客租借用品（吹风机、熨斗、熨衣板等）等；
- 建筑修饰品：如地毯、墙纸、地面材料等。

以上内容基本上可分为两大类：即客房设备和清洁设备。加强对客房设施设备的管理工作，对于提高客房服务质量、降低客房经营成本和费用，具有重要意义。

二、客房物品与设备管理的任务

客房物品与设备管理的任务主要有：

- 编制客房物品与设备采购计划；
- 制定客房物品与设备管理制度；
- 做好客房物品与设备的日常管理和使用；
- 对现有设备进行更新和改造。

三、客房物品与设备管理的方法

（一）编制客房物品与设备采购计划

客房部要根据实际工作需要，及时做好要求增加物品与设备的计划，报酒店采购部门及时采购所需的各种物品与设备，以保证客房经营活动的正常进行。

酒店客房设备及清洁设备一般在开业之初就已准备就绪，但作为客房管理人员，如果你在酒店开业之初就参与管理，你就要提出客房设备及清洁设备的采购计划。或者，你虽然是在酒店开业后才介入酒店客房管理工作的，那么，当客房更新改造计划需要制订与实施之际，你也必须要参与其中。

下面，介绍一下客房设备选择的基本原则和选择清洁设备时应考虑的因素。

1. 客房设备选择的基本原则

客房设备的选择应遵循以下基本原则：

（1）协调性。设备的大小、造型、色彩、格调等必须与客房相协调，从而使客房显得轻松、柔和、舒适、美观。此外，要特别注意，在选择床单、毛毯、床罩等床上用品时，一定要与床的大小相适应，很多酒店在采购上述物品时，采购部门与客房部沟通不够，结果采购回来的床上用品与床的大小不匹配，包不住床，给服务员的做床工作带来很大困难，也影响了床铺的美观。最后，客房设备的豪华程度还应与酒店的档次相协调。

（2）实用性。应选择使用简便、不易损坏的设备，此外，还要考虑其清洁、保养和维修是否方便。

（3）安全性。如客房电器的自我保护装置，家具、饰物的防火阻燃性。

（4）经济性。既要考虑设备的价格，又要考虑其使用寿命，同时还要考虑售后服务的便利程度和价格以及零部件修配的可靠性。

2. 清洁设备的选择应考虑的因素

清洁设备在一定程度上决定着客房部清洁保养的工作能力和效果。清洁设备的选择除了应遵循以上基本原则以外，还应特别注意以下要点：

- 安全可靠（电压是否相符？绝缘性如何?）；
- 操作方便；
- 易于保养；
- 使用寿命长；
- 噪声小。

（二）做好设施设备的审查、领用和登记编号工作

设施设备购进以后，客房管理人员必须严格审查。同时，设立物品与设备保管员，具体负责物品与设备的分配、领用和保管工作。保管员应建立设备登记簿，将领用的设备按进货时的发票编号分类注册，记下品种、规格、型号、数量、价值以及分配到哪个部门、班组。低值易耗品也要分类注册，凡来库房领取物品都要登记，每个使用单位一本账，以便控制物品的使用情况。

（三）分级归口管理

客房物品与设备应实行分级归口管理，设专人负责，将物品与设备管理同部门、

班组的岗位职责结合起来，在确保服务质量和合理限度的情况下，实行增收节支有奖、浪费受罚的奖惩措施。

客房设备的日常管理和使用是由客房管理系统各部门、各班组共同完成的，各部门、班组既有使用这些设备的权利，也有管好、使用好这些物品与设备的责任。因此，必须实行分级归口管理。分级就是根据客房部门管理制度，分清这些设备是由部门、班组或个人中的哪一级负责管理。归口是按业务性质，将物品与设备归其使用部门管理。分级归口管理使客房设备的管理有专门的部门和个人负责，从而使客房设备的管理落到实处。

对客房设备分级归口管理的关键是：一要账面落实，各级各口管理的物品与设备数量、品种、价值量要一清二楚，有案可查；二要完善岗位责任制、维修保养制和安全技术操作制等规章制度；三要和经济利益挂起钩来。

（四）做好客房物品与设备的日常保管和使用

客房物品与设备分级归口以后，班组和部门要设立物品与设备管理员，他们在客房部领导下，与服务员一起共同负责本班组或部门的物品与设备的日常管理和使用。班组管理员一般由班组长兼任，在物品与设备的使用过程中，班组管理员要定期和客房物品与设备保管员核对，发现问题，及时解决。客房物品与设备在日常使用中，要特别注意严格遵守维修保养制度。

客房设备在使用中要努力防止事故发生，一旦发生事故，要立即通知工程部及时修理或采取措施，使设备尽快恢复使用。事故的发生，如果是由于个别员工玩忽职守导致，要严肃处理。如果是由于客人的原因造成的，必要时，应要求客人赔偿。

（五）建立设备档案

设备档案主要有客房装修资料（记录客房家具、地毯、建筑装饰和卫生间材料等）和机器设备档案。内容包括设施设备的名称、购买日期、生产厂家、价格、维修记录（时间、项目、费用等）。这是对设施设备进行采购和管理的依据。

（六）及时做好客房物品与设备的补充和更新工作

酒店是高消费场所，客人对酒店及客房物品与设备的要求很高，不仅要干净卫生，而且要常变常新，从而使客房物品与设备具有折旧快、更新期短的特点。因此，要求客房管理者必须事先做好计划，根据物品与设备的品种、规格、质量等规定各种物品与设备的使用周期，并定期检查设备性能和使用效果，提出设备更新计划，报酒店批准，及时做好物品与设备的补充和更新工作。

客房设备的更新，依据其类型的不同而具有不同的特点和要求。清洁设备的更新往往要根据其质量、使用和保养情况决定。通常，只要机器不出现明显问题，如老化、严重磨损、清洁效果不佳和维修费用过高等，就可以照常使用，而不实行强制性淘汰。而其他设施设备，特别是各类家具及装修设施则有所不同，为了酒店的规格、档次，保持并扩大对客源市场的吸引力，酒店一般都要对客房进行计划中的更新改造，并对一些设备用品实行强制性淘汰。这种更新按其更新周期的不同，分为以下两种情况：

1. 部分更新

客房使用 5 年左右，即应对部分设施进行更新，包括：

- 更换地毯；
- 更换墙纸；
- 更换沙发布、靠垫等装饰品；
- 更换窗帘；
- 更换床罩。

2. 全面更新

一般 10 年左右要对客房设施进行一次全面装修，并对客房设备进行更新。其项目包括：

- 衣柜、写字台的更新；
- 床垫和床架的更新；
- 椅子、床头板的更新；
- 灯具、镜子、画框等装饰品的更新；
- 地毯的更新；
- 墙纸和油漆的更新；
- 卫生间设施设备的更新（包括墙面和地面材料、灯具和水暖器件等）。

以上更新计划应根据各酒店的具体情况提前或到期进行，如果延期，则应警惕可能出现补漏洞式的跑马工程和饭店规格水准的下降或不稳定。

第二节　客房设施设备的清洁保养

对酒店客房的设施设备保养不善是我国酒店业的一大问题，很多酒店设施设备很豪华，但因为缺乏保养，很难正常运转。设施设备的保养不善不仅会缩短设备的使用周期，还会直接影响对客服务质量，引起客人投诉。因此，客房服务员必须掌握各种设施设备的保养知识，养成良好的使用和保养习惯，做好对各类家具、设备的保养工作。

客房设施设备的保养主要在于平时的清洁和计划保养工作能够按规定的操作程序和有关要求顺利进行。

一、保养的意义

做好客房前期保养和设备前期保养工作，日常维修和紧急维修将会明显减少。我们面临的问题是：怎样从无休止的维修和紧急维修中摆脱出来，有步骤地实施保养计划。我们可以把设施设备的前期保养工作看作一项纳税工程，它要求以小时为单位进行计算，每周缴纳。只要是酒店在营业，“税”就得缴。

做好客房设施设备的保养工作，不仅能够延长其使用寿命，降低经营成本，维持酒店档次，提高客房利用率，增加酒店利润，还可以提高客房服务质量，减少客人投诉，增加客人的满意度。

二、保养的方法

（一）门窗的保养

在开、关门窗时，平时应养成轻开轻关的习惯，这样不仅可以延长门窗的使用寿命，还能减少干扰，保持客房及楼层的清静。此外，雷雨天以及刮大风时，应关好客房窗户，以免雨水溅入客房，或窗玻璃被大风摔坏。

（二）墙面的保养

酒店客房的墙面大都使用墙纸，对墙面经常进行吸尘，可以减少大清洗的次数。对于墙纸的清洁，应使用比较干的软布拭抹，如有油污，可用汽油、松节油或不易燃的干洗液去擦，而小块油迹则可以用白色吸墨水纸压住，用熨斗熨烫几分钟就能去除。

如果需要对墙面进行清洗，则在清洗前要用湿布在小块墙纸上擦一下，查看墙面是否掉色或渗色。若掉色或渗色就表明该墙纸不能水洗，在这种情况下，可试用膏型去污剂清洗。如果墙纸耐水性能好，可用海绵纤维物和不加漂白剂的中性合成清洁剂去污，方法是将湿海绵绞一下，使它含有适当水分，擦洗时，随时挤去海绵上的污垢，保持海绵干净，然后再用清洁的水和干净的海绵把墙纸冲洗干净。

另外，如发现墙壁潮湿、天花板漏水的现象，应及时报工程部维修，以免墙壁发霉、墙皮脱落、房间漫水。

（三）地毯的清洁与保养

地毯是房间的装饰品。由于客人使用卫生间后，容易将卫生间的水迹带进客房，造成对房内（特别是卫生间门口）地毯的损坏，为了便于对房内地毯的保养，降低客房经营成本，除个别有特殊需要的酒店以外，包括五星级酒店在内的大部分酒店都应考虑只在卧室保留地毯，而在客房卫生间门口用大理石等高级石质装修材料取代地毯。

客房内地毯一般有两种类型：一种是羊毛地毯；另一种是化纤地毯。羊毛地毯高雅华贵，但造价很高，故一般只铺设在豪华客房；而化纤地毯则有易洗涤、色彩丰富和价格低廉的特点，为我国大多数酒店所欢迎。

无论哪种地毯，服务员都应采用科学的方法使用和保养，要坚持每天吸尘一次，并对地毯进行定期清洗。地毯上如出现污迹应及时除去，否则，时间一长将很难去除。除污时，要先了解地毯中化学纤维的成分和污渍的性质，然后选用合适的清洁剂清除污迹（参见第6章“补充与提高”：“常见污迹的清洁方法”）。

一般说来，酒店应每年清洗一次地毯，清洗地毯的方法有两种，即干洗和湿洗。干洗的方法是将清洁剂均匀地洒在地毯上，然后用长柄刷将清洁剂刷进地毯里，过一小时后，用吸尘器彻底吸尘，地毯即被清洗干净。干洗的优点是：不影响使用；地毯不变形，不缩水；简单易行，不费时。

除干洗以外的另一种方法就是水洗（湿洗）。水洗时先将清洁剂溶于水中，然后使用喷水器均匀地将溶液喷洒于地毯表面，再用毛刷刷洗，用抽水机吸去水分。最后，等地毯完全干了以后，再彻底吸尘，这种清洗方法的优点是洗得干净、彻底，缺点是工序复杂、费时。一般来说，比较脏的羊毛地毯采用这种方法清洗比较好，但要注意，无论哪种方法，都要选用不损坏地毯纤维的清洁剂。

另外，要注意在一些重要通道，如建筑物入口、近楼梯的地方以及客房卫生间门口等放置尘垫，防止污物进入地毯组织，同时，要注意将地毯经常使用的位置转移，使磨损的地方变得均匀。

（四）空调设备的保养

客房使用的空调一般分为室内小型空调和集中送气的中央空调两种。

小型空调在使用时要注意不能让水溅到开关上，以免发生漏电，造成触电事故。在使用中如发出异常声音，应关闭电源，通知工程部进行检查修理。

中央空调由专人负责管理操作，集中供应，按季节供应冷、热风，各房间有送风口，设有“强、中、弱、停”四个档，可按需要调节，要定期对鼓风机和导管进行清扫，此外，每隔2~3个月清洗一次进风过滤网，以保证通风流畅，电机轴承传动部分要定期加注润滑油。

（五）电器设备的保养

1. 电梯

电梯内外应经常擦洗，梯内地毯要每天吸尘清洁。此外，还要防止服务员、不良客人或小孩用刀具等在电梯内乱划、乱画。

2. 电冰箱

三星级以上酒店通常在客房内安放有电冰箱，以方便客人。电冰箱应放在通风干燥、温度适中的地方。一般来说，其背面和侧面应距离墙壁100毫米以上，以保证空气自然对流，并使电冰箱能够更好地散热。要切忌将电冰箱放在靠近暖气管、干燥箱、有热源或阳光直射，或易受水浸、发潮的地方。

冰箱背面的机械部分温度较高，切勿将电源线贴近，此时，电源线应避免卷束使用。电冰箱的门封胶边，尤其是门下面的胶边是容易弄脏的部位，要注意经常清洗干净，保持清洁，当冰箱门溅到水或弄污时，应及时用干布抹干，以免金属件生锈。冰箱在使用一段时间后，要注意定期清理内部，以免积存污物，滋生细菌。

3. 电视

电视机要避免安放在光线直射的位置，切忌暴晒，否则会使显像管加速老化，机壳开裂。此外电视机也不能放在潮湿的地方，要防止酸、碱气体侵蚀，引起金属件生锈和元件断脚，产生接触不良等毛病，因此，在雨季，除应注意放置位置以外，最好每天通电使用一段时间，利用工作时机器自身散发的热量驱潮。

电视机在使用时还要注意其使用电压与供电电压是否相符，特别是有些进口电视机的使用电压是110伏，因此不能直接用220伏电压，以免烧坏机器。

清扫客房时，每天应用干布擦去电视机外壳上的灰尘，并定期用软毛刷清除机内灰尘。此外，电视机长期不用时，最好用布罩罩住，以免灰尘落入，影响收看效果。

最后，电视机还应尽量避免经常搬动，以减少各种意外事故的发生。

4. 照明设备

照明设备主要指门灯、顶灯、台灯、吊灯、床头灯等。这些设备的保养，首先是电源周围要防潮，插座要牢固，以防跑电漏电；擦拭灯罩，尤其是灯泡、灯管时要断电，且只能用干布擦，绝不能用湿布擦。

5. 电话

每天用干布擦净电话机表面的灰尘，话筒每周用酒精消毒一次。

6. 电线

客房内电线主要是电视机线、电话线和落地灯线。电线应保持表面无破损，此外，电线的安装要相对隐蔽，要整理好，否则容易把人绊倒，甚至使电器受损。

（六）卫生设施及设备的保养

卫生设施要勤擦洗，对于洗脸盆、浴缸、马桶等设施，在擦洗时既要使其清洁，又要防止破坏其表面光泽，因此，一般应选用中性清洁剂。切记不能用强酸或强碱。国内某新开业的度假村，客房服务员由于经验不足，缺乏必要的专业知识，用盐酸清洁卫生间的大理石地面，结果使几乎所有的客房卫生间原本非常漂亮的黑色大理石地面变花、发白，不仅严重损坏了卫生间设施，而且降低了客房的档次，使卫生间地面设施与客房其他设施设备极不协调。强酸或强碱性质的清洁剂不但会破坏瓷面光泽，对釉质造成损伤，还会腐蚀下水管道。

对浴缸、洗脸盆、马桶等卫生设施的保养，还应特别注意要防止水龙头或淋浴喷头滴、漏水，如发生类似现象，应及时报工程部维修。否则，久而久之，会使卫生洁具发黄，难以清洁。

除了卫生设施以外，还应做好对客房清洁用具及卫生设备的保养工作。客房清洁设备种类较多，价值也比较大，因此，做好对客房清洁设备的保养工作对于控制客房经营的成本费用具有重要意义。对客房清洁设备的保养要做好以下工作：

- 所有使用人员都必须了解和掌握清洁设备的操作要求，并严格按操作要求使用；
- 所有清洁设备在使用后都应进行全面的清洁和必要的养护；
- 设备使用前后都应检查其完好状况，发现问题要及时处理；
- 要有良好的存放条件，并按要求摆放，此外，还要有供存放所有附件的柜子、抽屉、架子和挂钩等。

在客房所有清洁设备中，吸尘器的使用是最为频繁的，因此，做好对吸尘器的保养工作具有重要意义。吸尘器的使用和保养要注意以下要点：

- 检查各部件的连接是否严密，如有漏风的地方要及时修理；
- 检查有无漏电现象，防止发生危险；
- 吸尘器在使用时，要避免吸入硬物或尖锐的东西，以免蓄尘袋破裂，喉管堵塞或机件失灵；另外，也要防止吸入大片纸张、布片、棉花团等物，以防堵塞吸管和吸头；
- 将电源插头拔下前，要先把吸尘器开关关掉；
- 避免让吸尘器在电线上碾过；
- 吸尘器使用完毕后，要定期清理蓄尘袋，弄干净刷子和吸尘器的外壳，否则，不仅不卫生，还会影响吸尘器正常工作，严重的还会使吸尘器停止工作，甚至会烧掉电源。

（七）木器家具的保养

木器家具的保养，除要经常除尘，保持表面清洁以外，还要注意“四防”，即防潮、防水、防热和防蛀。

（1）防潮。木器家具受潮容易变形、开胶、腐朽，因此房间应保持干燥，要经常打开门窗进行通风。在潮气较重的房间，家具放置一般不要紧挨墙壁，以保持空气流通。平时擦洗时，也不能使用带水的抹布，而要用绞干的抹布，最后用软质干布擦干。

（2）防水。防水与防潮的道理是一样的，此外，油漆家具如溅上水珠，家具表面的油漆还会起泡、发霉，使油漆面失去光泽，因此，如不慎将水溅到家具上，应立即用干抹布擦净。对于铺有玻璃的桌子、茶几及床头柜等家具，要注意不要让水浸入玻璃下面，如不小心被水浸入，应及时掀开玻璃擦干家具，以免被水浸泡而破坏桌、柜面油漆。

（3）防热。油漆家具一般不要放在阳光直射的地方，如有阳光照射，应拉下窗帘，以防色泽减退，此外，一般家具的油漆表面怕烫，因而在放开水杯时，应使用垫盘（如不慎烫出白痕，可用酒精擦拭，即可消失）。在有暖气设备的房间里，家具的放置应远离水、气散热片，以防家具被烘干变形而破裂。

（4）防蛀。为了防止蛀虫繁殖，一般应在橱柜抽屉层放置一些樟脑丸或喷洒杀虫剂。

除上述要点以外，还要经常检查家具榫头、螺丝是否松动，五金零件有无丢失等，发现这些问题应及时报修，否则，时间一长往往会使损坏程度扩大，甚至无法维修而报废。因此，对于木器家具来说，及时维修也是日常保养的重要一环。

（八）织物的保养

客房部的织物主要表现为客房枕巾、面巾、脚巾、手巾、浴巾、澡巾以及床单等各类布草，布草的保养要注意以下几点。

首先，要教育客房服务员严格按操作规程办事。现代化酒店一般要求服务员在清扫客房及卫生间设施时使用专用的清扫用具，以卫生间为例，马桶、面池及浴缸都有各自的专用抹布。但为了方便起见，在一些管理不善的饭店里，有些服务员常常使用客房内撤下的毛巾甚至床单来擦洗卫生设施、设备。他们以为反正这些布草都要送洗衣房洗涤，所以有一种“不擦白不擦”的思想，有的甚至使用床单擦皮鞋，岂不知这样做危害极大：一是缩短了布草正常的使用年限；二是会使布草沾上各种不同性质、不同颜色的污迹，不易或根本无法洗涤干净，因而也就不能再次投入使用，一些酒店的大量床单就是因此而报废的。

其次，换下来的脏布草最好要用专用的袋子装好送洗，不要乱堆乱放，或在脚下踩来踩去，更不要用床单包起来在地板上或水泥地上牵拖送洗，否则，不但会磨损床单，而且布草织物还会与水泥摩擦起反应，所生成的碳酸物无法清除。

最后，撤换下来的棉织品，干燥的与潮湿的最好能分开放置，潮湿的应及时洗涤，否则容易生霉变质，不但影响使用期限，而且洗出来的效果也不好。

除上述要求以外，棉织品在使用和保管时应注意防潮、防闷热、防虫蛀、防日晒、防灰尘和防酸碱，它们都会在不同程度上影响织物的寿命与质量。

第三节　客用品的管理

客用品指客房各类客用低值易耗品。客用品的使用和消耗量伸缩性比较大，因此，做好对客用品的控制是客房部成本控制的重要环节。

一、客用品的选择

案　例　　**宾馆牙刷刺破住客牙龈**

消费者林先生近日来广州出差，在机场路的某宾馆入住，结果发现宾馆所提供的免费洗护用品质量很差，香皂没有香味，牙刷在使用时会掉毛，牙膏连生产日期和保质期都没有，是典型的“三无”产品。

林先生向广州市消委会投诉说，该宾馆提供的洗漱用具的质量很差，尤其是牙刷，他刷牙时竟然刷伤了牙龈，导致第二天早上吃饭都很困难。

市消委会有关人士表示，质监部门曾经对广州酒店的一次性洗护用品进行过多次质量抽查，结果发现合格率一直较低。主要问题是淋浴液、洗发液有效物偏低，清洁效果不明显，细菌总数超过标准要求，对人体皮肤造成刺激；另外，牙膏菌落总数超标，牙刷磨毛粗糙，未磨毛的牙刷尖端有锋利毛刺，显现锋利锐角，顾客使用时会严重损害牙齿，也会造成牙龈出血等问题。

消委会指出，根据《产品质量法》规定，宾馆饭店的经营者所经营使用的产品应当符合国家相关标准；如果宾馆酒店在经营过程中使用了假冒伪劣产品，按照该法规定，宾馆要承担相当于销售假冒伪劣产品的责任。

由此可见，酒店客用品的选择必须慎重，酒店要么不提供客用品（俗称“六小件”），要提供就必须保证客用品的质量。客用品的选择应遵循以下基本原则：

（一）质量

酒店没有义务为客人免费提供“六小件”（国外的酒店大都不提供），但为了方便客人，也为了竞争的需要，如果选择提供，就要确保客用品的质量，以免给客人造成伤害，引起客人的投诉，甚至法律纠纷。

（二）实用

客用品是为方便客人的住店生活而提供的，因此，必须符合方便、实用的原则，所选购的客用品必须是客人所真正需要的，同时，要方便使用。一些酒店提供给客人的洗发液、淋浴液等卫生用品装在玻璃瓶或硬质塑料瓶内，客人使用时，半天倒不出来，也无法挤压，结果不仅给客人造成极大的不便，也造成了很大浪费。而有的酒店考虑到客人对卫生的重视，为了防止各种传染病对客人造成威胁，则在卫生间内为客人提供一次性塑料浴缸罩，受到客人的欢迎。

（三）美观

客用品应该精致、美观，避免给客人以粗糙、贬值之感。

（四）适度

选择客用品的适度原则是指客用品质量和种类必须与酒店的档次相适应，此外，客用品的量也应与客人的实际需要量相适应，避免造成不必要的浪费。

（五）价廉

客用品的选择除了要实用、美观、适度以外，还要考虑价格问题，这是客用品成本控制的关键因素之一。

考虑到以上原则，在选择客用品时，应注意以下要点：

- 牙具应选用牙膏、牙刷配套包装的，嵌装式接柄牙刷因不便使用而应予以避免，另外，牙刷不应太硬，以免造成客人牙龈出血；
- 香皂的重量一般应在20克以上，最好能在30克左右，此外，应选用质地细腻、无刺激性及不易受潮发软的香皂；
- 垃圾桶应选用拒水、阻燃材料制作的；
- 烟灰缸宜选用直壁式浅烟缸，以方便清洗；
- 火柴划着后不应有烟尘飘浮；
- 梳子不应过尖，以免刺伤客人头皮。

二、客用品的控制

（一）确定消耗定额

客房管理人员应按照客房总数、客房类型及年均开房率，确定各类客用品的年均消耗定额，并以此为依据，对各班组、个人的客用品控制情况进行考核。

由于团体客人和散客对客用品的消耗量有所不同，所以，也可以根据酒店每年接待的团体客人和散客的比例和数量，分别计算团客和散客的消耗定额，然后加总，即为客房部客用品总的消耗定额。

（二）确定储备定额

这是实施客用品控制的基础之一。应将其列成书面材料，以供日常发放、检查及培训之用。

1. 中心库房储备定额

客房部应设立一个客房用品中心库房，其存量应能满足客房一个月以上的需求。

2. 楼层布草房储备定额

往往需要备有一周的用品。储备量应列出明确的标准贴在布草房的门后或墙上，以供领料对照。

3. 工作车配备标准

工作车上的配备往往以一个班次的耗用量为基准。

（三）做好客用品的日常管理工作

1. 客用品发放的控制

客房用品的发放应根据楼层布草房的配备定额明确一个周期和时间。这不仅可方便中心库房的工作，也是促使楼层日常工作有条理、少漏洞的一项有效措施。

在发放日期之前，楼层领班应将其所辖楼层的库存情况了解清楚，并填写领料单。凭领料单领取货物之后，即将此单留在中心库房，以便统计（见表8-1）。

表 8-1 日常消耗品申领单

楼层：________ 日期：________

物品名称	申领数	实发数	物品名称	申领数	实发数
普通信笺			航空信封		
航空信笺			明信片		
普通信封			门后指示图		
便笺纸			卫生纸		
宾客意见书			面巾纸		
住客预订表			水杯		
迷你酒吧酒水单			烟缸		
圆珠笔			火柴		
服务指南					
门把菜单			（下列为服务员用的清洁用品）		
房内用膳菜单			拖把		
干洗单			什物		
湿洗单			空气清洁器		
洗衣袋			除虫器		
卫生袋			鞋刷		
垃圾袋			鞋油（黑）		
枕套			鞋油（棕）		
浴帽			鞋油（棕黄色）		
浴液			鞋油（自然色）		
大香皂					
小香皂					

申领者：________ 发放者：________

2. 做好客用品的统计分析工作

（1）每日统计。服务员在做房时，应填写“客房服务员工作日报表”（见表 8-2），并在做完房后，对主要客用品的耗用情况加以统计。最后，由房务中心文员对整个客房部所有楼层的客用品耗用量做汇总，填写“每日楼层消耗品汇总表”（见表 8-3）。

表 8-2 客房服务员工作日报表

房号	状况	清扫时间		人数	补充用品																			备注
		入	出		肥皂（大）	肥皂（小）	卷纸	浴帽	洗发液	沐浴液	牙具	梳子	剃须刀	指甲刀	卫生袋	圆珠笔	拖鞋	购物袋	火柴	针线包	擦鞋纸			
01																								
02																								
03																								
合计																								

表 8-3　每日楼层消耗品汇总表

文员________　　　　　　　　　　　　　　　　　　日期：________

项目 楼层	卷纸	洗发液	沐浴液	擦鞋纸	圆珠笔	小铅笔	明信片	箱贴	梳子	牙具	针线包	香皂
餐饮层												
四　层												
五　层												
⋮												
合　计												
金　额												

备注：________　　　　　　　　　　　　　　　　　　当日撤房数________

（2）定期分析。一般情况下，客房部应每月对客房客用品的耗用情况做一次定期分析，其内容有：

首先，根据每日耗量汇总表制作月度各楼层耗量汇总表（见表 8-4）。

其次，结合住客率及上月情况，制作每月客用品及物资消耗分析对照表（见表8-5）。

表 8-4　楼层日常消耗品月度用量汇总分析表

____年____月　　　　　　　　　制表人________　　　　　　　　　审核者________

楼层	开房数（间天）	香皂		卫生纸		圆珠笔		购物袋		……	
		总耗量（块）	平均量（块/间天）	总耗量（卷）	平均量（卷/间天）	总耗量（支）	平均量（支/间天）	总耗量（只）	平均量（只/间天）	……	……
合　计											

表 8-5　每月客用品及物资消耗分析对照表

品　名	单位	单价（元）	上月消耗	金额（元）	本月消耗	金额（元）	与上月相比	
							增（%）	减（%）
圆珠笔	支							
夹纸笔	支							
开瓶扳手	个							
卫生袋	只							

续表

品　名	单位	单价（元）	上月消耗	金额（元）	本月消耗	金额（元）	与上月相比	
							增（%）	减（%）
针线包	个							
擦鞋纸	张							
杯　垫	张							
行李牌	张							
意见书	张							
维修单	张							
店　卡	张							
明信片	张							
塑料提包	个							
牙　具	个							
服务指南	本							
洗发液	袋							
沐浴液	袋							
洗衣粉	袋							
洗衣单	本							
电传纸	张							
剃须刀	个							
擦铜油	瓶							
矿物油	瓶							
筷　套	只							
菜　单	本							
橡皮圈	个							
早餐卡	张							
奇　妙	听							
家用蜡	听							
合　计								

上月住客率	本月住客率	与上月相比		上　月 每间房消耗额	本　月 每间房消耗额
		增（%）	减（%）		

制表人＿＿＿＿＿时间＿＿＿＿＿

再次，制作每月客用品盘点及消耗报告。除了对客用品的消耗情况进行理论上的统计以外，还要在月末对客用品进行盘点，如两者不符，且差距较大，要分析原因，找出对策（见表8-6）。

表 8-6　客房部每月客用品盘点及消耗报告

ITEM 项目	单位	上月库存	本月领货	本月消耗	本月盘点	与统计结果差额	备注
TOILET ROLL 厕纸							
TISSUE 面纸							
SHOWER CAP 浴帽							
SHAMPOO 洗发液							
BATH FOAM 沐浴液							
SHOE SHINE PAPER 擦鞋纸							
SANITARY BAG 卫生袋							
SOAP 香皂							
LAUNDRY BAG 洗衣袋							
GLASS WRAPPER 杯纸							
TEA-BAG 茶叶袋							
ASH TRAY 烟类碟							
MATCHES 火柴							
SLIPPER 拖鞋							
DOOR CARD 门卡							
FOLIO 文件夹							
PEN 圆珠笔							
LETTER HEAD(L) 信纸							
LETTER HEAD(A) 信纸(航空)							
MEMO PAD 记事纸							
SEWING KIT 针线包							
HANGER(L) 衣架(女)							
HANGER(G) 衣架(男)							
SHOPPING BAG 购物袋							
FLASK 水壶							
ENVELOPE(A) 信封(航空)							
ENVELOPE(L) 信封							
CLASSES 杯							
LAUNDRY LIST 水洗衣单							
LALET LIST 干洗衣单							
TOOTH-BRUSH 牙刷							
COMB 小梳子							

最后，结合年初预算情况，制作“月度预算执行情况对照表”（见表 8-7）。

表 8-7 月度预算执行情况对照表

部门＿＿＿＿＿＿　　月份＿＿＿＿＿＿　　年份＿＿＿＿＿＿

费用项目	编　号	预　算	支出总数	所占比例	上月支出	结　余

（四）控制流失现象

客用品的“流失”是造成客用品失控的重要原因，有两种情况：第一种情况是一些客人在服务员做房时从工作车上“顺手牵羊”，拿走部分客用品；第二种情况，也是更普遍、更严重的现象，则是服务员利用工作之便，经常且大量拿走客用品以自用或提供给他人使用，在管理不善的酒店，客用品甚至常常被大量带出酒店，形成流失的“无底洞”。针对上述情况，客房部可采取以下措施：

- 要求服务员在做房间卫生时，将工作车紧靠在房门口停放，以便监督；
- 加强对服务员的职业道德教育和纪律教育；
- 要求服务员做好客用品的领取和使用记录，以便考核；
- 与保安部配合，做好对员工上、下班及员工更衣柜的检查工作。

（五）落实奖惩政策

年末要根据消耗定额、年初预算及其执行情况，落实奖惩政策。通过奖惩，严格管理制度，强化服务员对客用品的节约意识。

除上述客用品的控制方法以外，还应努力做好客用品的节约工作。一方面，对于住客房内客人没有用过的客用品，应继续使用，不应随手扔掉；另一方面，客房管理工作应紧随“绿色潮流”，尽量使用固定的罐装容器盛放卫生用品，以减少不必要的浪费和对环境造成的污染。

本章小结

➢ 客房部成本控制是提高酒店经济效益的重要途径和客房管理的主要任务之一，客房成本控制的主要途径是做好客房预算及客房设备用品的采购和管理工作。做好客房设备用品管理不仅可以降低客房经营成本，还可以保障客房服务质量。

➢ 客房设备用品管理的主要任务是：编制客房物品与设备采购计划；制定客房物品与设备管理制度；做好物品与设备的日常管理和使用；对现有设备进行更新和改造；做好对酒店“六小件”等客用品的控制工作。

➢ 酒店“六小件”的配备在为客人提供方便的同时，也造成了大量浪费和环境污染，同时为管理工作增加了难度。一些酒店为了节约成本，为客人配备的低质伪劣客用品还常常对客人造成伤害，引起客人投诉甚至法律诉讼。从发展的趋势看，这种“中国式传统”做法将逐步被淘汰，取而代之的是不在客房摆放，而是在客人提出要求时，由客房服务中心随时为客人提供。

思考题

1. 试述客房物品与设备管理的任务和方法。
2. 如何做好客房设施设备的清洁保养工作?
3. 怎样选择客用品?
4. 如何做好对客用品的控制工作?

案例分析 客房“财产清单”的去与留?

安徽淮南市某一酒店总经理在一次客人索赔事件之后，引发了对客房放置“财产清单”的思考并做出一个决定：撤走放在《服务指南》里的那份“财产清单”。为什么会做出如此决定呢？还得从一次索赔事件说起。

一天，一位客人在床上一边看电视一边喝着茶，不小心将茶水洒到了床单上。这位客人立即将床单受污部分自行洗涤，但就是洗不干净。客人主动找到客房服务员说明情况并表示愿意赔偿。赔偿多少钱，服务员做不了主，于是请来大堂副理处理。大堂副理找出放置于客房的《服务指南》中的“财产清单”，对客人说：“就按照清单标的价格吧。一条床单120元。”话音一落，就引起了客人的不满：“那么贵！宰人哪？就是一条新的床单也不值这么多钱嘛。再说，这床单也用旧了，是不是赔20元意思意思?”大堂副理拿不定主意，只好将此事直接向总经理做了汇报。

总经理接到报告后陷入了沉思：首先，若按规定，要收客人120元，但客人无法接受，勉强索赔，则有可能因此断了与这位常客的关系，而稳住老客户比发展新客户更重要；其次，现在使用的这种规格的床单确实不必花120元就能买到，清单中的定价无形中给客人的印象是带有处罚性质，再细看财产清单，其他物品价格也普遍高于实际价格，很显然，清单中“照价赔偿”的规定不合理，有损客人对酒店的感情，必须改正；最后，客人说得不无道理，床单折旧后的价值肯定低于原价格，况且受污床单还可以改作他用，即便向客人收取一定的补偿费用也算合理，但酒店未免显得小气。于是该酒店总经理除了就这一事件指示大堂副理免予向客人索赔外，同时通知客房部：将《服务指南》中的“财产清单”全部撤下！

试问：总经理将《服务指南》中的“财产清单”撤下，这种做法妥当吗？

【补充与提高】

节能降耗，分析费用

客房管理的过程中，应在不影响服务质量的前提下尽可能节能降耗。为此，一些酒店客房部已尝试将所有客房的水位调低（不影响正常冲厕），将洗脸盆水龙头适当调小，节水效果较显著；将所有公共区域的灯泡换成节能灯或感应灯，以利节电；提倡循环利用，如鼓励员工使用纸的正反双面，文件也是正反双面打印，利用旧文件、旧的打印纸作草稿纸。客房部还可坚持不懈地回收干净的一次性消耗品外包装盒，以便二次利用；将报损的床单制成婴儿床单、枕芯套或体重秤套。在客房卫生间墙上以及床头柜上，张贴或置放节能卡，动员客人尽量减少毛巾或床单、枕套的更换洗涤，以利节约水资源、洗衣粉和减少污水的排放，保护水资源。

酒店经理人答

经理的困惑

Re：如何控制客房部经营成本？

James Kong　上海锦江汤臣洲际大酒店　行政管家

客房成本控制包含以下方面：

人力成本：合理安排，减少加班、浪费和超编雇用。

运作物品控制：如布草、玻璃器皿等，每月都有消耗的分析报表，应深入了解数字变化的原因。

客用消耗品控制：加强数据分析，与住房率和不同客源关系进行分析比较，找出变化原因，决定取舍。

清洁用品控制：加强数据分析，与住房率、活动及计划清洁相联系。

采购需求分析：购买必需的而非想要的。

办公用品控制。

设施保养：这是很大一块，只是通常较少有人注意到。保养工作做好了，就不需要购买新的，或延长了替换时间，间接地减少了成本。

能源节约等。

采购廉价用品的同时不能降低了产品的品质和质量，否则就会降低酒店的档次，那是对酒店客人的一种欺骗，不可采用。

刘继华　深圳东华假日酒店管理有限公司　客房部经理

重新采购便宜的客房用品，如果价格低而质量上相差无几倒不是不可以考虑，但是如果质量相差太大，是否会因此降低酒店的档次呢？这个要考虑一下。低值易耗品的流失是很正常的，关键是控制在可以接受和控制的成本范围内就可以了。可以通过以前每个月的消耗量，找到一个控制点来进行控制。我认为，控制的最好方法就是提高员工的自我控制和节约意识，让他们知道控制成本的重要性，让他们把这些当作自己的东西来看待，我相信没有多少人会随便浪费自己的东西，让他们知道客房成本控制是所有人共同的目标和任务，少了谁都不可以；同时和奖金挂钩，每个月达到目标就有奖金，否则就没有或者是减少奖金。

第九章　客房部预算与“保本点”分析

编制客房部预算是确保客房部经营活动正常进行，以及对客房经营的成本、费用实施控制的重要手段。客房保本点是客房营业收入等于总支出时的“点”，是判断客房部经营效果的重要指标。客房管理者应该懂得如何编制客房预算，并对预算实施控制。此外，还应了解并能够确定客房“保本点”（盈亏平衡点）。

通过本章学习，读者应该能够：

- 了解“保本点”概念，并能确定客房经营的保本点；
- 掌握客房预算编制方法。

关键词：预算；保本点分析

Key Words：Budgeting；Breakeven Point Analysis

经理的困惑

——如何编制客房部预算？

又到年末了，酒店要求各部门根据经营需要，编制明年预算，而我是新上任的客房部经理，不知编制预算应该注意哪些问题？预算中是否要确定优先项目？编制预算时，是否一定要虚报（多报）预算额才能确保客房部实际预算额获得批准？还有，本年度我们客房收入是2100万元，而客房部发生的成本和费用（人员工资、客房低值易耗用品）只有1900万元，财务部却告诉我们客房部经营还没有达到“保本点”水平！真不知道他们是怎么算的？

第一节　客房部预算

预算是管理人员用来控制和指导经营活动（特别是采购设备、用品）的依据。制定房务预算是客房管理者的基本职责之一。通过制定房务预算，酒店可以有效地控制客房部各项成本、费用，提高客房部经济效益。同时，也能使客房管理人员为今后一段时间的工作做好详细的规划。

预算的制定应力求谨慎，一但制定出来，就必须成为指导开支的纲领。可以说，预算是整个客房部经营管理工作的基础。

一、制定预算的原则

（一）轻重缓急原则

制定预算时，所有预算项目必须分清轻重缓急，按以下先后次序排列：

第一优先：来年绝对必须购置的项目；

第二优先：增加享乐程度和外观的新项目；

第三优先：未来两年内需要添置的项目。

酒店在开业三年以后，总有必要对某些设施进行更新、改造和重新装饰，这些更新项目往往占了预算开支的一大部分，但是如果能将过去所购物品的购买和使用时间记录在案，那就会给客房管理人员的年度资金预算计划提供方便。

（二）实事求是原则

预算必须实事求是，按照客房部的实际状况和经营需要确定，否则，如果客房管理人员为了得到预期的金额而在预算上报了多出两倍的金额，那么，将来的实际开支就将是实际预算的两倍。事实上，如果按轻重缓急序列制定预算，也没有必要做这种“预算外的预算”。

（三）充分沟通原则

在绝大多数酒店，客房部门要负责整个酒店的家具配备工作，因此，客房管理人员必须与其他部门负责人（特别是工程维修部）保持联系，以便协商确定客房部与这些部门预算有关的统一开支款项。

二、预算编制的程序与时间

（一）预算编制的程序

与其他部门一样，客房部管理人员首先自行编制部门的预算，然后由财务部门会同各部门反复研究、协商、修订和平衡，再送总经理审查，最后送交饭店董事会审核批准。这种从基层开始，广泛吸收各部门管理人员（预算的执行者）亲自参加编制的预算比由上级编好再交由下级强制执行的预算容易得到贯彻。而且，负责成本控制的基层主管人员与业务直接接触，他们编制的预算往往比较切合实际，经过努力可以达到。总之，这种预算编制程序能较好地得到广大预算执行者的支持，提高他们完成预算所确定的目标和任务的自觉性与积极性，从而最终使预算充分发挥其应有的作用。

（二）预算编制的时间

预算编制的时间应与饭店其他部门预算同步进行，具体可根据每个饭店的具体安排而定，但宜早不宜晚。有些饭店在年度开始以后好几个月，预算指标才下来，这样就影响了预算的作用。一般来讲，应从本年度下半年开始，就看手准备下年度的预算编制工作。全年各项预算一般在上年的11月份便全部编制完成。这样做既不影响年终结算又不妨碍新年度预算指标的执行，从而在时间上保证预算管理能够真正发挥作用。

三、制定预算的依据

客房部制定预算的依据主要有以下几点：

（1）酒店在计划期内的经营预测（重点考虑市场的变化情况，包括：国家公布的当地游客人数、新建饭店的数量及原有饭店的改造等情况）。

（2）酒店经营的历史资料（参见本章末尾“补充与提高”）。

（3）客房部设施设备及人员现状。

（4）计划期内物价及劳动力成本水平。

在分析了以上情况之后，便可大致确定每月客房出租率是多少。然后根据本饭店的客源结构分别制定平均房价，进一步分解计算出各类客源的住房率，最后确定整个饭店的收入预算指标。

客房部其他部门，如洗衣房、康乐中心的收入预算指标的编制，可根据以往的历史资料来确定占客房收入的比例，在考虑了价格指数变动以后，就可以确立其收入的预算指标。

客房费用预算的编制是在出租率和收入预算的基础上进行的。但在饭店经营的实际工作中，市场形势的变化或季节性等原因，往往会使各月份的实际销售量有所起伏，致使实际的每月费用开支与原预算的每月费用开支不能互相比较。为了解决可比性的问题，客房费用的预算可采用弹性预算。所谓弹性预算就是在编制费用预算时，考虑到计划期间销售量（出租率）可能发生的变动，编制出一套能适应多种销售量的费用预算，以便分别反映在各销售量情况下所应开支的费用水平。由于这种预算随着销售量的变化而做相应的机动调整，本身具有弹性，故称为弹性预算。

有了费用的弹性预算就可以根据实际的客房出租率，选用相应的费用预算数与实际支付进行对比，这样既便于管理人员在事前据以严格控制费用开支，也有利于在事后细致分析各项费用节约或超支的原因。

四、预算的编制

（一）客房部预算总表

客房部预算所包含的项目及预算表的格式如表 9-1 所示。

表 9-1　2017 年客房部预算总表

单位：元

项　　目	上年实际	上年预算	本年预算	备注(原因)
第一优先项目				预计今年出租率上升 9%;补充缺编 10 名员工
工　资	338400	340000	430560	增加物价上涨因素(按 15%计)
工作服	16920	17000	26000	增加员工:今年需发皮鞋每人一双(70 元/双)
医药费	25560	23560	27960	240 元/(人・年)×104 人+3000 元重病超支保险费
床　单			57600	补充两套,30 元/床,急需补,否则会影响周转
洗衣房洗涤剂	36000	35000	45000	业务量增加,洗涤剂价格上调 15%(已接到通知)
客房、PA 洗涤用品	15000	18000	9600	部分改用国产产品替代合资、进口产品
客房易耗品	245000	230000	226000	去年还有一部分 3. 3 元/间×240 间×82%出租率×365 天×95%消耗率
维修保养费	70000	75000	38000	去年增加烘干机一台 4 万元
第二优先项目				
清扫工具等	9000	15000	11000	考虑物价上涨因素
临时工工资	12000	10000	6000	去年人手不足用得多,今年旺季用些临时工(5~10 月)
差旅、培训费	4800	5000	4500	去年批量实习,今年少数骨干学习培训
邮电通信费	2100	2000	2100	
第三优先项目				
办公用品及印刷品	4000	5000	3000	有些报表已够用
员工生日及生病等	2700	3000	2800	每个员工生日及病假达三天者的探望
奖　金	293280	280000	330000	增加员工,业务增加,争取增长 10%
劳保用品	160920	18000	18720	101 人×15 元/(人・月)×12 个月
累计			1238840	

说明：第一优先项目中，床单须在旺季之前（3 月底之前）解决；工作服中夏季服装及皮鞋在 5 月前解决，冬季服装在 9 月底前解决。共需资金壹佰贰拾叁万捌仟捌佰肆拾元，当否，请审批。

（二）预算总表的分解

为了做好预算的控制，还应对预算的有关项目按月进行分解（见表 9-2）。

表 9-2 月度预算表

项　目	1月		2月		3月		……		12月	
	本年	去年	本年	去年	本年	去年	本年	去年	本年	去年
工　资										
客房用品										
清洁用品										
……										

五、预算的执行与控制

客房部年度预算一经批准，客房管理人员应严格执行，将经营活动控制在预算范围之内。为此，客房管理人员必须对预算执行情况进行检查，一般每年检查不得少于两次，最好是每月都检查一次，并填写“预算执行情况控制表”（见表 9-3）。

表 9-3 预算执行情况控制表

项　目	本月实际		本年累计		
	本　年	去　年	预　算	本　年	去　年
工　资					
客房用品					
清洁用品					
……					
直接开支合计					

由于预测不可能准确无误，所以预算指标与实际业务运行发生较大误差是不足为奇的，可以通过修订预算进行弥补。

在预算与实际状况发生较大误差时，客房部负责人应立即召集所有管理人员通报情况，寻找现实可行的办法来消除因开支过大造成的赤字，或是寻找利用剩余资金提高效益的其他途径。

第二节 客房“保本点”分析

一、客房保本点

客房商品的成本分为两大类：一类是正常经营条件下与客房出租间数无关，即使出租间数为零也必须照常支付的费用，这部分叫固定成本（F），如固定资产折旧、间接管理费、土地资源税、利息、保险等；另一类是随客房出租间数的变化而变化的，如低值易耗品、物料用品、客房员工的工资、直接管理费和水、电等消耗，这部分叫变动成本（V）。变动成本在营业收入中所占的比率为变动成本率（f）。

所谓“保本点”（Breakeven Point）（又称“盈亏平衡点”），是指营业收入总额与成本总额相等时的商品销售量。在固定成本、价格及变动成本率不变的情况下，保本点也保持不变，是个常量，它不会因每月（季）营业收入或总成本的变化而变化，更不是计划期内固定成本与变动成本的简单相加。

就酒店客房而言，保本点可以用客房收入与客房成本总额相等时的客房出租数来表示，也可以用该点出租率及客房营业收入表示。在这一点上，客房的利润为零，既不亏损，也不盈利（见图9-1）。

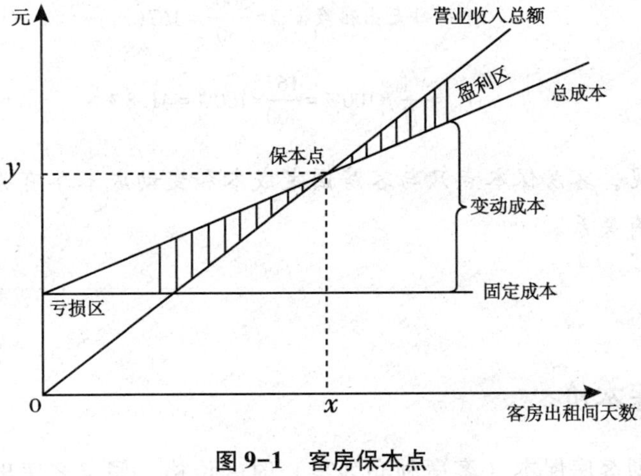

图9-1 客房保本点

设房间价格为P，客房总数为N，计划期天数为n，客房固定成本为F，变动成本率为f，保本点时的营业收入、客房出租间天数和平均客房利用率分别为y、x、r，则根据保本点定义，我们有：

$$y=F+fy$$

$$y=\frac{F}{1-f} \tag{1}$$

$$x=\frac{y}{P}=\frac{F}{P(1-f)} \tag{2}$$

$$\text{平均每天出租客房数 } x'=\frac{x}{n}=\frac{F}{P(1-f)\cdot n}$$

$$r=\frac{x'}{N}\times 100\%=\frac{F}{P(1-f)\cdot n\cdot N}\times 100\% \tag{3}$$

上列式（1）、式（2）、式（3）分别为以营业收入、客房出租间天数和客房出租率表示的客房保本点。

案 例

假设某酒店共有客房400间，平均房价为100美元，2016年10月份客房营业收入为80万美元，固定成本为30万美元，变动成本率为40%，则该酒店客房部以月营业收入、月客房出租间天数和客房出租率表示的盈亏平衡点分别为：

$$y_{10}=\frac{F_{10}}{1-f}=\frac{30\times 10000}{1-40\%}=500000(\text{美元})$$

$$x_{10}=\frac{Y_{10}}{P}=\frac{500000}{100}=5000(\text{间天})$$

$$\text{平均每天出租数 } x'_{10}=\frac{5000}{30}=167(\text{间})$$

$$r_{10}=\frac{x'_{10}}{N}\times 100\%=\frac{167}{400}\times 100\%=41.8\%$$

由此可见，客房保本点只与客房固定成本和变动成本率有关，而与客房实际营业收入没有关系。

二、客房保本价

客房保本价即客房保本（客房利润为零）时的价格。假定客房出租率为“r”，保本价为“P”，则由式（3）可知：

$$P=\frac{F}{r(1-f)\cdot n\cdot N}$$

即在客房固定成本、客房出租率、客房变动成本率等一定的情况下，当客房的实际平均房价达到 $F/[r(1-f)\cdot n\cdot N]$ 时，客房经营才能保本。

三、保本点分析

如图 9-1 所示，客房盈利区的大小与保本点的位置有很大关系。保本点的位置越低，盈利区就越大，亏损区则相应缩小，所以保本点的位置越低越好，那么，客房部如何降低保本点呢？

如图 9-1 所示，在营业收入一定的条件下，保本点的位置取决于总成本的大小。总成本增加，盈利区便缩小，亏损区相应增大。所以，酒店应通过对固定成本和变动成本的控制，改变保本点的位置，缩小亏损区，扩大盈利区。

一般来说，客房的固定成本是相对固定的，但是，如果酒店的固定成本总额增加，则客房的固定成本数额必然要相应增加，从而使客房总成本增加。这时，原保本点位置就改变了，亏损区增大，盈利区缩小，反之亦然。所以，酒店在日常经营活动中必须努力降低固定成本和费用，加强对固定资产的管理，减少损失报废，延长对固定资产的使用年限。

就客房变动成本而言，管理人员要加强对客房笔、信纸、拖鞋、牙膏、牙刷、洗发液、浴液、梳子、香皂等低值易耗品及清洁用品的控制，减少损失浪费现象。另外，客房用品配备的档次也不能一味求高，必须与酒店的档次相适应。

下面，继续以上例为例，分别讨论一下固定成本和变动成本变化对保本点位置的影响。

案　例

（1）在上例中其他条件不变的情况下，假定 11 月份该酒店客房部的固定成本（F_{11}）减少到 24 万美元，试问保本点位置如何变化？

（2）在上例中其他条件不变的情况下，假定 11 月份该酒店客房部的变动成本（V_{11}）减少到 40 万美元，试问保本点位置如何变化？

（3）在上例中其他条件不变的情况下，假定 11 月份该酒店客房部的固定成本和变动成本分别减少到 24 万美元和 40 万美元，试问保本点位置如何变化？

（4）在上例中其他条件不变的情况下，假定 11 月份该酒店客房部的固定成本减少到 24 万美元，而变动成本增加到 60 万美元，试问保本点位置如何变化？

解：（1）假定保本点位置以营业收入 y 表示，则：

$$y_{11}=\frac{F_{11}}{1-f}=\frac{24\times10000}{1-40\%}=400000(\text{美元})$$

$$y_{10}-y_{11}=500000-400000=100000>0$$

因此，保本点向左下方移动，盈利增加。

（2）由 $V_{11}=40\times10000$（美元）

得到：

$$f_{11}=\frac{V_{11}}{营业收入}\times100\%=\frac{40\times10000}{80\times10000}\times100\%=50\%$$

于是，

$$y_{11}=\frac{F_{11}}{1-f_{11}}=\frac{30\times10000}{1-50\%}=600000(美元)$$

$$y_{10}-y_{11}=500000-600000=-100000<0$$

因此，保本点向右上方移动，盈利减少。

（3）由 $F_{11}=24\times10000$（美元）

$$f_{11}=\frac{V_{11}}{营业收入}\times100\%=\frac{40\times10000}{80\times10000}\times100\%=50\%$$

得到：

$$y_{11}=\frac{F_{11}}{1-f_{11}}=\frac{24\times10000}{1-50\%}=480000(美元)$$

$$y_{10}-y_{11}=500000-480000=20000>0$$

因此，保本点向左下方移动，盈利增加。

（4）由 $F_{11}=24\times10000$（美元）

$V_{11}=60\times10000$（美元）

得到：

$$f_{11}=\frac{V_{11}}{营业收入}\times100\%=\frac{60\times10000}{80\times10000}\times100\%=75\%$$

于是，

$$y_{11}=\frac{F_{11}}{1-f_{11}}=\frac{24\times10000}{1-75\%}=960000(美元)$$

$$y_{10}-y_{11}=500000-960000=-460000<0$$

因此，保本点向右上方移动，盈利减少。

四、盈亏平衡点率

盈亏平衡点率是指客房盈亏平衡点（保本点）时的出租间天数与实际出租间天数

之比。

设盈亏平衡点率为γ，客房实际出租间天数为Q，盈亏平衡点时的出租间天数为X，则：

$$\gamma=\frac{X}{Q}\times100\%$$

盈亏平衡点率的值越小越好。结合我国实际情况，一般可用下列数值来判断酒店客房经营的好坏（见表9-4）。

表9-4　盈亏平衡点率与酒店经营状况的关系

	新酒店	老饭店	理想程度
盈亏平衡点率	<70%	<65%	良好
	70%~80%	65%~75%	正常
	80%~90%	75%~85%	警惕
	>90%	>85%	危险

本章小结

- 预算管理是客房管理人员应该掌握的一项技能。制定预算的原则是分轻重缓急，讲究实事求是，进行充分沟通。
- 客房部制定预算的依据是：酒店在计划期内的经营预测、酒店经营的历史资料、客房部设施设备及人员现状、计划期内物价及劳动力成本水平。
- 预算一经批准，客房管理人员应严格执行，将经营活动控制在预算范围之内。为此，客房管理人员必须对预算执行情况进行检查，并填写预算执行情况控制表。
- 作为客房管家等客房部高级管理人员，还应学会对客房经营情况进行盈亏平衡分析（“保本点”分析），掌握客房经营的保本点，同时学会计算在客房盈利和价格水平一定的情况下，应出租的客房间天数。

思考题

1. 解释下列概念：预算；盈亏平衡点；盈亏平衡点率。
2. 编制预算的依据有哪些？
3. 如何编制客房部经营预算？
4. 怎样确定客房保本点？

案例分析

某酒店共有客房400间，平均房价为100美元，2007年4月份客房营业收入为110万美元，固定成本为40万美元，出租每间客房的变动成本为20美元，则该酒店客房部：

1. 以月营业收入表示的盈亏平衡点是多少？

2. 以客房出租率表示的盈亏平衡点是多少？

3. 如果该酒店每月要取得80万美元的盈利，平均每天的客房出租率应达到什么水平？

【补充与提高】

一家有120间客房的美国酒店的客房部收支情况一览表

项　目	美　元	百分比(%)
客房销售收入(Room sales)	2555110	100.0%
部门费用(Departmental expenses)		
工　资	355160	13.9
员工用餐	10220	0.4
工资税与员工福利	76653	3.0
洗涤费用	38327	1.5
瓷器、杯具、银器、布草等	25551	1.0
佣　金	38316	1.5
预订费	17886	0.7
其他支出	84312	3.3
客房部总支出(Total rooms expenses)	646425	25.3
客房部利润(Rooms-departmental income)	1908685	74.7

注：以上费用项目中不包括行政管理费用（administrative and general expense）、酒店营销费用（marketing and guest entertainment）、资产经营费用（property operation）、维修和能源费用（maintenance and energy costs）等酒店未分配之经营费用（undistributed operating expenses）以及折旧和摊提费用（depreciation and amortization）、利息（interest）等资本成本（capital costs）。

酒店经理人答 经理的困惑

Re：如何编制客房部预算？

邹逢春 山西天贵国际酒店 房务经理

客房的低耗品费用应该控制在5%左右，所以本题中所说的保本点没达到是正确的。

编制预算应注意的问题：全局性、实际经营需要、各项预期投资、各项预计增加的服务项目支出、大型设施的添置，等等。

编制预算的优先项目：人力资本、客房低值易耗品、洗涤成本、布草更新、公区清洁费用等固定的或大的支出项目应该首先进行预算。

编制预算时不需要虚报，如果不能被批准，需要与总经理进行沟通，将每一项费用与总经理进行探讨，确保预算的合理性和可行性。

Robert Zhou 香格里拉大酒店 行政管家

编制预算，首先要从成本控制、人员和所有开销着手。尤其是人员编制，要根据当地的市场需求量去预算。客房收入有2100万元，除人员工资外，客房低值易耗品是1900万元，而在我们收入当中，房费中包含的餐饮（含早餐费）收入要划给其他部门，还有的是固定资产折旧费用，所以财务部说客房未达到“保本点”水平。

作为HSKP预算，要注意成本控制，表现在劳动力、清洁剂消耗、布草织物的清洁、客房易耗品及供应品更新、印刷及办公品等直接费用。编制预算时，是依据当年前三个季度的实际费用及去年的实际发生作为依据产生第四季度费用，以此全年数据按3%通货自然增长率计算递增来年成本，这一计算的前提是在来年收入持平，如果来年收入增长，则成本也应上涨。

第十章　客房部安全管理

安全，是住宿业的大前提，也是客人对酒店的最基本要求。而客房是酒店建筑的主体，酒店的安全问题也主要发生在客房部。因此，安全管理是客房管理的主要任务之一，做好客房的安全管理对于保护客人生命财产的安全及酒店财产的安全具有极其重要的意义。

通过本章学习，读者应该能够：

- 了解客房部主要安全问题及其防范措施；
- 掌握火灾预防、通报和扑救的方法。

关键词：安全；偷盗；火灾

Key Words：Safety；Burglary；Fire

经理的困惑

——有人冒充“房客”盗窃怎么办？

住在我们酒店302房的刘小姐，见到隔壁304房间的客人衣着光鲜、穿戴时尚，遂起歹意。当她看到并确认该房客人离开房间、房内无人后，就佯装成304的客人，站在304门口给服务中心打电话，要求楼层服务员送一瓶开水到304房。

服务员很快将水送到304房，见该小姐站在门口，就将水瓶递给她。刘小姐谎称忘带房卡出来，请服务员开一下门。该服务员见状，立即微笑着为该小姐打开304房间的房门，然后离去。刘小姐进房后，立即将房内客人携带的贵重物品拿走，并马上到总台办理了退房手续。

304房客人回来后，发现自己的贵重物品不见了，便打电话问服务中心，是否有人进他房间。服务中心告知，曾有一位小姐说304房要开水，该客人立即明白他的东西已经被该小姐偷走，严厉要求酒店承担责任。

面对这样的问题，我该如何处理？还有，作为客房管家，我应该采取哪些措施，防止类似事件的发生？

第一节 客房部主要安全问题及其防范

客人对酒店的要求是：提供热情周到的服务，舒适优雅、干净卫生的客房。但这些都是以安全为前提的，安全需要是客人的第一需要，一位日本酒店管理专家曾经指出："酒店经营者应当记住，住宿业的大前提是旅客的生命、财产。安全第一，饭菜、服务、设施第二……如果一名旅客遇难，饭店就会受到致命的打击。"因此，安全管理是酒店，特别是客房管理的主要内容之一。

发生在客房部的安全问题，主要有以下几种类型：

一、各类事故

客房部所发生的各类事故通常因客房设施设备安装或使用不当而引起，经常发生的这类事故有：

- 浴室冷、热水供应不正常，烫伤客人；
- 设施设备年久失修或发生故障而引起的各种伤害事故，如天花板等建筑物掉落、倒塌，砸伤客人；
- 地板太滑、楼梯地毯安置不当以及由于走廊、通道照明不良而使客人摔伤。

对于以上事故，饭店应给予足够的重视，要采取措施，确保浴室冷、热水供应正常，同时经常检查维修饭店的设施设备，消除隐患，如地板太滑可铺设地毯，照明不良可更换灯泡，又如由于地毯铺设不当经常绊倒或摔伤客人，就应考虑对其重新安置、调整。

此外，客房部员工在工作时，还要严格执行各项操作程序和操作规程，防止出现各种工伤事故。

二、传染病

传染病会危害客人和员工的健康，它的产生和传播大都与饭店的卫生工作有关，主要是食品卫生和环境卫生。有些饭店食品卫生工作搞得很差，经常发生顾客食物中毒的现象，轻则拉痢、传染，重则因此而丧生，给饭店的财产和声誉带来不可估量的损失。有些饭店只重视客人餐厅卫生，而不重视员工食堂的卫生，岂不知员工因此而患病后，不但会影响日常的接待服务工作，而且还会将病菌通过客房服务而传染给客人，显然，这种态度是不可取的。

如果说食品卫生是餐饮部的责任的话，那么，环境卫生则主要是由客房部负责的。一般来说，客房部应该从以下几个方面着手搞好环境卫生，防止传染病的发生和传播。

首先，按预定的清扫频率，组织正常的清扫工作。如果饭店所在地气温较高就应注意潮湿问题，应对潮湿的角落经常检查，并定期或不定期地喷洒杀虫剂。另外，要避免灰尘的堆积，角落、家具的底部时间一长就会成为灰尘集聚的场所，因而要组织系统有效的行动来清除灰尘。

其次，布草的清洁。无论是客人使用的布草还是员工使用的布草都应保持清洁卫生，对于那些可能感染上病菌的布草应尽可能放到沸水里去消毒。

再次，卫生间的设施进行特别清扫。浴缸、淋浴器、便器以及洗脸池是客人身体直接接触的物体，病菌容易通过这些设施传染给随后租房的其他客人，因此搞卫生时应特别予以关注，尤其是那些患有传染病的客人使用过的客房，客人离店之后，要对其卫生间设施使用消毒剂，进行彻底的清扫。

最后，消灭害虫。我国很多旅游饭店老鼠成灾，饭店以及上级有关部门经常收到来自国际旅游者在这方面的投诉，他们气愤地说："我不能与老鼠同住一屋！"有的甚至在回国后有意无意地写文章，投书新闻界，诉说他们在这方面的"经历"，对我国旅游饭店业的声誉造成不良的影响。事实上，像蟑螂、蚊子、苍蝇以及老鼠、蚂蚁、蜘蛛、跳蚤等害虫，不但影响环境卫生，而且也往往是各种病毒的传播者，因此，要对其进行严格控制，在害虫容易出没的地方经常喷洒杀虫剂和毒药。

此外，为了防止传染病的蔓延，保障住店客人的安全与健康，饭店方面也有权拒绝患有传染病的顾客留宿。

案 例　**长水痘的客人**

我曾经处理过一个事件，是一个外国客人长了水痘，店医检查后，建议其去医院，但客人死活不肯去。我们好话说了一箩筐，可他仍觉得这是他的事，"It is not your business"！酒店领导很重视这件事，坚持让他去看病。我登门拜访了他三次（他住的是酒店公寓）。他烦了，我也腻了。他说自己打电话问过澳大利亚的医生，这种症状会在几天后消失，但这怎么能让酒店放心！酒店情愿出钱让他去医院，他也不理；说让医生来给他看，他也拒绝。后来，我们想出个折中的办法，通知防疫站。防疫站很重视这件事，几乎全体出动。在对他晓之以理，动之以情后，他终于看了医生。医生说没事，就叫别出去吹风，但他用过的寝具要严格消毒。

第二节　偷盗及其他刑事案件

一、偷盗的类型

偷盗现象在酒店里时有发生，尤其在管理不善的酒店更是如此，它是令酒店管理者非常头疼的一个问题。失窃物小到一盒火柴、一包香烟，大到一枚戒指甚至上万元巨款。偷盗的对象既有住店客人，又有店方本身。一些酒店成箱的名酒、成套的餐具、成包的卫生用品等都曾发生过不翼而飞的事情。

从窃贼的构成上来看，发生在酒店的偷盗现象一般有以下四种类型：

（一）外部偷盗

即社会上的不法分子混进酒店进行盗窃，这些人往往装扮成顾客蒙骗店方，盗取住店客人及饭店的财物。为了防止这种类型的盗窃行为发生，饭店必须加强管理，提高警惕性。

（二）内部偷盗

指酒店职工利用工作之便盗取客人及饭店的财物。这种类型的偷盗在整个偷盗事件中占很大比例，像前面提到的酒品、餐具以及卫生用品的盗窃大都是饭店内部员工所为，由于他们对于饭店内部的管理情况、活动规律以及地理位置都了如指掌，因此，作案也最容易。一般来说，饭店如发生失窃现象应先从内部入手进行查找侦破。

（三）内外勾结

这种类型的盗窃，一般是由酒店内部的员工向社会上的同伙提供“情报”及各种方便，由其同伙作案、销赃。这种作案方式手段“高明”，容易成功，给酒店造成较大的威胁。

（四）顾客自盗

这种方式是指相识或不相识的顾客同住一屋或住在相近的房间，其中一位顾客利用这种“地利”与“人和”的方便，伺机窃取另一位顾客的财物，这种方法虽然少见，但也时有发生。

二、偷盗及其他刑事案件的防范

除偷盗行为以外，客房部有时还会发生以谋财害命为主要特征的抢劫、凶杀案件。

有效地防止盗窃及其他刑事案件的发生，是客房安全管理的主要任务。

客房部盗窃及其他刑事案件的防范可从以下几方面入手：

（一）提高员工的安全意识，不能用“服务意识”代替安全意识

客房安全管理中的一个常见问题是服务员经常会用服务意识代替安全意识，从而给高智能犯罪分子以可乘之机。我们看下面的案例：

事情发生在某星级酒店，一天早上 8 时 30 分客房服务员正在做房，有两个男子嘱咐其给 1303 房加两条浴巾，这两人并未进房，而是告知服务员他们要去餐厅用早餐，从服务员身边擦身而过。服务员则遵照其指示，到 1303 房为其增配两条浴巾，并顺手清理床上零乱的东西，此时这两位男子又忽然返回，看见服务员正在清理，忙对服务员说：“不用麻烦你了，我们自己整理就行了。”这时候，服务员看他们已在收拾他们的物品了，就暂时退出。

这两个男子 3 分钟后从房间走出，刚离去不到一会儿，又来了两位男子，自己持房卡进入房间后，即发现房间被盗，他们损失了相当的财物。原来前两个人是小偷，后两位才是其正的客人。

这是一种相对高智能性质的犯罪，犯罪分子相当熟悉和了解酒店的运作流程，他们知道，如果直接要求服务员为其打开房门，服务员势必要求他们出示房卡，并会询问他们的姓名，以便和总台核对，故而采用这种方式进入房间，使服务员失去判断的警惕性，从而达到偷盗的目的。

服务员对于一般的犯罪行为都较为警惕，但如果犯罪分子利用服务人员的服务意识，采用一些常规的行为，服务员就很难辨别了。犯罪分子利用心理上这种“合乎常理”的惯性思维，使服务员产生误导，失去了判断力，认为对方就是此房的客人，没有对其进行身份核实，从而给了犯罪分子入室盗窃的机会。

（二）严格核对客人身份

以上案例告诉我们，小疏忽也会酿成大错，作为服务员，要尽量记住每一位住客的外貌和房号。在遇到类似情况时，不能放松警惕，要多记忆、多思考、多观察、多置疑，一定要先委婉地核对客人的身份，验证房卡或请其出示有效证件，切忌过于主观，盲目判断。

（三）加强对员工的职业道德教育

针对内部偷盗现象，客房部首先应做好员工的思想工作，对员工进行职业道德教育。其次，还应采取各种有效的办法、手段（如合理排班、加强员工出入的管制检查以及设置检举控告箱等）堵绝管理漏洞，严格管理制度，不给作案者以可乘之机。同时，一旦发现有人偷窃，应予以严厉打击，严肃处理，轻则留店察看，重则开除，直至诉诸法律。

为了使酒店具有良好的店风、店纪，酒店在对外招工时也要注意把那些流里流气、不三不四或有犯罪前科的应招者拒之门外。

（四）做好客房钥匙管理

酒店的钥匙通常有以下几种：

- 住客用钥匙（Guest Key）：只能开启该号房门，供客人使用；
- 通用钥匙（Pass Key）：供客房服务员打扫房间使用，可开启十几个房门；
- 楼层总钥匙（Floor Master Key）：供楼层领班使用，可开启该楼层所有房间；
- 总钥匙（Housekeeper Master Key）：可开启各楼层及公共区所有房门，专供客房部及工程部经理使用；
- 紧急万能钥匙（House Emergency Key or Great Grand Master Key）：只供总经理使用，也称饭店总钥匙；
- 楼层储藏室钥匙（Floor Pantry Key）：供楼层服务员使用；
- 公共区总钥匙（Cleaning Master Key）：供公共区领班使用。

酒店的钥匙是关系到客人生命财产安全以及酒店本身安全的一个重要因素。钥匙管理是楼层安全管理的一个重要环节。一般应采取以下几个措施：

首先，做好钥匙的交接记录。

其次，因公需用钥匙时必须随身携带，不得随处摆放。

再次，禁止随便为陌生人开启房门，其他部门员工如需要进入房间工作（如行李员收取行李、餐饮服务员收集餐具、工程部员工维修房间设施设备等），均须由客房服务员开启房间。

最后，勿将房号印在门卡上。一些酒店为了方便客人，而将房间号码印在门卡上，殊不知，这也为小偷作案提供了“方便”。

案　例　　**问题出在门卡上的房号**

神情沮丧的客人白先生找到大堂副理小潘诉称，今天上街购物时，放在上衣口袋的钱、身份证、寄存单以及酒店房间的门卡（钥匙）统统被小偷“扒”走，不知如何是好。小潘向总台查实白先生是住本酒店809房的客人后，立即安慰他道：“你还有寄存在总台保险柜的钱，经我们酒店有关人员确认，你报出密码后即可领走。房间门卡丢失不碍事，可以重新制作一张供你使用，请你不要太难过。”

虽然客人一时得到安慰，但令这位客人难过的事情还没完。原来，当重新制作的门卡打开房门后，客人发现原先放在房间里的旅行袋被打开，一套崭新的西服不见踪影，昨天刚购买的三条本地产香烟也一起消失。

问题出在哪里呢？接到白先生报案后，大堂副理小潘陷入了沉思。小潘在保安部经理的建议下，查看了从上午约9点白先生离开酒店到下午约2点回到酒店这一段时间里8楼过道电子探头的录像，发现在中午12点左右，有一个男青年（不是酒店员工）进入过白先生的房间，不一会儿又拎了两个酒店的礼品袋离开。

大堂副理小潘询问白先生："你有没有叫一个男青年到你房间取东西？"

"没有啊！"白先生睁大眼睛大声回答。

"那你发现上衣口袋东西丢失是什么时间呢？"小潘心里似乎已有了答案，仔细地查询白先生发现失窃的具体时间。

白先生不假思索地回答道："在我到一家小餐馆想吃当地风味小吃时发现的，那已是中午时间，大概是下午1点了吧。不瞒你说，由于我身上没钱了，不但吃不上东西，而且我还是走回酒店的哩！"

小潘立即带领白先生到咖啡厅用餐，然后说道："回头我把分析的情况告诉你。"

准备怎么将分析情况告诉白先生呢？小潘感到左右为难。她知道，丢失门卡的责任固然在于白先生，但酒店对失窃事件是否一点责任都没有呢？答案是否定的。因为酒店提供的门卡上不但有酒店标志，而且还明白无误地标有房号！显然，当白先生发现钱、门卡等丢失时，小偷已经按门卡上的酒店名称和房号"光顾"了白先生的房间。平常头脑还算活络的小潘，这时真不知道该向白先生怎么解释了。

许多酒店为什么要在门卡上贴上房号标签呢？主要是怕客人忘了自己的房号，打上房号便于客人辨认。其实，房号已在房卡（欢迎卡）或钥匙袋上注明，何况客人开一两次房门后对房号应当也熟悉了。与方便客人相比，客人的安全应该是第一位的。至于一些酒店管理人员说一般不会因此而出问题，那是侥幸心理。"不怕一万，就怕万一"。这一案例告诫我们：在门卡上标有房号的做法潜伏着危险！

（五）做好对"双锁房"的管理

1. 有下列情况需双锁门

（1）长住客暂离外出，要求双锁门。

（2）宾客遗失房间钥匙事宜尚在处理之中，出于为宾客物品安全考虑，酒店将门双锁。

（3）宾客账单额度超过酒店规定且不与饭店合作时，酒店将门双锁。

（4）因宾客房内物品、家具、地毯、设备等被破坏，与宾客联系不上时，酒店将门双锁。

2. 对双锁门的管理

（1）接到宾客要求双锁门或开双锁门报告时，要到现场了解原因，根据实际情况提供相应服务。

（2）如果宾客要求打开酒店双锁门，在与宾客接触前，要查清双锁原因，然后与宾客接触，根据酒店政策妥善处理。

（3）因酒店处理客务，需要双锁宾客房间门时，值班经理要给宾客留下书面通知，与宾客预约时间。

（4）凡双锁门开锁，都要在登记本上做记录，备查。

（5）将处理过程详细记录在值班经理工作日记上备查。

（六）从来访客人和住店客人身上发现疑点

在日常工作中，应注意从来访客人和住店客人身上发现疑点：

1. 从审查证件中注意

- 证件上照片与面貌不符；
- 印章模糊不清或有涂改迹象；
- 证件已过时失效。

2. 从言谈中注意

- 交谈中神态不正常，吞吞吐吐，含糊其辞；
- 谈话内容、方式与身份不相符合；
- 口音与籍贯不一致；
- 说话自相矛盾，或说东道西，夸夸其谈。

3. 从举止打扮中注意

- 进出频繁，神情异常，行动鬼祟；
- 服装式样、质量与职业身份不符；
- 用小恩小惠拉拢腐蚀服务员；
- 经常走串其他客人房间；
- 打探店内其他客人情况；
- 携带麻醉剂、凶器等危险品。

4. 从日常生活中注意

- 住宿旅客客房内有凶器或麻醉剂之类的物品；
- 只登记一人住宿的房间住了两个人；
- 住宿中的旅客没有行李或行李极少；
- 外来客人进出过多的客房；
- 在走廊或其他地方发现可疑的人或物（如行李）；
- 与不相识的人乱拉关系；
- 用钱挥霍；

- 起居不正常；
- 终日闭门不出，神态不自然；
- 匆匆离店，原因不明。

遇有上述情况，服务员应向管理人员报告。但以上仅是可疑之处，客房服务员及管理人员只能对有以上特征的人提高警惕，注意观察，而不能主观臆断，以此定罪，以免得罪、冤枉好人，使工作处于被动状态。

（七）抓好“三个重点、三个控制、六个落实”

除了在日常服务中对住店客人进行以上观察以外，客房保安管理和内部防范还要抓好三个重点（重点部位、重点时间、重点对象）、三个控制（楼面的控制、电梯的控制、通道的控制）、六个落实（开房验证、住宿登记、来访登记、跟房——客人退房离去或来访者走后要入房安全检查、掌握客情、行李保管）。此外，还要加强对门卫及大堂保卫工作的管理，保卫人员应密切注意大堂内客人的动态，发现可疑的人或事应主动上前盘问、处理，及时消除各种隐患。

最后，酒店一旦发生不安全事件，作为客房服务员，要在报告领导及保卫部门的同时，注意保护好现场，不准无关人员无故进入现场，更不许触动任何物件，这对调查分析、追踪破案极为重要。此外，发案后，在真相未明的情况下，不能向不相干的宾客等外人传播，如有宾客打听，应有礼貌地说：“对不起，我不清楚。”

客房还可能发生的一种不安全事件，是某些客人可能对应客人要求进入客人房间为客人提供服务的服务员进行非礼或性侵。对此，酒店管理者也要做好防范工作。比如，可要求服务员为客人提供服务时，把房门开着；深夜应客人要求进入客人房间为客人提供服务时，最好安排男性服务员，如为女服务员，则最好安排两个人，其中一个人（最好为保安人员）在房外等候，以防不测。另外，还可采取其他防范措施。比如，国际货币基金组织前总裁卡恩在纽约酒店性侵女服务员案件发生后，纽约一些大酒店陆续为进入客房服务的服务员设置紧急报警按钮，以方便他们在遇到紧急状况时呼救。

三、发生偷盗现象时的处理程序

一天，两位美国人找到大堂经理，满脸怒气地说：“我放在房间茶几上的300美元不见了，请立即给我查清，赔还给我。”大堂经理向客人表示：“此事我们要先调查一下，进出客房是两位服务员同进同出，并有时间记录。”同时也委婉地提醒客人再仔细查找一下，并且询问是否需要报案。

发生任何偷盗现象均须首先报酒店保卫部，同保安人员赶到现场。若发生在房间，则同时通知客房部的管理人员一同前往，请保卫部通知监控室注意店内有关区域是否有可疑人员。查询被盗物品的客人是否有客人来访及有关资料，并做记录。询问专业问题最好由保卫人员进行，大堂经理做好翻译。要视客人要求，由客人决定是否向公安机关报案。

发生偷盗事件后，最好由保卫部与大堂经理同时出面与客人交涉。

基于酒店作业规则，若客人有物品遗失，酒店不应轻言赔偿。在饭店的住房手册及客人签字确认的登记卡上，都有明确说明："请将您的贵重物品保存在房间或前台的保险箱内，否则遗失饭店恕不赔偿。"

通常情况下，酒店不开具遗失证明，若客人信用卡遗失，可由大堂经理代为联络银行支付。

案　例　　"门外有不明人士敲门"

"门外有不明人士敲门"

第三节　火灾的预防、通报及扑救

"我在带队验收优秀旅游城市时，去饭店重点检查了安全，总共查了几十家饭店，结果发现：80%的泡沫灭火器都是过期的；接着问员工怎么使用，员工说不上来；我们在房间里对着报警器吹烟，把它吹亮了，但是没有一个消防员工能够按时到达；有的响了十来分钟了还没有人来，或者是赤手空拳地上来了，惊慌得不知道是怎么回事……"

除了上节所述客房部几种安全问题以外，客房部还有一种安全问题：火灾。实际上，火灾是客房部的头号安全问题。客房部员工应该具有火灾的防范意识，掌握火灾的预防、通报和扑救知识。

一、火灾的危害

如前所述，火灾是酒店的头号安全问题。现代旅游酒店设备先进、设施豪华，投资额巨大，小的投资上千万元，大的则往往上亿元，一场大火旦夕之间就会使这些巨额财产化为灰烬。无情的大火不但会烧毁饭店建筑物，而且还直接威胁着人们的生命。2000 年 12 月 25 日，河南洛阳市东都商厦因违章电焊引起火灾，造成 309 人死亡；2003 年 2 月 2 日，位于我国东北城市哈尔滨的天潭酒店因服务员违规使用煤气炉发生火灾，导致 33 人死亡……

因此，一位饭店总经理曾经深有感触地说：“作为饭店老总，最让我关心的，而且常常使我坐卧不宁的就是‘防火’，客人的财物丢失，我可以用经营利润照价赔偿，可是一旦发生火灾，建筑物付之一炬，客人被烧死，那么，我坐监狱是小事，国家将遭受难以估量的巨大损失。”

二、火灾发生的原因

火灾发生的直接原因很多，据美国有关方面对 487 起饭店的火灾原因分析：因吸烟点火不慎者占 33%；因电器事故占 21%；因取暖、炊事用具占 10%；因火炉上的食物和烟道的油占 6%；因碎屑类着火占 3%；自燃占 2%；煤气泄漏占 1%；纵火占 17%；其他占 7%。由此可见，饭店火灾主要发生在客房。其中，吸烟和电器事故不仅是引起客房部火灾的主要原因，而且也是整个饭店火灾事故的主要诱因。国外火灾多发生在深夜到黎明这一段时间，其原因就是国外旅客大都习惯夜生活，在酒醉和疲劳时，深夜卧床吸烟，容易引燃被褥、床单等物，或者乱扔烟头火柴，使地毯、纸篓等起火。北京有一家饭店，一位日本外宾因饮酒过量，又有睡觉前躺着吸烟的习惯，结果人睡着了，小小的烟蒂致使这位客人丧生。

另外，电器和煤气也是饭店火灾的重要导因。

2008 年 2 月 15 日，在浙江义乌一家酒店共度“情人节”的一对青年男女连同其他 9 位住客因酒店起火而丧命，据调查，火灾原因是由于酒店总服务台电脑电线老化造成的。

2005 年 6 月 10 日发生在广东汕头市华南宾馆，造成 31 人死亡、21 人受伤的特大火灾事故也是因为电线短路故障引起的。1986 年 12 月 31 日 15 点 30 分，美国波多黎各杜蓬大饭店地下锅炉爆炸，火势凶猛，使这座 21 层豪华饭店变成一片火海。1990 年，我国深圳也有一家饭店因锅炉爆炸引起火灾，使 1 人丧生。

近年来，很多饭店在客房内放置电热水器，热水器使用不当也成了客房火灾的诱因之一，已有酒店因客人热水器使用不当而遭受到了重大火灾和伤亡事故。

此外，饭店在建筑和大修时也常发生火灾，这主要是由于使用电气焊而引起的。

发生火灾的直接原因虽然很多，但更重要的是酒店经营者对消防工作重视不够，消防意识不强，思想麻痹，存在侥幸心理，总认为火灾只是偶尔发生的，一般不会出现，即使出现，“倒霉”的也不会是自己的饭店，因而在日常经营和管理中措施不力，结果导致“引火烧身”。

三、火灾的预防

火灾的预防可从以下几方面入手：

（一）在酒店的设计建设中，安装必要的防火设施与设备

为了防止火灾的发生，饭店在建设时就应选用适当的建筑材料，设计安装必要的防火设施、设备，如自动喷水灭火装置及排烟设备等。像太平门、安全通道在一般酒店都是必不可少的，需要强调指出的是，在紧要关头，设置在楼房外面的露天楼梯往往会起特别的作用，可以想象，饭店的封闭式楼梯在这种情况是起不了多大作用的，尤其是假如酒店自己发电的强制排烟设备失效，封闭式楼梯就更显得力不从心，无济于事。除安全通道以外，大酒店还应在客房部安装急用电梯，并在客房内安装烟感报警器（Smoke Detector）。因为客房中被褥等物起火时，开始多产生大量浓烟，旅客往往在熟睡中就窒息昏迷，这时，烟感报警器就会发挥作用。

针对电器设备起火这一现象，酒店在各种电路系统中应设保险装置，并安装防灾报警装置。

（二）搞好职工培训，增强防火意识

酒店建成开业后，要对新上岗的员工进行安全培训，增强他们的防火意识，教会他们如何使用消防设施与设备，并使他们懂得在火灾发生的非常时刻，自己的职责是什么；同时，组织消防知识竞赛，必要时，还可利用淡季组织消防演习。

当然，为了搞好这项工作，酒店经营者本身必须统一思想，提高认识，这样才能给防火工作以足够的重视。否则，将会出现本节开头时描述的现象。

（三）在日常经营中采取必要的管理措施

- 新落成的大型酒店一律设立防灾中心，整日执行警戒任务；
- 制定并贯彻执行消防安全制度、防火岗位责任制度；
- 专职消防和群众性的消防组织相结合，对于重点部位和隐患要定期检查评比；
- 经常检查、维修线路，防止因漏电而引起火灾；
- 经常检查各种报警装置是否正常；
- 定期检查消防设施是否良好，如消防用具、烟雾感应器等失效者要及时更换；
- 针对客人躺在床上吸烟这一习惯，应在床头柜上放置“请勿在床上吸烟”的卡片，提醒客人务必将未熄的火柴或烟头扔进烟灰缸；
- 对于因酗酒过度而酒醉的客人以及烟瘾大的客人所住房间要经常检查；
- 注意观察客人所携带的行李物品，如发现有易燃易爆等危险品，要立即向上级或总服务台报告；

- 服务员打扫房间时，注意不要把未熄灭的烟头扔进纸篓；
- 统计资料表明，饭店火灾多发生在夜间，因此，夜间值班员应切实负起责任，加强夜间巡逻；
- 对维修人员因工带进的喷灯、焊接灯、汽油以及作业产生的火花等要充分注意，并要对工作人员加以提醒；
- 发现客人在房内使用电热器时，要及时向总服务台报告；
- 太平门不能加锁，如发现太平门、急用电梯等处堆有障碍物，应及时排除。

以上是关于火灾的预防。为了把火灾所造成的伤亡减少到最低限度，客房部还应利用时机，通过适当的方式向客人宣传安全常识，并向他们指出在非常情况下紧急疏散的路线等（一般饭店都有印制好的紧急疏散图，见图 10-1，通常都贴在客房门内侧，有的饭店则放在写字台上的文件夹内，但这样做不方便使用）。

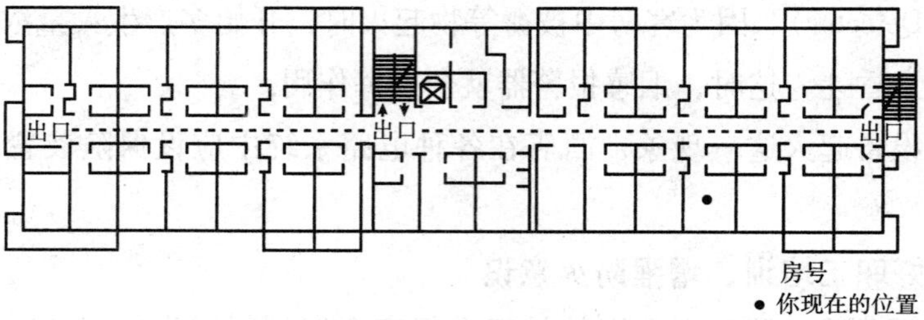

图 10-1 紧急疏散图

紧急疏散方案

您的安全对我们是很重要的，请花 1 分钟时间读完下面的安全建议：

1. 请您一定要熟悉放置在写字台的《旅客须知》内的紧急疏散方案。
2. 熟悉您客房内的窗户。
3. 请将您的钥匙放置在您容易找到的位置，离开房间时要随身携带，因为烟火阻碍您的出口时，您可能需要您的钥匙回到您的房间。
4. 当起火或有紧急情况时请按下面提示进行：

- 找到您房间的钥匙并随身携带；
- 在开门前试一试客房门是否烫手；
- 到达最近的可用的出口楼梯，并立即下到底楼（注意：不要使用电梯）；
- 如您不能平安到达出口楼梯口，应回到您的房间，立即拨“0”通知电话员；
- 在等待援助时，按您的最佳判断来操作窗户；
- 放置一块湿毛巾在客房门底部；
- 设法吸引楼房外面人们的注意。

四、火灾的通报

（一）酒店内部通报

发生火灾时，酒店有关部门（如防灾中心）应立即向消防部门报警，同时，要向客人发出通报，要求客人迅速撤离客房。但考虑到在这种情况下人们特殊的心理状态，因此通报应采用一定的艺术方法和步骤，以免因太恐慌而造成更多的伤亡。一般来说，火灾发生时，最好能够按以下步骤进行通报：

（1）一次通报。通过安装在客房床头柜上的广播向客人通报紧急事态的发生及疏散的方法，这时，防灾中心最好采用预先录制好的磁带，用不同的语言播放通报的内容，以免因此时此刻播音员以激动的语气向客人通报“火”灾而引起恐慌。考虑到很多客人并未打开床头音响，或因熟睡而无法听到广播，在通过广播进行通报的同时，应由酒店保卫人员及服务员对各客房逐个通知。

为了使疏散工作顺利进行，通报应按步骤进行：首先向起火层报警；再向其上一二层报警；然后通报上面其他楼层；最后通报起火层以下各层。

（2）二次通报。鸣警铃，进行全楼报警。

（二）报警

如火情严重，应立即打 119 报警。报警时要讲清以下事项：

- 酒店的名称、地址；
- 什么东西着火；
- 哪一层楼着火；
- 报警人的姓名和电话号码。

报警后应派人到门口或路口等候并引导消防车。

五、火灾发生时客房员工的职责

火灾发生后，客房员工的职责是：

第一，向酒店防灾中心报警（如火势大，应同时向消防部门报警）。

第二，按次序向客人发出通报。

第三，提醒客人有关注意事项，包括：

- 要求客人保持镇定，防止火未烧身人已跳楼身亡，或由于恐慌、拥挤而造成其他意外伤亡事故；
- 提醒客人穿好衣服或睡袍，勿将身体直接暴露在火焰之中，以免烧伤；
- 提醒客人随身携带房门钥匙，以便在无法从安全通道出去时返回房间，等待救援或采取其他措施；
- 最好能将一件针织衫用水浸湿，蒙在头上，当作“防毒面具”使用；
- 如整个通道已被浓烟弥漫，可提醒客人匍匐前进，在火灾中，浓烟往往比烈火更危险，而浓烟较轻，所以一般先上升后下降，因而，爬行有可能逃生；
- 提醒客人不要乘坐电梯，以免突然停电、电梯失控而被堵在电梯内。

第四，向客人指示安全通道，疏散客人，引导客人迅速撤离现场。

第五，协助消防人员进行灭火，力争将酒店财产损失减少到最低限度。

六、灭火的方法

（一）火灾的种类

依照国家标准，火灾分为四大类：

（1）普通物品火灾（A 类）：由木材、纸张、棉布、塑胶等固体所引起的火灾。

（2）易燃液体火灾（B 类）：由汽油、酒精等引起的火灾。

（3）可燃气体火灾（C 类）：由液化石油气、煤气、乙炔等引起的火灾。

（4）金属火灾（D 类）：由钾、钠、镁、锂等物质引起的火灾。

以上不同类型的火灾，应用不同类型的灭火方法和灭火器材进行扑灭。客房部的火灾通常属于 A 类，即普通物品火灾。

（二）常用的灭火方法

常用的灭火方法有以下几种：

第一，冷却法。即通过使用灭火剂吸收燃烧物的热量，使其降到燃点以下，达到灭火的目的，这类方法常用的灭火剂是水和二氧化碳。

第二，窒息法。即通过阻止空气与可燃物接触，使燃烧因缺氧而窒息，这类方法常用的灭火剂有泡沫和二氧化碳等，也可采用石棉布、浸水棉被来覆盖燃烧物。

第三，化学法。即通过使灭火剂参与燃烧过程而起到灭火的作用，这类灭火剂有二氟二溴甲烷（1202）、一氟一氯一溴甲烷（1211）、三氟一溴甲烷（1301）及干粉等。其中，1211 和 1301 灭火器统称为“哈龙”（Halon）灭火器，由于哈龙化合物中的氯、溴原子对大气臭氧层的破坏能力大，且持续时间长，因此，哈龙已被列为禁用物质。目前，市场上已推出了很多替代型灭火剂，包括易安龙灭火剂、惰性气体灭火剂等。

第四，隔离法。即将火源附近的可燃物隔离或移开，以此中断燃烧。

灭火的方法很多，但具体采用哪种方法，要视当时的实际情况、条件而论。

（三）灭火器种类及使用方法

常用灭火器种类及使用方法如表 10-1 所示。

表 10-1　灭火器种类及使用方法

类　别	适用范围	使用方法
酸碱灭火器	扑灭一般固体物质火灾	1. 将灭火器倒置 2. 将水与气喷向燃物
泡沫灭火器	用于油类和一般固体物质及可燃液体火灾（注意：不适用于 C 类火灾。另外，由于容易造成污染，现已逐步淘汰）	1. 将灭火器倒置 2. 将泡沫液体喷向火源

续表

类　别	适用范围	使用方法
二氧化碳灭火器	用于低压电气火灾和贵重物品(精密设备、重要文件);易燃液体和可燃气体 (注意:不适用于A类火灾)	1. 拔去保险锁或铅封 2. 压手柄或开阀门 3. 对准燃烧物由外圈向中间喷射
干粉灭火器	与二氧化碳灭火器适用范围相同,但不宜用于贵重物品的灭火	1. 拔去保险锁 2. 按下手柄 3. 将干粉喷向燃烧物
卤代烷灭火器 (1211、1202等)	上述灭火范围都可以用它来灭火,特别适用于精密仪器、电气设备、档案资料的灭火 (由于破坏臭氧层,正逐步淘汰)	1. 拔去保险锁 2. 打开阀门 3. 对准燃烧物喷射

(四)火灾现场的急救

灭火时,如身上衣服着火,要立即躺倒打滚,使火熄灭,不可惊慌奔跑;如有人受烟熏窒息,或发生头晕、恶心、呕吐、失去知觉等症,应立即将其抬到空气新鲜的地方,解开上衣,在胸前、脸上稍喷冷水;如仍不清醒,应做人工呼吸,或急送医院抢救。

案　例

用智慧赢回生命

——吉林中百商厦特大火灾逃生记

吉林中百商厦特大火灾逃生记

本章小结

- 安全是客人在酒店住宿的前提条件,保障客人在酒店人身财物的安全是客房管理的主要任务之一。
- 客房部的安全问题主要涉及因客房设施设备的安装和使用而引起的各类工伤事故和对客人造成的伤害、各类传染病、偷盗及其他刑事案件、火灾等。

> 客房员工要有安全意识，针对不同的安全问题，应采取不同的防范措施。客房管理人员不仅要教育员工洁身自好，还要防止店外犯罪分子入室盗窃和伺机作案，要教育员工做好客房钥匙的保管和管理工作，制定客房安全管理制度，并教育员工严格执行。对重点区域重点防范，对可疑人员严格盘查和重点关注，不给其可乘之机。
> 火灾是饭店最严重的安全问题，直接危及客人的生命和财产，因而也是客房管理人员最需要重视的。客房员工不仅要在平时做好火灾的防范工作，而且要在火灾的消防方面训练有素，做到一旦火灾发生，能够正确履行自己的职责，迅速灭火。

思考题

1. 解释下列概念：C 类火灾；窒息灭火法。
2. 客房部主要安全问题有哪些？如何防范？
3. 饭店火灾发生的原因有哪些？如何防范？
4. 对于本章开始时引入的案例，你认为应该如何防止类似问题的发生？

案例分析

酒店有无责任[1]

一天傍晚，福建晋江某酒店，一位当地制鞋业的刘姓老板来到总台，问住在917房的胡先生是否已经退房离店？总台查询了有关资料后答曰：还没有退房，离原定离店时间还有一天。刘老板一脸困惑地说："这个房间是我为他订到明天的，怎么这两天打他电话能通却不接，也不见他本人。如果回去的话也该给我打个招呼呀！"刘老板急切地问道："能不能打开他的房间看看行李是不是还在？"由于平时刘老板经常带外地客人来住店，都很熟了，总台主管自然同意刘老板的要求，于是通知客房领班协助开门。

当刘老板来到楼层时，客房领班已在917房门口，她告诉刘老板说："这个房间这两天都亮着请勿打扰的灯。昨天下午我们就敲过门，客人没应答。以后我们也就不敢再打扰了。刚才已试过用IC卡开门，但进不去，因为客人将门的插销插上了，说明人还在里面。"刘老板用自己的手机拨通胡先生的手机，可以听到房内手机铃响，说明胡先生确实在房内。但任凭刘老板怎么呼唤胡先生的名字，房内就是没有应答声。刘老板顿时紧张起来："会不会出什么事啦？"胡先生是他从武汉请来的一位客商，此人年约50岁，身材较胖，说话常带着喘气声。胡先生会不会是高血压患

① 陈文生. 滞后的发现. 中国旅游报，2007-09-12.

者呢？会不会出了脑溢血或心肌梗塞之类的事呢？刘老板真不敢再往下想。

破门而入后发现客人衣着齐整地蜷缩在卫生间，已停止了呼吸。公安部门的法医鉴定证实了刘老板的猜测，胡先生因心肌梗塞而亡，死亡时间就在入住酒店的当天晚上。

按理说，客人因自己身体原因而突然死于酒店，酒店并无责任。但死者家属并不这么认为，他们提出：酒店每天都应当整理房间，也就是说在胡先生死去的第二天就能被发现，但为什么到了第三天下午在当地朋友寻找之下才被发现呢？显然，这是由于酒店疏于管理造成的。

酒店也感觉到对死者滞后的发现确实是工作疏忽所致。于是，一方面向死者家属表示了道歉，另一方面也表示了同情和理解，不但免费接待了死者的几位家属，还主动送上数万元钱作为慰问金。最后死者家属被酒店的安排所感动，很快就完成了善后事宜而离店，酒店终于恢复了平静。

点评

酒店对胡先生突发性死亡事件虽然没有直接的责任，但也存在工作疏忽的过错。疏忽的地方在于胡先生死去的第二天下午，一位房务员曾敲门三次无人应答，却再也没有按该继续的程序去做。如开门检查，若发现门打不开，再通过电话联络，若无人接听，即可判断房内出事，从而能够早一天处理这一事件。如果当时这位房务员按上面程序去做了，就不至于给死者家属留下话柄，也不至于因此陷入被动局面而付出不菲的代价。

本案例再一次告诉我们：酒店服务若不按程序办事，或执行程序不严谨、不完整，轻则影响服务质量，重则将产生无可挽回的声誉乃至经济上的重大损失！

这一案例还暴露了该酒店管理上的一个漏洞：房务员在“房间整理报告表”上没有注明917房未整理；领班检查时对917房未整理也没有过问（领班职责是要全面检查做房情况的，包括检查某房间为何没有整理）。如果管理到位的话，有可能弥补服务上的过失，也有可能改变本案滞后发现的结果。

【补充与提高】

客房常见盗窃案件

1. 采用撬门、扭锁、插片的方式进房作案

犯罪分子往往借助于套管、塑料卡片或电话磁卡等工具进入客房行窃。针对这种作案手段，饭店应当加强对楼层的巡查。有条件的，要购买防撬且具备防插片功能的锁，安装安全闭路电视监控系统等。某一年的国庆节期间，大连市相继有二十几家饭店的客房遭窃，失窃金额达数10万元。警方在排除了内部员工作案的可能性后，经过多次现场勘查分析，抓获了一个由13人组成的盗窃团伙。原来，犯罪分子利用假身份证到饭店开好房间后，以客人身份作掩护，再根据饭店的房门特点，利用铁丝、尼龙绳一类的物品，现场制作开锁工具。作案时，先用胶带或挂衣钩粘住“猫眼”，再用塑料片插开防盗舌，最后通过房门与地毯间的缝隙将工具伸进房内，打开房门后行窃。为了避开饭店的监控系统，犯罪分子还精心地选择了有墙壁遮挡或不利于闭路监控的死角房间作案。

2. 偷配钥匙进房作案

犯罪分子在饭店开房后，偷配房间的钥匙，然后退房或换房，待该房间入住新的客人后再伺机进房行窃。使用机械锁匙的饭店发生此情况较多。

3. 伺机进入房内盗窃

犯罪分子在楼层徘徊时，利用客房门未锁死或门未关的空隙，趁客人、服务员不备，乘机进人房间盗窃。也有的作案分子乘服务员在客房内打扫卫生时，谎称是该房间的客人，混人客房。

场景一：将服务员骗离进行盗窃

客房服务员小张正在打扫客房。这时，一位身穿西装的男子进来说：“小姐，我是房主，请你暂时不要搞卫生了，我着急准备一些资料，你过一会再来好吗?”小张在未核实其身份的情况就离开了。下午，真正的房主回来后发现自己的行李不见了。

场景二：溜进来的小偷

某饭店女服务员正在打扫客房卫生间。她一边轻声哼着流行歌曲，一边用刷子清洗恭桶。门敞开着，工作车放在走道中。这时，一个西装革履、留着长发的小偷，绕过工作车，轻手轻脚地溜了进来，并坐在床上，背对房门，假装打电话。服务员清洗完毕，走出卫生间。她看见有一个人坐在床上打电话，以为客人回来了，不宜打扰，于是关上房门，便到其他房间做清洁整理。小偷乘机将房内客人财物洗劫一空。

场景三：以貌取人，认贼为宾

某饭店客房服务员小张正在809房间打扫卫生，房门开着，这时一位男子走了进来，此人身材魁梧，衣着讲究，一副生意人的派头，一进来就冲小张喊道：“怎么我的房间卫生还没搞好?一会儿我的客人要来，快点打扫!”说着随手打开冰箱，拿出一瓶饮料坦然自若地喝了起来。在这位“客人”催促下，小张急急忙忙搞完卫生就离开了房间。下午，住在809房间的客人前来报案，说在客房内丢失了5000元人民币和一件高级名牌T恤衫。通过饭店内部的监控录像发现有一男子曾多次在饭店大堂和客房闲逛，最后在8层客房找到了偷盗作案的目标。经服务员小张辨认，此人正是她碰到的那位“客人”。

场景四：骗开房门

某日早晨，客房服务员小杨正在5014房打扫卫生。“服务员，送一包茶叶到5018房间，快点！”突然从门外传来一位客人的声音。“马上就来。”小杨一边应答客人，一边放下手中的工作。这时她看见一位男士在5018房门旁打电话，并向小杨挥手示意。她马上从工作车上拿来一包茶叶，看见5018房关着门，便拿自己的楼层卡将门打开并把茶叶放在茶几上，门口的男士也随后进了房间。“先生，你好，这是您要的茶叶，请问还有什么需要吗？”小杨有礼貌地询问客人。“不用了。”客人说道。小杨礼貌地与客人道别……等到5018房的一对老年夫妇用完早餐，回到房间才发现钱物被盗。

场景五：冒充服务员的盗窃案

王先生入住某饭店1202房间，行李员安顿好行李退出后，大约间隔不到2分钟，一位穿着饭店员工制服的青年男子按门铃。王先生开门后，此人自称是客房服务员，一面与客人寒暄，一面拉开窗帘，并用茶包为客人冲了一杯乌龙茶，然后去浴室放水，让客人洗澡。就在客人进入浴室后，他掏空了客人衣袋里的全部财物后逃走。

场景六：粘在房门上的口香糖

刘先生和夫人入住某饭店1118房。上午出去购物回到饭店后，中午又去当地有名的菜馆品尝美食。晚上，二人回到房间时，却发现房内一片狼藉，丢失价值超过2万元的物品。通过监控录像显示，两名陌生男子是推门而入的。经保安人员仔细检查，又发现房门上有口香糖的痕迹。由此推断刘先生上午回来时就被小偷跟踪，趁刘先生开门后不注意，在客房门锁上粘上了一团口香糖。刘先生出门吃饭时，以为饭店门上有复位器，就随手带上门，没有确认是否关上就急匆匆地离开了。犯罪分子乘机进入客房行窃。

4. 翻窗入室行窃

犯罪分子在作案前，往往会对客房周边进行踩点、观察，待客人外出时，利用客房相连、容易攀爬或门窗没有关严而人室行窃。为防范此类客房失窃案件，首先饭店保安人员要做好巡查，遇到可疑人员要主动盘问，对非住店人员要及时进行劝离，同时监控中心要时刻注意客房外围情况，尤其是度假饭店，对客人门窗没有关紧的要及时提醒或关闭。其次，饭店服务员在平时工作也一定要时刻保持安全防范意识，增强岗位责任心，适时地提醒客人注意关好窗、门，应具有安全的预见性。尤其是在打扫客房，给客房通风时，条件允许，要派专人时刻进行巡视，最后，饭店的建筑设计尤其要注意客房的窗户下最好不要留有小平台。如果已经建成，可以安装红外线防盗报警装置，只要有人在窗外出现，防盗报警装置就立即报警。

5. 采用其他手段的客房盗窃案件

服务员对于一般的犯罪行为都较为警惕，但如果犯罪人利用服务人员的服务意识，采用一些非常规的行为，服务员就很难判别了。早晨，服务员在楼层碰到一位男士，该男士很匆忙地要求服务员马上送两袋茶叶到 1607 房间去。服务员答应后马上回工作间领取茶叶，按照服务程序，服务员进入了 1607 房间，房内没有客人。就在这时，那位男士返回房间，声称有东西忘记了，并在房间内找了找，随后同服务员一同离开了房间。看起来这仅仅是一次平常的补充消耗品的服务行为，但仅仅过了半个小时，1607 房的两位客人回来后却发现房间的笔记本电脑和现金不见了。原来，在服务员送茶叶进房间的瞬间，进入客房的是两个人，而服务员仅注意了在楼层上碰到的那个人，另一个人则趁服务员不备，躲进了卫生间。服务员与那位男士一起出来时，却把另外一个人留在了房内。事后从监控设备中发现：留在卫生间的犯罪分子得手后大摇大摆地离开了房间。

从这起精心设计的偷盗案件来看，犯罪分子相当熟悉饭店客房部的服务流程，如果直接要求服务员为其打开房门，服务员将按规定程序要求他们出示房卡，并会询问姓名与总台核对身份。他们为了躲避身份核实这一程序，便上演了前述一幕。

客人需要茶叶，这是一个很合理的要求，并且客人并不进房，服务员无须防范；客人返回客房寻找东西，也是合乎常理的事情。犯罪人正是利用这种心理上“合乎常理”的惯性思维，使服务员被误导，并认为对方就是此房间的客人，没有对其进行身份核实，一时失去判断力，给了罪犯分子一个入室偷盗的机会。

酒店经理人答 经理的困惑

Re：有人冒充“房客”盗窃怎么办？

Grace Yu 大连凯莱大酒店 房务总监

以上案例完全是员工没有接受到酒店正规的培训，抑或是部门管理程序不严谨所造成。作为客房管家，面对此类问题首先应冷静配合保安部或公安机关调查，尽快破案，以减少客人损失；其次，了解此事为员工个人失误还是部门管理、培训的问题，相信酒店对于给客人开门一定有相关严谨的程序（在任何情况下都必须核对清楚客人身份才可以开门）；最后，应针对此事加强对员工的培训，加强内部检查的管理力度。

刘江 浙江海德华美达酒店 行政管家

这样的案例在很多酒店都出现过，主要是员工没有严格按照开门的程序来给客人

开门所致。服务员在给客人开门前必须严格核对客人身份，如果客人身份与电脑登记不符合，那坚决不能开门。但此案例中住客也有一定的责任，因为按酒店惯例，入住酒店的宾客如果有贵重物品都需放入客房保险箱或者放入总台寄存，但客人将贵重物品直接放入房间，因此也有一定的责任，故此案例中出现的问题酒店和客人各承担一半责任。

为防止类似事件发生，应做到：

客人在总台入住时，总台员工应提醒客人如有贵重物品应寄存在总台贵重物品室。

客房内配备保险箱，并提示客人有贵重物品放入保险箱。

加强员工培训，严格开门程序。

教育员工在打扫住客房时如发现客人有贵重物品需提醒客人注意保管。

第十一章　客房部人力资源管理

提高服务质量首先要提高员工的素质，包括服务意识的培养、职业道德教育、企业文化的熏陶、管理制度的灌输、专业知识以及技能技巧的培训等。客房部管理人员必须对员工进行多种形式的、长期的、系统的培训。对员工进行培训，不仅是管理人员实现管理目标的重要手段，同时也是帮助员工获得发展的重要途径，是管理者应尽的义务。客房部管理人员不仅要配合酒店人力资源部做好员工的培训工作，而且要善于发现问题，发现各种培训需求，针对部门中存在的各种服务和管理问题，及时提供各种针对性培训。

除了培训以外，本章还将讲述员工的评估问题。评估是员工激励的重要手段，是对员工工作的全面总结和评价，同时也是酒店和部门奖金发放的依据，因此，做好员工的工作评估具有重要意义。

此外，员工激励也是客房人力资源管理的重要内容。做好员工激励工作能够提高员工的积极性，发挥员工潜能，改善员工工作态度，增强员工工作热情，提高员工工作质量。

通过本章学习，读者应该能够：

- 了解培训的内容和类型；
- 学会制订培训计划；
- 学会对新员工进行入职指导；
- 掌握培训的方法和艺术，成为合格的培训者；

- 掌握对员工工作进行评估的依据、内容、程序和方法；
- 掌握员工激励的方法。

关键词：培训；考核；工作评估；激励

Key Words：Training；Routine Checks；Performance Evaluation；Motivation

经理的困惑

——让员工轮休错了吗？

佳节刚过，我们宾馆步入小淡季，宾客稀少。我开始考虑着节后的工作安排。突然，我喜上眉梢：何不趁此机会安排员工休息？可又一想，刚休了七天，再连着休息，会不会太接近，而以后的二十几天没休息日了，员工会不会太辛苦？不过，再想想，反正现在客源少，闲着也是闲着了。于是，就着手安排各楼层员工轮休。

刚到中旬，轮休的员工陆续到岗，紧接着客源激增，会议一个接着一个，酒店又恢复了昔日的热闹，员工们忙个不亦乐乎。

紧张的工作日以继夜地度过了十几天，我正为自己的“英明决策”感到沾沾自喜时，下午4点服务员小陈突然胃痛；晚上交接班时，小李的母亲心绞痛住院；小黄的腿在灌开水时不慎烫伤。面对接二连三突然出现的问题，我有点乱了方寸。怎么办？最后，我以这个月的休息日已全部休息完毕为由，家中有事、生病者，要休息就请假。而请一天的病事假，所扣的工资、奖金都是一笔可观的数目，面对这样的决定，小黄请了病假，小陈、小李只好克服各自的困难，仍然坚持上班。

第二天中午，楼层主管接到客人的口头投诉，被投诉的是三楼的小李及四楼的小陈，原因是：丢三落四，所答非所问，面无笑容，待客不热情，服务出差错。我听后，陷入深思：难道是我错了吗？

第一节 客房员工的素质要求

一天晚上，住在某酒店的一位美国老太太觉得房间内温度太低，有些冷，就叫来客房服务员，希望能给她加一条“Blanket”（毛毯）。

“OK，OK！”服务员连声说。

过了一会儿，这位服务员拿了一瓶法国“白兰地”（Brandy）进房来。客人一见，哭笑不得，只好说：

“OK，‘白兰地’能解决我一时的温暖问题，可不能解决我一晚上的温暖问题啊！”

一、客房服务员的素质要求

因为工作性质所定，客房部员工需具备以下素质，在客房部员工招聘和培训时，应特别加以考察和培养。

（一）身体健康，没有腰部疾病

客房部的工作大都属于体力活，因此，员工必须具有健康的体魄，无论是站立值台服务还是弯腰搞卫生，都要求服务员不能有腰部疾病。

（二）不怕脏，不怕累，能吃苦耐劳

客房部的工作主要是清洁卫生工作，包括客房卫生、公共卫生以及洗衣房客衣、布草的洗涤等，因此，在客房部工作的员工必须具有不怕脏、不怕累、能吃苦耐劳的精神。

（三）有较强的卫生意识和服务意识

如前所述，客房部的工作主要是搞清洁卫生，要做好这项工作，服务员必须具有强烈的卫生意识和服务意识。否则，就不可能做好客房部的工作。

（四）有良好的职业道德和思想品质

因工作需要，客房服务员，特别是楼层服务员每天都要进出客房，因而有机会接触客人的行李物品，特别是贵重物品和钱物等，因此，客房服务员必须具有良好的职业道德和思想品质，以免发生利用工作之便偷盗客人钱物等事件。

（五）掌握基本的设施设备维修保养知识

酒店客房内有很多设施设备，如各种灯具、空调、电视、音响、窗帘、地毯、写字台等，这些设施设备的维修通常由酒店的工程人员负责，但对其保养则由客房部负责。客房服务员要利用每天进房搞卫生的机会，做好对这些设施设备的保养工作。另外，一些小项目的“维修”，诸如换灯泡、插电源插座、换保险丝等，也应该由客房部负责，因此，客房服务员必须有设施设备的基本维修常识。

（六）有一定的外语水平，能够用英语为客人提供服务

有人认为，酒店的前台员工需要学英语，餐厅员工需要学英语，而客房部员工没必要学英语。其实不然，客房部的员工有时也需要面对面为客人提供服务，因此，作为涉外星级饭店的客房服务员，也必须具备一定的外语水平，能够用英语为客人提供服务，否则不仅会影响服务质量，还可能闹出很多笑话，本节开头所引述的案例就很好地说明了这一问题。

二、客房服务员准则

除具备以上素质以外，客房管理人员还要教育和提醒客房服务员在工作中注意以下事项：

第一，上、下班及工作时，只能乘员工专用电梯，不得乘客用电梯。

第二，注意服务的礼貌、礼节，遇客要微笑致意。客房管理人员要使服务员意识到服务的礼貌、礼节是客房服务质量的重要组成部分，为客人提供礼貌的服务属于自己的本职工作，而非分外之事。

第三，接服务台电话时，先通报“Housekeeping, Can I help you?”（这里是客房服务，可以帮您吗？）与客人通话时，要注意措辞、语气。如有要事，应适当记录，并复述一遍。

第四，因工作需要进入客房时，必须先敲门，得到许可后方可进入。敲门时，还应通报自己是客房服务员“Housekeeping”，如果三次以后仍没有回答，方可用钥匙轻轻地打开房门。

第五，退出房间时，要站在门边向客人微笑点头致意，出房后轻轻把门关上。

第六，尊重客人的隐私权（Privacy）。与客人私生活有关的事情（包括客人的姓名），不得向外人透露，尤其是不能泄露男、女演员，财、政界要人等易于成为评论对象的客人的秘密。另外，不得随意打听客人的年龄、职务、工资等私事，也不要轻易询问宾客所带物品，如服装及金银饰品的价格、产地等，以免引起误会。

第七，要与客人保持应有的距离，不可过分随便。不得与客人开过分的玩笑，打逗，不要表示过分亲热，严格掌握好分寸，尤其是对于常住客人，绝不能因为熟悉而过分亲热、随便。

第八，在客房内，即使客人让坐也不能坐下。

第九，应保持楼层的绝对安静。不可在楼层或其他工作场所大声喧哗、聚众开玩笑、哼歌曲。应客人招呼时不要高声回答，如距离较远，可点头或打手势示意领会意思；如逢宾客开会、座谈、会见时须接听电话，应到客人身边轻声呼叫或请其出场，伸手指示电话所在处。

第十，在岗位工作时，不准吃口香糖，也不允许因工作劳累而靠墙休息。

第十一，不许在饭店和客房内与亲友会面交谈。

第十二，注意保管好客房钥匙。客房钥匙要随身携带，切勿随处摆放，领取或交钥匙时，要做好交接记录。

第十三，不能随便接受客人的礼品。假如收到客人礼品，而又无法拒绝，必须附有客人留言来证明是客人送的，客人礼品留言要有他的姓名和房间号码，没有上述证明，服务员不准将礼品带出饭店。

第十四，掌握说“不”的艺术。在客房服务工作中，很多情况下，需要对客人说“NO”，但客房服务员不能简单地对客人说“NO”，生硬地将客人回绝，而应根据实际情况，用委婉的语言进行表达，必要时，要向客人解释，取得客人的谅解。

第十五，在工作中不能失态。要有涵养，有耐心，善于控制自己，绝不能随客人情绪的波动而波动，不能与客人争吵。

链 接　Ritz-Carlton从招聘开始确保员工的素质

Ritz-Carlton对员工的重视从招聘就开始了。Ritz-Carlton相信成功的酒店始于对人才的挑选，每一名成功录取的应聘者都要经过大约七次面试。与其他酒店挑选员工的方式不同的是，面试者不仅要通过人力资源部筛选、部门经理、部门总监、人力资源部总监、总经理的面试，还要通过专业公司为选拔优质人才为酒店集团特别设计的质量选材测试。通过该测试，可以了解到每一位面试者的天赋及其价值取向。只有那些具有与Ritz-Carlton最优秀员工相同或相近的天赋的应聘者才会通过质量选材测试而被成功录用。在长期实践中，他们构建了一个由54套面试题构成的科学题库。这些问题与酒店专业和学历都无关，关键是选拔素质和发展潜力，看是否能适应服务工作，能否融人团队。譬如学历并不高，但忠诚、热情，就可取。凡初步入选者，人人必须经过由各部门总监以上管理高层组成的面试小组的面试。由于每个考题是由表及里、循序渐进的，所被招聘的人无法作假。譬如说，考官会问你，你会微笑吗？如果你答“会”，那么接下来就会继续问你“你最近一次微笑在何时？对谁微笑？效果如何？”

以下是某应聘者的面试经历：

【问题1】“请你举一次你在团队中调动气氛，让其他人很开心跟着你做一件事的最成功的例子。”由于她尚未就业，就讲述了一个在学校里的例子。考官要求她详细地讲述这个故事。考官始终至始至终认真倾听。这中间既有对她逻辑思维的判断，也有对她团队组织能力和号召力的评估。

【问题2】你个性最擅长是干什么事情？在回答后，考官会连续发问：举例说说具体怎么干的？你对完成这件事情的自我评价如何？

这道题一方面是了解她的个性特长，有利于安排恰当的工作岗位。另一方面，则是对她工作能力和自信心的了解。

【问题3】你平时的兴趣爱好是什么？当她回答喜欢看书、写写东西。考官就接着问：你最近看的是什么？有什么体会和感想？你对现实生活有什么启发？她娓娓道来，考官侧耳聆听。她事后告诉我，讲完后心情好极了，仿佛是在进行一次真诚的互动交流。

第二节　员工服务意识的培养与职业道德教育

一、服务意识的培养

服务意识是指能够正确把握服务工作的内涵，把客人当“皇帝”对待，时刻准备为客人提供主动、热情、周到、耐心、细致的服务的一系列思想和行为方式。有服务意识的酒店员工一进入工作状态，便能自然地产生一种强烈的为客人提供优质服务的欲望，并能主动为客人提供各种恰到好处的服务。就客房部员工而言，每当踏入工作区域的时候，就像走上了舞台，客人是主角，而自己则是配角，应时刻关注客人的需求，以满足客人的需要为自己神圣的职责和最大的快乐。

很多酒店服务质量差，在很大程度上就是由于员工素质差，进而缺乏服务意识所造成的。因此，要提高服务质量，必须首先培养员工的服务意识。

（一）正确理解“服务”概念的内涵

服务是能够满足客人某种需求的特殊商品。服务的英文是“SERVICE”。其中的“S”“E”“R”“V”“I”“C”“E”，可以分别理解为英文的“Smile”（微笑）、“Efficiency”（效率）、“Receptiveness”（诚恳）、“Vitality”（活力）、“Interest”（兴趣）、“Courtesy”（礼貌）和“Equality”（平等）（见表 11-1）。

表 11-1　“SERVICE”（服务）的含义

S	Smile	微笑
E	Efficiency	效率
R	Receptiveness	诚恳
V	Vitality	活力
I	Interest	兴趣
C	Courtesy	礼貌
E	Equality	平等

（二）树立“客人总是对的”的思想

要求员工具有服务意识，首先就是要求员工牢牢树立“客人就是‘上帝’”“客人总是对的”的思想，并能在实际工作中积极地贯彻这一思想，将其作为指导自己实际工作、处理与宾客关系的基本准则。

在酒店业乃至整个服务业都流传着一句格言：客人总是对的。这句话对服务业产生了巨大的影响，对服务质量的提高起到了不可估量的促进作用。但在酒店中，下至普通服务员，上至总经理，很多人并不真正理解这句话：难道客人偷东西也是对的？客人打人也是对的？客人逃账也是对的？对这句话，如果管理人员不理解，就无法说服服务员；服务员不理解，就无法以此指导自己的工作，于是便出现了与客人论“是”与“非”，争“对”与“错”，甚至打架的现象。

那么，应该如何理解“客人总是对的”这句话呢？

1. “客人总是对的”强调的是无条件为客人服务的思想

“客人总是对的”这句话是由被誉为“酒店管理之父”的斯坦特勒（Ellsworth Milton Statler）先生首先提出来的，而后得到酒店业同行乃至旅游业和整个服务业的普遍认可。用它来指导服务工作，强调的是一种无条件地、全心全意为客人服务的思想，而不能教条地理解，否则，便会出现类似“客人偷东西也是对的？客人打人也是对的？客人逃账也是对的”这样的疑问。

2. “客人总是对的”是指一般情况下，客人总是对的，无理取闹者很少

客人离家在外，一般不愿惹是生非、找不愉快，一旦客人提意见或前来投诉，就说明我们的服务或管理确实出了故障，重要的是赶快帮客人解决，而非争论孰对孰错。

3. “客人总是对的”并不意味着“员工总是错的”，而是要求员工“把对让给客人”

为此，要求员工必须宽宏大量，有时甚至要忍气吞声，无条件尊重客人，不要与客人争论“对与错”的问题。

4. “客人总是对的”意味着管理人员必须尊重员工，理解员工

既然，“客人总是对的”并不意味着“员工总是错的”，而是要求员工“把对让给客人”，那么，管理人员就必须尊重员工，理解员工，为员工理气。否则，将会极大地挫伤员工对客服务的积极性。

因此，能否正确理解“客人总是对的”这句话，对于搞好酒店经营管理和对客服务工作具有重要意义，是改善服务质量、提高管理水平的重要前提之一。只有正确理解了“客人总是对的”，服务员才能全心全意为客人服务，管理人员才能灵活、妥善地处理各种有关客人和员工的问题。

（三）要有全心全意为客人服务的意识

要求员工具有服务意识，就是要求员工在“客人就是‘上帝’”的思想指导下，无条件、全心全意地为客人提供主动、热情、周到、耐心、细致、礼貌的服务。

“主动”就是要求服务员对客人的服务要积极、主动，见到客人要主动打招呼，主动问候；想客人之所想，急客人之所急，甚至“想客人之未想”。客人想到的早已想到，客人还没有考虑到的，服务人员也替他考虑到，做到在客人未提出服务要求之前就服务到位。

案　例

去年，我去内蒙古出差，住在海拉尔的贝尔饭店。午休时，服务员小伊看我开着房门便进来问候："您今天太累了吧，岁数大了还要多注意休息。"一回头，她看到我放在电视机上的冠心病药山海丹，马上说："您该吃药了吧？"我说："不忙。"她说："我把水给您凉上吧！"我说："不用，一会儿自己来。"就在这个时候，我看到服务员转过身去，手拿两个茶杯，把其中一个倒上半杯开水，用两只手轻轻给我折，水从左手杯倒到右手杯，再从右手杯折到左手杯。我看着看着，视线不禁模糊了，心想：我有两个女儿，我吃了五年药，孩子们从来都没给我折过水，但服务员小伊却做到了，真比自己的女儿还亲哪！后来，我暗暗地下定决心，无论走到什么地方，都要把贝尔饭店的深情厚意介绍给大家。

这就是感情服务、主动服务的魅力！

"热情"就是服务要发自内心，要真心诚意，面带笑容，并注意礼貌用语。

"周到"就是全面、体贴，要能够满足客人的一切合理要求，并力图把工作做到前面。

"耐心"即不厌其烦，要求服务人员在服务过程中要善于控制自己的情绪，站在客人的角度，理解客人，主动为客人解答各种疑问。

"细致"就是要求服务工作一丝不苟，尽善尽美。

"礼貌"要求服务员把为客人提供热情、礼貌的服务，当作自己工作的一部分和自己应尽的职责，而非分外之事。服务工作必须热情礼貌，否则，就是半成品，而不是完整的服务产品。有些客房服务员错误地认为，自己的工作是清扫和整理客房，而不是为客人提供服务，所以，见到客人不理不睬，缺乏基本的礼貌礼节，这是缺乏服务意识的表现。

二、职业道德教育

良好的职业道德是员工做好本职工作的必要条件。职业道德并非枯燥的说教，而是有血有肉、实实在在地贯穿于员工整个工作过程之中。

职业道德就是具有自身职业特征的道德准则和规范，它告诉人们在工作中应该做什么，不应该做什么；应该怎样做，不应该怎样做。也就是从道义上要求人们以一定的思想、态度、作风和行为去待人、接物、处世、完成本职工作。职业道德是员工基本素质的重要组成部分，遵守职业道德是做好本职工作的基本保证，客房部管理人员平时应做好员工的职业道德教育，向员工灌输职业道德思想，增强员工的职业道德意识，形成良好的职业道德规范。

员工的职业道德主要包括以下内容：

（一）对待工作

1. 热爱本职工作

热爱本职工作是一切职业道德最基本的道德原则。酒店员工应该破除各种落后的旧观念，正确认识旅游业和酒店业，明确自己工作的目的和意义，明确房务工作的重要性，热爱本职工作，乐于为旅游者服务，忠实地履行自己的职责，并以满足客人的需求为自己最大的快乐。

2. 遵守劳动纪律

不迟到，不早退，不随意旷工，严格遵守酒店的请假制度及各项规章制度。

3. 自洁自律

不利用工作之便贪小便宜，谋取私利；不索要小费，不暗示客人赠送物品，客人主动赠送而又婉拒不了的物品，要及时上交；不利用工作之便，偷窃酒店及客人财物。

（二）对待集体

1. 坚持集体主义

集体主义是职业道德的基本原则，是从业人员进行职业活动的总的指导思想，因而，是衡量酒店员工的最高道德准则。集体主义要求员工的一切言论和行为以符合集体利益为最高标准。员工必须以集体主义为职业道德的基本原则，正确处理个人利益、他人利益、班组利益、部门利益，甚至酒店与国家利益的相互关系。

2. 严格的组织纪律观念

严格的组织纪律是用以约束集体中的每个成员，使大家的活动互相协调，使集体发挥更大作用的有力保证。酒店的分工很细，不同岗位、不同部门的工作内容、规范要求不同，因此，需要一定的组织纪律来统一和协调。另外，使员工按照规范要求进行工作也需要以组织纪律为保证，否则，整个集体就如同一盘散沙，无法进行集体活动，无法实现集体的目标。培养自己具有严格的组织纪律观念，是集体主义的具体表现，也是集体主义者应有的基本品德。因此，客房部员工应具有强烈的组织纪律观念，自觉遵守部门及酒店的规章制度和员工守则，尤其要注意培养自觉的服从意识。

3. 团结协作精神

酒店的对客服务工作是一个有机的整体，并非某一部门或某一个人做好就能完成，因此，同事之间、部门之间、上下级之间要相互理解，相互支持，加强团结与协作。工作中出现问题时，要努力想办法去解决或弥补，而不是推诿、辩论或争吵；要养成乐于助人的习惯，主动帮助那些需要帮忙的同事，绝不能袖手旁观。此外，为了增强团结协作精神，客房部员工要注意破除本位主义，培养严于律己、宽以待人的品质，善于宽容、理解、尊重和体谅他人，同时，还要注意掌握同事间沟通和协作的技巧。

4. 爱护公共财物

一个关心集体、热爱集体的人，都具有爱护公共财物的品德。爱护公共财物是职业道德的基本要求。为此，客房部员工必须了解所在部门的各种设施设备的特性及使用方法和使用时的注意事项，严格按要求进行操作，同时做好各种设施设备的日常保养工作，养成勤俭节约的良好习惯。

（三）对待客人

1. 全心全意为客人服务

客人是酒店所有员工的衣食父母。关心和爱护每一位客人，最大程度地满足客人一切合理、合法的需求，不断改善服务态度，提高服务效率，为客人提供优质服务，是酒店员工应尽的职责和义务。客房部每一位员工都应该有意识地做到对客人笑脸相迎，文明礼貌，热情周到，从每个动作和每句话中展现出高尚的道德行为，在服务工作中时刻摆正自己与客人之间的主、客关系和服务与被服务的关系，贯彻“宾客至上，服务第一”的原则。

一般来说，员工在心情舒畅、工作较顺利和没有利害冲突时，要做到热情友好，宾客至上是比较容易的，但当个人遇到困难、心情不舒畅、工作不顺利或个人利益与客人利益发生矛盾时，要做到热情和宾客至上就不那么容易了。在这种情况下，尤其要克服个人情绪，顾全大局，理智地处理好主客关系。

2. 诚挚待客，知错就改

员工在工作中，出现失误是难免的，对于因此而给客人造成的不便或损失，应主动承担责任，勇于认错，知错就改，绝不能将错就错，敷衍搪塞。

案　例　**老总给我上了一课**

真是很有趣，我上学时总是盼望着快点毕业，离开课堂，迈入社会的大门，挣自己的钱，走自己的路，和别人活得一样精彩。可是，步入社会后，我仍在每天上课，上社会大学的课。那里不允许你缺勤，更不允许你逃课；那里的课堂内容更真实、更丰富；那里的教训也更深刻、更难忘。前不久，我们老总就言传身教，用实际行动教育了我，给我上了生动、难忘的一课。

那是在今年“两会”期间，我十分荣幸地承担了饭店“两会”接待组的任务。在工作闲暇之余，我和同事们三三两两地坐在一起，交流各自的工作经验。有一次，饭店的总经理来到接待组，看见我们谈得正高兴，便兴致勃勃地加入进来。一阵热闹的谈话之后，他突然指着桌上的水果说道："客人来了这么半天，怎么也不请客人吃些水果呀！""哎！真是没有礼貌，只顾说话，怎么把最基本的礼节、礼貌也忘了呀！"我心里想着，连忙从水果盘里挑了一个最大的香蕉拽了下来，愣头愣脑地递到总经理面前说："您吃个香蕉吧！"总经理接过香蕉笑着说道："哈哈，这不会就是你们为客人提供的服务吧？也不给剥个皮？"瞬间，我的脸红到了耳根，觉得十二万分的不好意思，急忙想弥补，但总经理却挡住了我伸出的双手，笑着对我说："小郭，你别剥了，还是让小薛来剥吧。"当时，我真想找个地缝钻进去！等总经理吃完香蕉后，我赶紧起身接过他手里的香蕉皮，扔到了垃圾桶里。本以为香蕉事件就此结束，可老总又看了看我们说道："纸巾呢？为什么没有人给我递纸巾呀？你们的服务就此终止了吗？我就是想通过一件小事让你们知道什么是服务，什么是服务的一条龙，什么是一个简单服务的全过程。你们应该时刻记住，在我们的服务行业里，从业人员最基本的素质就是服务意识，在我们的服务字典里，永远也没有句号，有的只是逗号，是我们对客人关爱的无限延伸。"

如今，"两会"早已经闭幕了，我也早已回到了我原来的工作岗位，但老总这生动的一课，却给我留下了难以忘怀的印象，这印象将永远铭刻在心间，那就是四个字：服务意识。

（郭　星）

第三节　客房部员工的培训

"这两天我们有一批新加入的员工正在接受培训，在这两天的培训中，我们并不是教他们需要在工作中具体做些什么，而是去跟他们解释酒店的信条、理念、哲理。我们的目的是要他们明白他们为什么在这里从事这份工作，同时也让他们知道公司对他们的期望。员工上岗之后我们也会不定时地给他们提供学习的机会。为此，我们酒店还专门设置了培训总监一职，专门负责帮助员工安排学习课程。除此之外，每个部门的主管也要担负起本部门员工的日常工作学习，并列入考评。而且我们还设有质量总监一职，他会将客人的反馈告诉我们运营部门的同事，将客人提出的意见汇总，并加入员工培训的课程之中，及时准确地告诉员工什么才是正确的服务方法。"

——丽思卡尔顿酒店

一、培训的意义与原则

（一）培训的意义

要想让员工的工作达到既定的规格水准，严格的培训是一种必需而有效的手段。培训的意义表现在以下几个方面：

1. 能够提高员工的个人素质

培训是员工获得发展的重要途径。通过培训，员工可以增强服务意识，提高外语水平，获得专业知识，掌握服务技能和技巧，从而使其个人素质得到全面提高。

2. 提高服务质量，减少出错率

酒店员工，尤其是新员工，在工作中经常出错，这就是缺乏培训的表现。没人告诉员工该怎么做，服务质量的标准是什么，遇到一些特殊情况应该怎样处理，因而“错误”百出，客人投诉不断。

3. 提高工作效率

培训中所讲授或示范的工作方法和要领，都是经过多次的实践总结出来的。通过培训，员工可以掌握服务的技能技巧和科学的工作程序，不但能够提高服务质量，还可以节省时间和体力，提高工作效率，起到事半功倍的作用。

4. 降低营业成本

员工掌握正确的工作方法，能够减少用品的浪费，降低物件磨损，从而降低营业费用和成本支出。

5. 提供安全保障

培训可以提高员工的安全意识，使其掌握正确的操作方法，从而减少各种工伤等安全事故。

6. 减少管理人员的工作量

如果员工素质低下，工作中将不断出错，管理人员将被迫“四处灭火”，永无宁日。通过培训，员工的素质可得以提高，使客房部的工作有条不紊地进行，从而大大减少管理人员的工作量，也使管理者的管理工作变得轻松、愉快。

7. 改善人际关系

通过培训，员工和管理层之间可以加强相互了解，建立起良好的人际关系。

8. 使酒店管理工作走向正规化

一家酒店设不设培训部，或一个部门是否组织培训工作，在很大程度上反映了该酒店或部门的管理工作是否正规。通过培训，客房部的工作可以走向正规化、规范化，客房部员工的服务质量意识也可以得到增强。

值得说明的是，培训的作用是潜移默化的，它对员工和酒店的影响是长期的，可谓“润物细无声”。那种鼠目寸光，急功近利，要求培训取得立竿见影的效果的思想是不对的，也是不现实的。对此，客房部管理人员应该有清醒的认识。

（二）培训的原则

客房部的培训工作应坚持以下原则：

1. 长期性

酒店业员工的流动性比较大，再加上酒店业也是在不断发展的，客人对酒店的要求也越来越高，科学技术在酒店的应用也层出不穷，因此，对员工的培训不是一朝一夕的事，必须长期坚持。

2. 系统性

培训工作的系统性表现在以下几个方面：

（1）培训组织的系统性。对员工的培训，不仅是人事培训部的事，也是各个部门的重要工作。系统思想就是根据酒店的管理目标，把酒店的统一培训和部门自行培训结合起来，形成一个相互联系、相互促进的培训网络。部门培训与酒店人事培训部培训的内容和侧重点有所不同，客房部应该加强与酒店人事培训部的沟通、合作与协调。

（2）培训参加者的全员性。即客房部员工，下至服务员，上至部门经理都必须参加培训，避免出现服务员经过培训而部门经理却是个“门外汉”的情况，结果造成“外行管内行”的混乱局面。

（3）培训内容的系统性。客房部每次培训活动应该是酒店及部门长、中、短期整体培训计划的一个组成部分，培训的内容应该与前一次及下次培训的内容相互衔接，避免培训工作的盲目性、随意性，以及培训内容上的相互冲突和不必要的重复。因此，客房管理人员应该建立培训档案，做好培训记录。

3. 层次性

虽然客房部所有员工都必须参加培训，但由于岗位不同、级别不同、工作内容和要求不同，因此，培训工作要分层次进行。比如，可分为服务员培训、督导人员培训、经理培训等，以便取得良好的培训效果。

4. 实效性

培训工作是提高员工素质和服务质量的重要保障，酒店为此需要投入可观的人力、物力、财力，因此，培训工作不能走形式，必须注重培训效果，客房部管理者必须认真组织，严格训练，严格考核。对于考核不合格的员工不允许上岗，不达要求决不放行。培训的内容要针对部门服务和管理中存在的问题和薄弱环节加以确定，达到缺什么补什么的目的。

5. 科学性

要按照制定的岗位责任书的内容，利用科学的方法、手段进行培训，不能图省事，采取简单、陈旧的“师傅带徒弟”的方式。

二、培训的内容与类型

（一）培训的内容

客房部员工的培训通常包括以下内容：

- 酒店及部门规章制度；
- 服务意识；
- 职业道德；
- 仪表仪容与礼貌礼节；
- 服务程序、规范与技能技巧；
- 英语；
- 安全知识；
- 管理人员的管理技能。

（二）培训的类型

1. 岗前培训

岗前培训包括对新员工的入职指导（Job Orientation）和岗位工作所需要的操作程序、服务规范以及基本的服务技能技巧的训练。客房部必须贯彻“先培训，后上岗”的原则。

2. 日常训练

即针对工作中发现的问题随时进行培训。它可以在不影响日常工作的情况下，穿插进行一些个别指导或训示，也可利用各种机会对一定范围内的员工进行提示和研讨，其目的在于逐步强化员工良好的工作习惯，提高其工作水准，使部门工作趋向规范化和协调化。客房部的日常训练是一项长期的、无休止的工作，班前班后的会议、部门例会和工作检查等都应与此联系起来。

3. 二次上岗培训

对于上岗后，在业务、技术、职业道德等方面不称职的员工，要撤下岗位进行培训，直至经严格考核合格后方能上岗。对于经二次下岗培训后，考核仍达不到要求的员工，则应考虑将其调离岗位。

4. 专题培训

专题培训是对员工就某个专项课题进行的培训。随着工作要求的逐步提高，有必要对员工进行有计划的单项训练，以扩大员工的知识面，进一步提高员工的专业素质。

专题培训的方式和内容可以是灵活多样的，包括：

（1）业务竞赛。可以是知识性的，也可以是操作性的。业务竞赛是激发员工自觉学习、训练和交流的好方法。

（2）专题讲座。可根据工作需要，选一个主题，由本部门员工或聘请其他专业人员来讲授或示范，如接听电话的技巧、处理客人投诉的方法、督导人员管理技巧等。

（3）系列教程。如通过举办初、中、高级英语学习班，来满足不同员工学习英语的需求，提高员工的外语水平。

5. 管理培训（Management Trainee）

又称为“晋升培训”或“发展培训”。是一种针对有潜力的服务员和管理人员在晋升高一级的管理职位之前所设计的培训项目，以便使其有机会了解其他部门或岗位的工作内容、性质、特点，掌握必要的管理技能、技巧，以适应未来管理工作的需要。因此，管理培训实际上是员工在晋升前的热身运动。

链　接

扫描下方二维码，观看凯悦酒店集团（Hyatt Hotels）的培训之道。

凯悦酒店集团（Hyatt Hotels）的培训之道——培训类型与内容

三、新员工的入职指导

对新员工的入职指导（Job Orientation）是新员工岗前培训的重要组成部分。

新员工在刚步入单位或岗位时，总会有一种紧张和焦躁不安的感觉。因为对他而言，新单位在很多地方是个充满未知数的“黑箱”：这家酒店有发展前途吗？酒店的福利待遇如何？经理和督导人员很凶吗？我的工作职责是什么？我能和其他员工友好相处吗？……这种感觉必定会影响到新员工应对新工作的能力，妨碍他有效地投入工作，尤其是不能和周围的同事、管理人员甚至顾客打成一片。在这种情况下，新员工对工作很难具有信心，而没有信心是不大可能把工作干得出色的。此时，管理人员的职责就是向新员工表示欢迎，帮助他们了解酒店、所在的部门、工作岗位及所要从事的工作，使他们消除疑虑，树立信心。

新员工的入职指导通常包括两方面的内容，即酒店介绍和具体工作指导。

（一）酒店介绍（General Property Orientation）

“酒店介绍”帮助新员工了解整个酒店的管理机构，并为树立酒店的价值观和经营哲学打下良好的基础。同时，它也帮助新员工了解他所从事的工作对整个酒店的重要性，使员工热爱自己的工作。这部分工作是由酒店人力资源部组织实施的，他们会召集一次新员工会议。通常包括如下内容：

- 酒店总经理（或副总经理）致欢迎词；
- 有关部门经理致欢迎词；
- 播放有关酒店的录像或幻灯片，发放有关酒店管理理念的资料，帮助员工了解他们所扮演的角色对实现酒店管理任务和目标的重要性；
- 发放员工手册和其他有关资料；
- 讲述酒店有关方针政策和规章制度；
- 讨论酒店工作的好处；
- 讨论客人与员工的关系；
- 填写有关个人表格；
- 参观酒店。

（二）具体工作指导（Specific Job Orientation）

具体工作指导是由员工所在部门的督导人员执行的。作为前台及客房督导人员，应该认真做好具体工作指导的准备工作，为新员工提供充分的资料和信息，使他们对自己的工作充满信心，并让他们知道，你欢迎他们加入你所在的班组或部门。

具体工作指导的内容通常包括：

- 与新员工讨论员工手册的有关内容（包括奖励制度，酒店政策，工作程序以及何时休息，何时拿到工资单，当班时应该穿什么样的衣服等）；
- 让新员工了解他在酒店及客房部组织机构中扮演的角色；
- 向新员工发放一本有关他所从事工作的“工作说明书”（Job Description），并与他一起讨论有关内容；
- 强调新员工将要从事的工作对整个酒店的重要性；
- 讨论新员工将要接受的培训；
- 向新员工发放“工作评估表”（Performance Evaluation Form）；
- 向新员工介绍酒店晋升机会（举在酒店内得到晋升的成功者的例子）；
- 带领新员工参观本部门（切记，在新员工参观的前一天，要通知老员工新员工何时将开始上班。在参观过程中，要向新员工介绍所有工作区和即将与他们一起工作的员工）。

（三）入职指导日程安排

对新员工的入职指导，一般可在4天内完成。下表是某国际酒店集团对新员工入职指导的日程安排（见表 11-2）。

表 11-2 新员工入职指导的日程安排

日期	培训内容	培训工具(方式)	培训目的(标)
第一天	1. 总经理向新员工致欢迎词 2. 介绍集团(酒店)的发展历史 3. 介绍集团(酒店)的管理领导 4. 介绍集团(酒店)的经营之道、待客原则、企业文化 5. 介绍酒店的组织结构图 6. 介绍酒店的远景和战略规划 7. 大的部门的总监或经理到场,向新员工讲话,并介绍本部门职能	播放集团资料片	1. 使员工有受欢迎的感觉 2. 培训员工的自豪感 3. 让员工了解酒店的历史、企业文化、价值观以及发展前景等 4. 使新员工了解酒店主要的管理人员
第二天	1. 向新员工介绍酒店知识 2. 讲授酒店服务意识 3. 带领新员工参观整个酒店	讲授、参观	1. 使新员工对酒店产品及酒店行业有全面的了解 2. 使员工对本酒店有直观的认识
第三天	1. 向新员工介绍酒店各项规章制度(包括安全程序、防火措施、个人的仪表卫生等) 2. 向新员工发放员工手册	讲授	使新员工了解酒店各项规章制度
第四天	1. 介绍酒店接电话的统一标准和技巧 2. 安排对新员工的酒店知识和服务意识测试 3. 把各自部门的培训者介绍给新员工 4. 各部门的新员工由各部门的培训者带入各自的部门	模拟、测试	1. 掌握酒店接听电话的标准和技巧 2. 掌握培训内容,确保培训效果 3. 做好部门培训的准备

需要指出的是，4 天的时间在新员工的整个职业生涯中只是短暂的片刻，但起到的作用则可能会影响员工的终身。入职培训的总的目标是使新员工有“家”的感觉。有“家”的感觉的员工，会在日后的岗位工作中，通过他们的工作，为来自四方的顾客营造“家”的感觉。能够在酒店这个“家”得到关心和爱的员工，一定能给予顾客所有的关心和爱。

四、新员工的入职培训项目

对新员工的入职培训，主要有以下项目（见表 11-3）。

表 11-3 新入职员工培训表

培训日期	培训项目(标准与程序)	受训人签名
	客房部规章制度、架构	
	服务员仪容、仪表	
	酒店设施介绍	
	工作区介绍	

续表

培训日期	培训项目(标准与程序)	受训人签名
	客房部防火措施	
	迎送服务	
	铺床单	
	客房清洁	
	物品摆设	
	吸尘器的使用	
	工作表的书写	
	钥匙的控制	
	报吧程序	
	来访登记	
	工作车、工作间的标准	
	请勿打扰	
	客衣收洗	
	遗留物品处理	
	加床、开床服务	
	客用品租借	
	其他服务介绍	
	杯具清消	
	走房、住房、空房清洁区别	
	清洁剂用途	

链 接

上海华亭宾馆客房清扫员的入职培训

上海华亭宾馆原为“喜来登”集团管理，近十年来由锦江管理集团接管，但目前还能够看到“喜来登”的影子。

第一，华亭宾馆的清扫员由指定的主管进行专职培训，一般培训时间为7天或10天，然后直接单独上岗，不再安排其和老师傅跟班学习，这样可以确保各项操作的标准。

第二，新人第一天单独上岗的工作量为整理4间客房，然后每3天递增1间，直到达到15间的工作量为止。

第三，由于新人在短时间内上岗会出现各种各样问题，所以华亭各级管理人员和职能部门都能用宽容的态度，用教育和提醒的方式不断督促新人适应各项管理要求。在没能胜任15间的工作量之前，只是对领班提要求，并没有将员工出现问题的责任归咎到管理不到位的问题上来，所以在相对“宽松”的环境下，更有利于新人达到一定的培训效果，也能够留得住新人。

第四，华亭宾馆客房部每天都有15分钟的培训，也是按以上培训的方式拟定出来的，培训内容主要围绕基础性的、务实性的业务技能。

第五，华亭宾馆客房部清扫员同样存在大批实习生的问题。实习生的工作量按照正式职工的要求必须达到15间，工资也不高，每月以450元为基础，但实习生的队伍还比较稳定，其原因是华亭宾馆人事部与学校配合非常默契，如果实习生不能够按照饭店的要求工作，学校则不发给学生相应的毕业证书，这就给部门在实习生的管理上带来方便。

五、培训计划的制订

（一）发现培训需求

客房管理人员通过分析工作中带有普遍性的问题，并根据酒店或部门制定的工作目标与现状之间的差距，确定是否需要培训、何时实施培训和怎样进行培训。

在下列情况下通常需要培训：

- 酒店开业时；
- 新的设备、工作程序和管理制度投入使用时；
- 当员工从事一项新工作时（无论是新员工，还是老员工改变工作）；
- 当管理者想帮助员工在事业上得到发展时；
- 工作效率降低；
- 工作中不断出现差错；
- 各岗位之间经常产生摩擦；
- 顾客投诉较多，或员工工作不符合酒店的质量和数量要求时（在这种情况下，可能需要培训，但也可能不需要培训，因为有些问题并不是因为缺乏培训引起的，比如，对某个员工的工作安排不当或设备出现故障等都可能导致员工工作不符合酒店的质量标准和数量要求）；
- 酒店或部门制定的工作目标与现状之间有较大的差距时。

（二）制订培训计划

确定培训需求以后，就要制订培训计划。一个完整的培训计划应该包括以下内容。

1. 培训目标（Objectives）

即通过培训，受训者应该达到的要求。培训的目标要着眼于提高员工的实际工作能力。目标不能是笼统的，应该有具体、明确的要求，规定员工经过培训必须学会做哪些工作和达到什么要求。

2. 培训时间（When）

培训的时间应尽量安排在淡季进行，以不影响或少影响工作为原则。在培训计划中，应明确说明培训的开始日期、结束日期及每日培训的准确时间，以便部门或班组据此安排好工作。

3. 培训地点（Where）

培训地点可以在店外，也可以在店内；可以在培训课室，也可以在受训者的实际工作岗位，但一定要在不受人或物干扰的场所进行。

4. 培训内容（What）

培训内容应根据前台及客房部工作的实际需要、酒店的要求和员工的自身特点、能力确定。

5. 接受培训者及对受训者的要求

说明接受培训的对象（Trainee）及对受训者在受训期间的要求，以确保培训工作取得良好的效果。

6. 培训者（Trainer）

根据培训的对象、培训的内容等实际情况，培训者可以由本部门或本酒店的优秀员工担任，也可聘请店外专业人士担任。

选择合适的人员来担任培训工作，是保证培训效果和质量的关键环节之一。并非所有有能力、有技术专长的人都能担当此任。作为培训者，除了要具有自己熟知的所要传授的知识和技能外，还应具有培训他人的特殊素质和才能，具有一定的教学方法和技巧，明确对接受培训者的要求，善于发现受训者存在的问题，并进行及时分析，循循善诱，有计划、有准备、循序渐进地进行指导。此外，作为酒店的培训者，除了需要具备专业知识和高超的工作技能以外，还必须对部门和酒店的工作有一股热情，能够成为员工学习的榜样。

7. 培训方式（How）

培训的方式通常有以下几种：

- 部门（酒店）内部培训或委托培训；
- “请进来”或“送出去”培训；
- 岗位培训或脱产培训；
- 课堂讲授或操作示范。

8. 培训所需要的设备、器材（Equipment & Materials）

根据培训的内容，培训工作可能需要幻灯机、录像机、电视机、电脑等电器设备和白板、笔等教学器材以及书、笔记本等教学资料。这些均须在培训计划中一一列明，以便做好培训的准备工作。

9. 培训组织（Organization）

说明负责实施培训计划的机构和人员。

六、如何增强培训效果

制订好培训计划以后，就要按计划的内容和要求，用选定的培训方式来组织实施。

培训计划的实施关键是要提高培训效果。培训工作能否取得成效，取决于酒店领导及有关方面和人员的大力支持，取决于培训组织者的精心策划，取决于培训者的业务水平和培训艺术，同时也取决于受训者的合作。要使培训工作卓有成效，必须做到以下几点：

（一）有关人员能够正确认识培训的重要意义

要搞好培训，有关人员（包括部门管理人员、酒店领导及接受培训的员工）必须对培训的重要性和重要意义有充分的认识。这是做好培训工作的思想基础。

（二）部门及酒店领导重视培训，并能给予大力支持

部门及酒店领导不但要认识到培训的重要性，而且必须在人、财、物、时间、道义等方面给予大力支持，这是培训工作得以顺利进行的前提条件和物质保障。在很多情况下，都需要部门及酒店领导亲自抓培训。

（三）要使培训工作长期化、制度化

培训工作要长期化、制度化，长年坚持不懈，并作为酒店发展战略之一，而不能随心所欲，想培训就培训，不想培训就不培训，上面抓了，就应付一下，上面不抓，就放一边。这样势必造成员工对培训工作的偏见，使培训的组织更难，培训也起不到应有的效果。

（四）要做好本部门的年度、季度和月度培训计划

各部门要做好培训的计划、组织和管理工作。要根据本部门的工作内容、工作特点、员工的实际情况，配合酒店人力资源部，制订本部门的年度、季度和月度培训工作计划。培训的组织和管理者要切实负起责任，认真制订培训计划，选择不受干扰的地点、最佳的培训时间，挑选高素质的、合格的培训者，确定恰当的培训方式和能够满足实际需要的培训内容。这是使培训取得实效的有力保证。

（五）运用培训的艺术

要使培训取得良好的效果，培训者必须具有较高的专业素质和培训技能。除了认真准备和讲授以外，还要讲究培训的艺术性。

其一，频繁而短暂的授课，要比偶尔的、为时甚长的授课效果好。

其二，所选用的学习材料的数量和类型都要适合于受训者的需要和水平。

其三，尽量使用有助于教学的教具。人的各种感官在学习时能起到的作用是不同的。据美国视听工联合会（Industrial Audio-visual Association）的一项研究资料：通过“味觉”，可学到1%；通过“触觉”，可学到1.5%；通过“嗅觉”，可学到3.5%；通过“听觉”，可学到11%；通过“视觉”，可学到33%。当人的感官功能充分运用时，学习的效果就会好得多。所以，培训者在任何时候均应尽可能多地使用足以调动学员感官作用的教学用具（如黑板、幻灯机、投影机、录音机等）来辅助教学，以提高学员的兴趣，加深印象，增强学习效果。

其四，尽量增加实践课程，鼓励学员自己动手。一个人记忆某项知识的相对可能性是不同的。研究表明：通过阅读，可记住10%；通过听课，可记住20%；又看又听，可记住50%；自己复述一遍，可记住80%；一面复述，一面动手做，可记住90%。由此可见，鼓励学员动手，对于帮助学员记忆、提高学习效果有极大作用。

其五，注意培养学员的学习兴趣。一个人的学习效果，在很大程度上取决于对所学知识或事物的兴趣。提高学习效果的捷径在于激发和培养这种兴趣。为此，培训者必须了解学员的学习动机和内心想法，强调培训对于学员工作及个人发展的重要性。另外，对于受训者在培训中的良好表现，要不断给予正面表扬和支持，这不仅可以激发受训者的学习兴趣，而且有助于他们记住所学的东西，并鼓励他们在工作中加以运用。

其六，增强学员的信心。由于学员的程度和知识背景及工作经验不同，各人掌握培训内容的难易程度就有所不同，有时会遇到挫折，这时，作为培训导师应给予理解和帮助，帮助学员树立信心。批评和失去耐心只能降低学员的信心，延缓其学习速度，甚至使其失去学习的兴趣。

其七，掌握授课的技巧。

（1）做好讲课的“开场白”。“开场白”的目的主要是引发学员的学习兴趣和自觉性。它能够密切培训导师与受训者之间的关系；消除受训者的紧张感和受训者心中的某些疑问（如培训者是谁？培训要持续多久？培训包括哪些项目？培训后要达到什么水平？等等）。如果开场白组织得不好，则以后的讲授也很难被受训者所接受。

在组织开场白时，培训者可以采用一种行之有效的“INTRO”方法：

I——启发兴趣（Interest），可以采用下列方法来引发学员的兴趣：讲一个笑话，援引一个有关的事件，援引（或编造）一个令人感兴趣的“亲身经历”的事件，向受训者提问，操作示范或展示有关物品；

N——讲清培训的必要性（Need），强调为何要开设培训课程和受训后对酒店及个人有什么好处；

T——阐明授课的主题（Title）；

R——说明授课的范围（Range）；

O——讲清培训的目标（Objective）。

虽然开场白应包括上述五个部分，有经验的培训者往往可以非常巧妙地把这五点结合在一起，用几句话即可交代清楚。

（2）在开始授课之前，先复述一下听课者已经学过的内容。这样一是起复习和巩固所学内容的作用，二是可以使所学内容连贯起来，便于理解新的培训内容。

（3）每一小节教学内容应该是“三明治”式的。即一部分激励学员学习兴趣的材料，一部分激励学员运用已学知识的材料，中间夹一层佳肴——知识或技能的精华。

（4）善于运用提问技巧。提问有三种类型：

- 测试性提问：用来考察学员已达到的知识水平。
- 启发式提问：用来激励学员“自行思考”。
- 传递性提问：用来使所有学员在小组中互相问答，交换资料，增强相互了解。

适时、适当的提问，对于增强培训效果具有重要作用。提问不仅要求学员回答“是”或“否”，而且要回答“何故”（Why）、“何处”（Where）、“何时”（When）、“何物”（What）、“何人”（Who）及“如何做”（How）。提问的重点应该放在所培训内容的“关键点”和“难点”上。

（5）有幽默感，善于运用幽默生动的语言进行培训。幽默的授课语言对于提高学员的学习兴趣和培训效果会起到意想不到的好作用。

（6）一一列举或复述所有关键点，使学员得到再次巩固已学知识或技能的机会。

链　接

有效的培训者

- 有自信心；
- 向员工表示自己喜欢培训工作；
- 鼓励员工思考如何将培训内容运用于其工作之中；
- 鼓励员工为自己树立培训目标（set goals in training）；
- 鼓励员工提问题；
- 鼓励员工寻找完成工作的更好的方法；
- 认真听取员工的意见；
- 对员工所取得的即便是很小的进步都予以赞扬；
- 把自己所取得的经验，甚至犯过的错误都拿来与员工交流；
- 要有幽默感，并将幽默作为一种培训工具。

（六）做好培训的考核和评估

培训结束后，还应通过笔试、口试或实际操作测试等方式对受训者进行考核，以确定是否达到了培训的目标，同时征求参加培训员工的意见，收集他们对培训的看法（见表 11-4），并从培训的内容、方式、组织管理和培训效果等方面进行评估，总结经验和教训。

向员工提的问题可包括下列内容：

- 本次培训对你的工作有所帮助吗?
- 教材是否适用?
- 教学方法是否满意?
- 培训者是否鼓励你提问题?
- 你感兴趣的内容和不感兴趣的内容?
- 你对改进培训计划(课程)的意见?
- 你是否已有信心独立工作?
- 在你的工作岗位上,你感到紧张吗?

表 11-4 培训课程评估表

请将你所接受的这期培训作一评估,你诚恳的意见将会帮助我们改进今后的培训工作,谢谢!		
1. 目标:课程是否达到了目标		
达到□	部分达到□	未达到□
2. 教材:教材是否适用		
适用□	一般□	不适用□
3. 教学方式:教学方法是否满意		
满意□	比较满意□	不满意□
4. 培训内容:培训内容是否于工作有利		
是□	一般□	否□
5. 评论:		
1)你感兴趣的内容		
2)你不感兴趣的内容		
3)其他		

(七)做好培训的激励

为了提高培训效果,还应做好培训的激励工作。

首先,做好培训的考勤工作。对于出勤情况好、听课认真的员工予以表扬,而对于迟到、早退,甚至无故不参加培训的人员,予以批评或惩罚。

其次,将培训同使用相结合。根据每个员工的具体条件、个人愿望和工作需要,实行定向培养、定向使用,并把培训成绩作为使用的依据之一。

最后,将培训同晋升相结合。对于积极参加培训且培训成绩优异的员工,在晋升时,可予以优先考虑。

案 例

客房部的班前会

——凯宾斯基的一道亮丽风景

每天清晨,在凯宾斯基饭店客房部办公室外走廊的一角,一准儿会传出清脆、悦耳、整齐的朗读英语的声音，这就是客房部楼层服务员的每日班前会。

班前会的第一项内容即：教员工英语。随着饭店业竞争的日益激烈，员工提高英语会话能力成为一种必然的要求，“每日两句”早已成为客房部班前会的开场白。酒店每个月底还要进行一次英语考核，目的就是要尽快提高员工的英语水平，使其更好地为客人服务。

英语朗读过后，一位位员工大姐被轮流叫到队列的前面，让大家去点评。原来这是班前会的第二项内容，检查员工每日的仪容仪表，其用意在于树立员工对仪容仪表的重视，将良好的精神面貌展现在客人面前，让客人看到的永远是最美最好的。

第三项内容是在客房部行政副管家杨森先生的倡议和指导下，开展“每日教一项”的活动，即每日在班前会上培训一项对客服务的技巧，或是一项处理问题的方法。客房部的每日班前会，既交接安排了各项工作，又成为一个开放的课堂，大家从中学到了很多知识，积累了许多经验。随着时间一天天过去，每日班前会已融入了客房部员工的工作与生活，成为人们沟通感情的桥梁、信息来源的渠道、学习知识的园地和展现英姿的舞台，它更成为了全体员工的凝聚力所在。

（凯宾斯基饭店客房部　高文燕）

第四节　客房部员工激励

客房部有些员工具有较高的文化水平和外语水平，掌握较好的服务技能和技巧，但在工作中就是表现不出来，工作缺乏积极性、主动性，服从性、合作性差，工作质量低，这就是缺少激励的表现。为了充分发挥员工的潜能，调动员工的积极性，客房管理人员必须学会激励员工，掌握有效的激励员工的方法。

一、客房部员工激励的方法

（一）实行有奖励性质的工资奖励制度

1. 实行计件工资制

即按照楼层服务员每日打扫的客房数量计发工资。客房产品比较单一，适于采用计件工资制计发工资。如果客房部员工缺乏工作积极性，可以按照多劳多得的分配原则，采用这一激励方案。

2. 等级工资制

打破工资一成不变的状况，启用工资等级制度，将员工按工作技能、知识及工作表现分为初、中、高级，通过考核拉开员工工资差距，从而激励员工不断进步。

3. 高质奖励方案

具体做法如下：通过领班每天查房，当场视员工所清洁的房间状况，根据评定标准评出 A/优、B/良、C/中、D/差，登录在黑板上以直观的形式告知员工当天的工作情况；并且当月统计，与员工的出勤天数以及每天平均的做房量相结合，在当月住房不低于 80%的基础上对于符合做房总量在前 10 位，优良率在 85%以上，平均每天做房在 10 间以上的员工，分别给予一定的奖励，对于当月做房效率最低的则给予处罚。为了避免领班在评估时出现偏差的现象，可制定一系列保障措施，如各班组一个月内有三次评估出入太大的，则取消本班组员工的评定资格，同时给予领班甲类过失处罚，与此同时，通过主管、助理、经理不定期抽查，酒店质检人员每日抽查等有效地促进领班的工作。由于激励范围的扩大，保障制度的完善，楼层服务员的工作积极性可以得到有效调动，确保楼层工作的效率和卫生质量。

4. 争取对月度超额住房率给予单项奖励

客房部应根据部门运作的实际情况，制定“月度超额住房率奖励方案”，并交由酒店管理者批准实施。每家酒店的年度预算指标是经业主或董事会批准执行的，但每月住房率一般不会均等。在入住率超出年度平均住房率的月份，员工都会付出超常的劳动。客房部为完成工作任务，相对来说是被动性地运作，没有主动调整工作的权限空间。考虑到客房部员工的劳动强度和劳动特点，酒店管理者可考虑给予相应奖励。

（二）实行免检制度

这是一种角色激励法。即通过给予表现较好的员工及具有一定资质的员工自做、自查、自检、自报完成一间客房的清洁、查房的权利，来达到节约人力成本、激励员工的目的。该制度首先可由符合条件的员工自己申报，部门进行审核，完成提名工作，同时对被提名的人员进行为期一周的系统培训，培训后安排在特定的楼层独立上岗。对于一个月内抽查结果优良的，部门申请奖励。实施这一制度，由于事先需给员工进行系统的培训，因此员工的进步较大，同时由于给予员工充分的信任，员工得到一定程度的尊重，积极性被充分调动起来。

（三）评选“先进班组”

评选“先进班组”是一种集体激励方案。通过对班组的出勤率、仪容仪表、卫生质量、服务质量、班组纪律、成本控制、培训学习等内容的评定，员工当月的表现及班组的整体表现既作为评选先进班组的唯一条件，又作为对员工及领班半年的评定参考条件。这样将各区域的员工与领班有效捆绑起来，荣辱与共，共同品尝成功的喜悦或失败的苦恼。

（四）实施“好人好事举荐制度”

一些著名酒店实施好人好事举荐制度，对于被举荐者和举荐者本人都不失为一种很好的激励手段和制度。

（五）竞争激励

竞争激励实际上也是荣誉激励。得到他人承认、荣誉感、成就感、受到别人尊重，是著名心理学家马斯洛需求层次中的高级需求。客房服务人员中主要是青年人，他们争强好胜，上进心强，对荣誉有强烈的需求，这是开展竞赛活动的心理基础。根据客房部的特点，可以开展一些英语口语竞赛、服务知识竞赛、服务态度竞赛和服务技能技巧竞赛等。这些竞赛的组织，不仅可以调动员工的积极性，而且还可以提高员工的素质。

（六）情感激励

在一个部门里，如果大家情投意合，互相关心，互相爱护，互相帮助，就一定会形成一个强有力的战斗集体，从而为客人提供良好的服务。因此，客房管理人员必须重视“感情投资”。

在运用情感激励这一规律时，管理人员要注意做好以下两方面的工作：其一，注意启发和诱导职工创造一个互相团结、互相帮助的环境；其二，以身作则，对员工热情关怀、信任、体贴。对他们做出的成绩，要及时给予肯定；对他们的缺点，诚恳地帮助改正；对他们工作中遇到的困难，要尽力帮助解决。特别是当员工家庭或个人生活遇到什么不幸或困难时，要给予同情、关怀，以至在经济上予以支持和帮助，员工对此会铭记在心，感恩戴德，从而起到极大的激励作用。在关键时刻，对员工伸出同情与援助之手，比平时说上一千句、一万句激励的话要管用得多！

（七）晋升与调职激励

人人都有上进心理，所谓“不想当元帅的士兵不是好士兵”。利用人们的上进心理，给予员工职位的晋升，无疑是一种极为有效的激励方法。

除了对工作表现好的员工晋升以外，还可以通过在部门内部掉换员工的工作岗位来激励员工。通常有两种情况：一是个别管理者与职工之间由于下意识的偏见、古怪习性或意外事故的发生而引起尖锐的矛盾，如通过协调或其他方式仍无法解决，可将该职工调离本班组（岗位），以调动矛盾双方的工作积极性；二是员工与管理者之间虽然不存在矛盾，但目前的工作岗位不适合他本人，不能充分发挥其个人专长和才干，这时可考虑掉换工作岗位，这样不仅可以充分利用人力资源，还可以激励员工，极大地调动员工的工作积极性。

（八）示范激励

“没有良将就没有精兵”，客房部管理人员要以身作则，以自己的工作热情、干劲去影响和激励下属员工。

“榜样的作用是无穷的”，一个组织的士气和精神面貌很大程度上取决于其领导成员。有什么样的管理者，就有什么样的下属员工。没有一流的管理人员，就不可能有一流的酒店和一流的服务员，因此，要造就一流的员工，客房管理人员首先应该从各方面严格要求和提高自己，把自己塑造成为一流的管理者。

（九）换位激励法

换位激励法是一种通过临时调换工作岗位，使员工有机会了解不同岗位的工作内容、特点，体会与自己原有工作岗位联系密切的岗位工作要求及难处，进而激励员工在以后的工作中相互理解、相互支持的一种员工激励方法。

案　例

我当一天领班

在杭州开元之江度假村，一个名为“我当一天领班”的活动正在如火如荼地开展着。从行李房到总机，从主二楼到闻涛阁，活动共分为三个阶段：首先，整个房务部对员工进行为期一周的领班培训；其次，各个部门每天安排一位员工当临时领班，处理领班事务和突发事件；最后，在活动快结束期间，开展评估活动，谈谈心得体会，选出最好的“临时领班”。在短短两个月的“我当一天领班”活动中，度假村的员工和领班都学到了很多。许多员工在这次“我当一天领班”活动中都认识到了领班工作的重要性和不易性，原本轻视领班工作，认为领班工作“不过如此”的想法也都渐渐不翼而飞了。

在谈到本次“我当一天领班”的活动初衷时，度假村房务部总监说：“这次举办‘我当一天领班’活动，一来是为了让一些老员工能参与管理，在完成本职工作的同时，提高一些管理能力。在轮番当领班的同时，有意识地让他们进行良性竞争，比比到底谁做得最好，此外还能杜绝一些老员工平时对领班工作抱着一种‘不过如此’的不良情绪。二来，通过‘我当一天领班’，让一些新员工能认识到与老员工之间的差距，促使他们学习老员工的工作经验和管理方法。在当领班的整个过程中，也能自觉查找工作上的不足，错误的机率就会大大降低。”

不同职务不同感受

近两个月的“我当一天领班”活动即将落下帷幕，在大家的相互交流上，员工们都说出了自己心中不同的感受。

（1）来自员工：“以前我总以为当领班是一件轻松容易的差事，但一天的领班工作下来，我才发现领班的工作其实很烦琐，有些细节我们以前都没有注意到。以后我一定要配合领班的工作。”一位员工这样说道，“我当一天领班的开展，无形之中改变了我原有的工作习惯，领班比一般工作更需要耐心、细心、责任心，从中我学到了很多，也让我在处理问题上更加成熟了。”“做员工只要每天按照领班分配好的计划做好事就行了，而领班就不同了，不仅要分清事情的主次，还要考虑到每个员工的工作性质和能力，并以此分配当天的工作，真的很不容易。”

(2) 来自领班：“之前有些员工对我们的工作内容不了解，有时候觉得我们很空，工作的时候还不配合，办了这个活动以后，我和员工之间的交流沟通多了，在工作配合上也更默契了，有时候他们在工作之余还会来协助我们的工作，使得今后的工作方便了许多。”“是的，以前有些员工的工作比较马虎，经常会出一些小差错，自从他们当过一天临时领班后，工作明显比以前认真了，在客房卫生上也注意了许多。”几位领班凑在一起，也表达了自己的感受和看法。

(3) 来自房务总监；“活动虽然只办了两个月，效果却比较显著，很多员工把平时自己忽略的部分都注意了起来，对自己工作也更加认真仔细了，同时领班在给员工讲解领班工作和职责时，也很好地对自己以前的工作内容进行了梳理，更杜绝了一些领班混沌度日的不良作风。可以说，这次活动既给了普通员工一次展示自身能力、锻炼自己的机会，也给了领班们一些自我督促。”

换位思考共同进步

两个月的“我当一天领班”活动时间虽然不长，但大家都从中收获了许多宝贵的经验。从员工到领班，再从领班到员工，时间虽然只有短短的一天，但这一天比听一次培训课，开一次部门会议要有用得多。正是这样的换位思考让员工能从领班的角度去好好审视一下自己的工作，继而认识到自身的不足，在以后的工作中不会单单只考虑自身因素，更会从领班的角度去想事情、做事情，把一些自己平时遗忘、疏忽的地方统统补上。

（十）其他激励方式

第一，深入基层。了解员工的思想状况和需求，让员工有苦有怨时有地方可以倾诉，有人可以倾诉、发泄，从而缓解他们的焦虑情绪。

第二，安排好实习生和新员工的“月度评优”制度。为了不让月度新员工评优时陷于尴尬，在评优的基础上，可单设“月度新员工进步最快”评选。这样能让那些能力较低又没办法在短时间内争得优秀的员工也得到激励，并使他们在部门的“员工成长历程”板报上亮相，这对于一些弱势员工克服自卑心理无疑是一项有积极意义的工作。

第三，根据员工兴趣，举办各种培训班。有的酒店根据员工兴趣，举办员工参加的“调酒培训班”“英语口语培训班”等，或让员工制作各种客房饰品，以达到发挥特长、增长知识、提高工作兴趣的目的，这是十分可行的。这种培训班与其他培训班不同，它不具有强制性，是完全根据员工的兴趣举办的。

第四，安排分配好部门资源，包括培训、出外学习、酒店内部岗位轮训等，以拓宽员工视野，提高员工自信心。

二、员工激励应注意的问题

在员工激励中，客房部各级管理人员要特别注意以下问题。

（一）要尊重、理解和关心职工

对员工在工作上要严格要求，但在生活上则要关心员工、尊重员工，以“情”动人。所谓尊重员工，就是要尊重员工在酒店的主人翁地位；理解员工，就是要理解职工的精神追求和物质追求；关心员工，就是要心系员工，尽可能解决员工的实际困难。只有员工意识到自己真正受到了尊重，真正是酒店的主人，他们才会以主人翁的精神积极工作。

案　例

北京建国饭店的总经理连续两个钟头站在职工食堂门口，一次又一次地拉开大门，向来参加春节联欢会的职工点头致意，说：“您辛苦了！”中外方经理们头戴白帽，腰系围裙，一溜儿站在自助餐台后，微笑着为职工们盛菜打饭，使职工心里涌起阵阵暖流，更使员工的心与企业贴得更近。被誉为超五星级酒店的福建悦华酒店规定：管理者见到员工时必须首先向员工打招呼或问好，从总经理到部门经理概莫能外，总经理数十年如一日，几乎每天早晨坚持在酒店门口迎候员工上班，送去清晨最美好的祝愿，“悦华给了员工一个家的氛围和环境，员工也把悦华当成了家”。

（二）要经常为职工“理气”，使职工“气顺”

有些员工之所以缺乏工作热情，主要是因为“气不顺”：一怨分配不公；二怨有些管理者搞特殊化；三怨官僚主义令干群关系疏远。对此，管理者应根据实际情况，认真分析，采取改进措施，为职工“理气”。

（三）多一些培训、指导与实干，少一些指责、惩罚与埋怨

在酒店中，常常可以听到一些客房管理者埋怨服务员没有清理好房间，引起客人的投诉；埋怨设备维修差，以致经常出现问题；埋怨某处卫生差，从而影响了酒店形象；埋怨服务员素质不高，从而使酒店软件管理跟不上……如此种种，好像我们的管理人员有许多理由“横挑鼻子竖挑眼”。于是，埋怨、指责与惩罚便成了家常便饭。殊不知，苦口并非都是良药，埋怨、指责与惩罚只能在管理者与员工之间竖起一道墙壁。正如一位酒店员工所言：

“试想，我们背井离乡、千里北上或南下，以极大的热情投身酒店行业，

哪一个不想将工作干得出色、圆满？哪一个不想得到领导和宾客的认可与赞扬？又有哪一个不想让自己的青春年华闪耀光芒？出现问题、客人投诉，服务人员本已在自责愧疚之中，若我们的管理人员不问青红皂白，劈头盖脸地埋怨、指责，岂不使其乱了方寸，增加精神包袱，产生逆反心理？”

因此，工作中出现问题，客房部管理者首先应进行自查、自纠，对自己的管理工作进行反省，问问自己到底给予员工多少培训、多少指导？管理中还有哪些失误？哪些漏洞？而不是一味地去埋怨、指责与惩罚员工。

虽说惩罚是一种“负强化”的激励手段，在一定条件下能够起到一定的积极作用，但管理者要记住：惩罚只是一种手段，而非目的，不能滥用，否则，不仅起不到激励作用，反而会引起对抗情绪，不利于团队精神的形成。有些客房管理人员工作方法简单粗暴，不管三七二十一，动不动就使用手中的“惩罚”大棒，结果使部门（班组）内怨声载道。因此，管理者在管理实践中应该遵循的原则是：在“正强化”能解决问题的情况下，尽量少用或不用惩罚手段。

（四）激励要遵循公平性原则

客房部管理人员在对员工进行物质激励时，一定要注意公平原则，否则不但起不到激励作用，反而会挫伤员工的积极性，甚至造成矛盾，影响团结。事实证明，如果领导者的能力和工作水平低，下属大都可以原谅，而若领导者不能一视同仁，处理问题不公平，则下属往往表现出不能容忍的态度。

（五）激励要有针对性

员工激励要有针对性，即针对不同的情况，采取不用的激励方法。例如，有些员工原本确有认真努力去工作的想法，但由于工作在一种松散的环境氛围之中，久而久之就会养成懒散的工作习惯，管理者一旦发现这种趋势，就必须加强劳动纪律，严格工作制度。又如，有的员工原本工作热情很高，但因承受不了同事的冷眼与讥笑，工作热情渐渐冷却。这时，管理者就要考虑通过各种方法，营造良好的、积极向上的企业文化氛围。

（六）表扬和肯定员工

大多数经理人认为金钱是最能激励员工的要素，事实却不尽然。员工最想要的，其实是在他们圆满完成任务时，被他们认为重要的人所重视。因此，激励员工最好的办法就是肯定和表扬。对大多数的员工来说，几句表扬的话就可以激起他们内心深处一股满足的暖流，点燃他们工作的激情。

案例　上海利园国际大酒店的员工激励

1. 建立一整套“亲情服务，用心做事”的奖惩机制

在利园，员工争先恐后地为宾客创造惊喜，为何员工乐意做感动宾客的“分外事”。这是因为利园建立了一整套“亲情服务，用心做事”的奖惩机制，要求员工每天必须做一件感动宾客的事，并写成案例，优秀案例还可获奖励。通过案例积分，员工还可以参加酒店服务大奖的评选。在每月举办的利园大学堂上，获奖员工与大家一起分享案例，优秀员工获颁证书和奖金。

2. 抓员工激励与抓质量考评“两手硬”，消灭群体惰性

若管理制度不到位，企业内部就会形成“群体惰性”，而这种顽疾会对酒店服务质量带来致命的影响。作为管理者，要精心制定切合实际的岗位管理制度，赏罚分明，遏制和消除群体惰性。为此，利园设计了全员量化指标考核体系，可依据各部门职责的不同，统计出各个岗位易出现质量问题的薄弱点。一旦发现问题，即以照片形式呈现并发给当事人，以此警醒员工恪尽职守。

三、客房部员工的过失行为与纪律处分

针对员工工作中的过失给予一定的纪律处分，也是员工激励的方法和组成部分。一方面，客房部员工应该按照酒店的规定，严格要求自己，避免工作中出现过失；另一方面，客房部管理人员也可以运用酒店赋予的管理权限，根据酒店的规定，给予过失员工一定的纪律处分，对员工进行“负激励”，以消除或减少工作中的各种过失。

客房部员工在工作中的过失，根据其严重程度的不同和所造成危害的大小，可以分为“轻微过失”“严重过失”和“极端过失”，可分别给予“口头警告”“书面警告”“辞退或开除”等不同的纪律处分。

客房部员工列入“轻微过失”“严重过失”和“极端过失”的过失行为可通过扫描下方二维码获知。

客房部员工的过失行为与纪律处分

对于犯有轻微过失的员工，可给予口头警告。员工若第二次出现轻微过失，则应由部门主管或领班向过失员工签发“过失单”，并记录在案。

对于犯有严重过失者，可由客房部经理向过失员工签发“警告通知书”（见表11-5），如再次出现严重过失，则向其发出“最后警告”。对于犯有严重过失的员工（三次以上的轻微过失，将被视作严重过失），可视情节轻重分别给予临时停职、降职、降薪、记过、留店察看、劝退或辞退处理。客房部员工的严重过失由部门经理签批后，报酒店人事部备案。

客房部员工如犯有极端过失，将被酒店立即辞退或开除。另外，如员工被“最后警告”后，再次出现严重过失，也将被视为极端过失。对员工的辞退、除名由酒店人事部签批后，报总经理批准；开除则由总经理批准后报职代会通过。

表11-5　警告通知书

警告通知书

员工姓名：__________________
入职日期：__________________
员工工号：__________________
职　　位：__________________

先生/女士：

由于您在_____年_____月_____日____________________________________
____
____
____

经调查属实，决定给予您第_______次书面警告及记录存案，并按规定扣除_______天基本工资及奖金_______元。

希望您接到此信后，尽快改进，不得再犯，特此通知。

受警告员工：______________________（签名）__________________（日期）

部门经理/主管：________________（签名）__________________（日期）

人事培训部经理/副经理：____________（签名）__________________（日期）

正本：个人卷宗　　　　第一副本：财务部
第二副本：部门主管　　第三副本：员工

第五节　提高客房免检率的途径

在酒店客房服务管理方面，客房清洁和物品摆放是一项重要的管理项目。如何提高客房免检率，是摆在每一位职业经理人面前的重要课题。

客房的“清洁”和“物品摆放”能否达到酒店服务的标准，与服务员的情绪、心态、技能、责任感和管理模式有着密切的关系。目前，大多数酒店的操作规则通常是：服务员做好客房卫生后，由领班负责检查，卫生和其他指标合格，就是“OK 房”，不合格就返工。酒店客房实行免检制度，不仅是激励客房部员工的好方法，同时也是提高酒店服务效率和经济效益的重要途径，是酒店客房管理的一种创新。

一、实施免检房的意义

第一，可以激励员工。第二，可以减少人力成本。第三，可以减少人员流动，保证员工队伍的相对稳定。一名员工获得拥有“免检房资格”后，将会获得在薪资、地位上的优势以及个人发展上的关注。一个被企业重视的员工，通常是不容易流失的。第四，可以增强企业凝聚力和员工责任感。经过上述过程，员工与员工之间、员工与上级之间沟通的机会增多了，日常的讨论也增多了。我们常常要求员工“做企业的主人翁”或是“发扬主人翁精神”，其实，真正的“主人翁精神”是管理和机制的产物，而不是呐喊或呼吁的结果。只要企业的管理和机制有效了，“主人翁精神”必然得到发扬。

二、提高客房免检率的途径

（一）制定“合格客房卫生与物品配置的标准”及“做房流程”

酒店应该依据自己酒店的客房实际情况制订“合格客房卫生与物品配置的标准”，这是保证服务质量的基本要素和评估依据。

同时，酒店应依据各自的客房实际情况制定一套完整、严谨、合理的“做房流程”。应多采纳执行者——员工的意见。管理者应该对意见进行评估和科学合理的优化，再将部门经理、主管、领班的意见汇总、提炼，将保证服务质量的细化要素一一罗列，拟定出切实可行的“合格客房卫生与物品配置的标准”。既要有文字描述，又要有图片显示或模版，并知会到每一位员工，让他们充分掌握。

（二）对员工进行必要的技能、技巧培训

培训的内容有“如何做客房卫生”“客房清洁中要注意的关键与主要问题”“自检的方法要领”等。既要教会服务人员客房清洁的基本知识和技能技巧，又要让员工去

执行制定好的客房清洁流程、方法和自我检查的要点。

（三）应着重培养员工的责任感

责任感的培养不能是空洞无物的说教，那是既不实际又没有作用的。最好的方法应该是由企业制定一套合理有效的且充满激励的并有长远规划的运作模式，让员工自发地将个人利益与工作责任联系在一起。比如，将员工的工作效率和免检率的高低（绩效）与薪资以及个人的发展挂钩。

（四）进行交叉查房

第一步，对全体客房服务人员进行“如何查房”的培训。教导他们查房的方法、步骤和要素，培养他们用心、用思维去工作，此举可以进一步提升客房服务人员的服务素质与技能。

第二步，交叉查房。可以采取服务员之间相互交叉检查的方法进行。在执行这一措施之前，应对所有服务人员灌输相互检查的好处。别人做房中失误或疏忽的问题，往往就是自己下次做房时需要注意和检点的地方……员工相互检查出来的问题只在于发现不合格并进行改正，应把鼓励和奖赏放在主位，不必要进行责罚。在实施这一措施的前期，领班和主管还需要对员工交叉检查完后的房间进行有序的检查，随着服务员查房技能的不断提高和完善，逐渐改为抽查，直到最后基本可以免检。

服务员的交叉检查，还可以提升服务员的服务素质。通过一系列的“挑毛病”“找差距”，既可以提升员工的个人素质，训练出一批“火眼金睛”的优秀员工，又可以提高员工的服务质量和工作积极性，有效地将监督成本转化为激励措施。

整个过程必须有一位开明的、宽容的、诚恳的、公正而有魅力的部门经理，负责有效的控制、协调、斡旋和循序渐进的推行，避免员工在互检中出现不必要的埋怨、争执、嫉妒甚至打击报复。实施交叉检查前的“洗脑”和实施过程中的控制及平衡能力，是保证这一模式有效运行的重要因素。

（五）酒店要为具有“免检房资格”的员工合理地规划好未来的职业发展

这也是企业培养员工、为员工职业生涯做一个长远规划的负责任的行为。被评为“免检服务员”的员工应享有不同于普通员工的荣誉、薪资、福利、地位和优先的晋级机会。

另外，员工获得“免检房资格”，并不代表永久性地拥有免检房资格和待遇优先资格。主管、经理要不定期、不定时地对其清洁后的合格房进行抽查，并设定免检率的最低标准，发现有超过一定百分比的合格房达不到免检标准时，应取消服务员的免检房资格和待遇。以保证服务员“免检资格”的真实性、有效性。

第六节 客房管理人员的管理艺术

有一则深具哲理的寓言，描述北风与太阳斗智的情形：

北风自恃风力高强，要太阳俯首称臣，太阳不甘示弱，争论不休，最后看到前面有一路人徐徐而来，于是以行人作为比斗的对象，看谁能使行人脱衣即为赢家。北风杀气腾腾，不断施展其强烈剽悍的雄风，但只见行人把衣领愈拉愈紧，虽然几乎不堪折磨，却死活不肯轻易松手，最后北风眼见无功，只得罢手。接着轮到太阳施展身手，只见太阳露出笑脸，缓缓施展其魅力，于是寒气消失，光辉普照，但见这位路人愉快地将大衣脱了下来。

由此可见，要实施有效的管理，仅靠权力是不够的，客房部管理人员在管理工作中应该像太阳一样，注意掌握和运用管理艺术，这样才能进行有效的管理，才能实现自己的管理意图和管理目标。同时，也会使管理工作变得轻松愉快，甚至成为一种乐趣，而不是一种枯燥无味，甚至十分痛苦的负担。

一、善于树立自己的威信

（一）全面提高自身的素质

全面提高自身的专业水平、管理才能和个人修养，只有这样，员工才会佩服你、尊敬你，继而服从你。

- 专业素质：包括专业知识和专业技能，一般来讲，管理人员的专业水平应在服务员的前10%之列；
- 言、谈、举止等方面的个人修养；
- 管理水平：客房部管理人员必须掌握一定的管理理论和管理知识，并不断总结经验，提高自己的管理水平。

（二）以身作则，靠榜样影响下属

榜样的力量是无穷的。要求员工做到的，自己首先做到，规定员工不能做的事，自己也绝不“越轨”。

（三）不搞官僚主义

官僚主义只能使干群关系疏远，有百害而无一利。有位客房领班在服务员工作时，竟然让其放下手中的活，命令她为自己打开水喝，这样的领班怎么能让员工心服、口服，进而在行动上服从呢？

（四）有敢于承担责任的勇气

管理人员越是设法推卸责任，就越得不到员工的敬重。

（五）希望并支持下属取得突出的成绩

希望并支持下属取得突出的成绩，不仅能够赢得服务员对你的敬重，树立个人的威信，而且能够调动员工的工作积极性。

二、加强与员工的沟通，重视感情投资

有位酒店管理者曾经说过："如果你把员工当牛看待，他想做人；如果你把他当人看待，他想当牛。"因此，为了激发员工的工作积极性和主人翁精神，必须发扬民主，重视与员工的沟通。

客房部经理不仅要把上级的指示传达给下属，而且要注意倾听下属的心声，把下属的意见和建议及时、准确地反映给上级管理者。在做决策时，要多与员工沟通，因为决策的最终执行者还是下属员工，经过员工充分讨论的、科学合理的决策，有利于员工的贯彻执行，也有利于提高员工的服从性。除此而外，作为客房管理人员，还应该通过举办文体等多种类型的活动，加强与员工的感情交流。一个好的管理人员并不是整天板着面孔，动不动就挥舞训斥的皮鞭，用处罚的铁棒对待下属的人。在严格管理的同时，还必须平易近人，重视感情投资，这样才能取得下属的合作诚意。从某种意义上说，感情投资是严格管理的基础。

三、创造良好的人际关系环境

客房部经理要有良好的人际关系能力，不仅自己要与员工建立良好的关系，而且要努力在自己所管的部门内创建良好的人际关系环境，使员工之间能够良好地沟通，从而使自己所在的部门内部有一种团结、合作、轻松、愉快的工作环境和气氛，这对工作的开展有极大的好处。

四、善于运用语言艺术

客房部经理要有良好的语言表达能力，善于运用语言艺术。要能够轻松地利用简洁明确的，甚至是十分动听的语言进行商讨、动员、指挥、劝导工作，使下属能够在感情上发生共鸣，进而采取你所要求的行动。相反，如果你说话枯燥乏味，只知单调地重复上级指示，再加上令人厌烦的口头语，必然会引起同事们的反感和员工的逆反心理，甚至最后把事情办糟。

此外，客房部经理还应该具有一定的幽默感，善于利用幽默的语言和幽默感来增进与员工的关系。幽默感是人际关系的润滑剂，它以善意的微笑代替抱怨，避免争吵，使人活得更轻松、愉快。所以，"美国人可能相信自己这样，或不相信自己那样，但每个人都相信自己具有幽默感"。俄国作家契诃夫也曾说过："不懂得开玩笑的人是没有

希望的人，这样的人即使额高七寸，聪明绝顶，也算不上真正有智慧。”幽默会使员工更喜欢你、信任你。员工希望与幽默的人一起工作，乐于为这样的人做事，因为与他们一起工作有一种如沐春风之感。

五、讲究表扬和批评的艺术

表扬和批评属于奖惩激励的方法。使用这一方法时，要注意艺术性。

（一）表扬和批评的方法，要因人而异

对员工的表扬和批评，要根据不同对象的心理特点，因人而异，采取不同的方式方法：有的人爱面子，口头表扬就有作用；有的人讲实惠，希望有点物质刺激；有的人脸皮薄，会上批评受不了；有的人相反，不狠狠地触动就满不在乎……因此，为了收到好的效果，就得讲究方式方法。有的人听到会上表扬他，很高兴，但也有人就怕在大小会上表扬他，担心大家从此对他高要求，或另眼相看，或打击讽刺，因而压力太大，对这种人只要拍拍肩膀，说一句“你工作得不错”，他就会明白上级对自己是了解的、满意的、信任的、赏识的，也就满足了，这种方法叫作“个别认可”。此外，还有“间接认可”“会议认可”“家庭认可”“张榜认可”等多种形式，只要运用得当，便可收到良好的效果。在采用批评等“负强化”措施时，也要注意因人而异。对于惰性大、依赖心理强的人，采用“触动式批评”；对于自尊心强的人，采用“渐进式批评”；对于经历少、不成熟、较幼稚的人，采用“参照式批评”；对于性格内向、善于思考、比较成熟的人，采用“发问式批评”（见表11–6）。

表11–6　表扬和批评的艺术

员工类型	表扬（批评）的方式	员工类型	表扬（批评）的方式
爱面子	口头表扬	讲实惠	物质奖励
脸皮薄	私下批评	脸皮厚	会上批评
惰性大、依赖心理强	“触动式批评”	自尊心强	“渐进式批评”
经历少、幼稚、不成熟	“参照式批评”	性格内向、善于思考、比较成熟	“发问式批评”

（二）批评要掌握好时机

批评要在自己和员工都情绪稳定时进行，但时间也不能拖得太长，以免使员工有“秋后算账”之错觉。

（三）批评员工时，要注意态度诚恳，语气委婉

作为管理人员，经常要对下属员工针对其工作进行批评教育，但批评一定要语气委婉，态度诚恳，尤其要注意尊重员工的人格，杜绝一切粗言秽语和不文明的管理行为。比如，经理在查房时，经常会发现某处不符合卫生标准，如果经理当着服务员的

面把它擦拭干净，并且告诉他“这儿很容易积灰，要多抹几遍，明天做房时就不会再有这么多灰了”，第二天检查房间时，你会发现他接纳了意见，并特别注意把昨天检查的那个地方擦拭得十分光洁。相反，如果不尊重员工，一味训斥，员工也不会尊重你，得到的往往是不服气的争执或沉默，你将因此而失去威望，失去员工对你工作的支持与合作，甚至有些员工可能还会用欺诈的手段与你暗斗，消极怠工。

（四）批评要对事而不对人

不要对员工有意无意地进行人身攻击，或借题发挥。

（五）批评员工时，要注意听对方的解释

批评员工时，一定要耐心倾听员工的解释，不能一味地指责员工的过错，不给员工申辩、说明的机会。

（六）勿在下属和客人面前批评员工

批评员工一定要注意时间、地点和场合，尤其不能当着其下属和客人的面批评员工，否则将极大地挫伤员工的积极性，伤害员工的自尊心，使其无“脸”管理下属，严重的还会因此而失去人才。

（七）学会“保留批评”

对于部下的缺点、错误，不一定都要运用批评的武器，有时候，不批评比批评能收到更好的效果。在下列情况下，通常需要“保留批评”：

- 缺点是偶尔发生的，且员工本人已经意识到自己的错误；
- 你的用意旨在伤害、打击对方，或借此一泄心中之恨。

批评的结果，是“成功”还是“失败”，有三条标准可以衡量：第一，部下行为的改变是朝着我们想要的方向进行；第二，能保证被批评者的自尊；第三，与部下的关系仍完好无损。

（八）“三明治”批评法

美国玫琳凯化妆品公司在初建时只有9个人，20年后的今天，该公司已经发展成为拥有20万名员工的国际性大公司。它的创办人兼董事长玛丽·凯被人们称为“美国企业界最成功的人士之一”。

玛丽·凯一直严格地遵循着这样一个基本原则：无论批评员工什么事情，必须找出一点值得表扬的事情留在批评之前和批评之后说，而绝不可只批评不表扬。这就是管理学上的“三明治”批评法。中间夹的火腿肉是批评，两头的表扬是面包。

玛丽·凯说，批评应对事不对人，在批评员工前，要先设法表扬一番；在批评后，再设法表扬一番。总之，应力争用一种友好的气氛开始和结束谈话。

有一次，她的一名女秘书调离别处，接任的是一位刚刚毕业的女大学生。新来的女大学生打字总是不注意标点符号，令玛丽·凯很苦恼。有一天，玛丽·凯对她说：

“你今天穿了这样一套漂亮的衣服，更显示了你的美丽大方。”那位女秘书突然听到老板对她的称赞，受宠若惊。玛丽·凯于是接着说：“尤其是你这排纽扣，点缀得恰到好处。所以我要告诉你，文章中的标点符号，就如同衣服上的扣子一样，注意了它的作用，文章才会易懂并条理清楚。你很聪明，相信你以后一定会更加注意这方面的！”

从那以后，那个女孩做事明显地变得有条理了，也不再那么马虎了，一个月后，她的工作基本上能令玛丽·凯满意了。

六、注意工作方法

（一）严格而不是一味严厉

格者，规范、标准也。酒店首先要有“格”，管理中则要严守其“格”。任何一支队伍，严明的纪律、规范都是它力量之所在。没有制度、职责、规范，或者虽有而并不认真执行，势必一盘散沙，这样的酒店是不会成功的。但严格不等于严厉，领班对服务员常常疾言厉色，稍不满意，便发雷霆之怒，动辄以处分相威胁，甚至听见风便是雨，情况并未搞清楚，就做结论，也不给部属以申辩、说明的机会，过分追求言出如山的效果，误以为这便是果断、有魄力，这些都是管理的误区，最终只能以伤害员工为代价。

事实上，任何一个员工都十分关注上司对他的印象与态度，因为这对他的工作与发展是十分重要的。同时，任何一个员工也都有在团体内获得友谊与尊重的需要，有些人还特别看重“面子”，训斥无疑会使他觉得遭受重大的挫折，当训斥的依据又非事实时，这种挫折感会变得格外沉重。相反，如果与下属建立起相互信任、相互尊重的关系，就会使双方都感到轻松，获得一种安全感，增加工作的热情、信心与兴趣，经理的愤怒对部属的训诫有时是必要的，但要慎重、慎用，一味严厉是不可取的。

（二）发号施令但不要忽略给予帮助

酒店要保持较高的服务水准，当然会对各部门、各岗位提出各种工作要求，而且，客房部常常会有许多临时性的工作，要求服务员在规定的时间内高质量地完成，经理人员在分配任务、发布指令时，不应忽略帮助服务员排除工作中的困难，如果忽略了帮助，下级员工可能会感到经理对他们不关心、不体谅，从而形成一种心理压力，甚至误认为上级有意刁难，造成上下级之间的信任危机。

（三）维护权威，但不要拒绝听取员工意见

强调坚决执行指令，维护领导者的权威，绝不能忽视倾听员工的意见。作为客房管理人员，应鼓励员工进言以改进管理，倾听员工的抱怨，让员工有发泄不满的渠道。连任曼谷东方饭店总经理 24 年的库尔特·瓦赫特意先生认为，曼谷东方饭店之所以一直被列为世界十佳饭店之冠，是因为有三大法宝，其中之一便是培养员工的忧店意识，倾听愉快的牢骚，鼓励员工对旅馆提出各种问题。他说：“管理需要有一种愉快的不满

情绪，否则大家都将会睡着。”

（四）做好解释与沟通

与倾听同样重要的是解释。重大的问题固然要向员工做出解释，一些看似细小的问题，也应注意与有关人员交换意见，进行充分的沟通，以免使服务员不理解或产生误解和挫折感，影响工作积极性和工作任务的完成。

七、与员工保持一定的距离

客房管理者在其管理活动中，要反对官僚主义，因为官僚主义会使上下级关系疏远，但这并不意味着要使官兵“打成一片”“融为一体”。有位美学家曾经说过，审美要有“审美距离”。同样，管理工作也要有“管理距离”，即管理者与被管理者之间应该保持一定的距离，以维护自己的权威。只有这样，管理者才会摆脱干扰，放心管理；被管理者也不会认为管理者不够人情味。

案　例　　**工作的时候别叫兄弟**

管理是个严肃的话题，不能掺杂太多的人情味，具体到语言也是如此。以前管理员工我的感情投资比较多，觉得员工管理就是人心换人心，所以管理过程中很偏重人性化，不管是上班时间还是业余时间，我都会与员工打成一片，“老兄”“哥们”“老乡”的称呼不断，一时间员工都觉得我平易近人，没有架子。可是后来我渐渐发现了这种言语在拉近我与员工距离的同时也暴露了很多的不足，比如像会议、报告、培训等严肃的场合员工开始散漫，不听从领导；当员工犯错误的时候也不会有正常的恐惧心理，觉得靠个人和领导的不平常关系就能被“赦免”，而当你按正常手段给予处罚时，他又会十分不满，在背地里说你是“两面三刀”，那时候真是“哑巴吃黄连”。

所以我觉得作为管理者，在工作的时候一定不可以跟员工称兄道弟，要保持应有的威严，让员工知道领导者既是平易近人的；但同样也是铁面无私的，要做到工作的时候没有人情，工作之外没有距离。

八、勿犯“一、二、三、七式”错误

不知你是否有过类似的经历：你的上司给你布置任务，要求你解决公司内部的某个问题。于是你立刻开始像一位经过严格训练的MBA那样开展工作。你仔细研究了当前的形势，找出了问题所在，列出了一套可行的新方案，找到了适当的人选来负责执行，并把你的发现和解决方案推荐给了上司。

1个月过去了，什么事情都没有发生；又1个月过去了，还是没有任何进展；6个月之后，问题还是没有得到解决。问题到底出在哪儿呢？答案非常简单：你犯了“一、二、三、七式”的错误。

你没有意识到，所有成功的项目都必须经过七个阶段：第一个阶段是评估，第二个阶段是找出问题，第三个阶段是制定方案。但这些只是前三个阶段，而实施方案是在第七个阶段，所以在具体实施之前，你还必须经过三个阶段。

不幸的是，许多人都没有注意到第四、第五和第六个阶段——也就是说服同事们接受你的新计划。在第四个阶段，你的主要工作是说服上司，要征得上司的支持；在第五个阶段，你的工作是说服同级，征得同级同事的支持；在第六个阶段，你的工作是说服下属，得到他们的支持。这三个阶段是开始具体实施的前提，只有在完成了这三个阶段之后，你才能真正地落实自己的工作。

要想引起别人的关注，你首先必须投入大量的时间和精力去说服别人。你可以想象自己正在进行一场广告宣传，你的目标就是争取上司、同级和下属们的注意。否则的话，你就是在犯“一、二、三、七式”的错误。你不可能从第一阶段直接跳到第七阶段，中间哪怕少一个阶段都不行。

第七节 对客房部员工的考核与工作评估

为了提高服务质量和工作质量，必须实施并加强对员工的日常考核和定期评估工作。否则，将会出现有令不行、工作涣散、服务质量恶化的状况。

一、日常考核

客房部各级管理人员平时应做好对属下员工工作表现的观察与考核记录。这不仅是提高服务质量和工作质量的重要手段和途径，同时也是对员工进行客观、公正地评估的基础。

考核应该逐级进行，涉及部门内包括管理人员在内的每一位员工：领班对服务员进行考核，主管对领班进行考核，而部门经理则对主管进行考核。如果服务员工作质量出现问题，领班没有发现，或没有处理，或没有在考评表中予以反映，就是领班的失职，主管发现后就要对领班进行扣分，而如果主管没有发现，或没有处理，则部门经理发现后，要对主管扣分和处理，其结果除了对当事人进行批评教育以外，还将在每月业绩奖中予以体现。当然，管理者任何时候都应明白，考核、评估只是手段而已，提高服务质量和工作质量才是最终目的！

考核的内容可以因考核对象的不同而不同，对服务员的考核包括员工的出勤情况、仪容仪表、服务态度、客人投诉情况、工作差错情况、违反店规店纪情况、与其他员工的合作程度、对管理人员的服从性以及工作的责任心与自觉性等。而对管理人员的考核则还应增加现场督导和管理情况、财产管理情况及考评工作执行情况等。

为了增强考核工作的客观性、公正性，考评员还应在考评表的背面说明扣分的理由和出现的问题，使被考评者心服口服，这也是日后对员工工作进行评估的客观依据。

二、工作评估

对员工的工作评估，就是按照一定的程序和方法，根据管理者预先确定的内容和标准，对员工的德、才表现和工作业绩进行的考察和评价。客房部员工的工作评估可以定期进行，也可以不定期进行。

（一）评估的作用

1. 能够激励员工更好地工作

工作表现评估能充分肯定员工的工作成绩及良好表现，这是对员工所做工作的肯定，能够激发员工的进取心。

2. 有助于发现员工工作中的缺点和不足，以便采取相应的管理措施

如果问题属于员工工作态度不端正、努力程度不够，应分析原因，解决问题，帮助员工端正态度，改进工作。如属于缺乏专业知识或技能技巧不熟练的问题，则应确定进一步培训的目标，并纳入下一步的培训计划。

3. 为今后员工的使用安排提供了依据

评估有助于发现各方面表现突出并有发展潜力的员工。可对这类员工制订发展计划，提出更高的要求，为其今后提升职务或担任更多更重要岗位的工作打好基础。通过评估，也可发现不称职、不合格的员工，为保证工作质量和服务质量，应调动或解聘其工作或职务。

4. 有助于改善员工和管理人员的关系

评估能够加强员工与管理者之间的双向沟通，促进他们的相互了解。认真、客观、公正的评估，能够对员工起到激励作用。但上级管理人员对下属带有偏见的、不够客观公正的评估，也会恶化员工和其上级管理者之间的关系，对于日后工作的开展造成不利的影响。

（二）评估的依据和内容

对员工评估的依据是酒店“岗位责任制”或“工作说明书”中对该岗位员工的基本要求（包括工作职责、标准、任务等），以及员工对岗位职责的履行情况。

评估的内容包括被评估者的基本素质、工作业绩、工作态度等（见表11-7）。

表 11-7　评估的内容

• 专业知识	• 理解能力	• 语言能力	• 进取精神
• 责任感	• 工作的自觉性	• 工作数量	• 工作质量
• 服务态度(有无微笑服务)	• 礼节礼貌	• 仪容仪表	• 与上司之关系
• 与同事之关系	• 个人品德	• 考勤及守时	• 合作性
• 服从性	• 工作能力	• 其他	

对于上述内容，在考核时，可以根据其重要性的不同，赋予不同的权重，进行打分，以全面、客观地反映该员工的整体素质。

（三）评估的程序和方法

1. 填写评估表

对员工的评估通常为每年一次，评估的表格一般由酒店统一设计和印制（见表 11-8）。为了为年度评估提供依据，使年度评估更为准确，同时也为了进一步激励员工努力工作，客房部也可以对员工进行月度评估，月度评估的形式和内容以简单为宜。

表 11-8　员工工作表现评估表

(EMPLOYEE PERFORMANCE EVALUATION REPORT)

To be completed two months after the cmployee's starting date, transfer date or promotion date.

由部门经理在员工上任、掉转或升职两个月后完成

Name of Employee 员工姓名：　　　　Employee Number 员工工号：

Position 职位：　　　　Department 部门：

Hire Date(New Employee)聘用日期(新员工)：

Promotion/Transfer Date 提升/掉转日期：

1. INDUCTION AND TRAINING 入职培训		
1. 1 Outline the efforts which have been made to induct and train the employee in this new position	简述对新员工入职所做的引导及培训	
1. 2 Outline the employee's response to the training given	简述员工对所做培训的反应	
2. WORK PERFORMANCE 工作表现		
2.1 Job Knowledge Does this employee understand and recognize the specific duties	业务知识 该员工是否懂得工作的具体任务和责任	
2.2 Job Interests How much enthusiasm has this employee shown is the job	工作兴趣 该员工对工作表现出多少热情	
2.3 Job Performance Is the quality and quantity of work up to the standard expected	工作表现 该员工的工作质量和数量，是否达到所期望的标准	

续表

2.4 Job Attitude Is this employee responsive to suggestions and instructions Does he/she cooperate willingly and work well with others as a team	工作态度 该员工对建议和指示是否做出反应 是否愿意同别人在工作中合作	
2.5 Ability to Learn How fast does this employee understand and follow instructions within a given time period	学习能力 在指定的时间里，该员工理解和执行指示有多快	
2.6 Adaptability Is this employee able to meet changed conditions with ease and accept them willingly	适应能力 该员工是否能轻松地适应变化了的情况并愿意接受变动	
2.7 Personal Grooming/Appearance	仪容和仪表	
2.8 Attendance & Punctuality	考勤及守时	
2.9 Conduct	品行	
3.SUITABILTTY 适用度		
3.1 Comment on the suitability of the employee for this job and for the department	对员工是否胜任工作及所在部门进行评估	
3.2 If you consider the employee suitable for passing probation explain why	如果您认为此员工可以通过试用期请阐明原因	
3.3 If you consider the employee unsuitable for the position what	对您认为不称职的员工您如何打算	
4.GENERAL COMMENTS 全面评估		
4. 1 In addition to the remarks you have made, list areas for perfomance improvement which have been discussed with and agreed to by the employee 请您在对员工所做评估之外，通过与员工讨论并征得员工同意，列出该员工需要在哪些方面进行改进		
5.PROBATION RECOMMENDATION—New Employee Only 试用期意见——只用于新员工		

I recommend that this employee's employment, as discussed above,

☐ be teminated prior to the expiry of the probationary period as he/she does not meet our minimum requirements;

☐ be extended for a further ____________ days to allow us to more full evaluate him/her,

☐ be ratified, and he/she be confirmed as permanent employee of the Shangri-La;

如上所述，我建议对此员工的聘用

☐ 由于其不符合我们的最低要求应在试用期满之前终止合同

☐ 再延期__________日再做评估

☐ 批准正式为香格里拉的雇员

6.THE EMPLOYEE'S COMMENTS 员工意见

Signature 员工签字

续表

7.AUTHORIZATION 批准	
Immediate Superviosr's Signature ________ 直属督导签字 Date ________ 日期	Division Head Approval ________ 部门经理批准 Date ________ 日期

说明：请在新员工试用期满前 14 天将此表交还人力资源部。

为了使评估更加客观、准确，可以采用定性和定量相结合的方法。比如，可对上述评估表中的每个项目确定权重，对 A、B、C、D、E 不同档次，确定不同的分值，最后加总，就可得到该员工的整体评估分；再按照总评分的多少划分为不同的档次，即可作为月度或年度奖励的依据。

2. 评估面谈

评估表填写好以后，评估者（部门经理或主管）要与被评估者进行见面，就评分表上的各个项目及评分情况逐条向被评估的员工解释说明。被评估者可以在面谈时对他的评估意见提出不同的看法，并与评估者进行深入的讨论。如不能取得一致意见时，可由人事部约见该员工，听取其意见，并做适当的处理。

另外，为了取得良好的面谈效果，评估者应当掌握一些面谈的方法和技巧：

（1）批评应注意对事不对人，切不可进行人身攻击。

（2）尽量不要涉及其他员工，尤其不要在面谈的员工面前批评其他员工，以免人为地制造矛盾和员工之间的不团结。

（3）面谈时要集中思想，注意聆听职工的谈话，以便建立起双方相互信任的沟通渠道。面谈时心不在焉，会使员工对评估者的诚意产生怀疑，继而失去信任。

（4）谈话的用词要合适，尤其是在对职工进行批评时，必须注意选用恰当的词汇。切忌在被评估者情绪激动时，对其提出对抗性的指责，以免双方情绪对立而使面谈无法进行。

（5）评估应该实事求是，当被评估者对评估结果感到不满意时，应向职工解释清楚。如属必要，可以修改评估结论并再做讨论。

（6）面谈过程中，要强调职工的长处，即使对方是表现欠佳的职工，在结束面谈时也应该用积极的话语加以鼓励。但是，对于职工的不足之处，也应该严肃地向其指出。

（7）评估者应该极力创造轻松和谐的面谈气氛，以利于双方的自由沟通。

（四）评估注意事项

1. 评估必须客观、公正

评估者对评估工作必须严肃认真、客观公正，以日常考核和员工的工作表现为依据，绝不能主观臆断，凭印象或个人好恶进行。

2. 注意选择面谈地点

与被评估者进行面谈时，选择的地点要安静，不受其他人或各种噪声的干扰。

3. 鼓励对话

评估过程本身就是为酒店经营管理活动提供反馈信息的途径和上下级之间的沟通渠道。单向性的评估容易引起职工的不满，最终使员工的工作情绪与评估的宗旨背道而驰。因此，与被评估者面谈时，应当鼓励被评估者提出不同意见或看法，而不能压制。

4. 不能有报复思想

评估的目的是向被评估者实事求是地指出缺点，提出改进的方法和努力的方向，热情地肯定优点，提出发展要求和希望。切忌将评估当成整人的“秋后算账”。有些管理者平时对员工工作中出现的缺点和毛病，不及时指出并提出善意的批评，而是积累起来，在评估时进行“秋后算总账”，这样做是极其错误的，难以实现评估的目的，无法对员工起到激励作用。

本章小结

- 客房部人力资源管理的主要内容包括员工的招聘、培训、使用、激励、考核和评估。其中，做好员工培训具有重要意义。
- 为了使培训工作取得成效，客房部培训工作应该坚持长期性、系统性、层次性、实效性和科学性的原则，同时要做好培训的考核和评估工作。
- 客房部员工的培训还应包括对新员工的入职指导，这是一项非常重要而又常常被管理者所忽视的管理工作。入职培训通常包括两方面的内容，即酒店介绍和具体工作指导。
- 客房部管理人员还必须实施并加强对员工的日常考核和定期评估工作。否则，将会出现有令不行、工作涣散、服务质量恶化的状况。
- 员工激励是提高客房工作数量和工作质量的重要手段。客房部员工的激励与其他部门员工的激励有共性，也有其特殊性，客房管理人员应该探索有效的客房部员工的激励方法。
- 作为有效的管理者，客房管理人员还应在工作中不断地学习、总结和掌握管理艺术，这会使你的管理工作更加轻松、有效，使你的上下级关系更为融洽，使你所管理的团队更具有凝聚力。

思考题

1. 客房管理人员应该掌握哪些管理艺术?
2. 如何培养员工的服务意识?
3. 对客房部员工进行培训的意义表现在哪些方面?
4. 简述对客房部员工进行培训的内容与类型。
5. 如何对新员工进行入职指导?
6. 如何制订培训计划? 客房部员工工作评估的依据和内容有哪些?
7. 试述客房部员工工作评估的程序和方法。
8. 如何对客房部员工进行激励?

案例分析

世界顶级酒店——“丽兹-卡尔顿”品牌酒店的企业文化与员工激励

——以上海波特曼丽嘉酒店为例

众所周知，酒店的企业文化影响着对客服务、员工向心力、客房出租率等诸多方面，关系着酒店的发展甚至是存亡。为了了解企业文化对酒店服务质量的具体影响，我对“丽兹-卡尔顿”品牌酒店集团在中国地区管理的第一家酒店——上海波特曼丽嘉酒店进行了为期4周的实地考察。

在调研期间，我与员工们一起上下班，一起吃饭，一起为客人提供力所能及的帮助，感受颇多。总的来说波特曼的企业文化特点可以归为两点。其一是酒店推崇“顾客至上，客人永远是对的”的服务理念。这样的服务理念并不稀奇，在服务性行业有许多企业同样提倡这样的服务理念，可是真正做到并具体实施，乃至一贯保持的却是少之又少。而上海波特曼丽嘉酒店正是这凤毛麟角中的一员。在波特曼，客人可办理离店手续时不需要做客房检查，客人可自己申报是否用过小冰箱的食物，酒店完全相信每一位客人。在调研期间，我遇到一位客人在办理离店手续时反映，酒店员工告诉他，早餐的用餐时间是到11点30分，而他在11点去餐厅用房费中附带的早餐时，早餐已在10点30分结束了，致使他不得不到大堂咖啡吧付费用了一些点心。前台员工在接到这样的投诉时，并不是急着辩解，也没有怀疑客人说的是否属实，而是马上为给客人带来的不便和不快向客人道歉，然后又马上免除了客人在大堂咖啡吧的消费开支，为客人递上了新的账单。客人最终带着满意的微笑离开了。在处理突发事件和投诉事件时，酒店要求每一位员工都要遵照酒店的“信条”，站在客人的立场，体会客人的感受，尽一切可能满足客人，以为客人提供便利、完美和温馨的入住体验为己任。

而上述的一切，酒店又是通过什么来实现的呢？那就是波特曼企业文化的第二个特点——“员工承诺”，把员工作为内部顾客，高度重视员工的满意度。在我进入波特曼工作的第1天，前台经理Thomas Zhu就对我说：“我的主要工作就是要让我的部下开心。只有员工快乐了，客人才能得到快乐。换句话说，也只有快乐的员工才能带来快乐的顾客。”这句话道出了波特曼成功的秘诀，也是对企业文化通俗而经典的概括。波特曼丽嘉酒店真正理解了“员工满意+顾客满意”的含义，所以也多次荣登“亚洲最佳雇主排行榜”榜首。也正因如此，我想在这里着重介绍波特曼是如何提高员工满意度，创造员工工作价值的。

我认为，波特曼主要做出了五个方面的努力，以达到员工的满意。

第一，酒店通过“座右铭”和“员工承诺”确定了员工的地位，表现了酒店对员工的重视。丽兹-卡尔顿酒店众所周知的座右铭是“We are Ladies and Gentlemen Serving Ladies and Gentlemen ”（我们是为绅士和淑女提供服务的绅士和淑女）。我认为它包含了3层含义：一是它确定了员工与顾客是平等的，是主人与客人的关系，纠正了“服务人员低人一等”的狭隘的偏见和思想；二是它体现了服务工作中员工的重要性，强调了人性化的服务；三是它也强调了员工自身应具备的道德修养和专业水准。

第二，酒店努力提高员工的自信心。酒店的每一位员工在应聘时，都是过五关斩六将，通过了层层面试，才真正成为酒店的一员。虽然面试很多（通常要经过6轮），也很严格，但是对于能从这些考试中脱颖而出的人来说，既可以让他们体会到公司严谨的管理制度，也可以让他们体验通过层层关卡后的喜悦，并从中确信自己的能力，大大提高了对自己的信心。而酒店也从被叫作QSP的考核（招聘考核中的一环，类似于心理问答）中，了解应聘者是否有天赋，是否适合酒店的工作，可谓是一举两得。

第三，对于员工付出的劳动和努力，酒店通过物质和精神两方面的奖励给予积极的肯定和评价，为员工实现抱负和工作价值提供平台。当员工在工作中为了满足客人的需求，付出了额外的劳动和努力时，部门主管会把他的事迹写成“WOO Story”，提交人事部。人事部把这些故事登载在发给全体员工的每日联络簿上，并把所有的故事写入员工档案，为员工以后的升迁提供依据。同时，人事部也将选择好的故事发送给美国总公司。总公司根据每周不同的主题，选择优秀故事发送给全世界60多家丽兹酒店，并奖励给故事的主人公100美金和集团总裁的亲笔感谢信。对于员工在内部协调合作时表现出的努力，员工之间会互相送感谢卡“First Class Cards”，贴在部门的内部告示板上，并送人事部备案。酒店每个月和每个季度都会评选“微笑员工”和“五星员工”，授予奖状并给予一定的物质奖励，在年度的庆祝会上给予表彰，同时各个部门内部也会为员工庆祝。

第四，酒店每年结合员工的兴趣爱好，安排诸多的培训，不断地提高员工的专业水准。同时，酒店也鼓励员工在外面学习进修与工作相关的各种知识，并报销学费。酒店还通过“员工承诺”，努力为员工创造良好积极的工作环境。同事和上下级之间、部门之间的关系也非常融洽，具有良好的团队合作精神。在调研中，关于离职问题，很多员工告诉我，因为在这里没有钩心斗角，同事和上下级关系融洽，有和谐的工作环境，所以没有离开波特曼的打算。这也是波特曼在同类酒店中一直维持低离职率的原因。酒店充分相信每一位员工，为了使员工更好地为客人服务，并快速地处理突发事件，酒店规定每位员工每天可以不通过上级，有自由使用2000美金的权利。这是酒店发挥员工对工作的积极性和主动性的重要举措。而每位员工也十分珍惜酒店对自己的信任和理解，更加严格要求自己，开业至今从未出现过一例员工滥用2000美金授权的事情。

第五，酒店十分关心员工的生活。员工食堂的菜单每20天要全部更换。食堂旁边放有2个箱子，1个是客人喜好收集箱，1个是员工意见箱。人事部每个月汇总员工的意见，并对每个员工的意见给予回答，公布在橱窗里。每个新员工的照片、喜好、入店日期等也会贴在橱窗，介绍给每位员工。员工生日时，会登载在每日联络簿上，还会得到酒店的红包，也会得到来自各个不同部门的同事的祝福。前台有员工生日时，经理总会自掏腰包准备蛋糕，大家一起为他庆祝。酒店总经理和人力资源部主管都定期选择与各部门员工一起用餐，与员工交流思想，沟通感情，使员工对酒店产生了极高的归属感和忠诚心。

波特曼在对客服务和员工满意上有着数不胜数的例子。我在短短的调研过程中，也不由自主地被它的企业文化所感染，自然而然地成为酒店的一分子，为能够使客人满意而快乐。“丽兹-卡尔顿”作为酒店业中的顶级品牌之一，它的各个下属酒店为全球5%的精英人士提供着奢侈豪华的住宿概念和完美的服务体验，并成为服务行业的标杆，其中的确有许多值得我们学习的地方。

（日本大阪市立大学　殷娟）

问题：如何评价上海波特曼丽酒店的企业文化与员工激励？

【补充与提高】

日本一流酒店——大仓饭店新员工入职培训的内容、特点①

大仓饭店素以“面向世界”“成为日本第一”为口号，是服务口碑很好的名牌饭

① 张水芳. 新从业能力培训. 饭店世界，2008（1）.

店。新参加工作的职工一般都需要接受半个月左右的职业培训，再分配到各部门学习。

大仓饭店入职前培训的目的，是培养职工树立起一种“我是日本第一的大仓饭店的职工”这样一种自豪感，使他们在工作中发挥自己的创造性。

第一天：首先由大仓饭店董事长致开幕词，然后是题为“积极的世界观和方法论”的报告。下午，由饭店高层做“大仓饭店的沿革与宗旨”的报告。晚饭后，学员 4 人一组，讨论当天的报告精神。

第二天：早晨 6 点起床，6：30 做早操，包括广播体操和跑步。上午 8：30 开始就“怎样才能为顾客提供最佳服务”进行专题分组讨论。下午，各组用 3 小时时间将本小组成员的意见加以归纳整理。晚饭后，就整理出来的意见进行综合讨论。讨论中要求人人发言。这对不善于在众人面前发表意见的职工是一次很好的锻炼机会。

第三天：上午 8：30 开始，用 3 个小时时间对这次学习班进行全面总结，中午 12 点学习班结束。

大仓饭店在对职工进行入职培训时，非常注意培养员工的集体主义观念和相互间的信任感。例如，经常教育新职工在工作中遇到问题时不要闷闷不语，要多找同事，尤其是可以信赖的前辈谈心，把自己的苦恼和想法告诉他们，交换彼此的看法，求得他们的理解和帮助。

大仓饭店还经常举办旨在扩大职工知识面的演讲讨论，内容涵盖饭店用语、国内外时事等，涉及面非常广。对于分到各个部门的新职工，各部门每天还要拿出 1~2 小时的时间由部门经理或领班、老职工等对他们进行“大仓精神”的教育。

不难看出，大仓饭店对新职工的培训非常重视思想方面的教育，并通过多提口号等方法，帮助职工树立起“日本第一”的自豪感，从而使职工以“日本第一”的自觉性和责任感去掌握最佳服务技能和业务知识。

酒店经理人答 经理的困惑

Re：让员工轮休错了吗？

郐逢春　山西天贵国际酒店　房务经理

一个管理者合理安排员工的休息是必要的，从全局进行考虑问题就更有必要。不能因为暂时的淡季而连续地安排员工休息，也不能因为工作繁忙而临时停止员工的休息，更不能以本月的休息已经全部完毕为借口而不解决员工产生的突发事件。

应该合理有序地安排员工休息，最好相隔一周左右休息一次，避免员工身心的过度疲劳，不利于工作开展。

员工在休息期间应事先请其保持通信工具的畅通，以便临时应急安排工作。

对于员工的健康或者家人出现健康等突发事件，应主动关心或给予假期。

人性化的管理方式会让员工对工作更加热情和有信心，要告诉大家虽然他们因病或有事休假是无法克服的困难，同事之间要相互关心，共同协作。

在心理上要多关心员工，使其在愉快的氛围里工作，可以提高工作效率和减少疾病的发生。

对于休息日的安排要体现公平合理的原则，前期已休息的以后不再补休，而没有休完假期的员工可在忙碌的时期结束后补休假期。

第十二章　21 世纪酒店客房经营管理的发展趋势

移动互联网正在改变酒店客房管理的方式，客人住店时提出的各种服务需求都可以通过移动平台进行沟通与达成服务。现在任何一个移动工作岗位的管理者或服务人员都可以用智能手机进行具体的管理与服务工作，所有的工作或服务可以被记录、统计，生成各种大数据。这样，真正实现了公平公正公开的绩效管理。提高工作效率成为员工的自发行动，减员增效也就水到渠成。

通过本章学习，读者应该能够：

- 把握 21 世纪客房经营管理的发展趋势；
- 了解酒店客房绿色经营管理的趋势和内容。

关键词：发展趋势；绿色管理

Key Words：Development Trends；Green Management

经理的困惑

——“六小件”到底撤不撤?

近日，由中国饭店协会制定的中国首部饭店行业“绿色宝典”——《绿色饭店标准》终于正式出台了，这个标准尽管历时长久，千呼万唤始出来，但伴随着它的出台，平时毫不为人所重视的饭店“六小件”，顿时牵住了众多人的眼球。于是乎，近期以来，北京、上海、广州等城市的一些酒店、宾馆纷纷喊出了要撤销提供“六小件”，要与国际接轨的口号。可当一些酒店取消后，又收到很多客人投诉，认为酒店这样做是“偷工减料”，也给客人带来不便。我们真不知道如何是好，要不要撤掉“六小件”，我们陷入了两难……

第一节　21 世纪酒店客房经营管理的发展趋势

进入 21 世纪，酒店客房的经营管理和服务将发生如下变化。

一、服务和管理的高科技化

进入 21 世纪，高科技在酒店客房服务与管理中将得到广泛的应用。

第一，免费高速 Wi-Fi 将成为酒店客房的标配。

第二，客房管理将完全实现电脑化、自动化。入住酒店的客人在打开电视时，首先映入眼帘的是写有其名字的酒店真诚、热情的欢迎词，可以看到酒店特制的开机欢迎画面（参见本章开章导图），酒店服务、设施和信息化服务内容可一览无遗。客人所需要的一切服务只要在电脑或电视屏幕上按键选择即可（如点播电影、查询留言、账单等），更可坐在屏幕前与异地商家进行可视的面对面会议或洽谈，从而实现“运筹帷幄之中，决胜千里之外”；房内拥有可视电话，电动按摩床、椅，使客人真正体会到方便和舒适。客房内的设施设备也将完全由电脑控制，出现智能型客房：客人在客房内可以随心所欲地变换四季景色，也可以将“窗户”按照自己的意愿通过遥控器转变为美丽的沙滩，或是绿色的草原……；客房叫醒钟将由叫醒光代替；甚至连席梦思床都可以由客人遥控弹性和硬度……

第三，客房空调将由总台控制。当客人办好入住手续后，总台可通过电子遥控开启客房内的空调，以方便客人入住，为客人带来舒适的入住体验。

第四，酒店客房将采用智能门锁。就门锁系统而言，将发生很多革命性的变化，“会说话的门锁”“视网膜门锁”等新概念门锁将相继出现。我国一家公司推出一种“会说话的门锁”，不仅完全保留了传统 IC 卡门锁所有的保安和管理功能，而且增加了服务的功能：可以针对不同的情形用中英文进行提示和问候。例如，当客人初次开门时，会向客人表示“欢迎光临”；当客人插卡方向错误时，提示“您插入卡片的方向错误”；当客人在晚上 7 点~24 点开锁进房，会提示“请您反锁房门”；当房门虚掩时，提示“请关好门”，等等。

第五，客房内将安装电子识别器，并在服务台安装电子屏幕，当客人外出时，信息可及时传达至服务台电子屏幕上。如何判断客人是否在客房，以便在不打扰客人的情况下，提供客房清扫服务，一直是困扰很多酒店的难题。未来，越来越多的酒店将在客房内安装电子识别器，并在服务台安装电子屏幕，这样，当客人外出时，信息可及时传达至服务台电子屏幕上。不仅大大方便了服务员的整理打扫，同时也避免了打扰客人休息的情况。客房清扫员不用去推敲客人是否出门，现在打扫是否合适，也不用因进入时间不当而受到客人抱怨，让客人在不知不觉中体会到酒店无微不至的服务。除了自动显示客人进出客房外，酒店还可通过这套系统与住宿单进行对比，控制排房错误的情况发生。

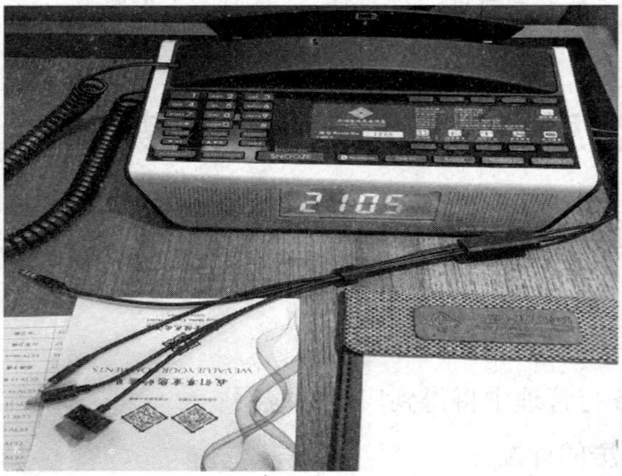

图 12-1　带手机充电器、蓝牙、闹钟和音响功能的酒店多功能电话机

第六，客房内将安装扩音设备，将客人自带的手机等电子设备与房内音响系统相连，为客人提供个性化的音响娱乐体验服务（见图 12-1）。

链　接　**21 世纪的酒店客房**

根据世界最负盛名的旅游院校之一，美国休斯顿大学酒店和餐饮管理学院的专家们的研究成果，“21 世纪的酒店客房”将具有如下特征：

- 光线唤醒：由于许多人习惯根据光线而不是闹钟来调整起床时间，新的唤醒系统将会在客人设定的唤醒时间前半小时逐渐增强房间内的灯光，直到唤醒时刻时灯光亮得如同白昼；
- 无匙门锁系统：客房将以指纹或视网膜鉴定客人身份；
- 虚拟现实的窗户：提供由客人自己选择的窗外风景，他看到的将不再是千篇一律的停车场或是没有任何特色的城市街道，而可能是自家的小院、森林草地、绿色的田野、迷人的沙滩或其他任何能够使他感到宁静舒适、赏心悦目的风景；
- 自动感应系统：光线、声音和温度都可以根据每个客人的喜好来自动调节；
- “白色噪音”：客人可选择能使自己感到最舒服的背景音响；
- 客房内虚拟娱乐中心：客人可在房间内参加高尔夫球、篮球等任何自己喜爱的娱乐活动；
- 客房内健身设备：供喜爱单独锻炼的客人使用；
- 电子控制的床垫：客人可根据自己的喜好随意调整床垫的硬度。

二、客房服务社会化

越来越多的酒店客房清洁卫生工作将由社会上的专业清洁公司或家政公司承担，以提高工作效率，降低成本。

三、客房服务将更加突出人情味和个性化，“管家服务”将成为酒店服务新潮流

客人的需求是千差万别的，既有共性的部分又有个性的部分，因此要使服务质量上一个台阶，不仅要为客人提供标准化服务，满足客人的共性需求，还必须为客人提供个性化服务（Personalized Service / Individualized Service），满足客人的个性化需求。如果说服务的标准化、规范化是保障酒店服务质量的基础，那么，“个性化”服务就是服务质量的灵魂，是服务质量的最高境界，而管家式服务是个性化服务的极致，是未来酒店服务的发展趋势。不管是从东京到纽约，还是从北京到上海，采用管家服务的高级酒店数量都呈现上升趋势，酒店培训机构也正在为酒店培训出越来越多的优秀管家，管家的服务内容也更加全面，包括商务型专职管家服务、生活型专职管家服务等。

四、客房的设计经营和服务将走向无障碍化

21 世纪，人类社会将进入老龄化社会。日本社会超过 65 岁的公民已占全国总人口的 19.5%；超过 65 岁以上的老年人将占美国总人口的一半以上。中国是世界上老龄化人口最多的国家，中国 60 岁以上的老年人口已超过 1.4 亿人，在总人口中的比例突破 10%，按照联合国的划分标准，我国已变成老年型人口的国家，进入老龄化社会。另据预测，到 21 世纪中叶，中国的老年人口将超过 4 亿人，占全国总人口的 1/4 左右。因此，21 世纪的酒店客房在其建设、经营、管理和服务等方面必须考虑老年人的需求，除了为残疾人提供无障碍服务以外，将充分考虑老年人的需求特点，同时调整客房部的服务内容和服务方式，向他们提供能够满足其特殊需要的服务设施和服务项目。

五、行政楼层将在未来酒店中大行其道

行政楼层（EFL）也叫“商务楼层”，是专门接待酒店商务客人及公司高级行政管理人员，并为他们提供特殊服务的楼层。

一般来说，商务客人希望所住客房的设施、物品等适合办公及洽谈。虽然各酒店都为商务客人设有商务中心，但是这些人为了有效利用时间，希望在离客房较近的地

方办公，并且也很想避开那些混乱的观光旅游客，寻找幽静而舒适的环境，想从内心感觉一下自己与普通游客不一样的心理。为满足他们的要求，酒店要努力做好以下几方面的工作：第一，为EFL客人提供与众不同的特殊服务（如为客人提供受过专门训练的秘书服务、私人管家服务、委托代办服务以及免费早餐、下午茶、健身等）；第二，为他们提供更好、更便利的生活以及办公用设施设备和物品等。

六、客房服务和管理将更加注重客人的人身安全和健康问题

在21世纪，旅游者将更加注重自身的安全与健康，因此，客房服务和管理中将充分考虑客人的这一需求，采取各种有效的措施和手段，防止恐怖活动、各类犯罪分子、艾滋病以及各种新、旧类型传染病等对客人的袭击，确保客人在酒店住宿期间的安全与健康。

为了确保楼层的安全，防止闲杂人员进入客房楼层，越来越多的酒店将采用电脑控制的客房电梯自动识别系统，只有持房卡的客人才能开启通往住客楼层的电梯。

链 接　　**新型卫生用品进入客房**

如今客人入住酒店，最关心的就是卫生状况，最不放心的地方莫过于容易形成性病、皮肤病传染源的浴缸、恭桶以及洗面盆了。酒店用品厂家在这方面动了许多脑筋，生产了不少新型卫生用品，并已悄悄地进入酒店客房。

最容易成为卫生用品“新宠”的恐怕要数恭桶的一次性座垫了。以往酒店客房恭桶盖上常披有一条写着“已消毒请放心使用”的纸条，但有多少客人能真正放心呢？很多客人选择撕几段卫生纸自制成座垫铺在圈上以防不测。

一次性座垫的式样有多种。高级的当然要算那种通过特制设备，可自动撤走已用过又能将新的纸垫移动到位的，使用起来十分方便，但成本自然也高，不太可能普及。比较实用的还是普通型座垫，通常有平铺式、套装式和粘贴式三种。平铺式易滑动移位，使用不太理想，套装式和粘贴式解决了移位问题，不过套装式在使用时装入、退出较为麻烦。相比之下，较方便使用而成本又不高的是不干胶粘贴式一次性座垫。

七、客房的装修和布置将更为大胆

21世纪，世界范围内（包括中国在内）的市场经济将日趋成熟，竞争也将更加激烈，但竞争的层次将不断提高，酒店的竞争将从低层次的价格竞争逐渐转向高层次的

文化和品牌竞争。有文化品位、鲜明的个性和特色的酒店将受到顾客的青睐，因此，酒店客房在装修、布置和服务方面，将注重文化、艺术品位，追求个性和特色，与此相适应，客房的结构、家具的设计和摆设、色彩和灯光的运用等将突破传统，更为大胆。图 12-2 所示为恒大酒店卧室床头的背景墙，油画般的墙面设计是其客房设计的一大亮点，颠覆了酒店卧室设计的传统，给人耳目一新的感觉。那种千篇一律的、毫无个性和特色的酒店客房将被市场所淘汰。

图 12-2 恒大酒店客房卧室床头的背景墙

八、对“单人房”的需求将大幅增加

进入 21 世纪，各国（特别是第三世界国家）的城市化进程以及经济的发展速度将进一步加快，与此相适应，从事商务旅游活动的旅游者人数将空前增加，商务旅游在旅游业中所占的比重将大幅提高。而商务旅游者的基本需求特点之一，就是喜欢住单人房。这一方面是为了不受他人干扰，保护个人隐私和追求安全感；另一方面，公务性质的商务旅游也决定了他们与观光旅游者相比，不太在乎客房的价格。在这种背景下，客人对单人房的需求将大幅度增加，酒店（尤其是以接待商务客人为主的商务型酒店）在建设和改造中，应大量增加单人房的数量和比例。

九、“绿色客房”将大受欢迎

可持续发展是未来人类所追求的自然、社会、经济、文化等的发展模式和发展目标，进入 21 世纪以后，符合可持续发展思想的绿色酒店、绿色客房将受到酒店经营者及顾客的普遍推崇和欢迎。

十、客房市场将进一步走向细分化

进入 21 世纪，客人对酒店服务的要求将越来越高，这将迫使酒店市场细分化，以最大程度地满足不同类型客人的不同需求。传统的一家饭店以一种模式接待所有客人的时代将一去不复返，酒店市场将被分割为商务酒店、旅游观光酒店、度假酒店、青年旅舍、经济酒店、豪华酒店、精品酒店、特色酒店等多种类型。不仅如此，同一家酒店和客房还会被划分为商务楼层、行政楼层、女性楼层以及儿童客房、长者客房等。

不仅客房的硬件会发生变化，而且服务的内容和方式也会发生重大变化。

链 接　　**温馨的酒店——女性客房与女式服务**

温馨的酒店——女性客房与女式服务

十一、饭店客房将营造成为人们的“家外之家”

为提高收益，美国的饭店经营者们想出了许多方法来吸引住客，如提供望远镜、配备娱乐器具、安装休闲设施、赠送奶酪食品等，使客房越来越贴近顾客的生活需求，而不是除了“靠着枕头、躺在床上”外便无所事事的地方。针对越来越多的健身爱好者，Colarossi 公司为其所管理的饭店客房内配备了橡皮绳和伴奏用的 CD 音响，以供客人在房内做健身操用。而华盛顿特区 Rouge 饭店则推出了多种房型供不同的顾客选择。该饭店原是个公寓，每个房间都有一个宽约 3 米用作厨房的区域，经营者们即对此进行了改造：有的房间安装了自行车健身器；有的房间铺设了瑜伽练功毯并配套了可调灯光系统和瑜伽音乐伴奏；有的房间则成了办公室，有宽大的办公桌、宽带接口和传真机；当然还有的房间保留了厨房，但更新了设备。尽管这类客房的价格较贵，但出租率却明显增长。

本着“家外之家”的想法，有一些饭店则加强了娱乐设施的配备，如在客房内增添了带闹钟的 CD 音响，古典音乐或爵士乐的 CD 等。房间内供客人阅读的杂志也发生了明显变化。以往，客房桌子上放置的都是一些介绍饭店所在地的旅游宣传杂志，而现在都变成了像《时尚》《旅游与休闲》等引导社会潮流的时尚刊物。在中央公园的丽兹酒店（Ritz-Carlton），房间里配备的书籍和杂志可以铺满 4 个桌面，另外还提供获奖电影的 DVD、带夹子的阅读灯，等等。最别出心裁的是，该酒店还在其面向中央公园的 92 个客房内放置了公园的鸟瞰图和黄铜制作的望远镜，以供住客观赏公园时使用。

要想让客人留下深刻的印象，就必须要有特别的东西。对于现代的旅行者尤其是商务旅行者来讲，每天总要留一段时间放松一下自己。Aveda 集团在其所管理的 150 家饭店中，除了提供护肤护发用品外，还在浴室里提供柔软光滑的擦身用具，并在客房里添置了安神的香茶，安装了蜡烛形的灯具。当蜡烛亮起，房间内便充满了温馨与宁静。芝加哥的一家饭店则更富创造性。通过与一位草药师的合作，该店推出了一批据说能让人做不同美梦的用纯天然草药制作的香袋。客人只需简单地看一下目录，电话通知前台，一袋能让他享受特别梦乡的草药香袋便会送到客人房间。

因为考虑身材，睡前吃巧克力的习惯已渐渐被人忘却了。是否能有像巧克力一样可口而又低热量的产品呢？凤凰城度假村正同它的比利时巧克力供应商进行研究，开发一种新的睡前食品。据该度假村发言人介绍，这种新食品将是一种特制的奶酪，可以帮助人们睡眠，因为经过一天的忙碌，人们最需要的就是睡眠。

十二、客房越来越追求舒适感

很多酒店开始在床上做文章，先是将毛毯改为棉被（这当然无可厚非），床也随之变得越来越宽（无疑给服务员做房增加了难度），接着开始在床垫上做文章，床垫变得越来越厚，越来越松软（一些酒店的床看上去像只大面包），床上枕头的数量也变得越来越多，一些豪华酒店一张床上甚至放了多达 8 只枕头。床的厚度和松软度、床上摆放的枕头数量似乎已经成为当今豪华酒店和豪华客房的标志。

其实，床并非越松软越好，这种床可能对欧美客人比较适用，但包括政府官员、领导以及企业老板在内的很多国内客人并不喜欢（在这样的床上，他们会失眠的），他们更习惯于睡硬一点的床，有的甚至要求酒店更换硬板床。至于枕头，不知道哪位客人晚上睡觉需要 8 只？这不仅给服务增加了很多工作量（意味着劳动成本以及酒店经营成本的增加），也给客人带来很多麻烦——他们在睡觉之前必须先把多余的枕头扔掉！而且还不知道往哪里扔！

因此，酒店追求舒适感本无可厚非，但具体做法则要适可而止，那些华而不实的一时“时尚”，最终会被市场和消费者所淘汰，就像当年所有星级酒店要求用毛毯铺床被当今的棉被铺床所取代一样。

十三、移动互联网技术将在酒店客房管理中得到广泛应用

业界对酒店的管理与服务工作流传一句话：“能互联网的尽量互联网，能移动的尽量移动。”这是科技进步带来的人与人之间沟通的变化，进而带来工作方式的变化。移动互联网改变了酒店与客人的沟通方式，改变了酒店数据记录的方式，同时也将也改变了酒店客房管理的模式。通过移动互联网，酒店可更精准快捷地满足客人的需求，包括客人住店时提出的各种服务需求都可以通过移动平台进行沟通与达成服务。

过去，只有办公室人员才可以通过电脑进行数据处理，现在任何一个工种、任何一个移动工作岗位的管理者或服务人员都可以通过智能手机进行具体的管理与服务工

作，所有的工作或服务可以被记录、统计，生成各种大数据。这样，真正实现了公平公正公开的绩效管理。提高工作效率成为员工的自发行动，减员增效也就水到渠成。

移动互联网时代的酒店管理工具，是不同部门之间有效合作的标配。在计算机时代，前台系统 PMS 变成酒店标配；在移动互联网时代，与之相联的房务系统、工程系统、收益系统亦应运用起来，这些管理系统即将成为酒店标配，帮助酒店有效降低人工成本。

第二节　酒店客房的绿色管理

美国著名管理大师乔格·温特在其《企业与环境》一书中指出："总经理可以不理会环境的时代已经过去了，未来公司必须善于管理生态环境才能赚钱。"

的确，企业经营不仅要追求经营效益，而且要追求环境效益和社会效益，要为环境负责，为社会负责，实现社会、经济的可持续发展。

一、酒店实行绿色管理势在必行

近年来，"绿色管理"已风靡全球酒店业，犹如一股势不可当的世纪浪潮，席卷世界各地。国内外不少酒店纷纷实施绿色管理战略，成效显著。香港的 ISL 酒店制定了 100 多条酒店绿色管理条例，严格绿色管理操作程序，在亚太地区首家通过国际标准 ISO14001；国际酒店与餐馆业协会将绿色管理列为 1999 年热点议题；一批为酒店"绿色化"提供咨询服务的专业机构、专业刊物也应运而生；互联网上的一些有关酒店业的著名站点，如 Lodgingresearch，Hospitalitynet 等均将绿色酒店作为重要介绍内容……20 世纪 80 年代后期兴起的酒店业的绿色浪潮，正于新世纪席卷全球，绿色管理不再仅仅是一种时尚选择，而是酒店为取得竞争优势、赢得顾客、占领市场所必须采取的一项管理战略。

此外，政府为了保护环境，走可持续发展的道路，制定了一系列法规政策，限制了企业为单纯追求经济效益而忽视环境效益的种种做法，使得酒店必须调整管理战略，重视环境管理，实施能实现长期利润最大化的绿色管理战略。

实行绿色管理，一方面要求企业添置一定的设备，增加一定的成本和费用；但另一方面，也可以在许多方面为企业节约很多费用，带来可观的经济效益。对于酒店来说，更是如此。

最后，绿色消费的兴起，使得旅游消费者对"绿色"情有独钟。消费者的绿色偏好对酒店来说，既是市场压力，又是市场卖点，酒店实施绿色战略既迎合现代顾客的"绿色"需求，又可为酒店创造经济效益。

因此，从环境成本和风险、政府法规、市场力量、公众压力等外部因素分析，酒店实施绿色管理战略势在必行。世界旅游组织“可持续发展委员会”已在全世界酒店行业推广“持久旅游证书”（又称“绿色图章”），规定“酒店必须在周围环境、硬件设施、服务质量等各方面都符合保护环境和生物多样化的要求之后才能获得这个证书。一旦获得此证书，酒店的等级和名望将得到更好的认可”。

二、酒店客房绿色管理的基本内容

（一）客房的绿色管理

绿色客房主要表现在以下几个方面：

第一，选择那些同意将其产品废弃物减少到最小限度的供应商，或者坚持生产厂商将非必要的包装减少到最少或重新利用。

第二，注意回收旧报纸、易拉罐和玻璃瓶等，并将有机物垃圾专门堆放在一起。

第三，合理安装各种设施设备，减少能源浪费现象。

第四，在客房中注意使用各种节能设施设备及节能新技术，如节能灯以及各种自动化控制的节能设施和技术。

第五，节约用水。严格控制客房淋浴喷头、洗脸盆龙头以及马桶抽水每分钟的出水量。在酒店建设以及客房装修和改造方面，注意选用节水型卫生洁具。

第六，鼓励住宿超过一天的客人继续使用原有的毛巾，或不更换床单，以减少清洗所需的水和洗涤剂用量。为此，可向旅游者推出“环保卡”，如图12-3所示。告诉客人：“本酒店是世界环保计划的支持者，为响应‘节约能源，保护环境’之倡导，我们希望尽可能减少床上卧具的洗涤次数，以节约水电消耗和减少排污量。如果您认为您床上卧具无须更换，请于早上将此卡置于枕头上。对此，我们酒店全体员工将十分感激您的举动。”

第七，减少客房整理次数。国内一些酒店为了体现档次和“服务质量”，盲目地要求服务员每日多次进房进行无谓的整理，结果不仅增加了服务成本，造成资源的浪费，而且还常常引起客人投诉（妨碍和影响了客人的工作和休息）。其实，每天整理一次客房就足够了。国外有些酒店只在客人招呼整理时，服务员才进房整理。这些酒店或在床头柜上明显处立牌告示，或在服务指南中予以说明，大致内容是：“为了不打扰您的休息，我们尽量减少服务人员的进房次数，您需要我们服务人员派人整理房间时请将门后‘请进房整理’的牌子挂在门外的门把手上（或电话通知或请按床头柜控制板上的呼叫键）。”其实，不少客人连住多天时间，不仅床单、枕套以及卫生间浴巾等不必天天更换，香皂、牙具、梳子等用品也根本没有必要天天丢弃换新。

第八，减少使用含氯氟烃的产品、含氯漂白剂和漂白过的布草。

第九，尽可能使用有利于环境保护的商品和可再生利用的产品，如将客房放置的洗衣袋从塑料制品改为纸制品，或用可多次使用的竹篮或布袋代替。

第十，改变客房卫生用品的供应方式。传统酒店的卫生间每天都要为客人配备肥皂、罐装浴液、洗发液等卫生清洁用品，凡客人用剩的都要扔掉，既浪费了资源，又污染了环境。未来酒店应将客房内惯用的肥皂和沐浴液小罐子改为可添加的固定容器，既可减少浪费，也能避免丢弃用剩的肥皂，以减少资源浪费。

Using My Linens Twlce
Is Just As Nice

Sheets are customarily changed daily, but if you feel is is unnecessary, please leave this card on your pillow in the moming and your sheets will not be changed that day. Thanks very much.

シェラトンホテルは毎日客室のシーツをお取り替え致しておりますが、シーツを取り替える必要がない場合は、朝、このカードを枕の上に置いて下ちい。この日にはお客ちまのシーツをお取り替え致しません。ご協力に心から感謝致します。

通常我们每天都对客人的被单进行换洗，如您觉得不必要时，请于早上将此卡放在枕头上，这一天您的被单将不再更换。多谢合作！

图 12-3　环保卡

（二）洗衣房的绿色管理

洗衣房实施绿色管理可从以下几方面入手：

- 节约洗涤用水，酒店是用水大户，洗衣房更是酒店的用水大户，因此，洗衣房做好节约用水工作对于酒店实施绿色经营具有重要意义；
- 在洗衣房安装水回收器，对废水回收处理，重复使用；
- 对洗涤剂的使用量加以控制；
- 尽可能减少含氯漂白剂的使用。

本章小结

- 客房经营管理的发展趋势是：服务和管理智能化和高科技化；客房服务个性化；商务楼层在酒店设计和经营中将更为普遍；客房装修和布置将更加突出特色，注重文化品位。
- 未来酒店将实施绿色管理，与可持续发展和节约型社会相适应的“绿色客房”将大受欢迎。

思考题

1. 解释下列概念：绿色管理；“一步到位”服务。
2. 酒店客房绿色管理的基本内容有哪些？
3. 简述 21 世纪酒店客房经营管理的发展趋势。

案例分析　蓝豆云酒店客房管理系统

扫描以下二维码，了解蓝豆云酒店客房智慧管理系统是如何实现酒店客房管理模式的革命的。

问题：如何评价蓝豆云酒店客房管理系统？

【补充与提高】

未来酒店的数字化客房

不论是商务旅行还是旅游度假，越来越多的顾客都希望在酒店也能像在办公室或家里一样工作和娱乐，享受个性化和信息化的服务，因此中国酒店行业迫切需要能满足数字时代全新舒适要求的酒店客房视听解决方案来创新管理，某公司开发的酒店客房数字化系统就是其中的解决方案之一。

数字酒店客房系统由客房中的智能网络电视（见图 12-4）和后台的软件平台及服务器群组成，可以通过酒店的运营管理系统与客房的空调、门锁、窗帘等自动控制装置集成起来，形成一个完整的智能化饭店网络系统，为客人提供舒适而富有未来感的环境体验。酒店客人只需轻松操作遥控器、无线键盘与鼠标，就能与作为酒店客房内液晶多媒体终端的电视电脑一体机进行互动交流，享受全方位的酒店数字智能化服务体系。

数字酒店客房系统具有哪些功能呢?

第一，电视功能。数字酒店客房里不再需要传统的电视机，网络电视将为顾客提供更加贴心周到的服务和高效的信息沟通，同时为饭店经营者创造更多的商机。可以根据酒店的需求，在传统的模拟电视和数字电视中进行选择。如果酒店选择数字电视方式，一体机将直接支持数字信号，不再需要机顶盒进行数模转换。

第二，电脑功能。在数字酒店客房里，新型的智能网络电视也可以是一台电脑，客人面对超大的屏幕轻松惬意地使用 office 软件办公、浏览网页、聊天、收发邮件，体验文件打印和网络传真的同时，惊喜地发现客房已和自己的办公室别无二致！酒店数字客房系统中安装了 Microsoft Windows 操作系统，同时支持多达 33 种语言，满足世界各地不同客人入住酒店后的电脑操作。

第三，VOD 功能。智能网络电视还可以是一个娱乐中心，除了点播传统的电视节目，还可以在丰富的影片库里点播视频，或体验精彩刺激的网络游戏。高画质的 VOD 功能，配合 1366×768 的高分辨率屏幕，完全兼容高清（1080i 和 720p）节目源，支持 MPEG-I/MPEG-2/MPEG-4/RM 等主流媒体格式，支持 AC-3 音频解码。同时内置多部影片，并保证每季度的影片更新。

第四，客房服务功能。当然，电视还一定是客人与饭店各服务部门沟通的便捷渠道。例如：你在前台登记入住后，进入客房就会在屏幕上看到饭店专门向你发出的问候信息。如果你不是第一次入住这个饭店集团旗下的饭店客房，问候信息还会伴随着你最喜欢的音乐；在房间里，你随时都可以查询当地餐饮娱乐信息、出行指南，并且可以通过系统预定餐厅、机票、演唱会门票以及在网上购物等；如果你是来参加某个会议或者某个旅行团，客房智能电视就可以在适当的时间提醒你去某个会议室开会，或者去某个停车场搭乘游览车，当然也会附带显示出从你房间通往这些场所的路线图；你要离开饭店，只要在房间里点选“快速结账”，确认账单明细无误，并按系统要求输入公司名称，来到前台立刻就可以拿到自己的账单和发票，再也不需要像以前那样，要排队等候办理离店手续。

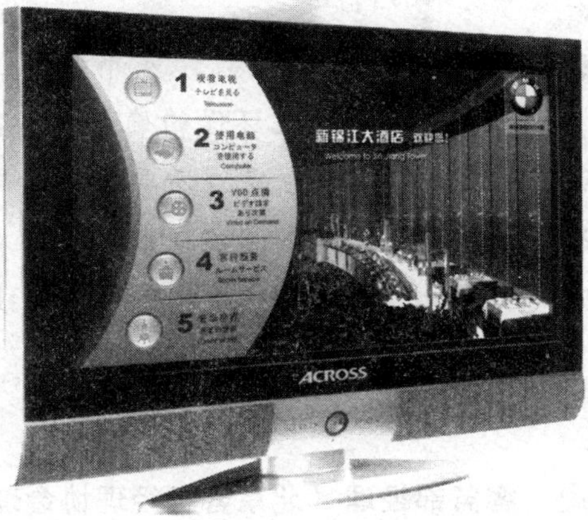

图 12-4　数字客房中的智能网络电视

（图为国内某公司开发的“全模电视电脑酒店专用机”，它兼容模拟、数字高清信号，支持 IPTV，兼具 PC 功能。客人只需一个遥控器，按下 1、2、3 等键，就能在数字电视、计算机应用、互联网浏览、酒店客房服务、视频点播等多项功能中自由切换，配上无线鼠标和无线键盘，就可以给客人带来不一样的办公和娱乐体验）

酒店经理人答　经理的困惑

Re：“六小件”到底撤不撤？

刘继华　深圳东华假日酒店管理有限公司　客房部经理

首先，需要弄明白的是：“六小件”究竟会在多大程度上影响环保？酒店是服务行业，对高品质服务的追求是每一个酒店，尤其是星级酒店不懈努力的目标。因此，与取消“六小件”给客人带来的不便相比，其环保上的意义似乎就大打折扣了。在我看来，要更好地达到环保、节约的目标，与其硬邦邦地取消“六小件”，还不如温馨地提示客人，不要让热水无所事事地流着，不要让电灯一刻不熄地亮着。

其次，需要弄明白的是：酒店在取消“六小件”之后，有没有担当起告知消费者、教育消费者的责任？很多事情决定起来是容易的，执行起来却是困难的。我丝毫不怀疑酒店当初取消“六小件”的初衷是好的，问题是，它有没有让消费者也认同并实践这个行动。换句话说，虽然酒店取消“六小件”的政策出来了，但它相应的配套措施是不是也跟进了。因此，当很多消费者对五星级酒店没有牙刷表示很不理解时，也不能怪消费者在环保理念上的“无知”和“落后”，只能怪酒店在告知、教育消费者上做得还不够到位。

最后，需要弄明白的是：酒店取消“六小件”是不是借“环保”“节约”之名行“跟风”“作秀”之实？当今提倡节约、讲究环保的确是刻不容缓，但我们追求的应该是科学理性的节约观和环保观，既要实事求是，还要具体问题具体分析，而不是简单地做些表面文章，更不是哗众取宠地抛几个噱头。事实上，不经过可行性分析，不经过缜密思考，就匆匆“问世”的政策、措施，往往是禁不起现实的考验而不得不“夭折”的。

姜东皓　北京中旅大厦　客务部经理（北京客务经理协会理事）

既然行业协会有明确要求，那么还是要执行，况且这是绿色环保等级评定中重要的一项，房间都换成三合一的大包装，但是行政楼层和套间可以考虑摆放高档一些的非一次性个人卫具，最好不要带酒店的标志，这样客人可以拿走继续使用，肯定可以赢得客人的好感；对于普通房间的住客还是要备有一些一次性的用具，当客人提出要求时无偿提供，这一点可以通过服务指南、欢迎信、节能提示牌等方式告知客人，时间长了也就习惯成自然了。

附　　录

一、客房部常用英语

（一）酒店各部门、各岗位名称英汉对照

董事总经理/Managing Director

总经理/General Manager

副总经理/Deputy General Manager

驻店经理/Resident Manager

总经理行政助理/Executive Assistant Manager

总经理秘书/Executive Secretary

总经理室/Executive Office

机要秘书/Secretary

接待文员/Clerk

人力资源开发部/Human Resources Division

人事部/Personnel Department

培训部/Training Department

督导部/Quality Inspection Department

财务部/Finance & Accounting Division

成本部/Cost-control Department

采购部/Purchasing Department

电脑部/E. D. P.

市场营销部/Sales & Marketing Division

销售部/Sales Department

公关部/Public Relation Department

预订部/Reservation Department

客务部/Rooms Division

前厅部/Front Office Department

管家部/Housekeeping Department

餐饮部/Food & Beverage Department

康乐部/Recreation and Entertainment Department

保安部/Security Department

行政部/Rear-Service Department

工程部/Engineering Department

商场部/Shopping Arcade

人力资源开发总监/Director of Human Resources

人事部经理/Personnel Manager

培训部经理/Training Manager

督导部经理/Quality Inspector

人事主任/Personnel Officer

培训主任/Training Officer

财务总监/Financial Controller

财务部经理/Chief Accountant

成本部经理/Cost Controller

采购部经理/Purchasing Manager

采购部主管/Purchasing Officer

电脑部经理/E. D. P Manager

总出纳/Chief Cashier

市场营销总监/Director of Sales and Marketing

销售部经理/Director of Sales

宴会销售经理/Banquet Sales Manager

销售经理/Sales Manager

宴会销售主任/Banquet Sales Officer

销售主任/Sales Officer

客务总监/Rooms Division Director

前厅部经理/Front Office Manager

前厅部副经理/Asst. Front Office Manager

大堂副理/Assistant Manager

礼宾主管/Chief Concierge

客务主任/Guest Relation Officer

接待主管/Chief Receptionist

接待员/Receptionist

车队主管/Chief Driver

出租车订车员/Taxi Service Clerk

行政管家/Executive Housekeeper

行政副管家/Assistant Executive Housekeeper

办公室文员/Order Taker

客房高级主管/Senior Supervisor

楼层主管/Floor Supervisor

楼层领班/Floor Captain

客房服务员/Room Attendant

洗衣房经理/Laundry Manager

餐饮总监/Food & Beverage Director

餐饮部经理/Food & Beverage Manager

西餐厅经理/Western Restaurant Manager

中餐厅经理/Chinese Restaurant Manager

咖啡厅经理/Coffee Shop Manager

餐饮部秘书/Food & Beverage Secretary

领班/Captain

迎宾员/Hostess

服务员/Waiter，Waitress

传菜/Bus Boy，Bus Girl

行政总厨/Executive Chief

西厨师长/Sous Chief(Western Kitchen)

中厨师长/Sous Chief(Chinese Kitchen)

西饼主管/Chief Baker

工程总监/Chief Engineer

值班工程师/Duty Engineer

工程部经理/Engineering Manager

保安部经理/Security Manager

保安部主任/Security Officer

保安部副经理/Asst. Security Manager

保安员/Security Guard

商场部经理/Shop Manager

商场营业员/Shop Assistant

(二) 客房部常用术语

A

adjoining room/相邻房
adapter/插座
advanced deposit/预付定金
all-purpose cleaner/多功能清洁剂
air conditioner/空调
ash tray/烟灰缸
attendant/客房服务员
average room rate/平均房价
arrival time/抵达时间

B

baby sitting service/托婴服务
bath tub/浴缸
bath mat/脚巾
bath robe/浴袍
bath room/卫生间
basin/洗脸盆
bed board/床头板
bed pad/床褥
bed stead/床架
bed spread/床罩
bed-side table/床头柜
bed-side lamp/床头灯
bell boy/行李员
black tea/红茶
blackout drapes/厚窗帘
blanket/毛毯
booking/预订
brochure/小册子
bulb/灯泡
business center/商务中心

C

cancellation/取消预订
captain/领班
carpet/地毯
cashier/收银员
check-in/入住登记
check-out/结账离店
chemical fabrics/化纤服装
cleaning bucket/清洁桶

cloak room/衣帽间
clothes hangers/衣架
comb/梳子
complain/投诉
commercial rate/商务房价
connecting room/连通房
confirmed reservation/确认类预订
cotton cloths/棉布服装
coupon/票证

D

day use/非全天用房
DDD（Domestic Direct Dial）/国内直拨电话
departure time/离店时间
dining room/餐厅
DND（Do Not Disturb）/请勿打扰
double room/双人房
double-double room/两张双人床的房间
deluxe suite/豪华套房
Double Locked（DL）/双锁房
door bell/门铃
door lock/门锁
dry cleaning/干洗
desk lamp/台灯

E

electric shaver/电动剃须刀
executive floor/行政（商务）楼层
eiderdown/鸭绒被

F

fadeless/不褪色的
FIT/散客
front office/前厅部
front desk/总台
full house/房间客满

G

group/团队
guaranteed reservation/保证类预订
guest history recor/客历档案

H

hair dryer/吹风机
handkerchief/手绢
house credit limit/赊账限额
house use/酒店内部用房

I

IDD（International Direct Dial）/国际直拨电话
iron/熨斗
ironing board/熨衣板

J

jasmine tea/茉莉花茶
job description/工作说明书

L

lamp shade/灯罩
laundry service/洗衣服务
laundry bag/洗衣袋
laundry list/洗衣单
late check-out/逾时离店
lobby/大堂
log book/工作日记
Long Staying Guest（LSG）/长住客
lounge/休息室

M

maid's cart/客房清扫工作车

MUR（Make Up Room）/请速打扫房
message/留言
mop/拖把
mattress/床垫

N

night audit/夜核
night table/床头柜
no show/没有预先取消又没有预期抵店的订房

O

Occupied（Occ.）/住客房
Out Of Order（OOO）/待维修房
over-booked/超额预订

P

package/包价服务
pick up service/接车服务
pillow case/枕套
plug/插头
presidential suite/总统间
pressing/熨烫

Q

quilt/被子

R

rack rate/客房牌价
razor/剃刀
registration/住店登记
room forecast/住房预测
rooming list/团体分房名单
rollaway bed/折叠床
room attendant/客房服务员
room status/房间状态
room change/换房
room number sign/门牌
room power socket card/取电卡
rotary floor scrubber/洗地机
rubber glovers/防护手套

S

safty chain/安全链
sewing kit/针线包
service directory/服务指南
sheer curtain/纱窗帘
sheet/床单
shirt/衬衫
shoe shine paper/擦鞋纸
shoe polishing/擦鞋服务
shower curtain/淋浴帘
shower head/淋浴喷头
shrinkable/缩水的
silk fabrics/丝绸织品
skipper/逃账者
skirts/裙子
sleep out/外宿客人
slippers/拖鞋
single room/单人间
socks/袜子
socket/插座
soiled linen/脏布草
sprinkler/花洒
spy hole/门镜
stain/污迹
stationery folder/文具夹
suits/西服
supervisor/主管
sweater/毛衣
switch/开关

T

tap/水龙头

tariff/房价单

tea table/茶几

tie/领带

towel rail/毛巾架

twin room/两张单人床的双人房

transformer/变压器

triple room/三人房

U

unshrinkable/不缩水的

underpants/内裤

V

vacant dirty/未清扫之空房

vacuums/吸尘器

VIP （Very Important Person）/贵宾

W

wake-up call/叫醒电话

wall lamp/壁灯

wet vacuums/吸水机

woolen fabrics/毛料织品

water heater/kettle/热水器

二、客房部常用管理表格

楼层主管/领班工作报告（FLOOR TEAM LEADER'S REPORT）

Floor：________ Team Leader：________ Date：________ Shift：________

Room Attendant	In Charge of	Room Attendant	In Charge of

VIP Arrivals：

Room No.								
Arrival Time								
Remark								
Room No.								
Arrival Time								
Remark								

In House:

Room								
Time to Check								
Room								
Time to Check								
Room								
Time to Check								

Long Stay Guest:

Room No.								
Time to Check								

Long Stay Guest Preference:

____

____

____

____

Trace/instruction/special assignments to follow up:

Follow up	YES/NO	Follow up	YES/NO	Out of Order Room	YES/NO

Things need next shift to follow up:

Things need next shift to follow up	Transfor to PM TL

Total Check Vacant Room:

每周培训计划（Weekly Training Forecast）

DATE 日期	TIME 时间	TOPIC 主题	TRAINER 培训员	NO. OF TRAINEES 学员人数	VENUE 地点

Please submit to Training Dept. ____________请于____________缴至培训部

Prepared by 填表人：____________

Approved by Division/Dept. Head 部门总监/经理核准：____________

VIP 客人接待：标准与程序
（VIP RECEPTION：STANDARDS & PROCEDURE）

OBJECTIVE 目的：

为此程序制定清晰方针的目的在于确保酒店对客服务保持一致性；

为酒店的贵宾赠品配送提供统一规范的标准。

PROCEDURE 程序：

1. VIP 根据客人的重要程度，分为 A、B、C 三类

1.1 A 级标准：政府官员，大集团总经理级以上，协议价行政套房；

1.2 B 级标准：经理，媒介，演艺界明星，市政府，酒店同行，协议价套房；

1.3 C 级标准：回头客，长住客，大型活动的协调人。

2. VIP 赠品等级须总经理、副总、部门总监及经理签字方可赠送

2.1 须总经理签字；

2.2 须副总经理、销售总监或房务总监签字；

2.3 须销售经理或前厅部经理签字。

3. 控制成本

4. 接待 VIP 客人

4.1 A 级由总经理、副总经理、销售总监、房务总监在前台接待做房间 Check-in 时；

4.2 B 级由总监级以下的部门经理在房间做 Check-in 时；

4.3 C 级由大堂副理在房间做 Check-in 时。

5. 所有 VIP 房间每日都加《××日报》。

月度客房计划卫生安排表（GENERAL CLEANING SCHEDULE）

FLOOR	01	02	03	04	05	06	07	08	09	10	11	12	13	14	15	16	17	18	19	20	21	22	23	24	25	26	27	28	29	Remarks
1.FURNITURE SPOT 所有家具去黑印																														
2.CLEANING IF CARPET EDGES & WOODEN SKIRTING 清洁所有地毯边和墙裙边																														
3.VACUUMING OF BEHIND & UNDER THE FURNITURES 家具下和后面清洁																														
4.DUSTING TOP OF DOORS & ALL WOODEN FRAMES 大门及卫生间门顶，多余门框擦尘																														
5.BED BOARD CLEANING 床头板皮面清洁																														
6.CLEANING OF TELEPHONE CORDS 清洁电话螺旋连线																														
7.SHOWER STALL GLASS CLEANING 淋浴间玻璃底边清洁皂渍																														
8.SHOWER STALL WALL CLEANING 淋浴间墙面清洁																														
9.RUBBER MAD CLEANING 防滑垫清洁																														
10.DEEP CLEANING THE PIPES UNDER THE VANITY COUNTER 面台下水管擦尘																														
11.DEEP CLEANING WATER TAP FILTER 水龙头底部的清洁																														

年度客房计划卫生

GUEST ROOM GENERAL CLEANING RECORD (YEARLY)

Item	Description																											
	Floor Number	楼层																										Remarks
	Room Number	01	02	03	04	05	06	07	08	09	10	11	12	13	14	15	16	17	18	19	20	21	22	23	24	25	26	
	ITEM(Bed Room)																											
1	Dusting Surface Top of Doors & All Wooden Frames 大门及卫生间门顶，门框及门面去渍																											
2	Wardrobe & Luggage Bench cleaning 壁柜及行李柜面清洁																											
3	AC Vents in corridor cleaning 走廊空调清洁																											
4	Writing Desk drawer cleaning 写字台面及抽屉清洁																											
5	Telephone Cords cleaning 电话螺旋线清洁																											
6	All of the lamp shade cleaning 所有的灯伞清洁																											
7	Dusting under the TV stand spot clean wooden suface 电视架下擦尘，木面去渍																											
8	Mini-bar Fridge Cleaning 冰箱内外清洁																											
9	Cleaning of Back & under the all furnitures 电视柜床头柜及所有家具下清洁																											
10	Cleaning all of the sofa and sofa mattress 清洗所有的沙发及沙发靠垫																											
11	Strip sheer curtains and send laundry 清洗所有的窗帘																											
12	Cleaning of inside window galss and window sill 清洁内窗玻璃及窗台窗框																											
13	Strip bed skirtings and send laundry to spot clean & press 清洗熨烫床裙																											

续表

Item	Description																											Remarks
	Floor Number	楼层																										
	Room Number	01	02	03	04	05	06	07	08	09	10	11	12	13	14	15	16	17	18	19	20	21	22	23	24	25	26	
	ITEM(Bed Room)																											
14	Vacuum carpet under the beds 床下地毯吸尘																											
15	Place back beds and cleaning bed legs 清洁放床床腿																											
16	Wash the wall paper 壁纸清洁																											
17	Clean ceiling light 清洁卧室天花灯																											
18	Cleaning of carpet edges & wall skirting 清洁所有地毯边和墙裙边																											
19	A/C Vent cleaning 空调清洁																											
20	Carpe;shampooing 清洗地毯																											

公共区域卫生月度计划（中班）

(Housekeeping department PM shift working schedule)

Month ______________　　Made by ______________　　Cheked by ______________

DATE		01	02	03	04	05	06	07	08	09	10	11	12	13	14	15	16	17	18	19	20	21	22	23	24	25	26	27	28	29	30	31	BY
每天清洁计划																																	
1. 清洁1、2号楼梯、扶手擦尘	每天																																
2. 墙纸去渍、所有木框擦尘	每天																																
3. 楼道挂画擦尘	每天																																
4. 消防柜灭火器擦尘	每天																																
5. 客梯门及呼叫板擦尘	每天																																
6. 清除客梯烟灰筒垃圾，清洁白沙	每天																																

续表

DATE		01	02	03	04	05	06	07	08	09	10	11	12	13	14	15	16	17	18	19	20	21	22	23	24	25	26	27	28	29	30	31	BY
7. 清洁客梯间电话、电话线	每天																																
8. 楼道警铃及报警器擦尘	每天																																
每周两次清洁计划																																	
1. 清洁楼层地脚板	每周两次																																
2. 客梯烟灰盘更换白沙	每周两次																																
3. 清洁楼道墙裙板及所有木器擦尘	每周两次																																
每周清洁计划																																	
1. 豪华阁大清洁	每周一次																																
2. 清洁壁灯	每周一次																																
每月一次清洁计划																																	
1. 清洁所有铜牌、铜片	每月一次																																
2. 清洁1、2号楼梯空调口	每月一次																																
3. 清洁前区所有管道井	每月一次																																
4. 清洁客梯轨道	每月一次																																
5. 清洁服务区出口木门	每月一次																																

楼层布草盘存（GUEST FLOOR LINEN INVENTORY）

盘点人：

Room No. / Room Type		5	6	7	8	9	10	11	12	13	14	15	16	17	18	19	20	21	22	23	24	25	26	27	28	Item 布草种类	In-room 房间数	Trolly 工作间	Total 总数
Bed sheet-K	大床单																									大床单			
Bed sheet-D	小床单																									小床单			
Duvet cover-K	大被套																									大被套			
Duvet cover-D	小被套																									小被套			
Pillow case	枕袋																									枕袋			
Pillow-feather	羽绒枕																									羽绒枕			
Pillow-foam	抗过敏枕																									抗过敏枕			
Bed Spread(K)	大床罩																									大床罩			
Bed Spread(D)	小床罩																									小床罩			
Bed-pad(K)	大床垫																									大床垫			
Bed-pad(D)	小床垫																									小床垫			
Bed-skirt(K)	大床裙																									大床裙			
Bed-skirt(D)	小床裙																									小床裙			
Duvet Feather(K)	大羽绒被																									大羽绒被			
Duvet Feather(D)	小羽绒被																									小羽绒被			
Blanket(K)	大毛毯																									大毛毯			
Blanket(D)	小毛毯																									小毛毯			
Bath Towel	浴巾																									浴巾			
Hand Towel	中巾																									中巾			
Face Towel	方巾																									方巾			
Bidet Towel	垫巾																									垫巾			
Bath Mat	地巾																									地巾			
Towel Shaving	剃须巾																									剃须巾			
Bath Rug	厚毛垫																									厚毛垫			
Bathrobe	浴袍																									浴袍			
Foot Mat	夜床脚巾																									夜床脚巾			
Yukata	日式浴袍																									日式浴袍			
Cotton Quilt Bag	塑料被袋																									塑料被袋			

Extra linen in room：多加布草的房间

Remarks：备注

楼层布草交收记录（FLOOR LINEN REPLENISHMENT BOOK）

楼层服务员______________ 楼层______________
Rm Attendant Floor
日期______________
Date

种类	Item	污秽 Soiled	领回 Returned	备注 Remarks
床 单(大)	Bed sheet(L)			
床 单(小)	Bed sheet(S)			
枕 袋	Pillow Case			
浴 巾	Bath Towel			
手 巾	Hand Towel			
面 巾	Face Towel			
脚 巾	Bath Mat			
毛 毯(大)	Blanket(L)			
毛 毯(小)	Blanket(S)			
床 垫(大)	Bed-pas(L)			
床 垫(小)	Bed-pas(S)			
床 罩(大)	Bed spread(L)			
床 罩(小)	Bed spread(S)			
纱窗帘	Sheer curtain			
窗 帘	Night-curtain			
浴 帘	Shower-curtain			
镜 布	Glass Cloth			
尘 布	Dust Cloth			

客房鲜花申领单（FLOWER ORDER REQUEST FORM）

Date	Room No.	Guest Name/Staff Name	VIP Code	Rate	Flower Type	Cost	Remark
日期	房号	顾客姓名/员工姓名	VIP 代号	价格	鲜花类型	费用	注意事项

Assistant Manager Sign. ______________ Resident Manager Sign. ______________

客房物品申领单（GENERAL STORE REQUISITION FORM）

部门
Department:__________ □ Printing & Stationary □ Supplies □ Cleaning Materials
日期
Date:__________

申请数量 QTY Reque-sted	部门库存 QTY on Hand	每周用量 Usage per Week	单位 Unit	名称 Descript	仓库专用 STORE USE ONLY			金额 AMOUNT						
					库存号 Stock No.	实发 Issued	单价 Unit Price	万	千	百	十	元	角	分

申请人
REQUESTED BY:__________

批准人
APPROVED BY:__________
DEPT/DIVISION HEAD

发货人
ISSUED BY:__________

收货人
RECEIVED BY:__________

Original（原件）：Cost Control（成本）；1ST Copy（一联）：Store（库房）；2nd Copy（二联）：Requisition Dept.（提货部）

客房部每周未完成工程情况

从　　月　　日至　　月　　日

报修口	工作单号	工程部接单人	事发地点	报修内容	未完成原因	主管签名

管家　　月　　日下班时总结本周未完成工程并填写本表，中班管家　　月　　日下午6点交本表给工程部职工，请工程部　　月　　日下午4时前回复。

客房部每月加班统计表（MONTHLY OVERTIME REPORT）

部门__________ 分部__________ 班组__________ 月份__________

Dept. Section Group Month

员工编号 Clock No.	姓名 Name	上月累计 Last Accum.	加班日期 Date	加班时间 Time	加班时数 Hours	补修日期 Date	补修时数 Hours	累计余额 Accum. Balance	加班原因 Remarks

填报日期：__________制表：__________分部主管：__________ 部门经理：__________

三、《××酒店考察及管理咨询报告》*

××酒店考察及管理咨询报告

四、《旅游饭店星级划分与评定》标准（2010版）

《旅游饭店星级划分与评定》标准（2010版）

* 本咨询报告为本书作者刘伟所写。

参 考 文 献

[1] 刘伟 . 酒店前厅与客房部运行与管理 [M] . 北京：中国旅游出版社，2017.
[2] 刘伟 . 现代饭店房务运营与管理（第二版）[M] . 北京：中国旅游出版社，2009.
[3] 刘伟 . 现代饭店客房部服务与管理 [M] . 广州：广东旅游出版社，1998.
[4] 刘伟 . 客房管理（第二版）[M] . 北京：高等教育出版社，2012.
[5] 刘伟 . 前厅与客房管理（第三版）[M] . 北京：高等教育出版社，2012.
[6] 刘伟 . 前厅与客房管理（第二版）[M] . 北京：高等教育出版社，2007.
[7] 刘伟 . 前台与客房管理 [M] . 北京：高等教育出版社，2002.
[8] 刘伟 . 现代饭店客房部服务与管理 [M] . 广州：广东旅游出版社，2000.
[9] 田玉堂，刘伟，等 . 21 世纪瑞海姆国际旅游度假村经营模式 [M] . 北京：中国旅游出版社，2000.
[10] 田玉堂，刘伟，等 . HCM 国际酒店管理模式 [M] . 北京：改革出版社，1996.
[11] Michael L. Kasavana，Brooks R. M.，前厅部的运转与管理 [M] . 6 版 . 包伟英，译 . 北京：中国旅游出版社，2002.
[12] Georgina Tucker 等 . 旅游饭店客房管理 [M] . 杭州：浙江摄影出版社，1992.
[13] 余炳炎 . 现代饭店房务管理 [M] . 上海：上海人民出版社，1998.
[14] 陈雪羽 . 劳务的社会化使用 [N] . 中国旅游报，2005-06-29.
[15] 于振红 . 房务中心与各部门的协调 [N] . 中国旅游报，2007-10-31.
[16] 刘筱筱 . 揭秘客房盗窃案件 [J] . 饭店世界，2009（3）.
[17] 阳思莉 . 如何提高酒店客房免检率 [N] . 中国旅游报，2008-09-04.
[18] Margaret Kappa，Alita Nitschke，Patricia Schappert . Managing Housekeeping Operations-Second Edition. the Educational Institute of the American Hotel & Motel Association，1997.

项目策划：段向民

责任编辑：张芸艳　王　晴

责任印制：谢　雨

装帧设计：何　杰

图书在版编目（CIP）数据

现代饭店房务运营与管理 / 刘伟编著. -- 2 版. -- 北京：中国旅游出版社，2017.9（2023. 6 重印）

21 世纪高等学校旅游管理专业本科教材

ISBN 978-7-5032-5895-4

Ⅰ. 现…　Ⅱ. 刘…　Ⅲ. ①饭店—客房—商业服务—高等职业教育—教材②饭店—客房—商业管理—高等职业教育—教材　Ⅳ. F719. 2

中国版本图书馆 CIP 数据核字（2017）第 223090 号

书　　名：现代饭店房务运营与管理

作　　者：刘伟编著

出版发行：中国旅游出版社

（北京静安东里 6 号　邮编：100028）

http：//www.cttp.net.cn　E-mail：cttp@mct.gov.cn

营销中心电话：010-57377103，010-57377106

读者服务部电话：010-57377107

排　　版：北京旅教文化传播有限公司

经　　销：全国各地新华书店

印　　刷：三河市灵山芝兰印刷有限公司

版　　次：2017 年 9 月第 2 版　2023 年 6 月第 2 次印刷

开　　本：787 毫米×1092 毫米　1/16

印　　张：21. 75

字　　数：484 千

定　　价：48. 00 元

I S B N　978-7-5032-5895-4